当代西方学术前沿译丛

Understanding
Second Language Acquisition

理解
第二语言习得

(西班牙)洛德丝·奥尔特加(Lourdes Ortega) 著

冯 蕾 邵钦瑜 译

Understanding Second Language Acquisition / by Lourdes Ortega / ISBN: 978-0-340-90559-3

Copyright © 2009 Lourdes Ortega

Authorized translation from the English language edition previously published by Hodder, now published by Routledge, a member of the Taylor & Francis Group; All rights reserved. 本书原版原由霍德教育出版社出版,现由泰勒弗朗西斯出版集团旗下劳特利奇出版社出版,并经其授权翻译出版。版权所有,侵权必究。

China Book Press is authorized to publish and distribute exclusively the Chinese (Simplified Characters) language edition. This edition is authorized for sale throughout Mainland of China. No part of the publication may be reproduced or distributed by any means, or stored in a database or retrieval system, without the prior written permission of the publisher. 本书中文简体翻译授权由中国书籍出版社独家出版并限在中国大陆地区销售。未经出版者书面许可,不得以任何方式复制或发行本书的任何部分。

Copies of this book sold without a Taylor & Francis sticker on the cover are unauthorized and illegal. 本书封面贴有泰勒弗朗西斯公司防伪标签,无标签者不得销售。

图书在版编目(CIP)数据

理解第二语言习得 /(西)奥尔特加(Ortega, L.)著;冯蕾,邵钦瑜译.—北京:中国书籍出版社,2016.6
书名原文:Understanding Second Language Acquisition
ISBN 978-7-5068-5657-7

Ⅰ.①理… Ⅱ.①奥… ②冯… ③邵… Ⅲ.①第二语言-研究 Ⅳ.①H003

中国版本图书馆 CIP 数据核字(2016)第 148674 号

著作权登记号/图字:01-2016-1265

理解第二语言习得

(西班牙)洛德丝·奥尔特加 著
冯 蕾 邵钦瑜 译

| 责任编辑 | 宋 然 | 责任印制 | 孙马飞 马 芝 |

封面设计 吕家曦
出版发行 中国书籍出版社
地　　址 北京市丰台区三路居路 97 号(邮编:100073)
电　　话 (010)52257143(总编室)　(010)52257140(发行部)
电子邮箱 yywhbjb@126.com
经　　销 全国新华书店
印　　刷 北京温林源印刷有限公司
开　　本 710 毫米 × 1000 毫米　1/16
字　　数 448 千字　　　　　　印　张 25
版　　次 2016 年 11 月第 1 版　2016 年 11 月第 1 次印刷
书　　号 ISBN 978-7-5068-5657-7
定　　价 62.00 元

版权所有　翻印必究

A mis padres, Andrés y Lourdes, que tan bien me han entendido siempre en todas mis lenguas, aunque sólo compartamos una.

献给我的父母，安德烈斯和洛德丝，无论我说何种语言，他们一直理解得很好，尽管我们只共享一种语言。

译　序

《理解第二语言习得》（*Understanding Second Language Acquisition*，以下简称《理解》）是由霍德教育出版社于2009年出版，后由泰勒弗朗西斯出版集团旗下的劳特利奇出版社于2013年再版的一部有关第二语言习得研究的著作。《理解》由近年来活跃在第二语言习得研究领域的洛德丝·奥尔特加教授独立撰写而成。本译本是依据2013年的版本翻译而成。

第二语言习得研究一直被认为是一门交叉学科，这个学科借用了其他研究领域的研究理念和研究方法，对一个特殊群体的语言学习做了详细研究，即除母语之外的语言学习。尽管第二语言习得研究早在20世纪60年代就已经逐渐形成自己的理论，但是这个学科依然是一个年轻的学科，同时也是一个开放的、海纳百川的学科。她的发展也就带有更多的时代的印痕。毋庸置疑，了解第二语言习得研究的发展对于从事第二语言的教师、研究者和政策的制定者等有着举足轻重的作用。正因如此，一本涵盖该领域研究全貌和最新进展的著作是学界的渴望。罗德·埃利斯在1985年就曾对这个领域的相关研究做了梳理，并有著作问世，该书为第二语言习得研究领域的发展提供了可参考的文献回顾。尽管在二十多年中，也有大量有关第二语言习得研究的著作出现（拉森-弗里曼和朗，1991；盖斯和塞林克，1994；埃利斯，1994；缪里尔·萨维尔-特罗伊克，2005），但是能涵盖所有最新研究发展的著作鲜有出现。2009年，洛德丝·奥尔特加教授所撰写的这本《理解》的问世，缓解了学界对此的渴求，也为从事第二语言研究工作的教师、学者提供了崭新的第二语言习得研究的全景。

洛德丝·奥尔特加教授的这部新作起点高，理论性强，是一本针对语言学专业研究生的第二语言习得理论教材，同时也可作为第二语言习得研究者的参考书。洛德丝·奥尔特加教授曾经在美国四所大学从事过第二语言习得的教学和研究，她本人也是一名第二语言的学习者，所以她对第二语言习得的理论有着深刻的切身感受。作者第二语言学习的亲身经历和深厚的教学研究背景，为这本书恢宏的知识构架奠定了扎实的基础。

本书有以下三大鲜明特色。

首先，内容极其全面。第二语言习得理论有很强的跨学科性，影响第二语言习得的因素不单纯来自语言领域，而且涉及生物发展、认知结构以及社会文化等其他领域的诸多因素。作为一本为第二语言习得方向的研究生和研究者提供参考的理论书籍，《理解》以讲故事的方式为读者展示了第二语言习得理论研究的过去、现在和未来。作者从容地把各个相关领域中有重大影响的研究完整地呈现给了读者。

其次，作者语言表达精确，在学术上兼收并蓄。语言上的精准描述和学术态度的宽容保证了其阐述的中立。正如作者在序言中所述，教科书是一研究领域的反映，当阅读时，读者接触到的知识应该是中立的。系统介绍第二语言习得理论本身就不是一件容易的事情，而保证中立地阐述每个问题则更加困难。

第三，定位清晰。作者认为该书的读者主要是语言专业的研究生，因此，在阐述每个理论时，作者都考虑怎样既能使读者从中了解基础知识，又能激发其未来的研究。在每章的最后，作者还为读者提供了权威的参考书目，这部分内容为读者提供了有价值的参考。另外，本书既有对经典的第二语言习得理论的研究，又有当前最新的研究成果。每部分都是从最早的实验和研究理论出发，到最近几年的实验总结。对从事第二语言习得研究的工作者来说，本书也是一本有价值的参考书。

原著共有304页，除目录、序言、参考文献和索引外，正文分十章。通过这十章内容，作者展示了第二语言和附加语言学习现象的研究，及整个研究领域的研究成果。该书对影响第二语言习得的各个因素进行了阐述，包括年龄、跨语言影响、语言环境、认知、学习者语言、外语学能、动机、情感和个人差异以及第二语言学习的社会影响。

原著作者详细介绍了第二语言习得研究的历史、现在及未来。本书呈现了大量有价值的信息，可使二语习得研究人员全面地了解二语习得研究领域。作者大量研究案例的呈现也使得本书更具有学术价值。劳特利奇出版社在其网站上，为该书配备了讲义和其他一些配套的学习资料，这些为读者更好地把该书作为研究资料和教学资料提供了方便（https://www.routledge.com/Understanding-Second-Language-Acquisition/Ortega/p/book/9780340905593#）。作者在每一章最后提供的书目可以作为读者进一步阅读的指导，这些书目为读者展示了每一个话题的全貌。另外，每章最后的小结也是作者对每个研究领域的概括，是值得一读的。

依照原著体例，本译著力求真实准确地反映原著作者的思想，为读者呈现忠实于原著的文字，呈现当今第二语言习得研究的进展。在翻译过程中，我们对一些需要注意的问题做了以下处理：

（1）对于原著中出现的专业术语，我们采用目前我国学界所认同的译法来做翻译。对于有争议的翻译，我们对不同的翻译做对比，选择我们认为能准确表达作者意图的汉语。

（2）对于原著中出现的专业术语，第一次出现的时候，我们对其做了英文加注，以方便读者对照参考。

（3）对于原著中出现的人名，我们做了统一的翻译，并在译著末提供中英文的对照表，以方便读者在查阅文献的时候参考。

在翻译的过程中，我们两位译者得到了众多友人和学者无私的帮助。正是由于他们的帮助，我们才能在漫漫长途中找到翻译的动力和思考的源泉。

首先，感谢推荐我们阅读此书的比尔·特鲁多（Bill Trudeau）教授和丽贝卡·S. 加利默（Rebecca S. Gallemore）教授。得益于他们的介绍和从美国邮寄书到中国，我们才能在最快的时间阅读此书，并将书中介绍的研究成功应用于我们的课堂教学和第二语言习得研究中。也是在不断阅读此书的过程中，我们尝试将书中的章节翻译出来，也就形成了本译著的初稿。

其次，我们要感谢中国书籍出版社的宋然编辑。因为她的不断督促，我们在两年的时间内完成和完善了此译著的终稿。在这个过程中，宋然编辑一路陪伴，给予我们方方面面的帮助。

第三，我们要感谢在完成本译著初稿的时候，供职于中国制药装备行业协会的可嘉女士对我们的帮助。在初稿的成稿和校对过程中，她给予了我们很多帮助。

第四，我们要感谢北京交通大学一群年轻的学生：李雪琪、刘颖等。她们在翻译、校对及人名索引和主题索引工作部分给予了帮助，这些帮助让我们更快完成本书的翻译。

第五，我们要感谢在翻译过程中，对我们在专业术语方面提供帮助的各位英语教师和研究者：北京交通大学何丽博士、北京外国语大学罗凯洲博士和首都师范大学赵鹏博士。他们在我们对专业术语无从下手的时候，提供了最及时的帮助。感谢他们！

最后，我们要特别感谢北京交通大学基本科研业务费人文社会科学专项研究项目资助（2014JBM140）。

本书是整个学科的全景的一个缩略图，但也是涵盖所有信息的一本专业书，尽管我们尝试将每一个信息准确翻译出来，但是却发现完美呈现却是一件很难完成的事情。我们胆战心惊地完成了译著，也是在不断修改中完善译著，更是诚惶诚恐地交付出版社，但是我们知道译著中难免有不当之处，恳请读者批评指正！

冯　蕾　邵钦瑜
2016 年夏于北京红果园

目 录

译 序 ·· 1
序 ·· 1
表和图 ·· 4

第一章 简 介 ·· 1

1.1 什么是第二语言习得？·· 1
1.2 语言从何而来？描述、进化、习得 ······························ 2
1.3 第一语言习得、双语和第二语言习得 ·························· 3
1.4 主要概念和术语 ·· 5
1.5 跨学科的第二语言习得 ·· 7
1.6 世界上的第二语言习得 ·· 8
1.7 关于这本书 ·· 9
1.8 小 结 ·· 10
1.9 进一步阅读的建议与说明 ·· 10

第二章 年 龄 ·· 12

2.1 人类语言习得的关键期和敏感期 ·································· 12
2.2 朱莉，一个起步晚但优秀的以阿拉伯语为第二语言学习者 ····· 14
2.3 谁是更好的第二语言学习者，儿童还是成年人？
    速率的问题 ·· 16

2.4 年龄与第二语言形态句法学：第二语言学习最终成果的
若干问题 ………………………………………………… 18
2.5 从认知神经学的视角看第二语言形态句法学证据 ……… 21
2.6 第二语言音韵学与年龄 …………………………………… 22
2.7 什么原因导致了年龄效应，生物的还是其他的原因？ … 24
2.8 年龄效应对 SLA 中双语转换的影响 …………………… 25
2.9 年龄在第二语言习得中到底有多重要，为什么年龄
影响第二语言习得？ ……………………………………… 28
2.10 小　结 ……………………………………………………… 29
2.11 进一步阅读的建议与说明 ………………………………… 30

第三章　跨语言影响 …………………………………………… 32

3.1 第一语言—第二语言的相同点和不同点 ………………… 32
3.2 语际识别 …………………………………………………… 34
3.3 第一语言之外的影响 ……………………………………… 35
3.4 第一语言对第二语言发展过程的影响 …………………… 36
3.5 标记性和第一语言迁移 …………………………………… 38
3.6 杯子自己能碎吗？迁移性 ………………………………… 40
3.7 回避策略 …………………………………………………… 41
3.8 使用不足和使用过度 ……………………………………… 43
3.9 第一语言对第二语言学习速率的积极影响 ……………… 44
3.10 第一语言内在的影响：以信息结构为例 ………………… 46
3.11 贯穿语言各个层面的跨语言影响 ………………………… 49
3.12 第一语言之外：多语言中的跨语言影响 ………………… 50
3.13 跨语言影响的局限性 ……………………………………… 54
3.14 小　结 ……………………………………………………… 56
3.15 进一步阅读的建议与说明 ………………………………… 57

第四章 语言环境 ······ 58

- 4.1 韦斯："我从来没有学习过，我只是听之后再说" ······ 58
- 4.2 同化可以作为第二语言学习成功的预测性的解释吗？ ······ 62
- 4.3 理解性输入和学习性输入 ······ 63
- 4.4 为了意义的互动和协商 ······ 64
- 4.5 产出时的输出和句法处理 ······ 65
- 4.6 注意和关注是环境中的缓和剂 ······ 67
- 4.7 两代互动研究 ······ 68
- 4.8 互动和习得之间的实证关联 ······ 69
- 4.9 输出修正 ······ 71
- 4.10 学习者发起的对形式的协商 ······ 73
- 4.11 意义和形式协商中的负面反馈 ······ 75
- 4.12 语言环境的局限性 ······ 81
- 4.13 小 结 ······ 84
- 4.14 进一步阅读的建议与说明 ······ 85

第五章 认 知 ······ 87

- 5.1 心理学和 SLA 中的信息处理 ······ 87
- 5.2 练习的力量：程序化和自动化 ······ 89
- 5.3 SLA 中技能习得理论的一个典型研究：德凯泽（1997） ······ 90
- 5.4 长期记忆 ······ 92
- 5.5 长期记忆和第二语言词汇知识 ······ 93
- 5.6 工作记忆 ······ 95
- 5.7 作为储存器的记忆：被动的工作记忆任务 ······ 96
- 5.8 作为一个动态处理过程的记忆：主动的工作记忆任务 ······ 98
- 5.9 关注和第二语言学习 ······ 99
- 5.10 无目的的学习 ······ 100

5.11　无关注的学习 ………………………………………………… 100

5.12　无意识的学习 ………………………………………………… 102

5.13　能否从意识中分离出关注？ ………………………………… 103

5.14　无规则的学习 ………………………………………………… 105

5.15　一个典型的符号学习与联想学习的对比研究：
　　　鲁宾逊（1997） ……………………………………………… 106

5.16　SLA 中的浮现理论转向？ …………………………………… 109

5.17　小　结 ………………………………………………………… 112

5.18　进一步阅读的建议与说明 …………………………………… 114

第六章　学习者语言的发展 …………………………………………… 116

6.1　研究学习者语言的两种方法：一般认知和形式语言 ……… 116

6.2　中介语：大于目的语输入和第一语言之和 ………………… 118

6.3　学习者语言发展的认知主义解释 …………………………… 119

6.4　基于公式的学习：习得的材料 ……………………………… 120

6.5　四个中介语过程 ……………………………………………… 122

6.6　进行中的中介语过程：戈的 da ……………………………… 124

6.7　作为系统的可变性的发展：乔治的否定习得案例 ………… 125

6.8　语法化前的中介语：自然学习者的基本变式 ……………… 128

6.9　模式化的形态准确性获得：第二语言英语词素的案例 …… 130

6.10　有关第二语言形态发展的更多内容：概念驱动下
　　　时态和体的出现 ……………………………………………… 132

6.11　句法的发展：标记性和对第二语言关系化的习得 ………… 135

6.12　系统性的最后一个例子：词序的累积顺序 ………………… 137

6.13　僵化，或当第二语言发展停止的时候
　　　（但是是这样的吗？） ……………………………………… 141

6.14　语法教学的价值是什么？接口的问题 ……………………… 144

6.15　教学、发展和学习者准备状态 ……………………………… 145

6.16 语法教学的优势：学习的准确度和速率 …………………… 146
6.17 中介语的将来？ ……………………………………………… 147
6.18 小　结 ………………………………………………………… 149
6.19 进一步阅读的建议与说明 …………………………………… 150

第七章　外语学能 ………………………………………………… 152

7.1 心理学和 SLA 中认知、意动和情感的相关性方法 ………… 153
7.2 学还是不学法语：卡普兰和沃森的对比 …………………… 154
7.3 语言学能，一切皆有可能？ ………………………………… 155
7.4 学能作为对正式第二语言学习速率的预测：
　　现代语言学能测试 ………………………………………… 156
7.5 第二语言学能是否与智力和第一语言能力不同？ ………… 158
7.6 缺乏第二语言学能还是普通的语言相关困难？ …………… 159
7.7 作为二语学能特殊成分的记忆容量 ………………………… 161
7.8 记忆对语言学能的复杂贡献 ………………………………… 163
7.9 学能和年龄 …………………………………………………… 165
7.10 第二语言学能在显性的和隐性的学习条件下是否起作用？ … 167
7.11 最近的发展：多维度的学能 ………………………………… 169
7.12 使它对个人的优势产生影响：第二语言学能的未来？ …… 171
7.13 小　结 ………………………………………………………… 172
7.14 进一步阅读的建议与说明 …………………………………… 173

第八章　动　机 …………………………………………………… 175

8.1 传统方法：态度/动机量表和动机数量 ……………………… 175
8.2 作为一种动机前提的融合度 ………………………………… 178
8.3 其他前提：取向和态度 ……………………………………… 179
8.4 革新的最初迹象：自我决定理论和内在动机 ……………… 182

8.5　远观动机：英语外语学习者的取向和态度 ·················· 185
8.6　语言学习动机：在冲突情况中是否可能？ ···················· 188
8.7　动态动机：时间、环境、行为 ····································· 191
8.8　展望：第二语言动机的自我系统 ································· 193
8.9　关注动机的力量 ··· 195
8.10　小　结 ··· 196
8.11　进一步阅读的建议与说明 ·· 197

第九章　情感和其他个体差异 199

9.1　性格和第二语言学习 ·· 200
9.2　外向型和说话方式 ·· 204
9.3　学习者对交际和准确性的取向 ····································· 205
9.4　外语焦虑 ··· 207
9.5　交际意愿和第二语言接触 ·· 210
9.6　认知方式、场独立和场敏感 ··· 212
9.7　学习方式描述 ··· 214
9.8　学习策略 ··· 215
9.9　一个有前途的包罗万象的框架：自我管理理论 ·············· 219
9.10　小　结 ··· 220
9.11　进一步阅读的建议与说明 ·· 222

第十章　第二语言学习的社会维度 224

10.1　无法忍受的社会环境不可避免性 ································ 225
10.2　认知是社会的：SLA 中的维果斯基社会文化理论 ········ 226
10.3　自我管理和语言中介 ··· 228
10.4　有关第二语言学习中内在、私人和社会言语的一些发现 ····· 229
10.5　最近发展区的社会学习 ·· 233

10.6	负面反馈概念的重新界定	234
10.7	交互是社会的：会话分析与SLA	236
10.8	会话分析视角的简要综述	237
10.9	第二语言习得研究会话分析理论的一些贡献	239
10.10	第二语言习得会话分析中的学习	241
10.11	语法是社会的：系统功能语言学	243
10.12	学习如何在第二语言中表达意义	244
10.13	语言学习是社会学习：语言社会化理论	246
10.14	语言社会化的过程：接近和参与	247
10.15	结果：通过第二语言社会化学到了什么？	249
10.16	自我感觉是社会的：认同理论	251
10.17	第二语言学习者的身份和权力斗争：间接第二语言学习的例子	253
10.18	身份对第二语言学习的直接影响：可选择的第二语言学习例子	255
10.19	以技术为媒介的交际作为社会性丰富的第二语言学习的场所	258
10.20	永远不要只停留在语言上	260
10.21	小 结	262
10.22	进一步阅读的建议与说明	264

参考文献	265
著作者索引	320
主题索引	331
人名中英文对照表	347

Contents

Translators' preface	1
Preface	1
Tables and figures	4

1 Introduction ... 1
    1.1 What is SLA? ... 1
    1.2 Whence language? Description, evolution and acquisition ... 2
    1.3 First language acquisition, bilingualism and SLA ... 3
    1.4 Main concepts and terms ... 5
    1.5 Interdisciplinarity in SLA ... 7
    1.6 SLA in the world ... 8
    1.7 About this book ... 9
    1.8 Summary ... 10
    1.9 Annotated suggestions for further reading ... 10

2 Age ... 12
    2.1 Critical and sensitive periods for the acquisition of human language ... 12
    2.2 Julie, an exceptionally successful late L2 learner of Arabic ... 14
    2.3 Are children or adults better L2 learners? Questions of rate ... 16
    2.4 Age and L2 morphosyntax: questions of ultimate attainment ... 18
    2.5 Evidence on L2 morphosyntax from cognitive neuroscience ... 21
    2.6 L2 phonology and age ... 22
    2.7 What causes the age effects? Biological and other explanations ... 24

2.8	A bilingual turn in SLA thinking about age?	25
2.9	How important is age in L2 acquisition, and (why) does it matter?	28
2.10	Summary	29
2.11	Annotated suggestions for further reading	30

3 Crosslinguistic influence 32

3.1	On L1-L2 differences and similarities	32
3.2	Interlingual identifications	34
3.3	Besides the L1	35
3.4	First language influences vis-à-vis development	36
3.5	Markedness and L1 transfer	38
3.6	Can a cup break? Transferability	40
3.7	Avoidance	41
3.8	Underuse and overuse	43
3.9	Positive L1 influence on L2 learning rate	44
3.10	First language influence beneath the surface: the case of information structure	46
3.11	Crosslinguistic influences across all layers of language	49
3.12	Beyond the L1: crosslinguistic influences across multiple languages	50
3.13	The limits of crosslinguistic influence	54
3.14	Summary	56
3.15	Annotated suggestions for further reading	57

4 The linguistic environment 58

4.1	Wes: 'I'm never learning, I'm only just listen then talk'	58
4.2	Acculturation as a predictive explanation for L2 learning success?	62
4.3	Input for comprehension and for learning	63
4.4	Interaction and negotiation for meaning	64

4.5	Output and syntactic processing during production	65
4.6	Noticing and attention as moderators of affordances in the environment	67
4.7	Two generations of interaction studies	68
4.8	The empirical link between interaction and acquisition	69
4.9	Output modification	71
4.10	Learner-initiated negotiation of form	73
4.11	Negative feedback during meaning and form negotiation	75
4.12	The limits of the linguistic environment	81
4.13	Summary	84
4.14	Annotated suggestions for further reading	85

5 Cognition — 87

5.1	Information processing in psychology and SLA	87
5.2	The power of practice: proceduralization and automaticity	89
5.3	An exemplary study of skill acquisition theory in SLA: Dekeyser (1997)	90
5.4	Long-term memory	92
5.5	Long-term memory and L2 vocabulary knowledge	93
5.6	Working memory	95
5.7	Memory as storage: passive working memory tasks	96
5.8	Memory as dynamic processing: active working memory tasks	98
5.9	Attention and L2 learning	99
5.10	Learning without intention	100
5.11	Learning without attention	100
5.12	Learning without awareness	102
5.13	Disentangling attention from awareness?	103
5.14	Learning without rules	105
5.15	An exemplary study of symbolic vs associative learning: Robinson (1997)	106

5.16	An emergentist turn in SLA?	109
5.17	Summary	112
5.18	Annotated suggestions for further reading	114

6 Development of learner language — 116

6.1	Two approaches to the study of learner: general cognitive and formal linguistic	116
6.2	Interlanguages: more than the sum of target input and first language	118
6.3	Cognitive explanations for the development of learner language	119
6.4	Formula-based learning: the stuff of acquisition	120
6.5	Four interlanguage process	122
6.6	Interlanguage processes at work: Ge's da	124
6.7	Development as variability-in-systematicity: the case of Jorge's negation	125
6.8	Interlanguage before grammaticalization: the Basic Variety of naturalistic learners	128
6.9	Patterned attainment of morphological accuracy: the case of L2 English morphemes	130
6.10	More on the development of L2 morphology: concept-driven emergence of tense and aspect	132
6.11	Development of syntax: markedness and the acquisition of L2 relativization	135
6.12	A last example of systematicity: cumulative sequences of word order	137
6.13	Fossilization, or when L2 development comes to a stop (but does it?)	141
6.14	What is the value of grammar instruction? The question of the interface	144
6.15	Instruction, development and learner readiness	145

	6.16	Advantages of grammar instruction: accuracy and rate of learning	146
	6.17	The future of interlanguage?	147
	6.18	Summary	149
	6.19	Annotated suggestions for further reading	150
7	**Foreign language aptitude**		152
	7.1	The correlational approach to cognition, conation and affect in psychology and SLA	153
	7.2	Learning and not learning French: Kaplan vs Watson	154
	7.3	Language aptitude, all mighty?	155
	7.4	Aptitude as prediction of formal L2 learning rate: the MLAT	156
	7.5	Is L2 aptitude different from intelligence and first language ability?	158
	7.6	Lack of L2 aptitude, or general language-related difficulties?	159
	7.7	Memory capacity as a privileged component of L2 aptitude	161
	7.8	The contributions of memory to aptitude, complexified	163
	7.9	Aptitude and age	165
	7.10	Does L2 aptitude matter under explicit and implicit learning conditions?	167
	7.11	Most recent developments: multidimensional aptitude	169
	7.12	Playing it to one's strengths: the future of L2 aptitude?	171
	7.13	Summary	172
	7.14	Annotated suggestions for further reading	173
8	**Motivation**		175
	8.1	The traditional approach: the AMTB and motivational quantity	175
	8.2	Integrativeness as an antecedent of motivation	178
	8.3	Other antecedents: orientations and attitudes	179

8.4	First signs of renewal: self-determination theory and intrinsic motivation	182
8.5	Motivation from a distance: EFL learners' orientations and attitudes	185
8.6	Language learning motivation: possible in situations of conflict?	188
8.7	Dynamic motivation: time, context, behaviour	191
8.8	Looking forward: the L2 Motivational Self System	193
8.9	Behold the power of motivation	195
8.10	Summary	196
8.11	Annotated suggestions for further reading	197

9 Affect and other individual differences 199

9.1	Personality and L2 learning	200
9.2	Extraversion and speaking styles	204
9.3	Learner orientation to communication and accuracy	205
9.4	Foreign language anxiety	207
9.5	Willingness to communicate and L2 contact	210
9.6	Cognitive styles, field independence and field sensitivity	212
9.7	Learning style profiles	214
9.8	Learning Strategies	215
9.9	The future promise of an all-encompassing framework: self-regulation theory	219
9.10	Summary	220
9.11	Annotated suggestions for further reading	222

10 Social dimensions of L2 learning 224

10.1	The unbearable ineluctability of the social context	225
10.2	Cognition is social: Vygotskian sociocultural theory in SLA	226
10.3	Self-regulation and language mediation	228
10.4	Some findings about inner, private, and social speech	

	in L2 learning	229
10.5	Social learning in the Zone of Proximal Development	233
10.6	Negative feedback reconceptualized	234
10.7	Interaction is social: Conversation Analysis and SLA	236
10.8	The CA perspective in a nutshell	237
10.9	Some contributions of CA-for-SLA	239
10.10	Learning in CA-for-SLA?	241
10.11	Grammar is social: Systemic Functional Linguistics	243
10.12	Learning how to mean in an L2	244
10.13	Language learning is social learning: language socialization theory	246
10.14	The process of language socialization: access and participation	247
10.15	The outcomes: what is learned through L2 socialization?	249
10.16	Sense of self is social: identity theory	251
10.17	L2 learners' identity and power struggles: examples from circumstantial L2 learning	253
10.18	Close impact of identities on L2 learning: examples from elective L2 learning	255
10.19	Technology-mediated communication as a site for socially rich L2 learning	258
10.20	Never just about language	260
10.21	Summary	262
10.22	Annotated suggestions for further reading	264

References 265
Author index 320
Subject index 331
Chinese and English lookup table for names 347

序

  如同所有的挑战一样，撰写一本供研究生使用的介绍第二语言习得的教材是一种在努力中福祸相依的挑战。也许一部分困难来自于我一直带着批判的眼光来看教材。教材都想把一个学科的正式详情载入，因为，正如库恩（1962/1996，第137页）提到的，"它们是为了永恒目的的教学工具"的学科知识。为了能做到这些，它们能变成不知应包含与不应包含什么经过验证的工作的工具，并且它们在描绘学科时如同在时间和空间上冻结一般。好的教材作者也寻求去给他们的读者讲述一个有意思的故事，并且好的故事经常要求修辞上的牺牲。学科的一些边缘、模糊的趋势，较少的"可告知"的细节，由于连贯和线性的描述必须避让，并且必须制造一个大的故事，而不是一些"小故事"的收集（耶奥加科普罗，2006）。好的故事也告诉我们关于讲述者在做这件事或者从事这个学科时更多的事情。教材，也因此，是任何领域的观点的反映，甚至当在第一眼看的时候，它们可能表现的是完美的、天真的百科手册，对于所有人都是一些中立的知识。当我写这本书的时候，我非常痛苦地意识到这些危险，虽然我不能诚实地说这些意识能帮助我避免这些隐藏的困难。

  另外一个困难是这个挑战令人激动，但同时又让人感到极度痛苦的，是在我投入到这个任务的时候才发现的，那就是这里有某种矛盾行为，在写给一个想象中的学生读者（这本教材的实际使用者）同时也感觉如同往常一样有一个研究社团（我熟悉的研究文章的读者）。也就是说，可能吸引我的学生的或者对学生有利的，但也许我的同行研究者感受是不同的。这样，当写这本书的时候，不仅仅是语言，也包括内容，就需要通篇考虑。我处理这个挑战的策略是不断地问我自己：当我的学生听到这个话题的时候，他们会如何受益？我如何才能让材料更吸引人，故事更易接受？如何能使我研究第二语言学习的情感更有感染力？我也描述了十年间在教授第二语言习得的过程中学生和我分享的经常出现的问题，评论和反应、抱怨和惊喜之事。我很幸运在四个不同的体制文化下教授这些课程，并且提供给我对第二语言习得研究的一种特殊的国际性视野，这些归于我学生的智力、热情和率直。他们的名字太多了，我不能一一提及，他们的面孔遍布我所旅游过的美国的各个角落。但是当我写作这本教材的时候，他们所有的人都如同在场一样。我不知道是否能在我的同事之前为我的学生成功写出这本书，但是坦诚地说，我尽了最大的努力。

我对支持这个项目的很多人心怀感激。和"理解语言系列"的编辑们伯纳德·科姆里和格雷维尔·科比特一起工作是一种荣幸，他们精准的评论和不知疲倦的热情使我在写作每一章时都能受益。当得知他们要在系列中加入第二语言习得研究书籍的时候，诺伯特·施密特向他们推荐了我，如果没有他的提议，我也不会有这个机会。霍德教育出版社的塔姆辛·史密斯和比安卡·奈茨（最初是伊瓦·马丁内斯）的职业素养、善意，以及对作者心理的理解帮助我在完成这个项目的时候前行。我的两个学生李相基和卡斯尔·西尼科若普，在我最需要帮助的时候，善意地自愿花费他们的时间来帮助我处理一些评论和单调乏味的编辑和参考文献的细节。

当我请很多同事阅读本书的一些章节的时候，他们很多人慷慨地提供了他们的时间和知识：佐尔坦·德尔涅伊，斯科特·贾维斯，艾莉森·麦基，桑德拉·麦凯，卡门·穆尼奥斯和理查德·施密特。他们每一个人认真对待我的要求并且提供了有帮助的和批评性的反馈，这些我都尽量收入了。在2008年春，琳达·哈克留（在佐治亚大学）和马克·索耶（在日本的天普大学）在他们的课上使用了本书出版前的草稿，罗伯特·布雷-弗罗曼和我自己也在夏威夷大学的两次课上使用了本书。我非常感谢琳达、马克和罗伯特（以及他们的学生和我的学生）对本书的信任。考虑到他们的不同学科背景，他们对本书的良好反馈使得我有信心知道此本在不同环境下都可使用。这是我给自己设定的很重要的目标。我要特别感谢马克·索耶，在本书最后成稿阶段，他和学生每读完一章就给我发邮件阐述他们的反馈，他成为了我最重要的知识渊博且联系最紧密的对话者。和凯瑟琳·戴维斯、尼娜·斯帕达（在多伦多大学一个难忘的夏天）以及海蒂·伯恩斯的交谈帮助我在写作过程中做出了一些决定。迈克尔·朗如同之前一样，感谢他对我的信任和他的慷慨指导。

我多么希望我的朋友、导师和同事，克雷格·沙德伦能在这里，如同之前一样，用他充满关怀的反馈、具有历史眼光的智慧和他的学术原则帮助我。

当我在写这本书,置身并翻阅我满怀悲伤地从他那里继承的一个巨大的第二语言习得图书馆中的书卷时,我总能感觉到他不在的遗憾。感谢卢西亚·阿兰达在很多早晨教给我瑜伽,在很多时刻教会我要不屈不挠,给我鼓励,并使我保持清醒。约翰·诺里斯,拥有难觅的关切、智力和热心,一直与我站在一起。他曾经是,现在也是我灵感和力量的重要来源。

尽管有这么多专家和朋友的帮助,大家会认为所有的瑕疵和不完美之处应该在项目进行过程中发现,并一定会在项目结束时修改完毕。相反地,很多的缺点都应该由我来承担,所有的这些都是我自己的责任。最后,如果没有其他的,写作一本教材的经历——这本教材——已经使我很累,但再一次唤起我对第二语言习得研究的各个方面的热情,如同在生活中一样,我们不应该把什么都看成是理所当然的。我将此书献给我的父母,他们从来没有把我生活和语言的变化决定想当然。他们给了我两个礼物:无条件的爱和深深的理解。

洛德丝·奥尔特加
大峡谷南壁
2008 年 7 月 7 日

表 和 图

表2.1 动物学习中的关键期和敏感期,基于克努森(2004)
表2.2 一系列不同开始习得年龄下的第二语言形态句法学知识
表2.3 接近本地人和本地人形态句法学知识之间的区别
表4.1 四个早期的第二语言重建研究
表5.1 记忆储存容量研究中的记忆任务和基准
表5.2 SLA研究中意识与自动注意力是如何测量的?
表6.1 诺拉一学年期间所使用的How do you do dese
表6.2 乔治的英语否定发展
表6.3 基本变式总结(珀杜,1982;基于克莱因和珀杜,1997)
表6.4 从最早到最后掌握的词素准确性的顺序
表6.5 时间表达中的三个大的发展阶段
表6.6 第二语言西班牙语的完成体(pretérito)和未完成体(imperfecto)的发展阶段
表6.7 依照基南和科姆里(1977)的名词短语可及性层级的第二语言德语关系从句
表6.8 根据迈泽尔等(1981)第二语言德语中词序的出现
表6.9 根据派内曼等(1998)第二语言英语中问句的出现
表7.1 现代语言学能测试的设计
表8.1 沃森和卡普兰在动机的三个维度的对比
表8.2 第二语言动机研究中研究的主要前提
表8.3 第二语言动机的自我系统,基于奇泽尔和德尔涅伊(2005b)
表9.1 情感与第二语言学习
表9.2 SLA研究中使用的三个性格模型
表9.3 埃尔曼和利弗(2003)学习方式模型10个维度中的6个
表9.4 词汇学习的自我管理能力量表及举例(曾等,2006)
图6.1 欧洲科学基金会项目中两个第二语言和两个第一语言的设计(改编自珀杜,1982,第47页)

第一章 简 介

语言是人类所拥有的最独特的能力之一，这种能力和其他能力交织在一起，包括意识、社会和文化。我们使用语言这种符号系统表意或与其他人进行交流和沟通。我们表达和沟通的不仅是现实中的事情，同时还有想象中和记忆中的世界；不仅有真实的事件，还包括意向和愿望。我们通过对语言的选择，可以直接或间接地对表达的信息以及接受这些信息的人表明（或故意隐藏）自己的立场、判断和情感。在典型的人类行为中，我们不只是用语言与特定的人群进行交流，有时则是向自己而非其他人传递信息，比如在自言自语中；有时，我们将信息传递给群体，不认识的听众，比如当我们参与政治演讲、宗教布道、互联网导航、商业广告、报纸栏目和文学作品。

所有人都有用他们的母语去完成了不起的成就的潜力，我们认为这是理所当然的。然而，全球有许多人还可以使用另一种语言而不是他们的母语去完成许多同样的事情。事实上，不管在我们的成长过程中我们使用的语言是一种、两种还是多种，在大多数情况下，我们在以后的生活中还将要学习另外的语言。许多人将会至少学习一种外语的几个单词或词组，而另外许多人将迫于生活环境学习其他语言的足够知识，从而在日常生存、义务教育或与工作有关的交流中照顾自己。还有一些人选择开发完整的交流方式，并且可以自如地进行文学或科学的论述，同时在他们第二语言或其他语言的领域成为权威。事实上，全球有许多人在他们童年后期、青少年时期或成年时期的课程中，可能学习、忘记甚至再学习他们母语之外的许多语言。根据人们的工作环境、家庭、事业，所处的宏观经济环境和遇到的政治世界的事件，他们第二语言学习史的细节会存在很大的差异。人们在学习了第一种语言后如何学习第二语言？这是我们书中将要探讨的基本问题。

1.1 什么是第二语言习得？

第二语言习得（简称为 SLA）是关于研究人类在童年后期、青少年时期或成年时期已经习得了第一语言后，学习第一种语言之外的其他语言能力的探究的一个学术领域。它研究当人们在不同的背景下学习另外一种语言时，那些造成令人费解的可能结果的复杂影响因素和现象。SLA 作为一种新兴的跨学科的理论出现在 20 世纪 60 年代末，它借用了语言教学、语言学、儿童语言习得和心理学领域的一些理论（许布纳，1998）。在 20 世纪 80 年代到 90 年代之间，SLA 在研究范围和方法学上得到了相当程度的扩展，经过了大约 40 年的指数式增长，直到 20 世纪末，它成为一门独立的学科（拉森－弗里曼，2000）。现在 SLA 继续以惊人的速度发展。这是一本有关于 SLA 研究结果、理论、研究案例及未来要探究问题的书。

在第一章中，我有三个目标。首先，将 SLA 放在语言科学大环境下进行研究，同时向读者介绍这个领域的目标和范围。之后，会对书中使用的主要术语进行定义。最后，会解释这本书的其他基本原理。

1.2 语言从何而来？描述、进化、习得

语言作为人类的一种能力应该如何解释呢？这个基本的问题指引了许多语言学科。这些领域对语言有三种理解：描述的、进化的、发展的。

在语言学中有许多学科致力于为所有层级的语言提供一个准确并且完整的描述，如语音（语音学和音韵学）、最小语法标志（形态学）、句子（句法学）、意义（语义学）、文本（语篇分析）和语言使用（社会语言学、语用学）。指引这些语言学分支的首要问题是：语言是由什么组成的，它是如何工作的？迄今记录的超过 6500 种的人类语言通过说、写系统表现出来（在《民族语》中有分类，见戈登，2005）。尽管语言有许多不同种类，然而，所有的语言，不管它们看起来有多么不同（阿拉伯语与美国手势语言、汉语、英语、西班牙语、斯瓦希里语之间存在不同），都拥有基本的共同之处，一个在所有抽象性质中的共同的核心。因此，语言学和它不同的分支致力于对每一种人类语言的表示进行令人满意的描述，同时，它们寻求描述所有人类语言拥有的普遍的共同之处。

将语言作为人类能力的一种不同的解释方法是通过问"从何而来"和"为什么"的问题，而不是通过问"是什么"和"怎样"的问题。在人类进化的历程中，语言从哪里产生的，以及为什么会产生呢？这是从事语言进化研究问题的关键。它关注语言的系统发生或起源。研究语言进化的认知科学

家研究的一个基本的领域（也是他们产生分歧的原因）是探究人类的语言是在一个进化的连续体中，从动物的交流中进化而来的，还是两个完全不同的生物能力（比克顿，2007；托勒曼，2005）。众所周知，其他生物物种可以使用复杂的沟通系统来处理生存、成长和繁殖中的所有事情。人们对蜜蜂、海豚和草原犬鼠这些不同物种进行了案例研究。然而，这些物种中没有任何一个创造了一种象征性交流系统。它们甚至不能创造一种最小程度接近于人类语言复杂性和多样性的交流系统。黑猩猩在基因结构上99%是与人类相同的。尽管它们没有适合于人类语言的喉和可以用来做手势的手，但是这些动物中的一些被教会通过基本的基于手势的语言和电脑的键盘与人类进行交流。小黑猩猩如果被人抚养长大可以达到一个两岁半人类的理解水平，并且可以获得和人类相似的词汇知识，像著名的小黑猩猩坎兹（林恩和萨维奇-鲁姆博夫，2000）。然而猩猩可以获得真正的句法知识这个结论仍然显得相当具有争议。就像你可以猜测到的，语言进化是一个有极大吸引力的领域，它有阐明关于语言的最基本问题的潜力。

为了对人类语言能力有一个全面的理解，我们还需要进行第三个方面的探究，即研究语言的个体发生：人类是如何通过语言在个体中出现和展开进行表意的？这是三个领域中关注于不同种类语言习得的领域。

1.3　第一语言习得、双语和第二语言习得

在世界的一些地方，大部分儿童在成长过程中只说一种语言。需要强调的是尽管这种情况在许多西方中产阶级中是普遍现象，但是在整个人类社会中确实是少数情况。可能许多研究者来自这种相同的背景下，因此这种形式的语言习得是研究得最好的（需要更好的了解，参见卡尔米洛夫-史密斯和卡尔米洛夫-史密斯，2001）。研究单语习得这个领域通常被称为**儿童语言习得**或者**第一语言习得**。一个稳健的实证研究基础告诉我们，对于那些成长过程中只说一种语言的儿童，大部分的语言是在18个月至三四岁形成的。大致上，儿童语言习得是在一种可预测的模式下发生的。首先，在孕育过程和生命的前几个月中，当婴儿接触到语言的时候，他们会使自己与语言的韵律和语音体系的组成相一致，同时他们学习话轮转换的动态。在他们生命中的第一年，他们学习掌握单字的发声。在第二年，双音节词的掌握和词汇量快速增长。生命的第三年是以句法和形态的发展为特征。五六岁的时候，儿童学

会了一些更加讲究实效或是在语句构造上更精妙的现象。在那之后，儿童在学校被教会了如何读书和写字，他们就掌握了成熟语言使用的各个方面。并且当儿童逐渐长大同时他们的生活环境变得不同之后，不同的青少年和成年人将从事各种非常不同的文字实践，他们根据不同的需要使用语言。这时，再也不能对语言的习得过程定出明显的界限了。取而代之的是，可变性和选择成为在后面的年龄段中需要被解释的最有趣和最具有挑战性的现象。但是，所有健康的儿童习得语言的过程在四岁时基本完成，也就是最抽象的句法，到五六岁，儿童习得了语言的其他"基本知识"。

在地球的许多地方，大部分儿童在成长过程中同时使用两种或多种语言。事实上，这些情况属于我们物种的大多数情况。我们使用术语"双语习得"或"多语习得"来指代在童年早期（四岁之前）相对同时地学习两种或多种语言的过程。研究这些发展现象的领域就是双语学（或者多语学，如果在童年时期学习的是多种而不是两种语言）。使研究者感兴趣的两个关键问题是两种（或多种）语言是如何在大脑中呈现的，以及讲双语的人是如何根据一系列的交流需要和愿望在他们的两种（或多种）语言中转换和交替使用的。双语习得的研究只是这个包含广泛领域的一个方面，这个领域还包括了通过心理语言学、社会语言学和教育学的角度对成年和儿童的双语处理和使用的研究（优秀的双语学介绍有罗曼，1995；李，2000）。

致力于语言习得和发展研究的第三个领域是**第二语言习得**，也是本书的主题。SLA 作为研究人类已经学会第一种语言（单语儿童的情况）或者第一类语言（双语或者多语儿童的情况）后学习语言能力的领域已被认识到并建立起来。当然，这发生在生命的晚些时候，不论是在童年的后期、青少年时期还是成年时期。然而，有时人们开始习得第二种语言是在他们还是很小的孩子的时候，可能只有三四岁那么小（记住，截止到这个早期的年龄段他们母语中大部分的基本部件可能已经获得）。这样，在早期这些年双语研究和第二语言习得研究可能会重合，有时这会使得为这两个领域划界限变得困难。然而，它们是拥有各自独立的期刊、会议和学术派系的两个明显不同的学科。这两个领域间存在一些关键的区别。SLA 常常偏爱于对较晚开始学习者的研究，而双语学偏爱于对较早开始学习语言的人进行研究。除此之外，我们可以说双语研究者倾向于关注双语的成果，像儿童和成年人在成熟的双语能力中形成的，而 SLA 研究者倾向于关注达到具有多种而不是一种语言能力的途径。反过来，这意味着 SLA 研究的重点是在最初的阶段而不是最终、成熟的能力。第三个不同点是双语研究一般关注于一个人所使用的所有语言，而 SLA 一般以第二语言为研究的方向，到第一语言可能从研究的范围退出的程度。在这个意义上，SLA 可以被理解为是纯粹与单语（第一）儿童语言习得相对立的。实际上，在这两个领域中，单语能力被看作是语言开发中默认的基准。在下一节，我们将回到这个话题。

1.4 主要概念和术语

在这本书中，我将使用首字母缩略词 SLA 来指代这个领域和学科，并且我将保留术语**第二语言习得（L2 acquisition）**来表示学习另外一种语言的过程，也就是学科探究本身的目标。这个术语上的差别并不总是被所有的 SLA 研究者保留，但是这个差别有利于给我们一个更加精确的表达。同样的，在本书里**习得（acquisition）**和**学习（learning）**可以作为近义词互换使用。这是因为，正如你将在第六章（6.14 节）中见到的，尽管在 20 世纪 80 年代早期，人们试图区别这两个术语，但是在现代的 SLA 术语中，一般不再保留这样的区别了。

在 SLA 课程中，用来指代所谓的"母语"和学习或习得的"另外的"语言的术语需要一些分类。作为一个有用的速记，SLA 研究者使用术语**母语（mother tongue）**、**第一语言（first language）**或 **L1** 一般性地指代一个孩子在从孕育到 4 岁这段发展的关键时期中，从父母、兄弟姐妹以及看护人那里学得的一种语言（在单语习得的情况下）或一类语言（在双语或多语习得的情况下）。相反，在 SLA 中使用术语**另外的语言（additional language）**、**第二语言（second language）**和 **L2** 来指代在习得第一语言后学习的任何语言。当然，现实生活中的情况更加复杂。首先，在孩子非常小时接触到多种语言的情况下，判断研究中的两种或多种语言是同时学到的（也就是，双语地或多语地）还是相继学到的（也就是，作为第二语言）看起来是不可能的。除此之外，属于"第二语言"（L2）或"第二/另外的语言"可能意味着在较大年龄下学到的第三、第四、第十种语言等等。这样，这些称呼应该反映的是一种学科传统下分析的抽象，而不是黑与白的事实。

当你开始阅读这本关于 SLA 的书时，将这些称呼一分为二时，会有一些危险，在这里我将使你明白这些。当我们将第一语言习得和第二语言习得对立起来看时，一个微小的、但是危险的单语偏见进入到我们脑海中。也就是说，将第一语言和第二语言一分为二时，调查中的现象可以被简单地理解为一个讲单语的成年人为增加另外一种类似于单语支配的语言所做的努力。在过去十年左右的时间里，这种偏见成了 SLA 研究者批评和自我检讨的原因。从薇薇安·库克开始，她是这个领域中最早开始关注这个问题的人之一（参见库克，1991，2008）。这种偏见使人部分地联想到与第一语言习得研究中相同的单语取向，这对 SLA 作为一个领域的起始阶段的影响很大。由于受双语学研究和关于第二语言学习社会方面的研究深刻地影响了新出现的 SLA 研究，这种偏见逐渐消失。在整本书中，我将对 SLA 的发现和理论的研究尽力不再保留这种偏见。同时，我将用**第二语言学习者**来指代 SLA 研究者所探究的人，但是也将用其他一些术语代替这种传统的术语：**第二语言使用者**、**第二语言发言者**、**第二语言写作者**，并且当我解释实证研究时，我也会使用**第二语言参与者**。同时我会经常性地使用阴性代词"她"来一般地指代他们。

SLA 作为一个领域对在自然的和教育的背景下第二语言习得的理解感兴趣。**自然的**学习者通过多种文化的邻居、学校和工作地点这些非正式的机会学习第二语言，而从未接受过关于他们所学语言的著作的指导。**受教育的**学习者学习第二语言通过在学校或大学的正规学习，或通过私人课程等等。在我们全球化的世界里，有从来自旅游、工作、移居、战争、婚姻和其他这种开心或不开心的（和选择的或者间接的）生活中的事情中获得第二语言习得的各种各样的机会。因此，大部分人同时通过从自然的和受指导的经验中学习第二语言。

许多教语言的教师对外语教学和第二语言教学做了严格的区分，同时当在 SLA 研究中发现这种区分被消除，就好像学习背景并不是那么重要时，他们感到困惑不解。然而，我们意识到在 SLA 中，术语"第二"（或"第二语言"）常常被用来指示"一种第二语言或一种外语"，也常常表示"两者"。这是因为，对于特定的一些研究问题和研究项目，为了便于分析，暂时不考虑背景的差异是有用的。然而，对于 SLA 中的另外一些研究问题和研究项目，区分第二语言学习的特定背景事实上也很重要。在这些情况下，SLA 研究者做出了三种（而不是仅仅两种）重要的背景区分：**外语**、**第二语言**和**传统语言学习背景**。然而，第二语言学习背景的问题比它开始看起来的更复杂，甚至这种三个方向的对于语言学习背景的分类也常常是不足的。通过这本书我将竭尽所能将关于 SLA 的发现和理论融于具体的背景中，通过特定的背景和学生具体评估关于第二语言习得我们所知道的内容。

一种探究人类学习第二语言能力的方法是查看人们在使用新语言时所做的口头和书面的记录。因此，SLA 研究中一个悠久的传统是对于我们所谓**中介语**或者学习者心理语法和一种特殊种类的语言的研究。这种语言是在用第二语言说话、做手势、互动、书写、协商和表达自我中产生的。这些行为基于他们使用新语法时的心理表现。通过这本书，特别是在第六章中，我将会讨论具有代表性的语际学发现来帮助我们理解所习得语言的本质。当你阅读每一章时，你将发现许多例子是将英语作为第二语言的。这是因为 SLA 研究者常常将他们研究的努力方向集中于英语。由于 SLA 是关于在第一语言之后习得任何一种语言，而不仅仅是习得第二语言英语，这种过分狭窄地关注英语应该被看作是一种局限。尽管如此，从如阿拉伯语、汉语、荷兰语、法语、德语、意大利语、日语、韩语、葡萄牙语、西班牙语和瑞典语等各种不同的第二语言研究中已经得到一些重要的 SLA 理论发现。在任何可能的时候，为了在各种第二语言中取得一个平衡，比起英语的例子我会优先选择一个非英语的例子。

SLA 研究者创造了许多其他的特定术语，但是这里所列的几个对于现在是足够的。当我们深入研究这本书中各种各样的话题时，当新的重要术语在文中第一次出现时，我将通过加黑的方式突显它们。

1.5 跨学科的第二语言习得

SLA 是一个互相渗透的跨学科领域。对一些研究者来说，它与理论语言学和第一语言习得息息相关（怀特，2003），对另一些研究者，它则与认知心理学相关（道蒂和朗，2003）。其他学术和专业社团对 SLA 有不同的看法，他们更直接地将其与语言教学联系起来（克拉姆契，2000）。这四个领域（语言教学、语言学、儿童语言习得、心理学）汇聚成了 SLA 这个领域最初的关键发展，并使其受到了关注。就像我们在整本书中看到的，SLA 在理论和方法上与这四个领域保持了紧密的联系。除此之外，它最近与其他一些学科发展出一些新的联系，尤其是与双语学、心理语言学、人类学和社会学这些学科。

总体上看，SLA 被看作是应用语言学的分支，是关注于自身，根植于语言与社会、教育与认知交叉领域问题的一个宏观领域（参见优秀的应用语言学概述：戴维斯和埃尔德，2004；施密特，2002）。现在 SLA 享有所有自主学术学科的学术成果，包括期刊、国际出版商的系列图书、专业会议、相关的专业和科学协会和以大学为基础的博士学位课程。虽然现在这个学科具有高度的专业化和自主性，但是这个领域仍然像它起初的时候一样保持了强烈的跨学科性。

1.6 世界上的第二语言习得

SLA 研究者探究的许多问题和现实世界息息相关。这里有一些例子可以为 SLA 学术界对现实世界中的问题有着潜在影响的现象进行说明：

- 将选择双语视为一种社会价值的家长们想知道什么年龄对于他们的孩子是最适合学习一门外语的。这个问题与**开始习得的年龄**（age of onset）和什么时候一个人应该学习母语以外的另一种语言是相关的。

- 不同国家的政策制定者和教育者讨论对于少数族裔在家说其他语言的儿童应该在学校被教会社会上通用语言的合适政策。他们还想知道这些人学会这种大多数人说的语言需要多久。这谈到了与习得的**速率**（rate），或者在第二语言的不同领域多快可以取得进步，以及多长时间可以学会第二语言相关的问题。

- 不同国家反移民运动的支持者感叹说，新加入到他们社会中的人声称拒绝学习大多数人说的语言，并且甚至在他们居住在新国家几十年之后，他们坚持只掌握维持基本生存技能的语言技巧。如果我们对有不同需要和目标的人，在不同的学习背景下完成第二语言习得后取得的**最终成果**（ultimate attainment）和潜力知道得更多，将克服这些偏见。

- 世界各地的机构的语言学老师激烈地讨论两种方法。是在教室中，学生直接被教会语法和词汇来先获得基本的语言基础，还是充分模拟自然语言的表意过程。学习语言的学生在现实中有目的地使用第二语言时，这两种广泛的方法，或者其变体，哪一种能为他们在面对这种情况时提供更好的准备呢？这是关于**教学效率**（effective instruction）的问题，它存在于在正式和经验学习方法对比下形成的许多教育背景下。不管是第二语言、外语还是传统语言的教学，都存在着关于传统语法教学和包括交际语言教学、以任务为基础的课程以及以内容为基础的教学的意义导向型建议的争论，同时还关注教学形式。

正如你所见，SLA 的研究者有许多机会创造关于第二语言的知识，这些知识可以对这些社会问题进行说明并且使学习和使用第二语言的人的生活过得更好。现代 SLA 作为一种学科面临的挑战有：一方面，要想进一步理解关于人类语言能力和第二语言习得现象的理论难题，还需要对它们进行描述和解释；另一方面通过选择或是环境开始学习母语之外第二语言的人，需要进一步将这种理解与现实世界的问题联系起来。

1.7 关于这本书

对 SLA 的研究揭露了对学习第二语言途径的本质、速度、路径和终点线的形成的**普遍影响**。其中，最重要的也是研究得最好的普遍影响因素有年龄、母语、环境和认知。这些普遍影响互相作用并对内部处理系统以及由其产生的语言造成影响，不论学习者用这种第二语言说话、做手势、互动、书写、协商还是表达自己。我们将会在第二到六章中，研究这些对第二语言习得影响的因素。第二语言习得的一个显著特征是每个人学习第二（第三、第四或更多）种语言时的速度和深度是不同的。我们把第二语言习得的这两个方面称为速率和最终成果。这些年，因为在这两方面的高度差异化与单语的第一语言习得相对更统一的本质形成了鲜明的对比，速率和最终成果的个人差异引起了 SLA 的关注。第七至九章介绍了帮助解释这种**个体差异**的因素，还特别强调了两个基本的因素：语言学能，这有一个认知基础；动机，这有一个社会心理基础。

第二至九章介绍了关于学习另外一种语言的知识主体，它涵盖了这个领域开始的前三十年研究者的学术成果。它包括了影响第二语言发展的语言学和认知方面的普遍因素和个人因素。然而如果我们没有考虑社会因素是如何影响习得的（和没习得的）以及为什么，那么我们对于第二语言习得的理解将是不完全的。我们将在第十章中研究第二语言习得的**社会方面**。这本书最后一章考察的研究大部分是从 20 世纪 90 年代中期开始的。

这是我为本书安排的阅读顺序，有些读者可能对其中一些话题感兴趣，那么在这种情况下，用与我不一样的顺序阅读第二至九章或者只读其中的一些章节也是可以的。你可以看到在每一章的最后有一个总结的部分。如果你在阅读完整个章节之后阅读它，可以用它来进行复习，而如果你在深入阅读这个章节之前阅读它，你可以将它作为一个提要。我是参照阿根廷小说家科塔萨尔 1963 年写的著名小说《跳房子》（在西班牙语中是 *Rayuela*）中的做法，来邀请你按照我写作时脑中所想的顺序阅读这些章节，或者重新按照更适合你的顺序安排材料进行阅读。科塔萨尔是一个成就显著的知识分子、政治活动者和拥有多种语言和多种文化的人。《跳房子》除了是我最喜欢的小说外，也是对那些在工作、生活和活动中使用不只一种语言的人**多重能力**（由使用一种或多种语言的人开发出的独特技能，库克，1991）是什么样的很好的说明。

不管你用适合你的风格和目的的哪种顺序和方式进行阅读，我都希望你可以享受阅读和使用这本书。我的目的是帮助你对这个吸引人的 SLA 领域有一个个人的理解，甚至想在未来引导你成为一个进行第二语言习得学术研究的人。总之，我希望在这本书中分享一些我研究第二语言习得中的兴趣和热情，同时表达我对使用两种语言的人的崇高敬意。

1.8 小 结

● 第二语言习得（简称"SLA"）是对在童年后期、青少年时期和成年时期学习了第一语言之后学习其他语言的调查和研究的学术领域。它包括了在第二语言、外语和传统语言学习背景下对于自然的和正规的语言习得的研究。它寻求去理解影响不同学习背景下的人习得了什么、习得的速度和程度的普遍、个体和社会因素。

● 三个领域对关于我们物种中的每一个新成员个体语言发生或语言起源的问题进行探究并寻求关于人类语言能力和其习得（第一语言习得，双语和SLA）的知识。第一语言习得探究成长过程中只讲一种语言的儿童的第一语言发展。双语关注于成长过程中讲两种或多种语言的儿童或成年人的成熟的双语能力。SLA 探究在童年后期、青少年时期和成年时期学习另外一种语言的情况，并关注于完全掌握这门语言的途径。

● 第一语言习得和 SLA 传统地把单语能力认为是语言发展的默认基准。单语的偏见会为现代的 SLA 带来问题，我们在本书中也不赞同这种观点。

● SLA 具有强烈的跨学科性。这个领域开始时的四个学科是语言教学、语言学、儿童语言习得和心理学。现在双语学、心理语言学、教育学、人类学和社会学也对其产生了影响。

1.9 进一步阅读的建议与说明

关于 SLA 有许多课本和手册。对于真正的初学者，特别是如果你主要对于语言教学感兴趣,莱特鲍恩和斯帕达(2006)与斯科韦尔(2001)提供了适合于老师的具有权威性和可读性的关于SLA的重点知识。如果你想进一步进行理论研究,米切尔和迈尔斯(2004)从为解释第二语言学习而提出的主要理论的视角提供了对于这个领域的概述。当谈到这个领域开始时期关于SLA的理论,一个过去的却不可超越的著作是麦克劳克林(1987)。一本最近出版的解释现代SLA理论的合集是由范帕顿和威廉姆斯写作的(2007)。它具有权威性,并且易读易懂。每一章节都由著名的理论研究者撰写。其他介绍类书籍提供了从社会(萨维尔-特罗伊克,2005)、学校教学(弗里曼和弗里曼,2001)或者心理语言学(德博等,2006)的角度对SLA进行介绍的内容。

如果你已经掌握了一些关于语言学的知识,并且想要熟悉SLA的研究方面的内容,拉森-弗里曼和朗(1991)与盖苏珊和塞林克(2001)分别对20世纪80年代和90年代的理论和研究发现做了经典的介绍。如果你是一个具有良好的乔姆斯基生成语法背景的语言学学生,那么霍金斯(2001)和怀特(2003)是这个领域SLA研究很好的介绍者。如果你对超越乔姆斯基语法的语言学方法感兴趣,那么布兰迪(1999)是一个很好的介绍者。为了更广泛并且在最先进的水平上了解SLA,最好的三个资源是R.埃利斯(2008)、里奇和巴蒂亚(1996)与道蒂和朗(2003)。

第二章 年 龄

儿童在生物年龄四到六岁期间完成习得第一语言这项壮举。相反，第二语言学习者开始学习新语言的年龄范围却很广。这样，年龄成为了第二语言习得和第一语言习得区别的显著标志。可能由于这个原因，自 SLA 这个领域开始以来，理解年龄和第二语言习得之间的关系成为了一个中心目标。有两个问题引起了激烈讨论。一个问题是可能生物时间表在起作用，在这个生物时间表之后，第二语言习得的过程和结果都基本地和不可逆地改变了。这也是熟知的第二语言学习中的关键期假说。另一个问题是可能在第二语言学习中存在一个最高限度，由于这个原因，开发出和人类在他们母语中所表现出的能力水平相当的第二语言能力也许是不可能的。尽管在 SLA 中，对年龄这个问题进行了大量的讨论，但是关于年龄和第二语言学习之间关系的关键问题现在还找不到清楚简单的答案。就像你在本章中看到的一样，得到的一些研究发现还是很难解释，同时理解影响第二语言习得的一般性年龄因素仍有许多问题。

2.1 人类语言习得的关键期和敏感期

通过神经语言学彭菲尔德和罗伯茨（1959）与列尼伯格（1967）的介绍，在语言习得过程中存在一个最优的，可能是关键的年龄期这个观点进入了 SLA 研究领域。当 SLA 这个新领域出现的时候，他们的观点一度有很大的影响力。这些作者提供了神经语言学的资料来支持儿童的大脑有学习第一语言的自然倾向，同时有一些有趣的观察，就是与成年人相比，儿童更适合学习外语。那时暂时被认为造成这种情况的原因是在九岁左右的时候，大脑可塑性的消失（彭菲尔德和罗伯茨，1959）或者可能是在青春期开始的时候，用右手的人负责语言的左半脑的侧化和特化作用的完成（列尼伯格，1967）。在 20 世纪 60 年代后期，第一语言习得存在一个关键期假说，推论第二语言习得也存在一个关键期,这看起来是自然而然的,并且今天看起来也是有道理的。

确实,在一些动物行为和一些动物能力(比如视觉)的发展中存在关键期。有个假说认为在生命的早期存在一个特殊的时期,在这段时间里,大脑在环境中有积累一些特定经验(如语言)的特殊倾向。也就是说,大脑被那些经历以戏剧性的方式预先设置了,但是这只是发生在一个特殊的生理时期中。更准确地说,学习中两种不同的与年龄有关的时期有一种典型的区分:关键期和敏感期。克努森(2004)在表2.1中从SLA领域之外的角度为这两种情况提供了有用的说明。然而,在大多数的SLA著作里,术语"关键期"和"敏感期"在讨论中作为同义词使用。这可能是因为这些关于第二语言习得的可用证据对于SLA研究者而言太初级了,以至于不能使他们对这两个概念做出很好的区分(参见哈利和王,1997)。

表2.1
动物学习中的关键期和敏感期,基于克努森(2004)

一个关于**关键期**的例子是小猫大脑皮层的视觉成像。这个神经过程是在30—80天这个很短的时间段中进行的。如果在这个时间段里,小猫没有观看的经验(因为一只眼睛一直闭着),它们将会失去视力。这仅仅是因为闭着的眼睛和大脑断了联系。也就是说,尽管现在没有被蒙着的眼睛在视觉上是正常的,但它不能将视觉的信息传递到在视神经窗的轴索,进而不能将其传递到皮层第四级的神经元。另一个众所周知的关于关键的、不可逆时期的例子是鸭子前脑的子女印刻作用。子女印刻作用就是使小鸭子在孵化出的9—17小时跟随第一个大的移动物体,并将它们看作是自己的父母紧随它们。而**敏感期**的一个例子是仓鸮通过听觉处理空间信息的能力(这是它在黑夜里捕捉老鼠不可缺少的!),年幼的仓鸮在很小的年龄开发出通过听觉线索创造它们生活的空间在脑海中的地图的能力。如果在这段敏感期,听觉或视觉上受到了削弱,在生命的后期听觉上的空间信息则不能被正常地处理。然而,即使已经过了敏感期,如果视觉或听觉的缺陷被修复了并且更多地接触到了声音,早期的缺陷还是可以弥补和修复的。

关于人类第一语言习得的关键期或敏感期的证据是很有力的,尽管它还远不如我们对脑皮层上视觉成像开发的关键期的理解。有一些证据来自对一些著名的不幸例子的研究。在这些例子中,由于不幸的环境,儿童在青春期前被剥夺了正常使用语言和进行社交活动的机会。这与吉尼(多角度的详细介绍见柯蒂斯,1977;赖默,1993)和几个未受过教育的儿童(康德兰,1993)的情况是一样的。在这种不利的环境下,即使这些青少年被拯救了,并努力教给他们语言,他们也不能达到同龄人的母语水平。

另外的证据来自对聋哑人群中所谓的推迟第一语言习得的研究。尽管很不幸，这种情况占据了由只能听见口头语言的父母生出的聋哑婴儿的90%。在本质上，这些婴儿在前六年的成长过程中不能接触到正常口语或手势的语言输入，并且直到上学之前，他们都不能学到第一语言。多年来，加拿大籍的研究者雷切尔·梅伯里（2007；梅伯里和洛克，2003）得到了许多发现。这些发现表明，这些儿童经常会表现出他们后来学习到的第一语言不完全的能力。由美国的耳鼻喉科专家马里奥·斯维尔斯基和雷切尔·霍尔特（2005）做的一项研究进一步证明了这一点。这两位研究者对96个聋哑儿在1—4岁间植入了人工耳蜗后，对他们的词汇、语法和言语的感知能力进行了追踪研究。当这些婴儿从人工耳蜗中听到了声音之后，他们口语的能力开始开发出来。然而，在两岁之后植入人工耳蜗的婴儿相比两岁之前恢复听力的婴儿在词汇和语法方面（但不在言语感知技能方面）进步较慢并且整体表现较差。研究者谨慎并且具有建设性地解读这个证据，他们认为这可以看作是第一语言习得中存在一个敏感期的暗示，同时这段敏感期比原来想的要短（也可参见斯维尔斯基等，2007）。鉴于这个新发现的人工耳蜗植入的证据，我们可以推测至少对于习得的一些方面而言，这段敏感期可能在两岁后结束。

同样对于第二语言习得，似乎假设在语言的许多方面存在一个敏感时期是合理的。但是 SLA 研究的记录告诉了我们什么呢？

2.3 朱莉，一个起步晚但优秀的以阿拉伯语为第二语言学习者

反对第二语言习得中存在一个敏感期的证据来自乔吉特·尤普和她的同事们所做的一项研究（尤普等，1994）。这些研究者探究了一个非常成功的第二语言使用者——朱莉所取得的最终成果的限度。这个研究非常独特，因为尤普等使用了一个资料丰富的案例研究方法来深入了解朱莉的第二语言学习的历史，同时从丰富的资料中探究了她第二语言能力的许多方面。

朱莉的第一语言是英语，她在21岁时嫁给了一个埃及人，之后移居到了埃及。她和丈夫定居在开罗，她成为了一个英语（作为一门外语）老师，并且有两个孩子。在这之前朱莉从没接受过第二语言的教育，也不会阅读或书写阿拉伯语。然而，通过自然和频繁的学习，她完全学会了埃及阿拉伯语并且可以像地道的本地人一样交流。事实上，她的家人和朋友记得她是在埃及

居住了两年半之后学会阿拉伯语的。据朱莉所说，他们住在开罗三年之后，他们家主要讲阿拉伯语（尽管她说她的孩子成长过程中可以讲两种语言）。在做这项研究的时候，朱莉在埃及已经生活了26年。

为了测试朱莉的口音是否真的与本地人没有差别，研究者将朱莉对她最喜欢的食谱的解释录音与其他6个讲阿拉伯语的本地人和讲得好的非本地人做的同样的口语任务的录音混合在了一起。13个评委中有7个认为朱莉肯定是本地人，然而其他6个评委认为她不是本地的。这6个评委评论说一些细小的元音和辅音的质量以及语调上的差别出卖了她。在另一个测试她言语感知能力的任务中，朱莉能够以百分之百的正确率将埃及语音从其他7种非埃及语音的阿拉伯语中挑选出来。她在区分开罗地区的埃及口音和另外两个埃及地方口音时有些不适应，但是11个本地评委中也有6个同样做不到。

为了测试朱莉的阿拉伯语隐性知识，研究者要求她和11个以阿拉伯语为第一语言的参与者以及另外一个不是本地的熟练掌握阿拉伯语的人做另外三个测试构词现象的任务。第一个任务是将12个句子从英语翻译为阿拉伯语。这方面，朱莉又一次只犯了很少的错误。例如，她将"went to the club"翻译为 *raahit linnaadi* 时没有落下介词"l -"（尤普等解释这是在阿拉伯语中为了表示不仅仅是"去"而是"进去"所必须的，第82页）。第二个任务是判断一些经选择的阿拉伯语句子的语法。在37个句子里，朱莉的判断只有5个偏离了本地人中大部分人的答案。显然，她偏爱于问题中无标记的单词顺序选择，而排斥在阿拉伯语语法中同样存在的可变的单词顺序选择。在第三个任务中，朱莉和其他人必须回答18个记录好的句子中"谁做了X"的问题。这18个句子包含了**回指**，这是一种非常微小并且不太可能通过解释或者对输入的理性分析而学习到的句法现象。回指指的是在句子中指代前面正确的名词的代词。例如，在下列句子中 she 指代了谁（第89页）？

(1) "Nadia saw Mona when she entered the room"
  a. *Nadya shaafit mona heyya daxalit il-ooda*
  b. *Nadya shaafit mona lamma daxalit il-ooda*

谁走进了房间——Mona 还是 Nadia？在英语句子里，答案应该是"Nadia"。在阿拉伯语中，如果像在（1a）中那样使用了介词 *heyya*，更好的回答是"she"指代的是 Nadia，更远的那个指示物。相反地，如果像在（1b）中那样去掉了 *heyya*，更好的回答是"she"将会是 Mona，嵌入式从句"when she entered the room"外更近的那个指示物。朱莉可以正确地指出18个句子中三分之二的回指代词。她在剩余的 6 句中表现得不太好，这些句子中包含了像 "Ahmad bought the dress for the girl that you went to the lady that she angered" (*aḥmad ishtara il-fustaan li-l-bint illi inta ruḥt li-s-sit illi heyya'za alit-ha*，第 90 页) 中的关系从句。不仅是朱莉，就连 11 个本地人听到这个句子后也觉得回答 "谁生谁的气" 这个问题有困难！然而，只有朱莉回答这个问题的方式表明了她将明显的介词 *heyya* 解释为指代了句子中离它较近的指示物。

在他们的研究中，尤普等还包含了另一个例外的起步晚的成功成年学习者——劳拉。她像朱莉一样嫁给了一个埃及人并可以像地道的本地人一样讲阿拉伯语。然而，与朱莉不同的是，她拥有一个从美国的一所大学取得的现代标准阿拉伯语的硕士学位，并且在学习期间，她还是开罗一所大学里的一名标准阿拉伯语教师。除了在言语感知这个方面，劳拉在所有的任务中大体上和朱莉表现得一样好。换句话说，她同样非常成功。然而，尤普等关注朱莉而把劳拉放在他们报告的背景材料中，可能是因为劳拉是一个受过语言教育的学习者，这样就需要考虑许多其他的因素。朱莉，作为一个纯粹的自然的起步晚学习者，为关键期假设提供了一个更坚定的测试案例。或者一些人更认为是反对这一假设！在最后，很难评估在朱莉突出的第二语言表现中较小程度的可变性意味着什么，特别是看到在对本地人所有的测试回答中确实存在着一些可变性的情况下。有趣的是，尤普（2005）自己相信大量的证据支持了在第二语言学习中存在与年龄相关的敏感期。

2.3 谁是更好的第二语言学习者，儿童还是成年人？速率的问题

我们都倾向认为儿童学习语言更快更轻松。就像许多明显的不可否认的事实一样（例如，毕竟地球在我们眼里看起来是平的！），这个论断一旦被进行系统的研究之后，就受到了质疑。在 20 世纪 70 年代，几位 SLA 研究者比较了在第二语言环境中儿童和成年人学习第二语言的速率，结果并不像预期的那样，他们指出成年人较儿童具有优势。例如，两个经常被引用的在荷兰进行的研究中，凯瑟琳·斯诺和马里安·赫夫纳格尔－霍勒（1977，1978）发现就 25 分钟的课程或者长达一年的自然接触第二语言荷兰语中所学到的而言，成年人和青少年比儿童表现得更好。尽管对于年龄较大的学习者这种优势在十个月左右的时候开始消失，调查结果是令人吃惊的，因为它们直接反

驳了假设的关键期影响。

在一篇开创性的文章中，史蒂芬·克拉申、迈克尔·朗和罗宾·斯卡尔切拉（1979）对这些调查结果持几分保留态度。他们总结说，年龄大的学习者在最开始的时候学得好，但是年龄小的学习者长期学得更好。他们的这个结论基于对在1962年到1979年间出版的在第二语言背景下对第二语言学习的23个研究的综述，它包含了那时所有可以获得的结论。18个包含短期对比的研究（在第二语言环境中接触第二语言的时间在25分钟到一年，很少有达到3年的），表明了成年学习者和年龄较大的儿童比年龄小的儿童以一个更快的速率学习。这可能部分是由于语言教育或测试造成的，这些教育和测试需要成熟的认知能力并且包含了元语言技能。由于成年人更能使用认知与元认知的能力与策略，他们才能在开始阶段更快地学习第二语言的许多方面。然而，从5个长期研究中同样获得一种结论，其中迄今为止最为广泛引用的是在哈佛大学和纽约大学分别由苏珊·雄山（1976）和马克·帕特科夫斯基（1980）所做的专题论文。这5个长期研究揭示了在第二语言环境中居住了至少5年之后（常常是10年或者20年，而一些参与者达到了61年），对在第二语言中取得的成就进行比较时，年龄小的学习者明显要比年龄大的学习者要好。朗（1990）在十年之后重新评估了有关速率和最终成果的这些证据之后，重申了同样的结论，他证明成年人速率上的优势在一年多的时候就会消失，因为儿童最终会赶上或者超越晚起步的人。由青山等（2008）做的研究中的最新研究结果同样为这个结论提供了支持。

然而，最近五年在外语背景下收集的关于年龄的调查结果使这个领域变得更加复杂（参见加西亚·梅奥和加西亚·莱昆贝里，2003；穆尼奥斯，2006所做的研究）。特别是在加泰罗尼亚学习英语的背景下（穆尼奥斯，2006），当比较8至16岁早起步学习英语的人与11至17岁晚起步学习英语的人时，事实上，晚起步学习的人将优势保持到了接受教育的5年之后（分别是7年和9年）。也就是说，在这种外语学习背景下，当只能通过教育学习到第二语言时，起步早的人并不能赶上起步晚的人。事实上如果我们记得在同样长的5年的时间里，接触到第二语言的强度和质量在外语学习背景和第二语言学习背景下是完全不同的，这就不令人觉得奇怪了。学生在学校学习外语一年中9个月在学校，每个星期学习3个小时，这样他们5年中接受实际教育和接触到第二语言的时间只有540个小时。相比之下，在同样的时间情况下，第二语言环境下的学习者可能有7000个小时接触到第二语言（如果我们以每天4个小时保守计算）。（一个发人深省的对比是儿童学习他们的第一语言可能有 14000 个小时的接触时间，同样是基于每天 8 个小时的保守估计！）这样，就像辛格尔顿（2003）所提到的，在外语背景下，为了赶上不同起步年龄间所存在的差距需要 5 年以上的时间。年龄可能对学习第二语言有一般性的影响，但是学习背景将会缓和这些一般性的影响，同时这种因素需要被认真考虑。

2.4 年龄与第二语言形态句法学：第二语言学习最终成果的若干问题

那些对关键期或者敏感期问题感兴趣的当代 SLA 研究者现在认为有必要对最终成果进行长期观察并评估第二语言习得的最后状态（朗，1990；许尔滕斯塔姆和亚伯拉罕森，2003）。最近对这个问题进行研究有两种研究方法，它们都关注第二语言形态句法学领域。

第一种方法是关联法。也就是说，在相似的模式下，使用统计方法分析两组数据（在相同的第二语言测试中，年龄和成绩两组数据）相互影响和表现的程度。基于由雄山（1976）与帕特科夫斯基（1980）之前进行的研究，观测了第二语言学习者的样本，这些样本包括接触第二语言环境时的年龄从 0 岁到 50 岁这么宽的范围。这些研究中大部分目的语为英语。调查的关键问题为：年龄和形态语言学成果之间是系统相关的吗？最终成果一般是通过将不同接触年龄的第二语言学习者对于语法判断任务的回答与本地人基线进行对比测量得出的。大体上，积累的研究发现表明在一个特定的年龄（这些研究将这一年龄设立在青春期左右）之前习得第二语言的学习者表现出的语言直觉和本地人非常接近。通过对比，晚起步的学习者的语言直觉就与本地人是不同的。即使他们在青春期后接触第二语言环境多年之后，这点也是成立的。然而，这些证据中的细节却不尽相同。可以从表 2.2 粗略地看出这种不同点，表 2.2 是对雅克利娜·约翰逊和埃莉萨·纽波特的经典研究以及戴维·伯德桑和米歇尔·莫里斯得到相反结论的重复研究的总结。

表 2.2

一系列不同开始习得年龄下的第二语言形态句法学知识

比较在不同第二语言习得的开始年龄下的第二语言形态句法学知识的研究

- 主要研究问题：年龄与形态句法学知识是系统相关的吗？
- 研究者对于结果的解释：约翰逊和纽波特认为他们的数据支持了关键期/敏感期这一概念。伯德桑和莫里斯的研究并不支持所有原来的结果。

(续表)

约翰逊和纽波特（1989）	46个汉语或韩语为第一语言、英语为第二语言的成年人完成了一个由276项测试组成的语法判断任务。他们都接受了大学教育并且在美国生活了5年以上。到达美国年龄（3到39岁）和语言判断成绩之间存在一个r = -0.77统计学上的显著负相关。当只检查3到15岁这个年龄组时，这种相关程度更大（r = -0.87），同时相关程度在17到39岁这个年龄组内消失。最小的一组（到达美国为3到7岁时）达到了本族语说话者控制组的范围，青少年组（到达时的年龄为8到16岁）表现出了成绩与年龄线性递减的规律，而成年组（到达时的年龄在17到39岁）表现出易变性，并没有年龄和语言直觉之间的系统相关的关系。有一个晚到达（到达时的年龄为23岁）的学习者达到了像本地人的水平，准确率高达92%。
伯德桑和莫里斯（2001）	对约翰逊和纽波特研究的完全复制：61个受过大学教育西班牙语为第一语言、英语为第二语言的学习者进行了纽波特和约翰逊设置的语法判断任务。29个习得较早的学习者在3到16岁间到达美国并在第二语言环境下居住的平均时间为12.2年。32个习得较晚的学习者在17岁以后到达美国并且平均居住时间为10.5年。对于整组样本而言，到达年龄和语法判断成绩上在统计学上存在r = -0.77的显著负相关。早期到达的人之间并没有表现出不同，他们都获得了几近完美的成绩。晚到达的学习者的年龄和语法判断成绩之间在统计学上存在一个r = -0.69的显著负相关。有13个晚到达的获得了92%或更高的成绩，3位学习者的成绩高于95%（这项研究同时检查了报告的第二语言使用数量。当前第二语言使用数量与判断之间有很大的关联）。

表2.2中有两个结果值得注意。首先，在约翰逊和纽波特（1989）的研究中年龄与语法直觉之间的关系会在青春期左右突然消失，而在伯德桑和莫里斯（2001）的研究中语法成绩会在青春期之后逐渐降低。其次，这两个研究都列出了一个或多个在成年才开始学习第二语言却达到了和本地人一样水平的学习者。这两种模式出现在了约翰逊和纽波特的一些其他部分重复研究中。例如，德凯泽（2000）得到了与约翰逊和纽波特（1989）一样的结果，他的报告中包括57个从匈牙利到美国的移民。但是，弗利奇等（1999）得到了与伯德桑和莫里斯（2001）相似的结果，他的报告中包括240个韩国裔的美国永久性居民。

对于年龄差别与第二语言形态语言学发展之间研究的第二种并行的方法是研究成功的晚起步第二语言学习者的语言上限。就像尤普等所做的研究，重点考察那些似乎取得像本地人一样最终成果的突出学习者。这些研究通常考察英语之外的第二语言。尽管这些例子传统上被认为是例外情况，但是伯德桑却猜测这可能实际上占拥有"公平成功机会"学习者的5%到25%（伯德桑，1999b，第14—15页）。选择的方法是将他们在语法判断任务中的表现与本地人进行比较，有时还采取回顾访问的方式来研究学习者对于他们选择的解释。这类研究考察的问题是：他们到底有多接近本地人水平？表2.3总结了这个方面的两个经常引用的实验研究，它们都是关于非常成功的法语第二语言学习者的。R.考彼尔特斯（1987）发现了关于关键时期的有力证据，但是戴维·伯德桑（1992）对于同一问题的重复研究却找到了反对关键时期的有力证据。有趣的是，使用相似方法但是在设计上有微小差别的许多研究同样得到了相互矛盾的结果。例如，索拉切（1993）从44个意大利语第二语言学习者的研究中找到了形态句法学存在关键时期的证据，但是怀特和杰纳西（1996）对89个英语第二语言学习者的研究与蒙特鲁尔和斯拉巴科娃（2003）对64个西班牙语第二语言学习者的研究都找到了反对这一点的证据。

表2.3

接近本地人和本地人形态句法学知识之间的区别

对于那些取得了非常高水平并认为是接近本地人的第二语言学习者的形态句法学知识实验室外的检查研究（通常是青春期后的第二语言习得案例）	
● 主要研究问题：在形态句法学知识上，一些个别的成功的第二语言习得者可以和本地人没有区别吗？ ● 研究者对结果的解释：考彼尔特斯：不可以，接近本地人的第二语言知识与完全单语的本地人的是不同的。伯德桑：可以，即使在实验室严格的检测下，一些罕有的、非常接近本地人的学习者是不能与本地人区分出来的。	
考彼尔特斯（1987）	研究了21个法语为第二语言的学习者，他们全部是在青春期后学习第二语言，并且接受过教育成为了十分成功的法语使用者。他们做了一个语法判断任务并接受了访问。他们对于任务的语法直觉的平均水平与本地人的平均水平存在三个标准偏差。在访问中，他们判断的合理化与本地人也是不同的。微小的句法语义和形态语义学知识的不同使本地和接近本地区分开来。
伯德桑（1992）	对考彼尔特斯研究的部分复制：20个法语为第二语言的学习者，他们全部在青春期后学习第二语言，并且接受过教育成为了十分成功的法语使用者。他们是在19到48岁之间到达法国的，他们的第一语言为英语。在这些人中，15个参与者在语法任务上的表现达到了本地人的水平。在这个只有晚起步学习者的样本中，在到达年龄和成绩之间存在着 r = −0.51 的负相关。

表 2.2 和表 2.3 表现出的在实验结果上的不一致是一贯存在的。简单地说，只要研究结果继续显示出在某个关键年龄之后语法直觉并没有显著下降或者只要仍然发现有与早期学习者会"成功"，晚期学习者会"失败"这样一般倾向相违背的个别的成功晚期学习者的案例，那么关于在第二语言学习中是否一定存在关键时期的怀疑就不会消除。

2.5　从认知神经学的视角看第二语言形态句法学证据

大脑如何处理语言的知识和任何一个关于第二语言学习关键期的探讨都是高度相关的。最近十年，认知神经学这个新的领域为这个问题提供了有趣的论据。数据是由如事件相关潜能这种神经影像技术探测出的。这种技术提供了完美的时间分辨率，同时，当大脑受到了处理语言的刺激进行不同认知活动时，它可以以毫秒度量神经网络的激活模式。这些研究结果为第二语言形态句法学提供了一个关键期的解释。

一些研究者发现大脑中语言功能定位的单侧性在晚期讲双语的人中（更多的是右半大脑的活动）比早期讲双语或讲单语的人差。这个结论是由法国的神经学家斯坦尼斯拉斯·德阿纳和克里斯托夫·帕里耶研究得出的（参见德阿纳等，1997；帕里耶等，2003）。同样地，海伦·内维尔和她在美国的实验室同事得出了一些证据。这些证据表明在进行特定种类的第二语言句法处理过程时，较晚学习第二语言的双语学习者（在大部分的研究中是 8 岁以上）的大脑和讲单语的人或较早学习双语的人的大脑激活模式是明显不同的。而在第二语言语义刺激的过程中对大脑的活动进行检查，这种与年龄相关的差别就会消失。例如，韦伯－福克斯和内维尔（2001）对在 1 到 15 岁第一次进入第二语言环境的汉英双语人进行了调查研究。那些在 7 岁之后首次接触到第二语言的讲双语的人处理封闭类词汇（例如**虚词** with、the、some）的方法和早期开始讲双语的或者讲单语的人是不同的。而对于开放性词汇（例如**实词** nose、stored、glad）所有人大脑的激活模式没有很大的差别。德国的研究者阿尼亚·哈恩（2001）对她的俄罗斯语—德语双语参与者进行了研究，这些人都是在 10 岁之后开始学习德语这门第二语言的。阿尼亚·哈恩同样发现他们在处理 *Das Geschäft wurde am geschlossen*（"The shop was being on closed"）这样的句法不规则的句子上与单语的人在数据上是明显不同的，而对于语义不规则的句子却没有发现不同。基于这些研究结果，这些神经认知学研究者提出句法功能的学习和语义特征的学习根本上是不同的。他们特别提出句法涉及计算学习机制，同时受到生物时间表的限制，而语义学习使用的是联想学习机制同时不受关键时期的限制。

然而，其他的神经认知学科学家对这些结果提出了不同的解释。例如，在美国李·奥斯特豪特和他的同事（奥斯特豪特等，2002）认为对于实词和虚词不同的神经激活模式同样可以由两种不同的词汇长度刺激进行解释（实词一般比较长，这理所当然会影响到处理过程）。意大利研究者达妮埃拉·佩拉尼和朱班·阿布塔勒比（2005）提出在解释大脑活动的程度时不是开始的年龄，而是使用第二语言的程度发挥了作用。他们认为第二语言和第一语言语法处理过程中涉及的神经系统是相同的，同时更加熟练和更加频繁地接触到第二语言与更低的激活模式是独立相关的。此外，他们提出的研究报告指出，即使获得的熟练程度一直保持下去，那些每天较少接触第二语言的人大脑额叶前部皮层左侧表现出较高的活动程度。他们称这与一般的神经认知发现是一致的，也就是增加的训练可以降低神经活动水平，这是因为越来越多地训练同一项任务将消耗更少的资源（参见第五章，5.2节）。使用同样的分析方法，奥斯特豪特和他的同事（奥斯特豪特等，2008）发起了一项研究项目，这项研究项目对零水平初学者通过常规大学外语课程获得进步时受第二语言刺激时的大脑活动进行纵向测量。他们发现在接受了4个月或者80个小时的大学教育之后，大脑激活模式在程度和方位上会发生变化。至少对于第二语言，大脑激活模式变得和流利的第一语言使用者的模式越来越相似。

因此，不能仓促地对这些有趣的神经学发现进行解释，因为在我们对大脑和语言了解的初级阶段，评估这些证据对于关键期意味着什么是困难的。就像马里诺娃-托德等（2000）指出的，据我们对大脑可塑性所知道的，在大脑定位和神经活动模式中与年龄相关的不同之处可能是大脑的结构影响以后的语言是如何获得以及用于第二语言学习中的结果，也可能是大脑被先前经历所影响的结果。只有当神经科学家在怀疑之上确定前者是事实而不是后者，支持关键期解释的证据才会存在。

2.6 第二语言音韵学与年龄

不像微小的难以在实验室外评估的形态句法学知识，外语口音却是如此明显，没有经过训练的耳朵都能把它们分辨出来。这样，我们都倾向认为，如果第二语言学习中一些领域存在敏感期的话，那么音韵学肯定是其中之一。

这是汤姆·斯科韦尔（1988，2000）的观点。斯科韦尔认为当谈到关键期的时候言语有一个特殊的身份，因为"发音是语言中唯一的'物理性'部分，同时，它需要神经肌肉活动"（1988，第62页）。例如，三分之一的大脑皮层用来控制面部下部分、嘴唇、舌头和喉咙的运动神经，这些都包括在了讲话发音中。在回顾了他在1988年开创性的书里对外语口音检查做的大量早期研究后，他得到结论，指出在一个接一个的研究之后，非本地发音的样本被本地评委持续和准确地检查出。同样，自从1988年以来积累的证据显示外语口音可能因为在晚期首次学习第二语言而发展成的。

由詹姆斯·弗利奇和他的同事对240个韩语为第一语言、英语为第二语言的人进行的研究（在2.4节简要提到）为斯科韦尔认为言语是不同的观点提出了支持。弗利奇等（1999）发现自我报告的第二语言使用量和第二语言教育程度这两个具有缓和作用的变量与形态句法学结果有更大的关系，而不是发音。这些结果表明音韵学的习得可能不太受像第二语言使用或是教育这些非生物因素的影响，同时相比第二语言的其他方面，它与生物时间表有更紧密的联系。然而，对于观察到的年龄对音韵学的影响，弗利奇（如1987，1999）提出了与斯科韦尔不同的观点。

根据弗利奇的观点，第一语言中语音的分类或者发音的心理表征会在5到7岁时稳定。从那之后，新的语音对比将会通过第一语言过滤器而获得，因此尽管在生物学上并非是不可能的，但是检查出或产生第二语言的分类是困难的。讽刺的是，之后外语口音产生的原因"并不是因为失去了发音的能力，而是因为很好地掌握了第一语言的发音"（弗利奇，1999，第125页）。年龄大的人当他们开始学习第二语言的时候，他们在第一语言感知方面更稳定。换句话说，弗利奇不像斯科韦尔那样将神经生理成熟程度的限制作为解释第二语言音韵学发展的主要因素或者像感知神经学家那样将这看作是发展过程中神经功能的重组，弗利奇将解释的重点放在了心理感知和语音因素与之前大量的母语经验的关系上。

我们可以说有明显的证据证明在晚期首次学习第二语言更有可能产生口音。尽管这样，就像在第二语言形态句法学中发现的结果一样，在第二语言音韵学中同样有例外的情况，这些青春期之后开始学习第二语言的学习者的发音即使在实验室仔细的检查之下也不会发现存在口音。朱莉和劳拉（尤普等，1994）是最先发现的情况，但是现在出现了许多这样的情况。特别是，西奥·邦加茨和他的同事在荷兰对非常优秀的晚期学习第二语言英语的学习者进行了大量的研究，之后对第二语言法语和荷兰语的情况也进行了重复研究（见邦加茨，1999）。这些例外情况的学习者有两个共同特点，他们都接受了大量高质量的第二语言教育并且他们都自称自己有很大的动力让自己像本地人一样发音。尽管艾伦·莫耶（1999）发现的这种情况更少，她同样发现24个在美国在12岁之后开始学习第二语言的优秀的第二语言德语使用者中有一个被评委判断为本地人的口音。总之，第二语言音韵学与第二语言形态句法学一样，获得和本地人一样的水平并不是不可能的（尽管这确实是十分罕见的）。事实上，值得注意的是这种成功的晚期学习第二语言学习者的例外情况目的语言不论是阿拉伯语、荷兰语、英语、法语还是德语都是存在的。

2.7 什么原因导致了年龄效应，生物的还是其他的原因？

现在你一定可以认同的是，关于第二语言学习中年龄效应的解释还没有得出定论。一方面，对形态句法学关联数据得到结果的解释受到了许多方法上的批评，特别是关于在数据中观察到的究竟是在青春期左右的突然下降，还是随着年龄逐渐降低的探讨（见表2.2；见伯德桑的讨论，1999a，2006）。此外，我们总能找到在青春期后（通常是20岁左右）开始学习第二语言的人可以达到本地人语法直觉水平或多个评委也检查不出他们不是本地人这样的例外情况存在。这个事实与关键时期的解释不相符。

此外，我们可以得出在学习技能和能力的时候，存在与年龄有关的不同，同时提出不涉及将大脑中预设的生物变化作为隐含原因的解释。这样解释的其中之一是基于先前已经牢固掌握的第一语言以及第一语言—第二语言交互的作用，而不是生物方面的。就像我们看到的一样，在第二语言音韵学中，詹姆斯·弗利奇持有这样的观点。在这个观点中，"年龄是第一语言系统发展状态的一个指标，在第二语言学习开始的时候，越是全面发展的第一语言系统，第一语言对第二语言的影响越深"（皮斯克等，2001，第196页）。其他的SLA研究者强调与年龄效应相关的总体社会教育和动力因素对第二语言学习的影响。这是艾伦·比亚韦斯托克和白田健二（1999）以及凯瑟琳·斯诺、斯特弗卡·马里诺娃-托德和他们的同事（马里诺娃-托德等，2000）支持的观点。他们认为相比儿童，在青少年和成年人中的社会教育和动力因素是根本不同的，以至于可以预测到最终语言成果的不同。但是这些成果可能只是经历和社会化的结果，并不是生物上或本质上不可逾越的。

其他 SLA 研究者认为假设的敏感时期是确实存在的（如许尔滕斯塔姆和亚伯拉罕森，2003）。他们认为存在一个虽然没有被完全理解但是生物学上不可能的事情，这就是过了一个特定的年龄之后，仍继续使用在人类生命早期最适合学习自然语言的方法来学习第二语言（例如，德凯泽，2003，尤普，2005）。这种解释与罗伯特·布莱-弗罗曼（1990）著名的根本差异假说相一致。他的假说认为儿童和成年人习得的过程根本上是不同的，因为儿童有先天感知第一语言语法的能力，而成年人则失去了这种能力，从而他们需要利用问题解决和关注的方法来学习第二语言（更多的讨论也可参见第七章 7.9 节）。

尽管那些支持关键时期观点的学者可能会是正确的，但是迄今为止，他们还不能对到底是什么样的生物上不可逆的变化使得大脑只能在一个特定的年龄之前用自然的过程学习语言这个问题得到一个明确的答案。就像在 2.1 节中提到的，许多研究者认为是侧化和可塑性这些神经过程。另一个过程是髓鞘化或者是在生命最开始的 10 到 12 年间在大脑神经纤维周围保护神经以及在神经细胞之间使得信息快速传递的白质的发展（普尔弗米勒和舒曼，1994；普若尔等，2006）。另外一种观点认为是青春期增加的雌激素或者睾丸激素（厄尔曼，2004）。然而，迄今为止我们缺乏足够的证据证明是与神经或者神经化学相关联的，从而明确支持关键时期这个解释（更展开的讨论见辛格尔顿，2005）。

总之，在各种各样研究个体中一直出现不一致的证据的情况下，宣告第二语言学习中存在关键时期是为时过早的。大量的证据表明晚期或者成年人的第二语言习得比第一语言或者早期的第二语言习得一般情况下最终成果的水平较低，并且个体差异较大。然而，这个领域中关于第二语言习得中是否存在关键时期的两种观点都是存在的。第二语言学习中的年龄效果是无处不在且无可争辩的，但是对于这种效果的满意解释（生物上的或者其他）还没有得到定论。

2.8 年龄效应对 SLA 中双语转换的影响

由于在研究领域出现了两种新的证据，在最近的 SLA 探讨中，有关第二语言学习年龄效应的问题开始变得更加复杂。

第一种新的证据是人们认识到在另一种语言习得中年龄效应出现在比想象中更早的时候，可能是在 4 岁。这个观点远未达到定论，但是看起来是具有前景的，因为它汇集了许多不同研究项目。这样，许尔滕斯塔姆和亚伯拉罕森（2003）发现，如果研究者招募在很小的时候（如小于 6 岁）开始学习第二语言的参与者并使用高精度的分析程序，那么小的但是重要的形态句法学的不同点会在非常小的学习第二语言的儿童的读写表现中检查出来。同样的，在第二语言音韵学中，弗利奇等（1995）发现非常小开始学习第二语言的人也不能达到本地人水平的发音。在相近的双语研究领域中，也出现了一些相似的结果。例如，加泰罗尼亚语研究者努丽娅·塞巴斯蒂安-加勒和她的同事（塞巴斯蒂安-加勒等，2005）通过让较早学习第二语言和同时学习双语的人做分辨是否为加泰罗尼亚语中词的词汇判断问题，从而研究他们的词汇表达。他们发现在 4 岁甚至更早（但不是从一出生开始）开始接触加泰罗尼亚语的参与者在词汇判断任务中比从出生就接触加泰罗尼亚语和西班牙语的参与者表现差。就像我们在这章前面部分探讨的，在耳聋的儿童中植入人工耳蜗而进行的推迟的第一语言发展的例子（斯维尔斯基和霍尔特，2005）与在（第一或第二）语言学习中存在一个更早的年龄效应的观点是一致的。大部分在 SLA 领域关于第二语言学习中年龄效应的研究结果和相关的解释都是假设这种效应发生在一个更晚的年龄，一般对于语音而言大约为 6 岁，对于形态句法而言大约在青春期或 15 岁以上。如果年龄效应是发生在像 2 岁或 4 岁这样早的时候，那么长期坚持的关于早开始学习第二语言可以保证一个完整且成功的第二语言习得的假设将会失去它的说服力。将年龄效应开始的时间放在生命的第一年，这样就会难以区分第二语言和双语学习者的区别。这样 SLA 在未来应该考虑一系列新的理论和实验观点。同时当 SLA 研究者重新评估这些证据的时候可能需要对双语学进行研究。

第二种越来越多被证明的最新观点是实际上第一语言和第二语言的相对使用量是判断年龄效应的中心问题。这就是所谓的语言激活（在双语研究中也被称为语言的主导作用）（见伯德桑，2005；佩拉尼和阿布塔勒比，2005）。例如，弗利奇和麦凯（2004）的研究结果表明年龄小的时候开始学习第二语言却没有完全掌握第二语言发音的人表现出了较少使用第二语言、大部分时间使用第一语言的情况。塞巴斯蒂安-加勒等（2005）同样揭示了第二语言/第一语言使用量的相似效应。即使在他们研究的同时（从出生开始）学习双语的情况下，这种效应也是存在的。研究中参与者在日常活动中积极和长期使用的语言中表现得最好。当假定的关键年龄需要推到更早的时候，同时语言激活和练习的效应加入到年龄效应中时，我们应该以一个新的角度重新评估这些现存的证据。

最后，关于第二语言习得年龄效应的研究结果是基于这样的一个假设，评估第二语言习得和第二语言能力的基准是第一语言习得和第一语言能力。鉴于有可能在所有年龄中双语、语言激活和主导效应的影响（从两岁时开始）都存在，我们需要在将来对这个假设进行修正。简单而言，双语的成果可能不能直接和单语成果进行比较。至少美国的戴维·伯德桑（2005，2006）、加拿大的布莱特·哈利和王文霞（1997）、英国的薇薇安·库克（1991，2008）和爱尔兰的戴维·辛格尔顿（2001，2003）认为这种比较是不明智的。库克（2008）雄辩地揭示了将第二语言使用者和单语使用者进行比较的危险：

> 没有理由不能将一个东西与另一个东西进行比较，发现苹果和梨之间的相同点和不同点都可能是有用的。SLA 研究能将与本地人比较看作是一种工具，这一部分是由于对于单语使用者我们已经了解了许多。而将不能达到本地人水平看作是失败这是危险的：苹果不能变成好的梨。将第二语言使用者与单语的本地人相比可以产生一系列的相同点和不同点，但是却不能将第二语言知识在单语中无法体现的特别方面表现出来。
>
> （第19页）

那么年龄研究中评估成果时应该将什么作为对比的参照物呢？库克（1991）、格罗让（1989）、辛格尔顿（2003）对双语及多语能力进行了研究之后表明：

> 第二语言习得年龄效应的研究中恰当的做法是将青春期后第二语言学习者与在儿童时就开始习得第二语言的人进行比较，而不是将青春期后第二语言学习者与本地人进行比较。
>
> （第10页）

研究人员指出单语和双语在语言认知上是根本不同的状态，同时由第一语言和第二语言各自使用量引起的语言激活的整体状态也不同，而不是早期学习单语和晚期的第二语言存在根本的不同。由于这一点，对于第二语言关键时期现存的证据需要重新被解释。如果双语或语言激活/主导作用在所有年龄中起作用,那么解释应该从生物学转移到大脑和认知过程的变化上。这些变化是由在所有年龄同时或先后接触过不止一种语言的经历引起的。假定的在过了一个特定的年龄后获得本地人水平的不可能性,如果 SLA 研究者从双语的角度进行解释,这就意味着不可能将说双语的人变为说单语的。不论是理论的还是实践的观点,这都会变得不再重要。毕竟,如果将双语视为人类语言能力的默认状态,第二语言学习者无法达到和单语能力相同的水平就不会成为一个问题了。

最后,最近其他的研究表明,大量的环境(如接触和使用高质量的第二语言输入的机会以及第一语言使用的数量和质量)和社会影响的因素(如动力、第二语言教育和整体教育水平)可能会相互作用并成为对不论是早开始还是晚开始学习的人成功的重要预测指标。这样,未来应该对这些附加的变量更多关注。我们同样可以预测或者至少希望,未来将有更多的 SLA 研究者会使用新的方法和设计,使他们对早开始或者晚开始的第二语言学习者正确地进行研究,而不是把他们看作是讲单语的人有缺陷的复制品。

2.9 年龄在第二语言习得中到底有多重要,为什么年龄影响第二语言习得?

就像我们在这一章中所见到的,SLA 领域从产生到现在的 40 多年间,对于年龄一般是如何影响第二语言习得进行了大量的研究。对由第二语言习得中年龄效应引起的问题的解答是很重要的,因为这将在我们探求理解人类语言能力这个整体上前进一大步。此外,迄今为止由 SLA 研究者得到的有关年龄与第二语言习得的结果可以有效地用于不同的第二语言学习者人群。

首先,了解年龄小的儿童习得第二语言在开始的时候会比较慢是一个很重要的以研究为基础的观点,这个观点反对推行所谓的"沉或游"的教育政策这种有害的尝试,这种政策试图减少或者完全撤掉对学校中讲少数族裔语言的儿童的第一语言或者第二语言的支持。这样的政策已经在美国出现了一段时间,这是很危险的(参见克劳福德,2000)。同样的,年龄大的儿童和成年人比年龄小的在开始学习第二语言上具有优势,同时在第二语言环境中这种优势可以持续到 5 年左右的时间,而在外语环境下,这种优势将会持续更长的时间。了解这一点将有助于我们解决在小学一开始就开始外语教育这种错误的尝试,这种尝试往往没有首先对社会资源和环境是不是可以在整个教育期内维持下来进行评估（对在美国这些问题的探讨，见拉利，2001）。很遗憾的是，这种趋势在扩张，特别是将英语看作是默认的外语的地区（如纽南，2003）。第三个需要记住的和年龄有关的结果是令人惊奇的像朱莉和劳拉这样晚起步的成功学习者的存在，而且这可能占了最好情况学习例子中的5%到25%（伯德桑，1999b）。这对于语言教师和教育者是充满希望的信息。事实上，了解他们的成功都是因为有很大的动力并且接受了高质量的教育（邦加茨，1999；莫耶，1999）无疑是一个很好的信息，因为这有利于对为了提高第二语言或者外语教育而增加人力物力的投资进行游说。

2.10 小 结

- 就第二语言学习的速率而言，成年人和年龄大一些的儿童比年龄小的儿童在开始的时候具有优势，并且这种优势将会保持超过1年，有时会到3年，特别是测试他们的任务中需要认知成熟度或包含元语言学技巧时。然而，5年之后在第二语言背景下，早起步的学习者将会赶上或者超过晚起步的。对比而言，在外语背景下，即使在5年之后，也无法观察到早起步学习者优势的滞后效应。

- 就第二语言学习取得的最终成果而言，大部分在一个特定的年龄之前（一般是青春期前）开始习得第二语言的学习者可以培养出和本地人非常接近的形态句法和语音能力。然而，青春期之后的学习者并不能达到本地人的水平，并且即使他们在第二语言环境中生活多年之后，这点也是存在的。

- 与年龄相关的成功和失败的案例中同样存在例外情况。这样，一些成年的学习者在第二语言中可以取得像本地人一样的水平，或者至少是非常接近本地人。相反，早开始并不能保证在所有情况下都可以完整且成功习得第二语言。一些儿童在4岁甚至2岁这种很小的时候就开始学习第二语言，然而却仍可能在很小的方面将他们和本地人区分开。在前一类例子中，例外情况出现通常与大的动力以及高质量的第二语言教育有关系。而后一类例子与更多使用第一语言（就是较多的第一语言活动以及第一语言为主导）相关。

- 不同SLA研究者对观察到的年龄效应提出了许多相当可信的解释。那些将关键时期作为解释的人认为在一个特定年龄之后，人类大脑使用与学习第一语言时同样的过程在生物学上是不可能的。然而，像分析与解决问题这些过程在青春期之后的第二语言学习中出现。许多神经学或神经化学的原因

（包括侧化、可塑性、髓鞘化和青春期后增加的雌激素或者睾丸激素）被考虑到，但是仍没有实验证据证实它们。对于支持将非生物因素作为解释的研究者，一些人认为是之前存在的第一语言知识的影响，还有一些强调是社会教育和情感—动机的因素影响。

- 最近的研究表明从 2 岁开始双语效应（例如第一语言—第二语言交互）和语言激活与主导效应（如第一语言与第二语言的相对使用量）在所有的年龄中起作用。这个证据表明比较双语获得成果与单语获得成果可能是不明智的。这样，在未来，研究项目需要从强调单语儿童的第一语言习得和类似单语的成年人的第二语言习得根本的不同转变到研究大脑和认知过程的改变，这些改变是由于在不同的年龄下同时或相继接触到不止一种语言的经历所造成的。

2.11 进一步阅读的建议与说明

新进入 SLA 研究领域的人经常对看起来既有支持又有反对第二语言学习中关键期假说的大量论据和数据感到迷惑。当你钻研这方面的文献时，保持思想上的开放和专注是很重要的。对这样一个具有争议的主题，你首先应该阅读斯科韦尔（2000）和辛格尔顿（2001）的简要综述。你可以很方便地比较这个领域两位具有开创性的专家在同一本杂志相近年份发表的两篇论文。前者代表了用生物时间表解释年龄差别的观点，后者对此持怀疑的观点。在一个更高的水平上，你可以阅读和比较许尔滕斯塔姆和亚伯拉罕森（2003）与伯德桑（2006）写的综述，他们都提供了一个更现代的观点，同样前者完全支持在第二语言学习中存在关键期的观点，而后者对于做最后的定论持更谨慎的态度。

马里诺娃-托德等（2000）对关键期假说保持怀疑的可能原因进行了论述，同时我推荐你阅读许尔滕斯塔姆和亚伯拉罕森（2001）对它进行的反驳，以及作者的回应（马里诺娃-托德等，2001）。你可以通过阅读尼科洛夫和米哈列维奇·吉古诺维奇（2006）的论著来加深对年龄效应教育分支的理解。

如果你对在这个领域获得专业知识感兴趣，可以阅读下面的书籍。由戴维·伯德桑（1999a）编辑的论文集虽然会使阅读上有些困难，但是很有趣，因为它在支持和反对对年龄效应进行生物上解释的观点中进行了平衡，也因为它同时提出了理论和实验的观点。尽管以论述为主，朱丽亚·赫欣索恩

（2007）的书提供了对年龄问题的一个独特有价值的角度，因为它深入地回顾了在第一语言和第二语言习得中的年龄效应，但持有语法天生主义者的观点认为关键期存在于第一语言习得之中而非第二语言习得中。如果你对外国口音感兴趣，那么汤姆·斯科韦尔（1988）的书是值得一读的经典。如果你主要研究在外语背景下的第二语言学习，那么由加西亚·梅奥和加西亚·莱昆贝里（2003）以及穆尼奥斯（2006）所编著的合集是适合阅读的。

我希望2.8节的讨论能激发你对SLA中天生论的定义与局限的兴趣。如果是这样，格罗让（1989）、库克（1991，2008）、伯德桑（2005）对你都是适合阅读的。

最后，对于那些父母或者即将成为父母的人，如果他们对了解将孩子培养成具有多语能力的人感兴趣，金和麦凯（2007）的著作适用于非专业的读者，但是这一著作是根植于有关这个话题的最好研究的。

第三章　跨语言影响

按照定义，所有第二语言习得者在他们开始学习另外一种语言的时候，都已经完全掌握了第一语言，或者常常掌握了其他一些语言。事实上，他们当中的许多人是在熟练使用另外一门语言许多年后，开始习得他们的第二语言。这样，之前的语言知识对于第二语言习得是个重要的影响因素，同时这对于所有的第二语言学习者是普遍存在的。本章提供给我们对下面这个问题的综合分析：如果第二语言学习者已经拥有了熟练使用母语或者其他他们知道的语言知识和能力时，这些是如何影响新语言发展的？

对这个问题的研究经常被称为迁移或者跨语言的影响。你可能同样听到过它被称为"干扰"，但是这种旧的术语在现代 SLA 课程中已被前面的两个术语替代。因为这个术语可能会造成第一种语言会阻碍第二种语言发展这种不好的暗示。恰恰相反的是，就像我们在这章中将会看到的一样，跨语言的影响既会对第二语言的学习产生积极的影响，又会对其产生消极的影响。另外，第一语言的知识对第二语言习得的影响是微妙的、有选择性的，有时它会对不同第一语言背景的人、不同发展阶段和熟练程度的人以及对第二语言的不同领域产生截然不同的积极或者消极的结果。

3.1　第一语言—第二语言的相同点和不同点

在 20 世纪 50 年代和 60 年代早期，起初假设是第一语言和第二语言之间的差别造成了学习同一种第一语言的特定学习人群学习第二语言时所遇到的困难。这个假设引发了许多对给定的语言组合之间的相同点和不同点进行比较的研究。这不久之后被称为**对比分析学派**（如斯托克韦尔等，1965）。他们坚信系统地比较第一语言与第二语言将会最终使研究者和教师们预测出什么时候消极的迁移影响会出现，以及具有特定第一语言背景的第二语言学习人群会犯什么样的错误。在 20 世纪 60 年代和 70 年代，新兴的 SLA 领域的研究者开始转向分析实际学习者的语言，并且开始使用**错误分析**和后来的**表现分析**这些新方法进行研究（见朗和萨托，1984）。不久之后，人们就明白了外在对于第一语言—第二语言的差别的分类既不能决定第二语言学习者的语言知识，也不能决定他们的语言表达。

  首先，一些第一语言—第二语言的相同点并不会对学习起到帮助，这点很快就变得显而易见。让我们来看看否定这个方面是如何对这点进行说明的（也可参见第六章6.7节）。像法语（ne + 动词）、葡萄牙语（não + 动词）或者西班牙语（no + 动词）这些语言中否定是放在动词前面的。与之相反的是，否定在英语里是放在动词之后的，我们将"not"加在动词的后面，这些动词包括"is/are"、"can/should"或者其他动词的助动词"do/does/did"。这对于德语（动词 + nicht）、挪威语（动词 + ikke）和瑞典语（动词 + inte）也是正确的。瑞典的SLA研究者肯尼斯·许尔滕斯塔姆（1977）对160个在瑞士生活刚刚超过四个月、以瑞士语作为第二语言的初学者进行了研究，研究内容是他们在学习五周和八周后对否定的掌握情况。他发现不论160个学习者的第一语言背景是什么，他们中大部分人的否定的一般模式是相同的。他认为这意味着"我们可以在一个大的跨语言统一体中学习，而不是在没有联系的［第一语言—第二语言组合］统一体中学习"（第401页）。他同样报道了在样本中的六个第一语言是土耳其语的学习者，其中三个看起来得益于土耳其语和瑞典语的相同点（同样是否定放在动词之后的语言），但是，另外三个学习者一开始表现出了将否定放在动词前面的偏好。直到第八周的时候，这三个学习者才开始逐渐接近用瑞典语的方式进行否定。如果第二语言的学习简单地依赖于第一语言是正确的，那么为什么这些学习者一开始在与他们的第一语言相似的第二语言学习上遇到困难呢？

  相反，我们发现确实存在的差异将导致学习上的困难，且这种困难未被证实。而且，无论什么学习上的困难都不具备对称性或双向性。这里的一个例子是关于在英语和法语中代词在句中的放置问题，它能很好地说明以上问题，这是来自加拿大研究者赫尔穆特·佐伯尔的简述（1980）。英语中代词置于动词之后（I see them），而法语中代词置于动词之前（Je les vois）。这个差异并不对以法语为第一语言的英语学习者造成困扰，他们很少犯逻辑上可能犯的迁移错误，例如：I them see。为什么以法语为第一语言的学习者在学习英语的时候不被这个差异干扰呢？相反，对以英语为第一语言的法语学习者来说，对相反方向的本质上同样的一个差异的学习，他们觉得困难得多，Je vois les 这个错误确实得到证实。我们如何解释是什么原因导致在语言学习上，从 Lx 到 Ly 时比较困难而从 Ly 到 Lx 时没那么困难，仅仅因为第一语言—第二语言的差异而导致学习上的困难这个说法是否成立？

3.2 语际识别（Interlingual Identification）

通过这种积累下来的经验主义的证据，SLA 的第一代研究者总结出，不仅由于第一语言—第二语言的差异，而且误导性的第一语言和第二语言间的相同点也被证实为造成语言学习的困难。德国的 SLA 研究者亨宁·沃德（1976）称这个理论为关键相似性测量（Crucial Similarity Measure）。在美国，罗杰·安德森（1983）补充了迁移至某处（Transfer to Somewhere）原则，提出无论是第一语言还是第二语言，必定具有某些特征导致对于相似点的错误判断。这正是克莱和奥坎波（1995）从秘鲁的一个有趣的研究中发现的，此研究是关于第一语言是盖丘亚语而第二语言是西班牙语的学习者。这两种语言众多差异中的一个是**可证性（evidentiality）**，即相信或体现一个言论为真的确信程度。西班牙语与英语类似，其可证性在词汇上体现，如通过副词 supuestamente、evidentemente、alparecer（据称、显然、表面上）体现，但是盖丘亚语的可证性却通过动词的形态体现（对于了解德语的人来说，这个与第一虚拟式的用法相似，如 er sei nach Hause gegangen，"据推测，他已经回家"）。克莱和奥坎波发现，大部分参与者用西班牙语中动词的过去完成时来表达没有亲眼目睹的事件，而不用其他表达手法，这样看来，强调的是有所表达的可证性，而不是时态。他们总结出，同时掌握盖丘亚语和西班牙语的学习者"已经找到了西班牙语的方式来表达盖丘亚语中的强制分类"（见第 68 页）。换句话说，他们不过是发现了西班牙语动词形态的现在时和过去时在语法上是一种用来表达可证性的合适的对策，在形式上与他们的第一语言相符合。

20 世纪 70 年代到 80 年代之间的发现促使另一个更具有普遍性的跨语言影响见解出现，这促进了对第一语言迁移的理解，它需要超越第一语言—第二语言的正式联系。这就是说，对于决定跨语言影响的因素更好的理解，最后不在于外国语言的对照，而在于学习者心理上对于第一语言—第二语言相似点和不同点的认知。学习中出现迁移，学习者必须做出语际识别，特伦斯·奥德林定义其为"对于本国语言的某些地方与目标语言的某些地方相似的判断"(2003,第454页)。这种判断可以但不必须是由有意识的和有安排的选择体现出来。例如,在学习过程中遇到第二语言知识的空白,最好的解决方法是依靠了第一语言的知识。辛格尔顿(1987)为此提供了一个令人关注的例子。他研究了一个叫菲利普的专业作家所犯的迁移错误,菲利普是以英语为第一语言的,他在三次短暂的法国之旅中学会了法语(他已经可以讲一口流利的西班牙语,也曾经在学校里学习爱尔兰语和拉丁语)。在用法语交谈的3个半小时里,他有154个迁移错误被确认出来。大约三分之一的错误是由于说话过程伴随了犹豫、道歉、疑问语调、笑声或其他一些菲利普大概已经意识到不够完美的迁移手段的公开说明。在回顾这个交谈过程和讨论一种特定的法语选择时,菲利普说:"我知道它大概不够准确,但是这是我认为的最接近正确的用法了。"(第335页)

然而,语际识别不总含有意识的判断,潜意识的迁移也会存在。更为重要的是,正如你会在这章看到,语际识别最少受3个因素影响:(a)第二语言特殊现象的性质和形成性质发展的普遍影响;(b)学习者在第一语言和第二语言间的认知距离和他们对某用法能否迁移的直觉;(c)他们相应的熟练程度。

3.3 第一语言之外的影响

通过对实际的学习者语言的分析,而不是对比外在的第一语言和第二语言的差异,早期的SLA研究者同样发现了儿童掌握第一语言时出现的一种语言,和年轻与年长的学习者掌握他们的第二语言时出现的语言两者之间的重要相似之处。例如,正如我们将在第六章看到,过去时形式的runned(在成年人里常用英语的表达形式是ran),或者the car was crashed这个表达方式(成熟的英语说话者会说the car crashed),是母语为英语的儿童在某些阶段使用的表达方式。这些完全一样的形式也会出现在成人的言语和写作里,这些人的第一语言背景广泛,学习英语作为他们的外语或第二语言。这些其实不是从比如保姆或哥哥姐姐或者从同事和课本那里获取的形式。也无法在母语中溯源,特别是考虑到儿童学习他们的第一且唯一的语言时,没有可以依赖的较先习得的语言,而成年人不管第一语言背景是什么,也会生成这些形式。

相反,SLA研究者很快总结出这些形式必然是暂时的系统解决方法,是由儿童和成人独立创造出来的,当他们想要理解一个新的语言系统是如何运作时，便会如此。而且，他们还总结出，提高的解决方法存在于一个给定的语法领域，第一语言和第二语言的学习者必须本能地和普遍地穿过他们的小径而达到这个领域的关键地方。尽管不同的第一语言和第二语言的学习者具体怎么做的细节不同，在一般意义上，提高的限制在第一语言和第二语言的掌握上是不可否定的。因此，最后从给外在的第一语言—第二语言的差异分类向分析实际的学习者语言的转变对**中介语**（**interlanguage**）概念的出现（塞林克，1972）做出贡献，并促使自然顺序的记录，习得的顺序和其他有规则的遍及第二语言所有领域的发展模式实现，这些我们将在第六章考察。但是，如果有那么多系统性和有规则的中介语程序的证据遍及第一语言背景，便产生一个新的问题：对比其他普遍发展的影响，第一语言在第二语言的发展中扮演什么样的角色？

3.4 第一语言对第二语言发展过程的影响

有有力证据证明第一语言迁移不能从根本上改变掌握第二语言的路线，但是它可以影响学习者沿着他们本能的发展道路中进步的速率。这个可能性首先由佐伯尔（1982）总结出。他提出，第一语言—第二语言的差异导致不同的第一语言学习者群体在学习形态语法结构时的节奏或速率是不同的。所有第一语言学习者群体需要穿越相同的一系列的相似处，而到达第二语言系统，然而，有些第一语言学习者群体可能在某个特定的阶段停留较长时间，增加一些额外的副阶段，或者要比别的第一语言学习者群体觉得第二语言系统的某些方面更难懂。让我们考察以下三个著名的例子。

英语中的否定的发展是一个经充分理解的领域，在前面3.1节已介绍过。正如我们将会在第六章6.7节看到更多详细内容，已公认动词前的否定形式（No/Not + Verb）存在于英语作为第二语言的学习者学习的早期阶段，不管他们的第一语言背景是什么。除了许尔滕斯塔姆（1977）发现的土耳其语—瑞典语例子，各种第二语言都有强有力的证据。例如，坎西诺等（1978）用第一语言为西班牙语的学习者详细验证了动词前否定形式，这些学习者的第一语言只有动词前否定的否定语法，瑞文（1968）也用第一语言为挪威语的儿童验证此否定形式，这些儿童本能地用 I not like that 来表达，尽管他们的第一语言跟英语一样，只允许动词后否定形式。来自第一语言的影响只有在考虑提高的速率时才明显。学习者本身语言的语法中用动词前否定形式的（如意大利语、希腊语、俄罗斯语和西班牙语），他们停留在动词前否定形式英语的第一阶段的时间比第一语言为挪威语或日语的学习者长得多，后者的第一语言与第二语言相似，都是动词后否定形式（佐伯尔，1982）。换言之，当第一语言否定规则与第二语言不一致时，第二语言的提高在这个给定的领域会减慢。

  英语中的疑问句的构成是另一个已被 SLA 研究（见第六章 6.12 节）很好地绘制出来的领域。一个由来自澳大利亚的曼弗雷德·派内曼带领的研究团队（派内曼等，1988）发现学习者最开始用升调来表示他们在发问。他们开始用一个片段（阶段 1：a hat?），后来用陈述句（阶段 2：you are tired?）。再过一段时间，学习者们开始使用前置策略，即他们造疑问句时把疑问词（如 what、do、is）放在陈述句之前（阶段 3：what you want? do your daughter is here? is your daughter work there?）。倒装句直到这三个阶段被掌握后才出现。一旦倒装句出现在第四阶段，它最先与 wh – 同时出现在含有系动词 is/are 的疑问句中（where is dog?），并且在包含助词 is/are 的 yes/no 疑问句中出现（are you listening to me?）。最后两个，也是最高级的阶段是倒装在 wh – 疑问句中，几乎遍及所有文章，这是阶段 5，还有阶段 6 的特殊情况的像目标语的疑问句构成，例如附加疑问句（you are surprised, aren't you?），疑问句中否定（don't you see?）和嵌入式问句（I wonder why they left）。（你会在表 6.9 中发现有关这些阶段更正式的总结。）许多年后，加拿大的研究者妮娜·斯帕达和帕特斯·莱特鲍曼（1999）发现，第一语言的影响能导致在这个已健全的发展顺序里有意料之外的副阶段增加。他们的参与者是 144 位法语为第一语言的六年级英语学习者，意料之外的第一语言影响在阶段 4 和阶段 5 对倒装的学习中产生。例如：

  （1） a. Where can I buy a bicycle?
    b. *Why fish can live in water?

  （1a）和（1b）都是 wh-疑问句的例子，并且都需要使用倒装结构，（1b）是不符合语法规则的，因此用星号标出。在学校通过八个小时的教学材料大量对英语疑问句结构的接触了解后，很多学生开始接受（1a）的形式。这是一个好的现象，它表明英语疑问句中的倒装结构已被掌握。然而，明显矛盾的是，同样是这些学生经常接受不符合语法习惯的句子，就像（1b）那样。在进一步的数据考察中，斯巴达和莱特本总结出，这些讲法语的英语学习者很可能是在发展阶段，这时他们头脑中的语法认可的带有代词（如 1a）的倒装结构是符合语法规则的,但是倒装结构带有名词(正如 1b 中把母语翻译成英语的表达)是不符合语法结构的。这正是以法语为第一语言的学习者运用的模式。这就是说,一种由第一语言启发的中介语规则出现了,并且它正减缓了这些学习者在他们学习完全符合目标语的英语疑问句倒装规则上的进步。

第三个被普遍研究的领域是英语中的冠词系统,或者说在名词前对于冠词"a""the"还是无冠词的选择(例如,我们说"I like French fries"、"I like the French fries"还是"I like a French fry")。汤姆·许布纳(1983;见第六章 6.6 节)和彼得·马斯特(1987)分别在夏威夷大学和加利福尼亚大学洛杉矶分校的学位论文中深入研究过此论题。英语冠词对于以英语为第一语言的群体来说同样非常困难。然而,学习者遇到的困难的性质和程度取决于他们的第一语言。对于以英语为第二语言的学习者来说,若他们的第一语言中不存在冠词,那么在学习阶段的最初就会体现出明显的劣势,正如马斯特(1997)详细叙述的那样。例如,英语为第二语言的冠词早期学习发展阶段的显著特征是,交替使用 one、this 和 the 放在指代听者已知物体的名词前。对于第一语言中存在冠词的学习者来说,像西班牙语,冠词学习发展的第一阶段即 one、this 和 the 的交替使用阶段是短暂的,前两个不像目标语言的形式很快被抛弃而偏爱用 the。若第一语言与第二语言存在相同点,会有一个进步很快的起步。例如,贾维斯(2002)发现瑞典学习者只经过了两年的英语教育就可以在英语不定冠词使用上达到 86% 的正确率,在英语定冠词的使用上达到 98% 的正确率。这可以在某种程度上用英语和瑞典语在冠词系统上的相似性解释。尽管如此,完全掌握英语冠词所有细分的使用差别是比较困难的,即使对上述群体来说。这样,西班牙语为第一语言的英语学习者倾向于把定冠词 the 过度扩大地使用于一些泛指语境(I like the French fries),并且会持续如此一段时间,即使到第二语言中上水平的熟练程度时也是如此。这种行为是由于学习者的第一语言冠词系统在语义学上的基本组成而导致的,他们的冠词系统用定指表示泛指,就像英语中不用冠词的情况一样(如 *me gustan las patatas fritas* but I like Ø French fries)。当然,这种过度概化(overgeneralizatian)的错误在第一语言没有冠词的学习者中即使被证实存在也较少反复和频繁出现。

3.5 标记性和第一语言迁移

标记性(**markedness**)是另一个已知与第一语言影响相互作用的学习人

类语言普遍影响的重要来源。这个术语曾被语言学家们以不同的方式多次使用（巴蒂斯泰拉，1996）。在 SLA 研究中，它曾被用来表示含有语言系统的一个可能性闭集，在这个集合里给定的可能性从世界上语言中最简单、最频繁的，或者说未被标记的，到最复杂、最稀少的，或者说被标记的，进行排列。另外，很多但不是所有的标记性集合的一个特点是，每个已标记的元素会预先假设较少被标记的元素是存在的，并且从来没有过其他方式（换言之，标记性的联系是具有启发性和单向性的）。

语言学家已经发现，标记性的层次体系遍及世界语言的很多关键领域，如形态学、语音学和句法学。关系从句就是一个很好的例子，我们将在第六章 6.11 节考察此知识。另一个好例子是关于浊音结尾和清音结尾之间的区别。如果用手触摸着喉结，同时压住和释放双唇发出清楚的/b/，你指尖处会感觉到颤动，因为/b/是一个浊辅音。相反地，如果你做同样的动作，同时试着发出清楚的/p/，你不会感觉不颤动，因为/p/是一个清辅音。声带是否颤动是区分这两种音的主要特征，要不然用相同部位（双唇）和方式（气流突然受阻之后释放并伴随送气）发音的/b/和/p/会很难区分。浊辅音结尾的词（如音/b/、/d/和/g/在 tab、seed 和 bag 里）比清辅音结尾的词（如音/p/、/t/和/k/在 tap、seat 和 back 里）更具标记性。证据来自许多资料。世界上所有的语言都有一些清塞音，也有一些有清塞音也有浊塞音的，但是没有语言是只有浊塞音而没有清塞音的。儿童在学习第一语言的时候需要掌握清塞音和浊塞音，他们往往是先掌握前者，再掌握后者。人类语言中有一种自然的语音学过程演变，被称为浊音清化，浊塞音在特定条件下通过此过程可以发成清音，这样一个具有标记性的特征（浊音）被中和并且被不具标记性的（清音）取代之。

在第二语言的学习中，标记性原理成功解释了被充分验证过的第一语言特征迁移的定向性效应（directionality effects），基于浊塞音和清塞音的情况，英语和德语都具有相同的一套清辅音和浊辅音。然而，在英语中这两种辅音都可以出现在词语的结尾处，在德语中浊塞音却不能出现在词语结尾处，因为浊音清化的自然过程的应用使得所有浊辅音在词语结尾处都被发成清音了。因此在德语里，例如 g 在 *Tag*（day）中就被发成德语中 k 的音。在学习发展的早期阶段，第一语言为德语的英语学习者在学习英语的一些如"wave"和"tab"这种以浊辅音来结尾的词时会遇到困难。他们经常会浊音清化最后的辅音，将这两个词读成"wafe"和"tap"，这样他们就是把第一语言中浊音清化的规则直接迁移到第二语言中。第一语言为英语的学习者在学习德语时并未出现上述困难（埃克曼，2004，第 531 页），他们很快就掌握在念 Tag 时最后的音应念/k/，如果他们想更接近德国人的发音。这是因为他们的第一语言是更具标记性的英语，并且他们学习的德语特征不具标记性。通过对比，第一语言为德语的英语学习者发现他们自己需要学习更多具有标记性的例子，但是他们的第一语言中几乎没有适合的规则让他们参照。

对于第二语言的提高来说，普遍的观念是标记性的形式趋向难掌握，并且因此引发更多中介语解决方案。而且，当第二语言比第一语言更具标记性时会导致学习的困难，相反，第二语言标志性低于第一语言时，学习会顺利很多。另外，第一语言更具标记性的形式（像英语词语中浊塞音结尾的情况）相比于不太具标记性的形式（像德语词语中清音化塞音结尾的情况）被迁移的可能性更小。这些被概括为标记性差异假说（Markedness Differential Hypothesis），在 SLA 语音学者弗雷德·埃克曼（1977）的早期工作中被提出。

3.6 杯子自己能碎吗？迁移性

在荷兰的一系列具有重大影响的出版物中，弗雷德·埃克曼（1979，1983，1985）在谈到第一语言对学习的影响时，提出了一个很重要的观点：迁移性（transferability，你可能也发现术语 psychotypology 在 SLA 中也表示同样的概念）。迁移性是指第一语言迁移，在一定程度上是学习者（有意识或潜意识）关于如何确定迁移的可行性的自觉作用。第一语言中具有标记性的或者是"该语言特有的"情况比较难迁移到第二语言，但是第一语言中不具有标记性的或者是"较普遍的"情况比较容易迁移到第二语言。

在凯勒曼（1979）的研究中，用了三组第一语言是荷兰语的英语学习者来研究及物动词和不及物动词的可接受性。试想一下，例如，动词 break（英语）和它在荷兰语中的对等词 breken。及物的（摔坏某物）和不及物的（某物坏了）意思在英语和荷兰语中都有可能出现，正如下面的对等翻译：

(2) a. he broke his leg → hij brak zijn been
　　b. the cup broke → het kopje brak

研究的结果为 SLA 研究者提供了一些有趣的惊喜。第一组用作比较的荷兰学生，他们在高中时学习过英语，并且英语水平较初级。他们对于及物的和不及物的动词用法几乎都能 100% 接受并正确使用。有人也许会提出，这些学习者出现与第二语言熟练程度不符的正确率很可能是得益于荷兰语跟英语之间的相似之处。然而，通过第二组的学习者反映出来的结果是完全意想不到的，他们是17—20岁的荷兰学生。他们是一些就读高中最后一年或者刚读大一和大二的学生，因此他们的英语熟练程度在中等水平。这组学习者能正确地使用和理解 break 全部的及物用法（如2a），但是却只在60%的时间里正确理解和使用不及物动词（如2b）。是什么妨碍了这群英语水平中等的学习者用他们第一语言中的优势来学习第二语言，就像第一组学生那样？同样令人惊讶的是，第三组荷兰学生具有较高的英语水平（他们在大三学习英语），他们也正确地接受理解不及物的语法（如2b那样：het kopje brak，杯子碎了）。理所当然地，他们的表现应该比第二组好，但是为什么这些英语水平高的学生的正确率比第一组的还要低？

凯勒曼提出，动词的及物用法如 break（如2a）是学习者凭直觉理解的，在语义上更明显和在句法上更典型于不及物的用法（如2b）。物品不会自己打碎。我们自然地赋予一个有生命或无生命的代指（就是某人或某物）来引起事情的发生。在英语熟练的初级程度，凯勒曼（1985）推测得出，"年轻的学习者，他们较少接触英语教育并且在元语言上不是那么熟练，似乎还没有觉察到它们的区别"（第349页）。他们依靠自己的第一语言并且成功地做到地道的表达。然而，随着学习者掌握更多语言知识，他们产生了"对单个动词使役义与非使役义的实际应用区别的敏感度（隐性地知道）"（第348页）。他们"超越了成功的习得"（凯勒曼的表达方式，1985，借用自儿童语言习得研究者安妮特·卡尔米洛夫－史密斯），并且放弃迁移他们第一语言中不及物的意思。这就好像是说不及物的意思被认为是太具标记性或太荷兰式了而不被判断为可迁移之处。

凯勒曼的发现清楚地解释了对于第一语言与第二语言足够相似之处能否迁移到第二语言的判断很大程度上受除了第一语言与第二语言外部作用下的比较以外的其他因素的影响。基于这些数据，还有三组英语熟练程度不同、但是第一语言都是荷兰语的学习者令人惊讶的表现，凯勒曼（1985）还指出，迁移性与第二语言的熟练程度在形成判断是否可以迁移的观念上相互影响，不仅限于第一语言—第二语言表面上的相似或不同之处。

3.7　回避策略

你也许在这章里已经遇到过很多否定迁移的例子，其中包括在第二语言会话和写作中所谓的常犯错误：I not like that，why fish can live in water? I like the French fries。当我们听到这些熟悉的表达方式时，很容易联系到第一语言中表面上的相似点或不同点。然而，在一般情况下，第一语言的否定迁移不会出现这么明显的错误或者不符合第二语言语法习惯的错误。这就是**回避策略**（**avoidance**），或者省略错误（errors of omission）。

作为一个系统的来自第一语言影响的例子，回避策略首先是由雅克利娜·沙克特（1974）在大量的研究中确定的。通过对来自英语为第二语言的学习者的 50 篇作文中的关系从句（在英语中由 who、which/that 和 whose 引导的从句）进行分析，她发现中国和日本的学习者在关系从句上犯很少的错误（总共才 14 个），但是经过检查，他们用的关系从句也很少。相反地，波斯和阿拉伯的学习者在学习关系从句时犯下很多的错误（总共 74 个），但是他们也使用比前面两种学习者多很多的关系从句（328，比其他两种学习者在关系从句使用上多了两倍）。根据基南和科姆里（1977；见第六章 6.11 节）早期的跨语言类型学上的研究，沙克特发现中国和日本的写作者写的关系从句跟英语本身的从句有很大的区别，而波斯和阿拉伯的写作者写的关系从句与英语本身的从句很接近。她总结出，中国和日本的写作者可能在他们的文章中有意识或潜意识地避免使用关系从句，因此会犯比较少的错误。这样，回避策略的一个有趣的结果是它可能会提高英语写作上的正确率。然而，这种做法会让学习者更少尝试第二语言新的用法，回避策略避开了一些给定的领域，因此也减慢了他们第二语言学习上的提高。这表现出一些 SLA 研究者觉得理所当然的事实，也让很多读者意识到少犯错误有时候也不是好事，这可能开始会让他们吃惊不已。

回避策略概念的趣味性在最初激发了 SLA 研究者的兴趣。然而，再一次，从外部定义的第一语言—第二语言区别以外的因素在解释回避策略的时候需要考虑，这一点逐渐变得清晰。三个研究为这个主张提供了重要的依据。这三个研究都与英语短语动词有关，即由两个词或者三个词构成（let down、back up、look up to）、一般有一个拉丁衍生词（disappoint、support、admire）与之同义的动词短语。达格特和劳费尔（1985）一个较早的研究发现，第一语言为希伯来语的英语学习者，他们的母语中并没有短语动词，他们比较偏向于使用拉丁衍生词而避免使用同义的短语。相反地，来自后来的劳费尔和埃利亚松（1993）的研究发现，第一语言为瑞典语的英语学习者并没有出现这样一个偏向，他们的母语中含有短语动词。有趣的是，在这两个研究中发现了回避策略的一个额外的效应，它与学习者的第一语言无关，只与短语动词的复杂性有关。也就是说，第一语言为希伯来语或是瑞典语的学习者在学习上都在多数情况下选择使用字面上或语义上意思明显易懂的短语动词，而不选择使用意义复杂或语义上意思不明显的短语动词。例如，像 turn up（到达的意思）这样的短语会经常不被使用，而 come down（意思是下降）这样的短语则相反。更为复杂的是，许尔斯汀和马切纳（1989）在另一个对荷兰语为第一语言的学习者的研究中发现，很多学习者避免使用第二语言的短语动词，尽管他们的第一语言里存在短语动词，并且偏向使用单个词的同义词。此外，被他们避免选择的一些词的意思就是由荷兰语对应的短语动词翻译过来的。这个结果与凯勒曼（1979）在 3.6 节所讨论的内容是一致的。这些动词由于含有太明显的荷兰腔而被学习者判断为不可迁移的内容。

总的来说，这三个短语动词的研究结果再一次说明，我们对于主动和被动迁移的预测，包括对回避策略的预测，不能仅仅依靠第一语言和第二语言外在的相同点和不同点。正如奥德林（2003）提出，跨语言影响总是概率性的，而且它们总是形成于多种相互影响的因素，这些因素来自于学习者对可迁移性的心理判断，学习者当时对第二语言的熟练程度，以及给定的第二语言的次要系统的特点和相关复杂性。

3.8 使用不足和使用过度

大概是由于回避策略隐性地引发有意识的选择难以被证明，在对回避策略的兴趣逐渐减小的同时，第二语言学习者第二语言某些形式**使用不足**（**underuse**）与**使用过度**（**overuse**）的相关概念引起了近期 SLA 研究的关注。这个假设是，第一语言可以抑制某些第二语言语法上的选择，而且是主要影响因素，这样就导致了某些第二语言的语言形式在学习者进行会话和写作中被使用不足或过度使用。

这是斯科特·贾维斯和特伦斯·奥德林（2000）在对第一语言分别是芬兰语和瑞典语的青少年的作文再次分析时发现的，这些作文是由贾维斯（2002）收集到的，关于此内容的研究我们将在下节看到。芬兰青少年的英语作文样本证实，在大多数的作文中介词使用不足，他们中的很多人（但是他们同时研究的瑞典学习者一个也没有）在句子中没有使用介词，如：

（3）The girl stole a loaf of bread the car and run away

芬兰语标记位置时通常在词后加后缀（即是我们说的所谓的黏着句子），这会使学习者不注意使用英语介词（例如独立的单词或者是所谓的放在名词前用来突出位置的自由语素）。这样，第一语言的黏着形式直接导致很多学习者使用第二语言时介词不足。综观普遍的介词使用不足的情况，贾维斯和奥德林发现芬兰青少年过度使用介词 in，并且在他们过度使用的情况下，很多地方不符合英语表达习惯，如：

(4) When they had escaped in the police car they sat under the tree

实际上，查理·卓别林和他的新女友从警车逃出，用 from。瑞典学习者从来不会把 from 的意思用 in 代替。芬兰学习者过度使用 in 的情况似乎已经由于语义迁移而越演越烈。芬兰语有六种不同的位置格的后缀，与目标、位置和来源结合起来清晰标记内部空间和外部空间。相反地，英语介词可以合并内部位置和内部目标。贾维斯和奥德林指出，第一语言—第二语言语义结构的不同误导了芬兰学习者在全部的内部位置意思表达时都用 in。

在学习者中，第二语言学习者语言中的使用不足和使用过度模式吸引了近期利用语料库语言学技术的 SLA 研究。这类研究包括将来自不同第一语言背景的第二语言学习者所产生的平行语料库进行定量比较，也跟母语为目标学习语言的本地人的基本水平进行比较。比利时 SLA 研究者希尔维娅那·格兰格和同事们（格兰格等，2002；也可参见科布，2003）编辑了一本书，主要介绍了几个这样的研究。书中，特别指出了不同的第一语言的学习者群体使用某种语法形式的频率是明显不一样的，并且对于特定的第一语言—第二语言学习者群体，他们在特定的语法形式上出现的使用不足和使用过度的现象在不同的第二语言学习阶段也具有各自的特点。

3.9 第一语言对第二语言学习速率的积极影响

另一个须知道的重要事实是，第一语言对第二语言学习的影响不只有消极的一面，也有积极的一面。例如，主动迁移（positive transfer）解释了凯勒曼在最早研究的学习者中观察到的现象，即 3.6 节里面提到的。第一语言的促进作用很容易被忽视了，大概是由于主动迁移的情况太难被识别。特别是在运用过程中，这些学习者能够准确运用某些主动迁移，并且没有被老师或者对话者识别出来。相对而言，第一语言的消极影响更引人注意，并更多地被人们研究。对于完全掌握第二语言来说，两者都是十分重要的。

第一语言的知识常常对第二语言学习的速率有积极的影响。许多年来，哈坎·林布姆（1987，1992，2007）肯定地认为，第一语言的相关知识可以加速对第二语言的掌握。他的研究计划着重于对芬兰的在校学生学习英语的研究。芬兰有着特殊的语言环境，对他要研究的两个共存的群体是怎么学习英语的提供了合适的环境条件。这些研究对象中多数的芬兰学习者在学校中也学习瑞典语，他们在三、五或七年级开始学习瑞典语。少数族裔的学习者的第一语言是瑞典语，他们在学校也学习芬兰语，从三年级开始。林布姆证实，对于英语学习来说，瑞典学习者比芬兰学习者要掌握得快，尽管这两个人群也相互学习各自的语言，并且由于共同生活在一个国度内，他们的文化背景有许多相同点。林布姆总结出，瑞典学习者的优势在于，瑞典语与英语**起源和类型上的相近**，它们在类型上有许多共同点。这是由于它们都是日耳曼语族语言，属于印欧语系。芬兰语恰恰相反，它是一种黏着性语言（即把一些词素或者一些词黏着在一起的语言），属于芬兰－乌戈尔语族。这样芬兰语在语族联系和类型上都与英语有着很大差距。

第一语言知识的促进作用在许多第二语言学习的领域中得到证实。由斯科特·贾维斯（2002）设计的研究就是一个很好的例子，他研究了英语冠词体系的运用（瑞典语跟英语类似，有冠词体系，而芬兰语却没有）。这个研究同样是在芬兰进行的，同样是对芬兰和瑞典的在校学生进行研究。贾维斯从他们写的关于一部无声电影片段的复述作文中得出结论，这个片段改编自1936年查理·卓别林的著名电影《摩登时代》。他发现，由于瑞典语的影响，芬兰的瑞典学习者运用冠词 the 和零冠词总体上准确率高于芬兰学习者。尽管这个优势并不大，但仍然在两年、四年或者六年后的第二语言熟练程度中表现明显。

第一语言对第二语言语法上关于性别标记词学习的影响更好地说明了跨语言的促进作用。例如，比亚韦斯托克（1997）发现以德语为第一语言的学习者在学习法语时，比以英语为第一语言的学习者在学习法语中关于性别标记的地方掌握得更好，在英语里，名词或者形容词是不标记性别的（有趣的是，联系第二章内容，她提出第一语言的背景比学习者开始学习法语的年龄能更好地解释观察到的可变性）。在语音学领域中，韦兰和吉翁（2004）进行了一个短期的实验室研究，以此验证是否可能训练第二语言学习听力者去识别和辨别泰语的中音和低音。他们发现，如果学习者的第一语言里有不同音调（闽南话和普通话），他们与第一语言无声调的学习者在经过30分钟的训练后，要比后者具有更好的识别能力。换句话说，前者第一语言中的声调经历给了他们额外的优势。

第一语言和第二语言间比较抽象的相同点对第二语言的学习也有促进作用，例如当第一语言的语法类型可以解释清楚第二语言的不同语法类型时，就促进了新类型的发现和学习。约翰·威廉姆斯（2005）在英国进行的两个实验提供了关于这个说法的有趣证据。这个研究是为了调查来自不同第一语言背景的学习者只通过归纳（即没有任何解释）发现冠词使用的一个较复杂的人造规则的程度而设计的。这个规则在语义上通过冠词后名词的生命性总结出来，并且大致上采取以下构想："gi 和 ro 都是 the-near 的意思；但是我们说 gi cow 是因为 cow 是有生命物体，而说 ro cushion 是因为 cushion 不是一个有生命的物体。"对于被研究的学习者来说，这个规则必然是难理解的，因为他们从来没有听说过类似的解释。威廉姆斯在语法上有性别之分的语言知识（例如所有的罗曼语族语言和德语）和通过归纳学习 gi/ro 规则两者之间发现了一个系统的、促进的关系。更明确地说，第一语言有性别和冠词名词一致的相关语法规则的学习者，总是比第一语言没有性别和冠词名词一致的相关语法规则的学习者在学习这些语法规则的时候表现得更好。

总之，相同的第一语言事实上对特定的第二语言的学习领域既有不好的影响，也有好的影响。这样，柯林斯（2004）发现，91 位魁北克大学生对英语一般过去式的准确使用掌握得比较慢，他们的第一语言是法语。这是由于他们第一语言里单一的形式（过去式的组成）对应英语中的两种过去式形式，一般过去式和现在完成时。现在完成时的重叠（或者关键相似点，用沃德的方式来说；参较 3.2 节）误导并刺激了以法语为第一语言的英语学习者过度使用现在完成时，在母语为英语的人使用一般过去式的语境中也用了现在完成时。同时，她也发现了在对比其他不同第一语言的学习者人群时，关键相同点使得英语现在完成时更容易被以法语为第一语言的学习者掌握。

3.10 第一语言内在的影响：以信息结构为例

关于第一语言迁移，有人认为不管是主动的还是被动的，总是可以直接将第一语言形式转变成第二语言的，或转变成显眼的不用或过度使用某种形式，这种想法是不准确的。我们刚才讨论过的威廉姆斯的发现说明了这点。在更多的情况下，跨语言的影响引发中介语解决方案，这些方案看起来不同于错用或省略的表面错误。某种第一语言的知识经常导致某些微妙的影响，这些影响存在于表面之下且容易被忽略,或者易被误解或者误判。我们将用一个研究充分的第一语言微妙迁移的例子来说明这个观点:**信息结构**。

根据这个特征,语言被分为两类。主题突出型语言用句子通过一个主题的说明构成信息,后面是新的信息。主语突出型语言通常围绕着主语和动词构成句子,并且只有当实际需要时,才通过其他特殊方式强调主题。例如,汉语、日语、韩语和索马里语都是主题突出型语言。在日语里,主题(不管是主语、宾语或其他)都用小词 wa 标记。在英语里正好相反,如果我们想要围绕一个主题造一个句子,我们会使用一个结构,如"As for my lost wallet, Peter finally found it",或者使用语调和停顿(Noisy, those neighbors!)。第一语言的信息结构对第二语言学习者在语法使用选择上具有深远的影响,但是效果却是很难判断的。威廉姆斯·卢瑟福和雅克利娜·沙克特(卢瑟福,1983;沙克特和卢瑟福,1979)的发现为我们提供了一个很好的说明。

特定的非英语表达习惯选择经常出现在以汉语为第一语言的英语学习者写的短文中,如以下沙克特和塞尔斯-穆尔西亚(1971)给出的句子:

(5) There are so many Taiwan people live around the lake

在最初的时候,这位写作者使用第二语言时会出现省略她可能想写的关系从句中的关系代词(who/that/which)的现象。她的写作老师可能会认为,这个措辞问题是由关系从句的错误引起的。然而,通过对类似语言例子的一个详细分析,沙克特和卢瑟福可以证明,实际上写作者在用第二语言写作时可能无意识地根据他们第一语言的规则进行语言组织。如果他们的分析是正确的,以汉语为第一语言的作者应该是要通过句子(5)表达"Many Taiwanese people, they live around the lake"或者"As for Taiwanese people, many of them live around the lake",这样是一个用主题突出来组织语言的句子。在已发现英语具有表达存在的语言结构(there is/there are),并且这种结构能够使信息以此方式表达(首先表达主题,然后评论)之后,这位作者可以有技巧地在这个领域中使用它来满足第一语言的使用习惯。

更重要的是,如果我们延伸来自卢瑟福(1983)的分析,句子(5)可以通过位于以下连续变化的形式中间位置的中间形式来更好地理解,从最接近第一语言的信息结构向最接近第二语言的信息结构变化:

(6) a. many Taiwan people, they live around the lake

b. there are so many Taiwan people live around the lake

c. There are many Taiwanese people who live around the lake

   d. Many Taiwanese people live around the lake

如果卢瑟福和沙克特是正确的,那么一位英语写作老师以(6c)为对(6b)的修正来教学生用第二语言写作,教给学生一些关于英语关系从句有趣的知识,但是真正对学生有用的可能是让他们意识到,为了写出的英语句子更自然,学习者应开始减少使用主题突出的句式(减少使用类似于 6a 和 6c 的句式),并且更多地围绕主谓顺序组织信息(更多应用像 6d 的句式)。

值得注意的是,如果顺序换过来,即信息结构从第一语言的主语突出结构向第二语言的主题突出结构转变,对第二语言的学习者来说也是比较困难的。这是由金(1994)从一个有 46 位以英语为第一语言的学习者学习汉语的例子中发现的。学习者在汉语水平的早期阶段,在句法上和会话中难以适应主题突出的倾向。同样地,荣(2004)在 23 名第一语言为英语的韩语学习者身上也发现类似现象。这些学习者最初将英语的主语突出从句结构迁移过来,并且只有一些有较高韩语水平的学习者使用韩语主题标记(n)un 来表达已给过或者已知的信息。韩语的双重主格结构出现得更少。这些主题化方式在初级的第二语言学习者那里使用不足,尽管它们在目标语言中很常见(如 khokkili-nun kho-ka kilta,"至于大象,它的鼻子很长")。

随着第二语言水平日益提高,为了使用第二语言表达某个意思而迁移第一语言信息结构的趋势会逐渐减少,但是这个过程大概会很慢。这是帕特丽夏·达夫(1993)在她的对 JDB 的纵向研究中发现的,JDB 是一位在加拿大学习英语的柬埔寨学习者。JDB 是在 6a—6d 这个连续体之前的阶段,这时他还没发现英语的存在结构。相反地,为了保持柬埔寨语主题突出的信息结构,他在表达所有和存在的意思处都使用了所有结构 have,如(7)里,达夫解释为(7a)和(7b)的意思:

(7) Khao Larn Camp the King of Thailand they has a small camp about three thousand people

   a. "There is a Thai camp at Khao Larn with about three thousand people"

   b. "The Thai government has a camp at Khao Larn with about three thousand people"

这种 have 或 has 的使用作为一种不变的形式,表达 there is/there are 的意思,已被许多 SLA 研究广泛证明了。在两年半的观察的最后阶段,JDB 突然开始使用一个中介语形式 's（发/z/的音），如来自达夫记录的以下话语显示：

(8) And's many rock by the river

达夫解释这种形式为存在的主题标记 there is 的先兆。即在第二语言环境中沉浸了两年半之后，JDB 能提前进入一个有潜力进化成之前出现的连续演变中的（6b）阶段的阶段。这可以看作 JDB 中介语进步的一个重要标志，然而它是在 has 被稳定地使用了很长时间后才出现了。这种 has 形式使他在运用第二语言时保留了第一语言习惯的信息结构。

不只进步很慢，卡罗尔等（2000）提出，即使到了第二语言掌握较熟练的程度，第一语言的信息结构还是会对第二语言有一个重要也是微妙的影响。他们提出英语和罗曼语族语言习惯于在介绍新的指称对象时使用存在结构，如 There is a fountain on the square，而德语中习惯使用方位结构如 Auf dem Platz ist ein Brunnen（在广场上是一个喷泉）。他们发现，10 位德语学习者会将第一语言英语中存在语言结构的习惯用法迁移过来，尽管他们已经达到了较高的德语水平。这种在句子中信息结构上的第一语言的影响在其他叙事和会话选择上也同时存在。

3.11 贯穿语言各个层面的跨语言影响

关于第一语言迁移值得关注的其他方面是，跨语言的影响不仅仅是在形式对形式或形式对功能上，第一语言的知识贯穿语言的所有层面，影响着第二语言的形式、意思和功能。

跨语言的影响在**语用能力**领域中的影响很好地说明了这点。有时候第一语言对第二语言的语用选择的影响是明显的和相对局部的。例如，高桥（1996）对来自东京两所大学的 142 名以英语为外语的学习者进行研究，研究他们对请求的可迁移性的理解。她发现很多学习者选择以下的语法规则，在英语中表达礼貌的请求，这个习惯用法与他们的第一语言对应结构接近：

(9) a. Would/Could you please... → V-te itadak-e-nai-deshoo-ka
    b. Would/Could you... → V-te mora-e-nai-deshoo-ka

然而，在其他地方，迁移进行得更微妙和更具整体，例如，对什么是社交上的冒犯、面子威胁等的社会语用评价。因此，埃利特·奥尔什廷（1983）研究了道歉方式的跨语言影响，发现学习者对什么情况和冒犯可以使用道歉的社交语用判断是从他们的第一语言迁移过来的。结果显示，以希伯来语为第一语言的英语学习者迁移过来的道歉方式显得不礼貌，相反地，以英语为第一语言的希伯来语学习者迁移过来的道歉方式又显得太过礼貌。同样地，于（2004）发现，64位第一语言闽南话的英语学习者，其中一半居住在中国台湾省，另一半居住在美国，他们多数都抗拒而不接受赞美，这一模式与第一语言是闽南话的基准组一致，并且与第一语言是美式英语的基准组的回答相反。于将这样的结果归结于来自第一语言闽南话交流方式的迁移会比较重视谦虚而不是奉承。

另一个领域说明了第一语言的影响能贯穿属于语义功能的表达思维方式的多个语言层面，或者如第一语言习得研究者丹·斯洛宾（1996）所说的**为说而思**。这指的是，语言提供了特定的资源用来建立意思表达的框架，或者用来将经验系统化，并且说话者在他们将想法构成语言时受到这种特定语言方式的约束。动作的表达是一个被广泛研究的例子。在所谓的卫星框架化语言中，动作通常通过体现方式的动词和其他体现路径的额外元素，像一个副词或一个动名词，来表达（如英语 to fly out）。相反地，在动词框架语言中，路径通常通过动词表现，方式是通过额外的元素表达出来的（如西班牙语 salir volando 即"to leave flying"）。斯洛宾（1996）提出，为说而思会使第二语言学习者将第一语言迁移到新的语言，再者，他们可能永远不会在使用第二语言时，将第一语言中得到为说而思的方式重组。尽管他没有实证研究这个问题，但他的提议激起第二语言研究者的强烈兴趣。例如，卡迭尔诺（2008）回顾了快速积累起来的关于第二语言中动作的表达的研究，他总结出，到目前为止研究是多种多样的。我们需要更多的研究来进一步了解第二语言学习者在学习使用他们的第二语言进行为说而思时，将会遇到什么样的难题。

3.12 第一语言之外：多语言中的跨语言影响

人们在学习一个新的语言时，总会将别的语言的知识带入学习中，这在很多实例中得到证实。SLA的研究者在承认这个现象的基础上，在过去的十年已提出两个新的问题：共存的两种（或者多种）语言的知识是怎么影响对于第三种语言（或者第四种或更多）的掌握的？第一语言是否仍然对第三种语言的掌握有首要的影响？

一些积累下来的证据表明,两种(或更多)语言的知识可以加快对另一种语言的掌握。关于对第三种语言习得的词汇迁移的研究发现,大的词汇量对使用多种语言的人有利(欧洲的杰森·切诺兹和其他同事早期出版的一个合集中的几个研究;切诺兹等,2001)。如果学习者之前掌握的语言在类型上与第三种语言有一定联系的话,以上提到的有利之处更明显,因为在这种情况下有许多相关的同根词,即有相同来源因而在两种有关系的语言中的形态和意义相近的词(例如,英语中的 redundant 和西班牙语中的 redundante)。而且即使在不相关的多种语言中,多种语言已被证实可以体现出内在的有利之处,简单地说,这是因为在进行第三语言学习之前,学习者已经拥有一个良好的词汇学习策略。例如,凯沙瓦茨和阿斯塔内(2004)的报告中说,伊朗大学预科班的女生们,她们中有些掌握美式英语和波斯语,有些掌握土耳其语和波斯语。这些女生在一个英语词汇测试中表现优于只掌握波斯语的英语学习者,尽管这些女生的语言里没有什么英语的同根词。同样的结论——掌握双语一般能促进第三语言的掌握速度,已经延伸到形态句法学的领域。例如,伊莱恩·克莱因(1995)让 15 名学习第三语言英语的高中生判断将名词短语和前置词或后置词分开,或者说**悬空**(例如 What are the boys waiting for?),是否符合语法,发现掌握多种语言普遍具有优势,他们做得比另一组第二语言为英语的学习者(与英语为第三语言的比较)要好很多,尽管这个现象不存在于他们的第一语言或第二语言中,因为世界上大多数语言结构中没有悬空(他们偏向使用 For what are the boys waiting? 这样的表达在英语中也可以,但是不那么规范)。

慢慢地从各种各样的角度积累起来一些证据,强有力地支持了这个结论——不只是第一语言,所有之前掌握的语言都可以影响另一种语言的学习。各种已掌握的语言中,哪种语言进行迁移都不是随机的。当相互竞争的知识来源(第一语言和第二语言)对学习第三语言都有帮助时,类型上的接近是一个强大的因素。奥德林和贾维斯(2004)提到了一些例子,例如在巴斯克地区或在芬兰学习英语的学生,很多都可能同时掌握巴斯克语和西班牙语,或同时掌握芬兰语和瑞典语。意料之中,西班牙语和瑞典语对英语的影响比较强烈,这是因为它们跟英语在类型上相似。而可以证明巴斯克语和芬兰语迁移的情况就没那么普遍。类型相近也被发现是第三语言习得中预测迁移来源的关键因素,这是由苏珊娜·弗林和同事(弗林等,2004)发现的。这些研究者的研究内容是,以英语为第三语言的学习者,以哈萨克语为第一语言,俄语为第二语言，他们在学习英语时的表现是否类似于第一语言为日语的学习者或第一语言为西班牙语的学习者。这个比较相当有趣，因为他们的第一语言哈萨克语在类型上与日语相近，他们的第二语言俄语在类型上与西班牙语和英语相近。研究者从一个引导的模仿任务中得到数据，这个任务是学习者需要重复不同的英语关系从句。根据研究者的发现，学习者对于句子 The lawyer who criticized the worker called the policeman 进行复述时，发展的模式与之前证明过的西班牙语为第一语言的学习者的发展模式相类似。他们总结出，这些英语为第三语言的学习者用类型上与第三语言相近的语言进行迁移，这个例子中，他们迁移的是第二语言俄语。更重要的是，他们总结出第一语言在向一种新的语言迁移时不具有优先地位。

然而，在判断用来迁移的是哪种语言时，我们需要远远超越外在的类型联系。在一个关于一千多名瑞典语、芬兰语和英语三语使用者的研究中，林布姆（2001）发现，对于两组来说，在类型上与第三语言英语更相近的语言——瑞典语因语言间形式上的相似之处（所谓的伪友）而成为迁移的来源。例如，发明的词汇 stedge 是由瑞典词语 stege（梯子）转变过来的，这在芬兰语占优势和瑞典语占优势的第三语言英语学习者的中介语中都得以证实。相反地，语义知识迁移的例子（例如，将 matches 翻译成 firesticks）要追溯回学习者的第一语言是芬兰语还是瑞典语。因此，出现了一个有趣的现象，形式上的或者表面的单词迁移是来自于第一语言或者第二语言，取决于类型上是否与第三语言接近，在语义迁移时更可能以第一语言为来源。

另一关于第一语言和第二语言对第三语言学习的不同影响的有趣文献涉及学习者三种语言间的语码转换。萨拉·威廉姆斯和比约恩·哈马伯格（1998）通过一个经常被引用的研究来说明这一点，这个研究的内容是以瑞典语为第三语言的学习者第一作者威廉姆斯在瑞典最初的两年生活所说的瑞典语。威廉姆斯的第一语言是英语，第二语言是德语，她的德语是在大学期间学习的，并且后来在德国生活提高到接近当地人水平，她在瑞典生活之前在德国生活了六年。研究者发现，到第一语言的转换是有意识的，具有元语言的自我调节功能（请求帮助，明确想表达的意思）；这样的转换在研究八个月之后逐渐地减少。相反地，到第二语言的转换，在研究开始的时候最主动的语言，是潜意识的，主要涉及功能词语，这些功能词语可以帮助第二语言的运用；这样的转换在研究的四个月后也逐渐地减少了。因此，第一语言和第二语言都对第三语言有影响，但是它们在第三语言运用中起到的作用是不能互相替换的，并且它们的出现会随着时间和第三语言掌握程度的提高而减少。

实际上，熟练程度是另一个必须考虑的因素，因为第三语言学习者比较倾向于用他们更熟悉的语言进行迁移，而且随着他们对第三语言熟练程度的提高，会逐渐表现出不同的跨语言的影响。玛格丽特·托马斯（1990）研究了以日语作为第三语言的一组学习者（n=6）对日语反身代词 zibun（"自己"）的掌握，并且让他们进行一个多选阅读测试，然后将他们的表现与一组英语为第一语言、日语为第二语言的学习者（n=27）的表现，以及另一组汉语为第一语言、日语为第二语言的学习者（n=8）的表现进行比较。她发现，6 名日语学习者表现得与第一组即英语为第一语言、日语为第二语言的学习者比较接近。情况就是这样，尽管这 6 位日语学习者的第一语言是汉语和韩语，有反身代词并且比较英语的反身代词 herself 来说更接近日语的反身代词 zibun。也就是说，第一语言的知识与第三语言的虽然一致，但是没有体现出期望之中的优势。在这个例子中，来自第一语言的主动迁移没有发生，相反地，来自第二语言的被动迁移发生了。托马斯推断有可能这是由于第二语言英语占主导地位而发生的。

当在多语学习者掌握一门语言上研究迁移的影响因素时，其他的因素有可能与以上所提到的因素共同作用着。掌握的语言种类的顺序或许也是一个影响因素，即可能最新掌握的语言（特别是当这门语言作为"外语"学习时）具有比早期学到的语言更大的影响。换而言之，如果其他因素是一样的，可能第二语言对第三语言更有影响，因为掌握它们都是用同样的"说外语"的心理模式，像塞林克和鲍姆加特纳-科恩（1995）称呼的那样。这些例子都是心理上将语言与"外语"进行关联，而且把这种思想强加在第三语言上。在这样的情况下，即使掌握了第三语言，第二语言仍然可能更受第一语言的影响（德维利，1998）。另一观察到的影响是语境的正式性，它体现在用第三语言进行非正式交谈时更容易受第一语言或者第二语言的词汇选择干扰（德维利，2001）。

在掌握第三语言的过程中关于跨语言影响的研究在 SLA 中刚开始丰富起来，但是有效的证据清楚地证明了两个结论：掌握两门外语一般对第三语言的掌握有促进作用，但是发生语言迁移不一定来自第一语言。这个关于第一语言对新的语言掌握不一定起到首要作用的发现，开启一个新启发之门，跨语言的影响可能反方向发生，即从第二语言（或第三语言及其他语言）影响第一语言。薇薇安·库克（2003）撰写的相关文献资料证明第二语言会影响第一语言，并且帕夫连科和贾维斯（2002）也唤起对**双向迁移**的注意，即"跨语言的影响可以同时在两个方向发生，即可以从第一语言到第二语言，也可以从第二语言到第一语言"（第190页）。然而，普遍的跨语言影响这个新领域的结论得出还需要更多的研究。

3.13 跨语言影响的局限性

正如本章内容所示，SLA 领域在存在的40多年来，在第一语言和其他语言的知识如何普遍影响第二语言习得方面，贡献了丰富的研究。在本节，我们将对这章提到的研究发现进行一个总体评价，并且讨论它们的现实意义。

首先，从一个直觉的角度来看，我们很容易总结出第一语言是对学习者语言进行解释的主要因素。如果我们听到一个说旁遮普语（Punjabi）的英语学习者或者一个说西班牙语的英语学习者说 how I do this？他们母语中都没有倒装结构，我们可以总结出是由于他们的第一语言导致他们选择这样的句型。这个解释确实与对他们第一语言的描述符合。然而，如果我们对一些第一语言有倒装结构的学习者进行研究，我们会发现他们在第二语言学习的早期阶段也会在他们的英语中介语中用不倒装的疑问句（派内曼等，1998；见第六章表6.9）。因此，很多错误在一开始就被归结于第一语言的影响，事实上它与第一语言并没有关系，并且相反地，这被证实是在人类语言习得中普遍存在的发展过程（并且在第一语言习得中也是经常发生的，这时并没有已存在的某种语言知识影响这个发展过程）。另外，很多中介语现象是由于第一语言的迁移和语言的普遍影响同时作用而产生的，这些现象促进了第二语言的学习。例如，西班牙和旁遮普的英语学习者在某个特定的学习阶段经常犯在疑问句中不使用倒装结构的错误，并且所犯的这种错误多于其他在同一阶段但不同第一语言背景的学习者。

我们问一下自己：究竟有多少学习者学习过程中所犯的明显错误（即错用的错误）可以用第一语言迁移的原因解释？1985年，罗德·埃利斯试着通过对1971年到1983年间发表的七个有关英语作为第二语言的学习者的研究报告的发现进行调查来回答这个问题（埃利斯，1985）。典型的数据似乎在23%至36%之间，正如四个研究所得出的，这几个研究都是有关英语作为第二语言（ESL）的成年学习者，他们有着不同的第一语言背景（阿拉伯语、德语、西班牙语和三种语言的混合）。然而，七个研究的数据范围是惊人的，最低的3%是关于第一语言是西班牙语的儿童的一个研究,最高的几乎为50%是关于第一语言分别是汉语和意大利语的两个研究。从那时起,这个关于第二语言迁移发展的变化很大的数量估计就被其他的研究者引用。然而,到了20世纪80年代末,很多的SLA研究者同意了埃利斯提出的警示,即试图将一个数据集证实的所有中介语形式单独归结为第一语言或是普遍影响导致的可能都是无用的。某个特定学习者的第一语言迁移实现的数量被太多的可变因素影响着。回顾这章,我们可以加上一些外在的可变因素。例如,对话者也可以影响第一语言迁移发生的程度(毕比和祖恩格勒,1983;扬,1991)。

另一个偶然引起 SLA 研究者和语言教师兴趣的领域是,我们是否可以假设第一语言的迁移效果在某些领域里表现得不明显和带有选择性,而在另外的领域里表现得显著和突出。例如,第一语言的影响在第二语言的形态句法学中是否会表现得比在第二语言的语音学更小和更快?迁移的实用规则(例如高桥,1996)会不会更偶然地出现并且在较低熟练等级出现,而第一语言社交语用价值的迁移(例如奥尔什廷,1983;于,2004)会不会更常见,并且在学习过程中维持一段较长的时间?在这个权威的第一语言迁移文献中,特伦斯·奥德林(2003)说到,提出这样的问题是无用的,因为企图去做这样的一个关于语言子系统的比较实际上是在"比较不具可比性的事物"(第440页)。他解释说,尝试将子系统中第一语言到第二语言的迁移的发生率量化是难以做到的,再者,因为特定现象在任何语言中都是频繁发生的(例如音调和冠词在一个很长的句子中是难以避免的),然而语法上的其他特征可能出现的频率较低。例如,关系从句出现得比名词性从句少,尤其是在演讲中,还有在非疑问句中的倒装(如在 Not only did I warn him, I warned him repeatedly)在英语中甚至更少出现。企图量化和比较在这些观察到的领域里出现的迁移的数量和第一语言知识的不同类型是难以做到的。

奥德林(2003)提出一个重要而少见的观点,把迁移现象置于一个更宽广的前景中。他提出,大背景也可以影响跨语言影响的特点和程度。他对比了第二语言学习的两个例子,一个例子是在后殖民地的背景下,例如在印度和尼日利亚学习英语,另一个例子是在扩展圈国家,例如中国和西班牙,把英语作为外语以一种正规第二语言教育方式来学习。在后者的环境中,教师可能会警告学生在学习外语时注意伪友、字面翻译和不要依赖母语,相反地,在后殖民地背景下,迁移出现得频繁而且自由。在这样的环境下,学习和使用第二语言的特点是跨语言影响的高度创新，并且后殖民言语社区本土化和挪用一种语言，第一语言引发的迁移似乎是一个主要的策略。还需要注意的是，在一些背景下，学习者可能并不希望被视为第二语言使用者，创新第一语言迁移过程可能是抵抗或者挪用目标语言的方式（见赛德洛弗，2004）。正如我们在第二章里考察过的年龄和关键时期的主题，更倾向于双语的取向和不那么专注于对本地语言（单语）使用者和非本地语言（双语）使用者比较的方法会将更多进展引入 SLA 跨语言影响的研究史中。

3.14 小　结

- 根据定义，第二语言的习得发生在已经掌握一门或者多门语言的人身上。既然如此，母语（还有其他已知的语言）普遍影响着第二语言学习的过程和结果。
- 迁移是一种高度复杂的现象。它可以由感觉到的第一语言与第二语言的相同点引起，也可以由它们大的不同点引起，并且它大大超越了第一语言粗糙的直译和奇怪的音译。
- 在语言学习里，母语的影响不可能解释所有的现象，因为来自之前掌握的各种语言普遍的影响对第二语言的发展也有着重大作用。第一语言的知识与其他的因素相互作用，但是它们各自的作用不可相互转换。
- 已存在的母语的知识通过加速和减慢学习者在自然、发展的路径上的进步来影响中介语的发展（例如准确的顺序，自然的顺序和发展阶段），但是既不能预先决定学习过程也不能跳过某些阶段。
- 能否进行迁移是由以下内容决定的：
  — 普遍的制约和过程，例如发展的顺序和标记性，它们作用于所有自然语言，并且作用于第一语言和第二语言的习得；
  — 可迁移性的心理意识；
  — 第二语言子系统固有的复杂性；
  — 熟练程度。
- 跨语言的影响，即使在被动迁移中，既可能导致不符合语法的情况，也可能不发生。迁移会体现为错用的错误、省略（回避）的错误和第一语言模式使用频率的问题（使用不足和使用过度）。迁移还会导致出现形式—形式或者形式—功能误判之外的不明显的影响，并且出现在语言的所有层级，从信息结构到语用学,到为说而思。

- 第一语言的迁移不会机械地或者确定性地发生,而是有倾向性和可能性。有意识地或是潜意识地,学习者似乎根据这两个互补原则进行迁移:"在第一语言中可行的方式在第二语言中也可行,因为人类语言在本质上的相似性",但是"如果这种方式表现得太具第一语言特点的话,它在第二语言中可能不适用"。
- 两种(或多种)语言的知识可以加快另一种语言的学习,并且所有已掌握的语言都会影响第三语言的学习和使用。

3.15 进一步阅读的建议与说明

多年来,有关跨语言影响的研究基本上局限于一些重要的论文集和专著,这些都发表于20世纪80年代和90年代早期。只是在最近,出现了两个专门讨论这一主题的出版物:林布姆(2007)及贾维斯和帕夫连科(2008),收集了有关跨语言影响的当代知识,阅读它们能提供这个有趣领域的入门知识。

一些重要的论文集也可以作为随后的阅读材料。在盖斯和塞林克(1983)中,你会发现本章出现的很多主要的实证和理论研究,包括安德森的、凯勒曼的、卢瑟福的、沙克特的和佐伯尔的研究。一些相同的论文加上很多新的论文(主要是在20世纪80年代早期做的)都出现在修订版中(盖斯和塞林克,1993)。另外两个常被引用的论文集是凯勒曼和沙伍德·史密斯(1986)与德克特和劳帕赫(1989)。还有两本专著值得阅读,直到今天,它们都是最全面的和权威的,那就是林布姆(1987)和奥德林(1989)。

要看一些论文长短的阅读材料,可以看奥德林(2003)有关这个主题的最新综述,并且一些有关第二语言习得研究的期刊也刊登与跨语言影响相关的不同话题的实证研究。

最后,你可以读切诺兹等(2001)中有关多语言习得迁移的文章和库克(2003)中有关第二语言到第一语言迁移的文章,这两本文集已经成为跨语言迁移中两个最新的领域早期的经典引用之作,并可能促使未来的高水平研究文集产生。

第四章 语言环境

从第二语言学习的认知—互动论角度看,我们关于人们是如何学习第二语言的认识是在 20 世纪 80—90 年代形成的。认知—互动论与让·皮亚杰(如 1974 年的著作)在发展心理学所做的工作相关,它代表了这样一种观点——多种内在(认知)和外在(环境)因素相互作用(因此称为"互动")共同影响一个现象观察到的过程和结果,在这里是第二语言学习的过程和结果。由于这两种因素如何相互影响是探寻的目标,值得注意的是内在认知的因素被认为是学习的核心(因此在术语中有"认知"一词),同时预先假设了认知—内在世界与社会—外在的世界存在明显的区别。最近许多受社会文化观点影响的 SLA 研究对认知—互动论的假设形成了挑战,我们将对其他这些语言学习是如何形成的观点在第 10 章中进行讨论。然而,在这章和后一章中,我们将从认知—互动论的角度对长期积累的关于环境和认知因素影响的研究结果进行探究。

语言总是和他人一起以及为了他人而学习的,而这些其他人产生了围绕学习者的或丰富或贫乏、或充足或不足的语言学证据,因此,了解环境提供的语言优势对于很好地理解人们是如何学习另外一种语言是很重要的。在这章中,我们将研究第二语言学习中的环境影响因素。我们将从韦斯的案例开始研究(施密特,1983)。在 SLA 研究者迄今为止进行的案例研究中,韦斯是大量学习者中被广泛引用、受人赞赏同时也是令人迷惑的典范(达夫,2008)。他代表了特别适应于使用第二语言"创造、维持和调节关系并进行生活中的事务"的人(施密特,1983,第 168 页),但是即使有足够的时间和理想的环境条件,他也不能掌握第二语言语法。他的案例很好地说明了语言环境对第二语言学习的选择性影响。

4.1 韦斯:"我从来没有学习过,我只是听之后再说"

韦斯是一个年轻的日本艺术家,他是在火奴鲁鲁学习的英语,但是并没有接受正规的英语教育。理查德·施密特（1983）在夏威夷大学记录了他在第二语言环境中间歇的、但是逐渐加长时间居住的三年中所取得的进步。施密特在研究的一段时间内进行了丰富的田野记录，并收集了18个小时英语口语数据。这些数据是韦斯以信件的形式在三年间在东京时用录音告知火奴鲁鲁的人他的个人事务与公务。在研究的最后几个月，施密特也在火奴鲁鲁记录了三小时的非正式谈话。

在韦斯三十多岁的时候，他选择从东京移民到了火奴鲁鲁，他拥有在经济上和社会上舒适的环境，追求扩大他已经建立好的事业上的国际认知。可能我们可以挑出两个最能决定韦斯个性的特点。第一个是他作为一个艺术家特别强的专业身份，这个可以从研究第三年口头信件记录的片段（1）中捕捉到（施密特，1983，第158页）：

(1) you know I'm so lucky / because ah my business is painting / also my hobby is painting /... this is my life / cannot stop and paint / you know nobody push / but myself I'm always push /

第二个最典型的特点是韦斯的沟通倾向，他是那种拥有喜欢与人进行有技巧的互动交流的社交性格的人。这点在片段（2）中表现出来，这个片段与之前的片段是在大约同一时间记录的：

(2) well / I like talk to people you know/ um / I'm always listen then start talk / then listen / always thinking my head / then talk / some people you know only just talk, talk, talk, talk /

（同上，第160页）

施密特是这样描述韦斯的：他是一个自信并对自己是个日本人的身份感到很舒服的人，同时在三年的研究中，他对夏威夷和美国表现出了积极的态度。他的大部分熟人、朋友、顾客和艺术经纪人都是以英语为第一语言的人，同时他有一个讲第一语言英语的室友。施密特估计，在研究的第三年，韦斯在他的日常互动中有75%—90%的时间使用英语。

韦斯到美国时有"最低的"英语交流能力（第140页），而三年之内他可以在"推介旅行、画展［……以及］艺术家出席与宣讲"中使用第二语言，这些活动需要他全天24小时互动、绘画展示和非正式演讲混合，全部使用英语（第144页）。他的这种第二语言能力的转变似乎是显著的。然而，对他记录在信件和谈话中的语言成果进行深入的分析之后，显示了一个更加矛盾的现象，在口头表达能力方面，他被发现有很强的实力与很大的提高。韦斯很快就在他的交谈中表现得十分娴熟，令人印象深刻，并且他可以用很复杂的方式进行表达、描述、开玩笑。大部分与他交谈的人都认为他是一个有魅力的交谈者，他从不跑题并且经常可以掌控谈话。在另一端，在韦斯的语法能力方面，施密特发现他在这方面的能力停滞不前，这令人迷惑。

例如，对动词时态词法方面的研究说明了这个问题。在这三年中，韦斯使用动词的特点是他在使用表示活动的特定动词时（例如，joking、planning、training、touching），过分使用-ing 后缀，仅仅在使用可当作词条记忆的高频率不规则形式的动词时（如 went、sent、told、saw、said、met、bought）才会使用过去式，他完全不使用-ed，他喜欢大量使用像副词这样的词汇方法（如 all day、always、right now、yesterday、tomorrow）来使与他交谈的人理解他所传达的信息想表达的时态和体。换句话说，尽管韦斯在三年的时间里大量接触英语，使用英语表意，他现在的第二语言时态系统还保持在初级水平，他还困在词汇标记阶段和下一个发展阶段（即时态和体开始发展的阶段）的过渡期。（巴尔多维－哈林，2000；如果你阅读第 6 章 6.10 节，你将会更好地理解这些研究结果的重要性）。同样，他在使用冠词和复数方面的能力提高得很慢，他从研究的开始阶段几乎不使用提高到在相关的情况下准确率只到三分之一，甚至其中大部分情况是在 n years old 或者 n years ago（复数-s 的情况），和 a little (bit) X（使用不定冠词 a 的情况）这样成块的短语中重复出现。

对于在社会语言学和策略能力这两个方面的进步，韦斯表现出了一种居中的情况，不如口头表达能力那样好，也不如语法能力那样差。一方面，他常常用间接表达的方式，在特定的社会语言学方面发展到使自己可以进行提问、暗示和提出建议：

(3) maybe curtain

　　[maybe you should open the curtain]

(4) this is all garbage

　　[put it out]

(5) uh, you like this chair?

　　[please move over]

由于我们都知道日语用间接的表达表示礼貌（艾德等，2005），他的这种表达的倾向可能来自于他的第一语言。

另一方面，由于受到他有限的语法水平的限制，他在这方面还是习惯使用套话。也就是说,韦斯习惯使用的套话并不能成为他对规则分析过程的跳板,或者作为从套话到规则的引导。就像我们将在第 6 章 6.4 节看到的,我们设想这种逐渐的过程伴随成功的第二语言发展出现(如,黄·菲尔莫尔,1979;迈尔斯等,1999;瑞,2002),但是这种情况并没有在韦斯的案例中出现。同样,由于受到他强烈的想要交流的社交和对话的欲望驱使,得益于帮助自己进行即时的表意需要的启发方法,韦斯解决沟通问题的策略能力发展得很快。相比之下,在这三年的研究中,施密特从未发现韦斯使用可以促进他更长期学习的策略,例如查字典或者对于微小的差别或者符合语言习惯得体的表达这些元语言学问题去问与他交谈的人。此外,在施密特(1983)提供的许多谈话的片段中,我们并没有找到和我们在这章中讨论的其他人一样的互动活动的迹象,这些活动被我们认为可以提高语言学习。例如,韦斯并不想将与他交谈的人所使用的新的语言或者更精确的词汇纳入到他的表达中,同时当他发现其他人听不懂他的表达时,他选择重复他刚刚说的或者用全新的表达来解释他想表达的意思,他不能也不愿意去修改或者微调他的语言选择。

如何才能解释韦斯语言学习的不同方面不同程度的掌握呢?施密特提出"对形式的敏感度"或者对语言代码关注的动力(第 172 页)看起来是韦斯努力学习第二语言中唯一缺失的因素。尽管对于第二语言有最积极的态度,并且有意义地参与了大量的英语互动,韦斯是一个受对"信息的内容多于信息的形式"投入驱使的学习者(第 169 页)。就像他自己所说的:"我知道我说的英语很奇怪,因为我从不学习,我只是听之后说。"(第 168 页)施密特总结说积极的态度和最佳的环境可以为学习提供需要的语言数据,但是除非学习者可以积极处理这些数据,学习是不会产生效果的。换句话说,没有对于解开语言代码任务的"兴趣""关注"和"努力"(第 173 页)语法习得是不能取得成功的。

有了这个结论,注意假说(Noticing Hypothesis)的核心产生了(在 4.6 节讨论)。然而,在人们的观点最终集中在一致认为关注是第五个需要考虑的因素之前,对环境因素感兴趣的有着认知—互动论观点的 SLA 研究者在 20 世纪 80 年代花了将近十年的时间探索态度、输入、互动和输出这四个因素。让我们对每一个因素及其相关的假说进行研究。

4.2 同化可以作为第二语言学习成功的预测性的解释吗？

显然，第二语言环境引起了学习者特定的具有情感和社会心理学基础的**态度**（attitude），同时如果我们想理解第二语言学习，一定需要考虑这一因素。在20世纪70年代末，约翰·舒曼在加利福尼亚大学洛杉矶分校以态度为焦点进行了研究并提出了洋泾浜化假说（Pidginization Hypothesis），或者称为文化适应模型（Acculturation Model）（解释见舒曼，1976）。这个观点是对阿尔贝托进行案例研究时提出来的。阿尔贝托是一个来自哥斯达黎加的33岁移民工人，他在波士顿待了将近一年半之后，甚至在进行了一些私人教育之后，还是不能进入到比基础的洋泾浜英语水平更高的阶段。舒曼预测第一语言和第二语言群体之间巨大的社会距离（就像在间接移民的案例中，那些被大多数人说的强势语言包围的说少数族裔语言的人）和个人对于目的语和它的成员的消极态度（如文化冲击、低动力）可能共同使他进入了一个他描绘的差的学习情况中，这种情况使学习者的语法没有词形变化或者成熟的句法，而是停留在类似于洋泾浜语状态。相反的，他预测说一个学习者越能同化（也就是说，在社会和心理上越接近于目标社会和它的成员），他/她的最终学习成果就会越成功。

施密特（1983）设计韦斯的研究最初是作为文化适应模型的测试案例，但是就像我们看到的一样，它提供了反驳态度是对第二语言学习成功唯一或者最重要的解释机制的证据。为了回应新的证据，舒曼最终在重要的方面对他的模型进行了修改（舒曼，1990，1997）。同样应该认识到，将在目标社会的同化作为成功习得语言的先决条件的解释是危险的。第二语言学习的成功或者失败是很复杂的，以至于不能只通过群体中静止的关系或者个人选择解释。此外，如果每个人十分渴望并且足够努力去学习第二语言，那么他们就能学好第二语言，但这种精英主义的解释禁不起研究的检验。然而，由环境的非语言方面引起的情感和社会心理的变量在解释第二语言学习方面仍是重要的。我们将在第八章和第九章从社会心理学的角度对它们进行研究，并在第十章从社会文化和后结构主义的角度进行解释。

4.3 理解性输入和学习性输入

环境为学习者提供其他有能力的第二语言使用者产生的**输入**（input）或者语言数据。在 20 世纪 70 年代末，南加利福尼亚大学的史蒂芬·克拉申在他的可理解性输入假说（Comprehensible Input Hypothesis）中正式提出了输入在第二语言学习中的核心作用（最完善地阐述于克拉申，1985）。这个观点是由他对加利福尼亚的学校和社区进行的广泛的教育工作总结而得出的。

根据克拉申的观点，第二语言学习中唯一最重要的因素是可理解性的输入，或者学习者拥有的用来表意以及可以用来学习的语言，也就是说，比他们现有水平稍微高一点的语言数据，这被克拉申称为 i+1。学习者通过听与他们交谈的人直接传递给他们的口头信息，或者阅读他们周围的文字信息（如街头的标志、个人信件、书籍等）来获得可以理解的输入。当第二语言的学习者处理这些用来表意的信息时（如果内容是与个人相关的，并且他们可以理解，他们就很有可能会这么做），语法学习就会自然地发生。克拉申认为输入具有这样的作用是基于第二语言学习的机制和第一语言学习的机制基本上是相似的这样的假设：为了建立第一语言的语法体系，儿童只需要接触到父母或者保姆为了表达意思而直接传达给他们的语言。

鉴于施密特（1983）和其他一些人所做的研究发现，认为可理解的语言输入对于第二语言学习既是必要的，又是充分的，这个强有力的主张被证明是站不住脚的，他们的研究记录了尽管学习者有充足的并且有意义的机会去使用语言，在语法上却只获得了很小的进步，即使是年纪很小的第二语言学习者，比如在法语环境下沉浸式学习（斯温，1985）以及在常规讲英语的学校学习（萨托，1990）。语言输入毫无疑问是必需的，但它并不可能是充分的。

另外，更多的理解内容必然会带来更多还未被实证所证明的习得。一些研究者已经指出了理解和习得是两个不同的过程（例如沙伍德·史密斯，1986），还有其他一些研究（如道蒂，1991；洛施基，1994）表明，学习者可以理解的比习得的多，也可以习得的比理解的多。在之后的几年，克拉申本人只间接地从事了一些研究，这些研究有助于阐明理解和习得之间的关系，他着重努力向公众宣扬广泛的阅读（他更喜欢称之为自发的阅读，克拉申，2004）和双语教育（克拉申和麦克菲尔德，2005）。然而，将理解和习得分离开的有建设性的证据指出了将来更好地了解这两个过程的必要性,这种需要在了解对于那些在主流的教室中讲少数语言的孩子的最佳学习环境是更加重要的。这种情况下,学习内容和学习语言这两个教育的目标是同等重要的(莫汉等,2001;巴尔德斯,2001;施勒佩格雷尔,2004)。

4.4 为了意义的互动和协商

在语言环境中,特别是在自然的情况下,但同样在现在的交流式的教室中,很多是使学习者处在与一个或多个谈话者的口头**互动**中,而不是处在独白或写作交流的环境中。在 20 世纪 80 年代初期,麦克·朗提出了互动假说(Interaction Hypothesis,最好的最新解释见朗,1996)。这个假说是从他在加利福尼亚大学洛杉矶分校的学位论文所做的工作中产生的。在这项研究中,他将具有大学水平以英语作为第二语言的学习者和以英语为母语的职前和在职的二外英语教师配对进行交流互动。它将克拉申的观点扩充了,将其以新颖的方式与话语分析研究联系起来。话语分析是通过 SLA 建立者伊夫林·哈奇(1978)的工作和相关领域中对保姆言语和外国人谈话的研究进入到这个领域的。当时,朗同意克拉申的观点,就是学习是在理解的过程中发生的,同时一个人理解的越多,他就会学到的越多。然而,后来他与当时很强势的语言输入导向相背离,关注互动,同时提出学习者可以希望获得的最好的可理解语言输入是在互动中被修改过的,换句话说,在得到了交谈者需要完全理解信息内容请求帮助的信号后做出了调整。

互动式的修正是在谈话者对于(真实的或感知的)理解性的问题的反应下所做的行动中产生的,他们努力使自己表达的意思更加可以被对方所理解,也就是,**为了表意而协商**。一般地,协商的情况是在无法理解的情况十分严重时**澄清要求**下开始的(如 whaddya mean? uh? pardon me?),或者是当谈话者有点不太确定她已经正确理解了信息所做的**验证性检测**(如 you mean X? X and Y, right?)以及如果一个谈话者怀疑另外一个讲话的人可能没有理解她所说的所做的**理解检查**(如 you know what I mean? do you want me to repeat?)。根据需要协商一些事情的信号,另外一个谈话者可能会确认已经明白了或者承认没有明白、寻求帮助、重复她的话或者尝试换一种表达方式。通常这种双向的过程使谈话者双方修正他们的表达方式,通过这种方式不但可以增加信息的可理解性,同时可以凸显出特定第二语言形式的特点,从而使学习者可以学到它们（皮卡，1994）。这一点在（6）中得以说明：

（6）Jane: All right now [reading from the script], above the sun place the squirrel. He's right on top of the sun.

　　　Hiroshi: What is . . . the world?

　　　Jane: OK. The sun.

　　　Hiroshi: Yeah, sun, but

　　　Jane: Do you know what the sun is?

　　　Hiroshi: Yeah, of course. Wh-what's the

　　　Jane: Squirrel. Do you know what a squirrel is?

　　　Hiroshi: No.

　　　Jane: OK. You've seen them running around on campus. They're little furry animals. They're short and brown and they eat nuts like crazy.

（盖斯和瓦罗尼斯，1994，第296页）

当谈话者像简和广用这些方式处理信息时，根据表意的需要进行对应多的（或少的）协商，我们可以说他们在制造定制的可理解的输入，或者是学习者依情况而定的 i+1，在特定的交谈者理解信息所需要的适当水平上。也就是由于这个原因，朗预测互动式的修正的输入将比其他类型的输入更有利。例如，这将会比没有修正过的或真实的输入（像在真实的文本中听到或读到的）更好，同样也比预先修正过的输入（像在分级的阅读材料中）更好，预先修正的输入通常意味着简化了语言，从而有消除掉 i+1 方程式中 +1 的危险。互动式的修正有使理解进入更加个性化和依学习者情况而定的趋势的潜力，它是通过重复和增加而不是简化。因此，互动式修正一个重要的总体好处是它的偶然性，这样学习者可以进行教育研究者所谓的及时的学习，或者在必须的最恰当的时候学习。

4.5　产出时的输出和句法处理

在有互动的时候，学习者需要进行的不仅是理解和对信息的协商，同时也进行了表意和信息生成，也就是输出。到了20世纪80年代中期，积极的态度和充分的输入与互动尽管很重要，但是对于保证成功的语法习得是不充足的，这一点对于SLA研究者是显而易见的。就在这个时候，加拿大的研究者梅里尔·斯温（1985）在多伦多大学提出了她的强迫式输出假说（Pushed Output Hypothesis，你将会看到术语可理解性输出假说和输出假说相互替换使用）。她借鉴了大量的在安大略（加拿大的一个讲英语的省）的法语沉浸式学校对于语言成果大规模评估的研究结果。

她特别将在沉浸式学校学习的孩子和与他们同龄的以法语为第一语言的孩子在做相同的口头和书面任务时的表现进行比较。她得到了和施密特（1983）对韦斯的研究结果（参见4.1节）十分相似的模式。从幼儿园到六年级在这些学校学习可以使儿童在口头表达能力上得到最佳的发展（以及最佳的理解能力和学校内容的学习），但是在语法能力或是需要语法方法（相对的是公式化的方法）来实现的社会语言学能力的一些方面不是最佳的，例如在法语vous/tu（正式的/非正式的"你"）的选择上和用于标记礼貌的条件句的使用（斯温，1985）。她总结说在这种沉浸式学校的背景下所缺少的元素是儿童通过读和写用有意义的方式实际使用语言的充足机会。

理解常常并不需要对形式的完全处理。在理解的时候（例如，当儿童读课本或者在学校听老师的解释），通过依赖内容的关键词，在对于世界常识了解、上下文线索和猜测的辅助下，获得信息的主旨要点是可能的。例如，在yesterday I walked three miles 这句话中，我们可能听到"yesterday"，甚至不需要听到词素-ed 就能了解到与我们说话的人在告诉我们一些发生在过去的事。同一个道理，这种对于词汇处理的依赖在输出上是不太可能的，因为构成信息的心理语言学的需要促使讲话的人更大程度地使用句法处理。这样，斯温提出"产出目标语言可能是促使学习者关注为了成功表达他或她自己想表达的意思所需要的方式的原因"（第249页）。这句话是正确的，特别是如果互相谈话的人并不理解并且促使一种更好的表达信息的方式的时候，或者如果学习者促使自己更加准确地去表达自己想表达的信息，如果他们努力处理词汇（即任务）的性质在认知和语言学上要求很高。

斯温的强迫式输出假说为设想输出具有能力扩展的作用创造了一个空间，这在20世纪80年代中期之前是不可能的，那时大部分的研究者认为在第二语言学习中理解力是唯一构成原因作用的。即使到了20世纪80年代中期，许多学者也将输出视为仅在提高流畅程度上是有用的（例如德博，1996；范帕顿，2004）。然而，关注被推动的输出使得输出参与关键性的与习得相关的过程成为可能（泉，2003；见4.9节）。最理想的第二语言学习一定要包含略微高于学习者现有读写能力的语言使用机会，要求高于学习者能力的有意义的输出是最有可能颠覆内在中介语表达的语言使用。通过鼓励学习者去处理超过现有能力的复杂内容这样充满风险性的尝试，这样的语言使用条件可能会驱动学习。

4.6 注意和关注是环境中的缓和剂

我们可以总结说同化的态度、可理解性的语言输入、协商式的互动以及被推动的输出是我们解释第二语言最佳学习的四个因素吗？并不完全是这样的。记得在4.1节，韦斯拥有全部这四个因素，但是却没有什么效果，至少在掌握第二语言语法方面是这样的。对于输入形式上细节的**关注**看起来是缺少的，同时可能也是需要的。施密特从对韦斯的研究和对他自己在里约热内卢待了5个月学习葡萄牙语的案例研究中得到的领悟引导他在20世纪90年代初正式提出了注意假说（最好的解释见施密特，1995）。他宣称，为了学习第二语言的任何一个方面（从声音、词汇、语法，到语用学），学习者应该注意环境提供的语言数据中的相关素材。注意指的是大脑对新事物的登记，是当新事物出现时，有这是新的东西转瞬即逝的意识，即使并不了解这些新事物是怎么运作的，甚至即使是可能在之后的时间里并没有它出现过的记忆（参见第五章5.11—5.13节）。由于很难去区分注意的缺失和在之后时间无法记住和报告注意的经历，施密特（2001）谨慎地总结说，第二语言学习者注意的越多，他们学习到的也就越多，同时没有注意的学习（即潜意识的学习），即使它存在于人类学习的其他领域，但是它在学习一种新语言这个充满挑战性的领域发挥很小的作用。

注意语言编码的能力可以从内在和外在两方面改善。注意可以由学习者自身来驱动的例子有，当她努力组成一个句子并表达她的想法的时候，在这个过程中会发现一些新的东西。他们同样可以被外在的方式驱动，例如，通过一堂老师精心安排的课程，一个来自相互谈话的人的问题或者反应等等。通过这样的内在和外在的方式，学习者注意到了在第二语言中存在的新的特点（施密特，1995），了解到他们与和他们谈话的人表达方式上的差距（施密特和弗罗塔，1986）并且发现了他们在现有的第二语言语言资源的条件下，他们表达中的漏洞（斯温和拉普金，1995）。这样，关注和注意的行为就像是过滤器一样缓和了环境的作用。我们将会在第五章讨论认知的时候，继续深入讨论关注和注意。

4.7 两代互动研究

在认知—互动论者考察的五个环境因素中，研究得最多的一个是互动。互动研究的第一代可以定位于20世纪80年代朗的论文出现和20世纪90年代中期这一知识分子空间中。它关注于对意义的协商以及理解，集中在三个目标上：(a)描述对意义的协商是如何展开的；(b)详细列出可以激发最多对意义的协商的与谈话者相关的语境因素；(c)考察为了理解而进行互动的好处。第一个目标产生了一系列以过程为导向的研究，皮卡（1992，1994）进行了回顾，这些研究描述了口头互动对话的话语，同时开发了一种对不仅包括协商步骤还有学习者的回应的辨认和量化的方法。这个研究方向同时证实不仅是成年人，儿童也能像成年人一样使用同样的策略进行第二语言的协商，尽管这些儿童不能进行理解上的检查，而只能极大地依赖于自我或者他人的重复（奥利弗，1998）。第二个目标通过因果方法进行推理，如果富有协商的互动能帮助更好地学习第二语言，我们将希望通过设计保证学习者进行协商。在这方面的探寻带来了针对可以产生大量协商的谈话者和任务元素的研究结果，皮卡等（1993）进行了回顾。建立协商互动和提高了的理解力之间的联系这个最后的目标也在大量研究中获得成功，这些研究显示，相互谈话的人越多地协商，他们将会理解得越多，协商的机会使他们相较接触经过修正或事先修正过的输入，获得更高理解力水平（例如，皮卡等，1987；亚诺等，1994）。

第一代互动研究工作在20世纪80年代和90年代早期非常活跃。在20世纪90年代中期两个经常引用的出版物——一个是盖斯和瓦罗尼斯（1994）所做的研究，另一个是洛施基（1994）所做的，标志着第二代研究开始。

跟随朗的创新工作成果，研究者经常匆匆考察学习者对协商行为的反应。在1994年，苏珊·盖斯在密歇根州立大学和她的同事伊凡吉琳·瓦罗尼斯首次通过研究互动对之后语言产出的好处对互动的习得结果进行了进一步的思考。她们调查了16对本土和非本土谈话者，这些人必须完成一个给出指令将20个物品放到一个描绘室外场景的板子上的任务。在第一个试验中，让本土谈话者来读这些信息，而非本土谈话者来接受这些信息。其中只有一半的组被允许在描述的过程中打断并进行互动，就像广和简之前在片段（6）中的互动一样。第一个任务持续了20分钟，第一个任务之后，进行了相似的第二个任务，在第二个任务中研究者要求每对里的成员互换角色。现在第二语言谈话者拥有所有的信息，而本土的谈话者负责将同样的20件物品正确地摆放在不同的板子上。在第二个试验中，可以观察到被允许互动的学习者重复利用了在第一个任务中与他们交谈的人提供的信息。这种同样的谈话策略的转移并没有在另外8对不允许互动的数据中出现。盖斯和瓦罗尼斯鼓舞人心地总结到，协商式的互动"将学习者的注意力集中于语言的形式上，关注在制造言语的方式上"（1994，第298页）。

讽刺的是，莱斯特·洛施基对于推进互动研究所做的贡献是由一些令人失望的研究结果驱动的。这些研究结果产生于他为了在夏威夷大学的硕士论文所进行的半实验研究，他在这个实验中直接考察了理解力和习得之间的关系。他将对一系列日语第二语言的词汇、方位格语法规则的习得作为目标，包含三个研究组。当将这三组在预测和后测进行比较的时候，他发现互动之后修正的输入比没机会互动且接受原始的或者事先修正的输入达到更好的理解，然而所有三种条件下，获得了相似数量的目标的学习。洛施基将这同等学习的情况归因于研究中使用的任务带来的注意力要求。具体来说，他认为设计的任务词汇和方位格结构的使用对于参与者是非常有用和重要的，以至于不论在何种条件下，他们所有的人都能明显地在事后测验中表现出进步。在一个相关的出版物中，洛施基和布莱－弗罗曼（1993）创造了术语"任务必要性"来指代在任务设计中这种令人满意的特性。

4.8 互动和习得之间的实证关联

另外一个准实验的有关互动的研究，是艾莉森·麦基（出版于麦基，1999）在悉尼大学所做的博士论文，第一次报告了支持互动和习得之间关联的研究结果。她发现在34对中级英语第二语言学习者和本土谈话者中，只有被允许和鼓励进行互动的14对学习者在他们之后立刻进行的对使用英语疑问句的后测中有了大幅度的提高。这些成果同样出现在两个延期的后测中，一个是在一星期之后，另一个是在一个月之后。

麦基（1999）为越来越多的研究转向对修改了的互动假说（朗，1996）的认知理论基础开辟了道路，他直接检测了互动和习得之间的关系。第二代互动研究产生了大量具有以下特点的研究：（a）包含预测和后测的以产出为导向的设计；（b）在以任务为基础的互动中对特定目标形式的学习成果的度量；同时有时（c）包括了对可能帮助阐明设想的互动和习得之间因果关系的注意程度的测量（见第五章）。事实上，第二代已经综合成了两种元分析法，这两种元分析法已经为第二语言语法规则和词汇学习中互动的促进作用提供了坚实的证据。

元分析是一种方法，它能够使研究者把很多相似研究中的量化发现综合起来，形成比这些部分总和更大的统计集合体，以揭示在一个特定研究领域中证据的模式（诺里斯和奥尔特加，2006）。当构成元分析的研究对比实验组和控制组或基准组时，结果通常会用一个效应量指数科恩尺度效应的 d 来报告，它显示有多少标准差单位把一个组和另一个组的平均表现区分开。一个倾向于处理组的标准差单位一半（d = 0.50）的差异被认为是中等效应，相当于对于那个组分数在50%和67%之间的增长。如果差异是0.80或者更高，相当于分数的增长是在50%到77%或者更高，暗示处理的影响很大。

第一个交互的元分析研究是被凯克等（2006）实施的，他们汇集了发表于1994年和2003年的14个英语、日语和西班牙语作为目的语的基于任务的交互研究的实证证据。他们发现在基于任务的交互中使用目的语第二语言形式的组的获得很多，平均效应量大约在 d = 0.90，几乎比基准组高出一个标准差单位。这些获得被保持下去，并且甚至在某种程度上成长得更强，在设计了延迟的后测的10个交互研究中，后测在交互处理之后的一个星期到两个月后，凯克等也发现在一些案例中，当主要的研究者被设计所驱使让目标形式和词汇对任务的完成是必要的（用洛施基和布莱 – 弗罗曼1993年的说法），效应在随后到一个月后不仅能持续也能成长得更强（d = 1.66）。第二个元分析是麦基和古（2007）一起实施的。他们又增加了14个研究，并且涵盖了到2007年之前发表的研究。这些研究者发现，当与最小或者没有交互的组进行比较的时候，交互组总体平均效应量是 d = 0.75。并且，随着更多研究汇集，一个有关相对于词汇学习的语法学习中协商的效应的有意思的差异出现了，即平均的语法优势最初是中等效应（d = 0.59），当在交互发生一个月之后测量的时候，才变得更强、更大（d = 1.07）。

从两个元分析中得到的一个重要的见解，也为盖斯和瓦罗尼斯（1994）与麦基（1999）的早期论断提供支持，那就是第二语言学习中交互的益处可能需要一些时间来证明它们自己。从两个元分析得出的见解判断，当一个新生代的交互研究者可能对纵向评价通过使用基于任务的新的第二语言材料发生的第二语言语法学习感兴趣时，关于交互的益处的长远观点可能在未来变得特别重要。

4.9 输出修正

产出性语言使用的习得价值的工作，最先由斯温（1985）提出，并被很多认知—交互主义的研究者所追随。对意义协商和输出的双重聚焦越来越普遍，比如，宾夕法尼亚大学特雷莎·皮卡的研究，还有最近北亚利桑那大学金·麦克多诺主持的研究。两位贡献者密切关注学习者如何回应意义步骤的协商，或者最开始由皮卡称为的中介语修正（interlanguage modification）（参见皮卡，1992，1994）以及现在更经常地被称为的**输出修正**（output modification）（麦克多诺，2005）。斯温自己已经在某种程度上从这种研究中脱离出来，她重新定义她的输出假说为一个社会文化的框架（斯温，1995，2000），这点我们将在第十章探讨。无论怎么说，比利时的研究者克里斯·范登布兰登、叙利亚研究者阿里·谢哈德哈和日本研究者信一泉已经继续构建斯温（1995，2000）提出的三个输出的能力延伸作用：它推动了注意缺口和漏洞，这反过来推动学习者修改自己的话语，当学习者协商形式的时候，它能有元语言的作用，不仅是意义，还反映它们。它能促使当新的形式在输出中尝试使用时的猜测测试，并且可以从他人那里得到它们是否成功和适当的反馈。

与盖斯和瓦罗尼斯（1994）所提及的理论相似，范登布兰登（1997）的研究包括前测和后测对收获的测量，提出交互的好处在交互之后两个小时接下来的输出质量中有最立竿见影的效果。参与者是 16 位 11 岁到 12 岁的丹麦语学习者，他们中的大多数在家中是把柏柏尔语作为第一语言，并且他们所有的人从 3 岁开始，已经在丹麦学校学习。他们被要求以图片为基础解决一起谋杀案。12 个学生中的 8 个学生和一个来自同班的以丹麦语为本族语的朋友配对。另外 8 个学生，一个接一个，和研究者一起完成这个任务，研究者有系统地提供给他们为了推动他们的输出的步骤。第三组是 8 个学生，丹麦语是他们第一语言，这组是为了做对比。这些研究发现说明，所有的第二语言学习者广泛地修正他们的输出以回应协商步骤。他们选择如何来做不那么取决于对话者是同伴还是成年研究者，而是他们所接收到的协商步骤的类型。比如，一个 yes/no 的确认更倾向于发生在回应一个验证性检测（比如，"你想说 X？"），但是，更多的广泛修正倾向于回应澄清的要求（比如"可以再说一遍吗？"）。把用于前测的图画描述任务与用于后测的相比较，范登布兰登发现两个交互的群体在后测的时候制造了更多的语言（一个产出优势），并且提供更多的完整信息（一个信息质量的优势）。他总结说协商确实能推动输出。

对不同类型的协商步骤塑造不同类型的中介语修正的观察起于皮卡（比如，皮卡等，1989）。同样的观点后来被谢哈德哈（2001）发展成为一个仔细的分类，以研究学习者对协商步骤的回应或者输出修正。比如，学习者可能忽略了信号，不能成功地修复问题，表达困难（"我不知道这个用英语如何说"），没有改变地重复之前对话者的表述，向一个新的话题加入不相关的信息或分支（第455—456页）。学习者也能通过修正她的话语和把它修改成一个更像目标语的版本，或所谓的**修复**（repair），进行回应，就像在（7）中所显示的：

(7) Learner 1: two small bottle
Learner 2: two small what?
Learner 1: bot (1.0) small bottles

（谢哈德哈，第456页）

谢哈德哈的工作也引起了对一个类型的输出修正的注意，这在之前的研究中被忽视了：自启输出修正（self-initiated output modification），或者自启修复（self-initiated repair），一个从会话分析（Conversation Analysis）中借来的概念（施格罗夫等，1977）。如同在认知—交互主义 SLA 研究中所理解的那样，这一类别指的是一种不是被对话者引发的自我修改的尝试。它可能以沉默为信号，或者是像"我的意思是"的一个表面的评论，或者是中断或对一句话的放弃，或对犹豫策略的使用，比如 eh、emm 和 er（第456—457页）。比如：

(8) NNS: yes because if the woman is (0.8) the wife always go out (0.6) goes out and left his his husband eh (1.0) her husband and her son in the home (0.7) at home it's it's not reasonable for for...

（谢哈德哈，2001，第437页）

在他的研究中，谢哈德哈已经发现了证据证明输出修正作为一个自启修复的结果比作为一个他人发起修复的结果更经常发生。在一个1999年的研究中，他报告回应自启修复比回应他人发起的修复（只有每分钟1个）频率更高，为每分钟2.5个。在他2001年的研究中，他发现224个标志修复需要的协商步骤，对应535个自启修复尝试。而且，81%的案例中，他人发起的修复产生了输出修正，但在93%的案例中，自启修复导致了成功的输出修正（即达到一个更准确的修复的形式）。

泉（2003）尝试在勒韦（1989）第一语言的心理语言学框架下来定义这个强迫式输出假说。泉提出在说或者写的方面有意义的第二语言产出使用需要语法编码和监控的过程（第190页）。在产出中，这两个过程允许学习者"评价他们能否［用目的语］表达的可能和局限"，这样做的时候，他们变成了可以促进语言学习的"一个意识增加的内在事先指导装置"（第191页）。但是，考虑到语法编码和监控的心理语言学过程仅仅能在自然语言使用中起作用，他认为被推动的产出预计不会参与到机械语言使用中，只有在有意义的语言使用中才行。这个论断已经在随后泉和泉（2004）的研究中得到了验证。

也许是因为不同的输出研究者已经探究了不同的兴趣方向，并且扩展了强迫式输出假说分成多个方向，比较之前几节中回顾的交互的发现，现有的发现没有那么坚实。几年之前，谢哈德哈（2002）呼吁更多研究关注直接观察输出和习得之间联系的输出修正。最近，托特（2006）注意到有关"元语言知识、输出和第二语言隐性系统之间联系"（第373页）正在增长的证据发展前景很好，因此应引起进一步的研究关注。然而，直到今天有关输出的研究似乎距通过一个协作的研究项目获得系统积累的知识的目标还很远。

4.10 学习者发起的对形式的协商

不仅意义，形式也能被协商。在这些案例中，没有明显的交际困难，而是一个引起注意的语言问题，并导致交互的过程中语言中介的思考。这一对形式的聚焦是正式教学环境的自然结果的一部分。毕竟，学生加入语言课程为的就是学习第二语言这一具体事项。节选（9）说明了这样一个片段：

(9) Student 1：He leaped. He freezed.

　　Student 2：Freezed? Frozen?

　　Student 1：Freeze, froze, frozen. Froze.

　　Student 2：He froze?

　　Student 1：F－R－O－Z－E. Froze.

　　Student 2：Froze. OK.

（杰西卡·威廉姆斯，1999，第601页）

节选（10）显示了一个更为直接的一个学习者向另一个学习者寻求帮助

的要求：

(10) Learner 1: Los nombres en el mapa. ¿Es el mapa o la mapa?
   [The names on the map. Is it the map masculine or the map-*feminine*?]
   Learner 2: El mapa
   [The map-*masculine*]

(盖斯等，2005，第587页)

当形式协商发生在教室中，学生有共同的母语时，就经常涉及第一语言的使用，这是外语学习环境和语言沉浸教育项目中的典型情况。比如：

(11) Student 1: *Et elle est tickelée*. How do you say "tickled"?
   [And she is tickelée. How do you say "tickled"?]
   Student 2: *Chatouillée*.
   [Tickled]
   Student 1: OK. *Chatouillée, chatouillée*. How do you say "foot"?
   [OK. Tickled, tickled. How do you say "foot"?]
   Student 2: Le pied.
   [The foot]
   Student 1: Ah, *chatouillée les pieds*.
   [Ah, tickled the feet]

(斯温和拉普金，2000，第259页)

这些片段不需要导致从目标语的视角总是正确的解决方案，但是论断是它们参与了有促进第二语言学习潜力的元思考和自我监管的过程。梅里尔·斯温和她的同事莎伦·拉普金（1995）最初提出术语**语言相关的片段**（Language-Related Episode，LRE）来指学习者发起的形式协商的片段，并且他们指出它们在合作的写作活动中尤其得到促进。其他一些人研究了相似的情况，尽管常常单纯聚焦于在不同的标签下口语的交互。比如，罗德·埃利斯和他在奥克兰大学的同事们（埃利斯等，2001）使用了术语**学习者发起的对形式的聚焦**（Learner-Initiated Focus on Form），伊利诺伊大学芝加哥分校的杰西卡·威廉姆斯（1999）重新定义语言相关的片段为包含形式或意义协商的片段，只要它们是学习者发起的。但不管称呼和定义如何松散，研究显示学习者发起的形式协商多种多样，包括从隐性的到显性的对语言编码的聚焦整个范围，从上面的（9）、（10）和（11）可以看到。

有意思的是，涉及第一语言或者元语言使用的更为显性的形式协商片段显得对学习尤为有益。比如，斯温和拉普金（2000）发现在一项拼图任务中，8年级沉浸式法语学生会在语言相关的片段中更多地使用第一语言，这与他们随后写的合作描述的更高质量的分数有关；而巴什蒂尔克曼等（2002）报告，在他们研究的165个学习者发起的和先发制人的聚焦形式的步骤中，片段更倾向于展示学习者使用一些非专业的元语言（你如何拼写X？这是一个名词吗？这个句子是过去式还是现在时？）时成功包含正确形式。

4.11 意义和形式协商中的负面反馈

直到现在还没有讨论环境的最后一个好处是它能为学习者提供关于他们话语不合语法的信息。当对话者确实想提供这样的负面信息，那么我们可能想提一提错误的改正。但是，更多的时候，确定是否这个改正的意图在起作用是不可能的（对于研究者也对于参与交互的双方）。因此，我们倾向于用术语**负面反馈**（negative feedback）而不是"错误的改正"（error correction）或者相近的词"改正的反馈"（corrective feedback）（二者都意味着一个清晰的改正的教学目的），并且也非"负面的证据"（被用在有关什么样的语言抽象信息可能被需要以重新确定在普遍语法界限内特定价值的形式语言学讨论中；贝克等，1995）。

负面反馈可以在交互会话中以口头的形式提供，但是它也经常发生在写作中（在教室和在非学校的环境中的职业写作、技术写作和创新写作），也可以是在以技术为媒介的交流和研究环境中。篇幅所限，我在本节中只讨论口语的负面反馈（我会在本章最后提供一些对第二语言写作和以技术为媒介事件的反馈领域的阅读建议）。在第十章，你会看到，如果我们采用一种激进的社会的视角，负面的反馈是如何被定义的。特别是，这方面已被由维果斯基（10.6节）、话语分析（10.9节）以及系统功能语言学（10.12节）视角引导的SLA研究者以不同方式进行了研究。

从认知—交互主义研究者的视角来看，负面的反馈可能会作为协商意义或形式的一部分而发生。比如，当理解度较低且意义本身需要被协商时，一个**澄清的要求**（clarification request）（比如，对不起，你说什么？）就会被提供。无论如何，它能传递给学习者一个提示，虽然是一个最隐性的并且是非直接的，提示存在不合语法的地方：

(12) Learner： what happen for the boat?
　　　 Interlocutor：what?
　　　 Learner： what's wrong with the boat?

（麦克多诺，2005，第 86 页）

在另一极端，**显性纠错**（explicit correction）表面上聚焦形式的错误，且发生在一个教师清晰地对一个学生表示特定选择不像目标语时：

(13) Student：Ich empfehle den Beruf an
　　　　　　　［I recommend that profession + particle *an*］
　　　 Teacher： Nein nein, empfehlen empfehlen ohne *an*, ich empfehle den Beruf
　　　　　　　［No, no, to recommend without the preposition *an*："I recommend that profession"］

（劳希特曼，2002，第 276 页）

居于中间的是重建和引导。当一个对话者重复学习者的话语时，**重建**（recast）就发生了，重建保持话语的意思，但是提供一个更符合习惯或更成熟的形式的改造。比如：

(14) Greg：Nagai aida o-hanashi shi-mashita kara, benkyoo shi-nakatta desu
　　　　　 ［because I talked for a long time, I didn't study］
　　　 Interlocutor：Nagai aida o-hanashi shi-te i-ta kara desu ka?
　　　　　　　　　 ［because you were talking for a long time?］

（石田，2004，第 375 页）

引导（elicitation）包括如询问"我们如何说 X？"的步骤或直接要求对话者再试一次。当引导发生在教室的时候，教师可能会发起一个换一种说法的停顿，并在错误的话语中间停下，以让学习者正确地完成这个话语，就像在(15)中：

(15) Teacher：Il vit où un animal domestique? Où est-ce que ça vit?
　　　　　　 ［Where does a pet live? Where does it live?］
　　　 Student：Dans un maison
　　　　　　　［In a-*masculine* house］
　　　 Teacher：Dans...? Attention

　　　　　　　　[In...? Careful]
　　Student：Dans une maison
　　　　　　　　[In a-*feminine* house]

（利斯特，2004，第405页）

　　像（15）中的引导是用于教学的，因此一般由老师来发布。它们很少被对话者在教室之外的环境中发布。

　　很多语言教师和学生相信教师在口语和写作中提供负面反馈是一个好的课堂教学的主要部分。并且，至少从逻辑上看，负面反馈是一个与第二语言学习者发现什么在目标语言中是不可能的最相关的办法。但是，在第二语言习得的研究者中，有些不同的声音，他们反对语言在本质上是不求助负面反馈的信息就可以学到的这种说法（施瓦茨，1993）。还有一些人认为没有有效的证据最终显示负面反馈信息起作用（特拉斯科特，1999）。这些怀疑者对积累起来的实证证据持怀疑态度，或是因为他们觉得这只是反映了有关第二语言的隐性的、元语言的学习，或是因为他们期望负面反馈在更广泛的、更普遍的范围使用才可以被宣称有价值，有时候是这两个原因同时存在。另一方面大多数认知—交互主义研究者认为负面反馈对学习是有用的（朗，1996；利斯特等，1999；罗素和斯帕达，2006）。

　　口头负面反馈的频率是多少呢？在非课堂的情况下，早期研究显示直接的负面反馈是非常少的（加斯基尔，1980；戴等，1984）。基本上，适用于自然的第一语言会话、且使他人修复非常不受欢迎的相同的会话原则（施格罗夫，1977）是第二语言对话中他人更正的强大威胁。无论如何，改正可能仍然会发生，就像施密特和弗罗塔在他们记录的会话数据和他们的反思日志数据中充分证明的一样。他们的描述暗示改正是否会在教室之外发生取决于第二语言说话者和对话者的关系，甚至取决于对话者的性格以及对话者对第二语言学习者进行教导的倾向性。

　　在教学的环境中，一大部分错误看起来是得到了回应。在教室里，这个范围被证实的最低限是对48%的错误做出反馈，这是由帕诺瓦和利斯特（2002）报告的，他们在蒙特利尔研究了10个小时英语作为第二语言学习的课程，课程中，大部分学生的第一语言是海地克里奥尔语和法语。最高的一端是由劳希特曼（2002）报告的在比利时的10个小时德语作为外语学习课程90%的反馈（或者每0.65分钟就有一个负面反馈片段），学习者是三个高中班15岁和16岁的第一语言为荷兰语的学习者，在实验室里和本族语的对话者以任务为基础两两交互,研究报告了较低的负面反馈率,可能是因为一个教学重点没有必要被对话者注意。在实验室研究中,学习者说出的一半到三分之一的非语法言语呈现出获得某种负面反馈(比如,奥利弗,1995;岩下,2003;麦基等,2003),但是这个比例有时候是更低的(比如,布赖迪,2002 中,四分之一的错误获得了回应)。

负面反馈是如何提供的呢?自这个领域的最初期,SLA 研究者已经试图在把负面反馈分为一些具体的步骤类型之后进行识别和统计,这些类型包括:澄清的要求、显性纠错、重建、引导和其他几个(他人重复、任务提示、翻译等)。在第二语言的教室里,这些分类法中最有影响的是被麦吉尔大学的罗伊·利斯特和他的同事康考迪亚大学的蕾拉·兰塔发展起来的(利斯特和兰塔,1997)。他们的研究建立在 20 年前克雷格·沙德龙(1977)在其多伦多大学学位论文中提出的一个复杂的编码系统之上。然而,警告的声音越来越频繁,认为这些"类型"可能在实施的时候每个都有不同的变化,并且其中任何一个都可能在它包含的显性或隐性的程度上有所不同,而这又反过来经常作为一种环境的功能各有不同,正如我们即将看到的,此外还有其他问题。

一个清晰的例子是由正在蓬勃发展的重建的研究提供的。这个类型的负面反馈,在(14)中有展示,自从十年之前第一个课堂和实验室的重建研究发表之后已经引起了前所未有的兴趣,详见表 4.1 的总结。

表 4.1

四个早期的第二语言重建研究

奥利弗(1995)	奥尔特加和朗(1997)
设计:描述的,在实验室	设计:准实验的,在实验室
背景:澳大利亚珀斯的 8—13 岁的以英语为第二语言学生	背景:美国夏威夷的第三学期的大学西班牙语外语学习
研究对象:96 对(本族语-非本族语,非本族语-非本族语和本族语-本族语)	研究对象:30 对(学习者-研究者)
任务:双向的交际任务	任务:单向的交际任务
焦点:对比意义的协商和不同错误类型之后的重建	焦点:对比对两个结构的重建、模型和控制:宾语主题化和副词的位置
研究结果:61% 的错误被回应;含糊的、不像目标语的话语被协商,清晰的、不像目标语的话语被重建;第二语言儿童能在三分之一的重建的例子中合作,当在会话中这是合适的	研究结果:在宾语主题化上两种处理都没有效应;对于副词的位置,有清晰的证据表明重建条件下有学习发生,在模型条件下没有学习发生

（续表）

利斯特和兰塔（1997）	道蒂和瓦雷拉（1998）
设计：描述的，在教室 背景：加拿大蒙特利尔的法语沉浸式学习 研究对象：四年级和四年级/五年级学生（来自于四个不同班级和教师的18.3小时的学习） 任务：常规的内容依托的课程（科学、社会研究、数学、法语语言艺术） 焦点：负面反馈顺序的步骤：反馈的步骤（六个类型）和理解的步骤（修复，有四个类型，和需要修复，有六个类型） 研究结果：教师纠正了学生错误话轮的62%；只有27%的错误引起了修复；教师倾向于重建（负面反馈的55%）；重建导致了最少的修复（31%），元语言的反馈和引导的步骤导致了最多的修正（46%）	设计：准实验的，在教室 背景：美国东海岸的英语作为外语的科学课 研究对象：一个完整的班级，包括21名11—14岁的学生和他们的老师-研究者 任务：包含在日常教学中的、以任务为基础的科学报告 焦点：对过去时态-ed和条件式would的重建 研究结果：对比一个没有反馈的班，有重建的班显示两个月之后仍然保持的清晰的在口语任务测试上的获得，在书面任务测试上的获得没有那么清晰和持久

由于这些研究和其他研究矛盾的发现，之后的讨论（比如尼古拉斯等，2001）聚焦于语言教室和实验室的独特性质和比较隐性的重建，比如那些利斯特和兰塔（1997）所记录的，和比较显性的重建，比如那些由道蒂和瓦雷拉（1998）准实验研究发表的，二者之间在实施上的不同。实际上，尽管朗（1996，2000）所提出的重建正因为它们是反应性的且隐性的才起作用，并且尽管事实上它们经常被认为仅是一个潜在的"会话润滑剂"（埃利斯和沈，2006，第585页），尼古拉斯等（2001）提出了重要的一点，它们在隐性程度这方面的差异是很大的。相反的，埃利斯等（2006）注意到利斯特（2004）所称作任务提示的是一个包括显性和隐形步骤的类别。

那么在未来，能通过超越特定类型（并从中抽象出）的属性或特征分类和分析负面反馈片段会更合适。其中一个特征应该是"清晰"的程度，像埃利斯和沈（2006；沈，2006）提出的。清晰可以被定义为知觉显著性（比如声调）以及发布负面信息的语言标记（比如通过元语言），这样就使得正确的意图对于学习者变得清晰。另外一个有前途的特征应该是"要求"，指的是由利斯特（2004）提出的对任务提示的好处的主要论证，可以被定义为施加于对话者对负面反馈以某种方式做出反应的会话紧迫的程度，比如，通过包含这一特征，修正他们的输出或者自我更正。尽管目前清晰和要求已经获得大量注意力，还有第三个有前途的特征信息性，它被定义为提供多少信息为对不合语法性的批判，比如，一个负面反馈事件中是否包含或拒绝一个语法版本的话语的模型。我们将在第十章 10.6 节中看到一个非常不同的尝试，在自我管理的连续体中对负面反馈的片段分类。

这些负面反馈被证明多么有效呢？日益增长的证据提出以特定方式提供的负面反馈导致了比忽略错误更好的后测表现（罗素和斯帕达，2006）。但是对于负面反馈工作而言，它何时、如何、为什么工作达成的一致则少得多。在过去的 10 年里，已有很多研究被设计出来描述地或准实验地比较不同种类的反馈。比如，大量研究探询了重建的学习潜力是高于还是低于意义协商（奥利弗，1995）、模型（朗等，1998；岩下，2003；利曼，2003）、任务提示（利斯特和兰塔，1997；利斯特，1998，2004；阿玛尔和斯帕达，2006），或者元语言的解释（埃利斯等，2006）。然而，结果的总体模式显示出，当两个或者多个负面反馈的实施进行比较时，更显性的会导致更大的获得，如 20 世纪 90 年代早期苏珊娜·卡罗尔和她的加拿大同事所发现的（参见卡罗尔等，1992）。这个发现启发性很小，是诺里斯和奥尔特加（2000）相同结论的延伸，在那个研究中，他们对 49 个教学研究进行了元分析，关注了一系列教学的选择，包含语法解释、输入操纵、实践或者输出处理和不同种类的负面反馈的提供。至少如目前在处理条件中操作的和测验中测量的，第二语言教学中显性的类型一贯地比那些隐性的导致了更多可观的获得。

研究也不断更清晰明确地告诉我们，教学的环境不能那么多地有助于我们预测和理解教师们倾向使用的负面反馈种类（因为一个接着一个的研究显示，教师所倾向的策略是重建），但是可以帮助预测和理解在他们使用这些类别的时候，他们会运用的显性的程度如何。这样，在正式的，可能是交际的而不是依据内容的或者意义的教学环境中，负面反馈是以比那种教师和学生通过第二语言学习内容的环境下，比如沉浸式项目，更显性的方式使用的一种方式（沈，2004，2006；洛温和菲利普，2006）。并且，在相同的课程中，负面反馈可能会因为话语和教学环境的不同而有差异。具体地说，如同杰茜卡·威廉姆斯（1999）与奥利弗和麦基（2003）在孩子和成人的英语作为外语的课堂上所分别展示的，课堂上在聚焦语言而不是内容或者管理的部分中更多反馈被提供和回应。

学生们如何回应正在进行的教师反馈（即在相邻的下面的话轮引出的）也因为环境的不同而有很大的不同，甚至在第一眼看是符合"相同的环境"

外形的教室中。利斯特和莫里（2006）发现对于在两种浸泡式的环境中的四年级和五年级的学生而言，这是事实，一个（与利斯特和兰塔1997的研究一样，参见表4.1）涉及在加拿大的法语省魁北克的法语学习，另外一个是在美国的日语学习。两种环境中重建和提示的相对频率基本一样，但是，在法语的沉浸式项目中，对内容和意义制造的指向是普遍的，并且在教室之外学习者也能接触到第二语言，学生们在提示之后修复的频率远大于重建之后的修复（53%对38%）。在日语沉浸式项目中，相比较而言，这个模式是反过来的。在这个教室文化中，学生被嵌入一个外语的环境，在这里，齐声重复对学生来说是一种很熟悉的脚本，学生不太倾向于在提示之后修复（23%），而是更倾向于在重建之后修复（68%）。为了说明这种不对称，利斯特和莫里提出了平衡假说（Counterbalance Hypothesis）。简言之，他们预测在重视意义制造和内容的环境中，负面反馈可能会在短暂的改正片段更明显和显性时更有效，这样就增加了聚焦形式事件相对于总体以交际为导向的课堂文化的显著性。相反，在重视准确性和语言学习的目标的环境中，负面反馈可能会在以一个保护和突出对意义的特别聚焦的更隐性的形式实施时更有效，使得这样的片段相对于总体以形式为导向的课堂文化更加凸显。

最后，正如我们看到的，有证据提示任何给定类型的负面反馈可能在显性度上有很大的差异，并且研究发现因至少反馈实施的显性度和负面反馈发生的更广泛的教室和社会环境的相互作用不同而有所不同。考虑到反馈类型的实施的重要性和更广泛的课程和社会环境，在不久的将来，有必要重新构建作为目前负面反馈的第二语言研究特征的不是"全部"就是"一无所有"的对比方法。

4.12 语言环境的局限性

现在是时候以停下来听一听一些警告的声音来总结我们有关环境的讨论。这些警告的声音包括输入、交互、输出和反馈这些要素对于第二语言学习不是神奇的子弹。来自社会语言学和社会文化学研究者的批评应该帮助我们调和我们对由语言环境经验提供的好处的认知—交互论断的解释。

首先，要记住的是，除了对即将面临的交际失败的协商，交互其他更多的正面特征也能为学习者提供潜在的语言益处。例如，中滨等（2001）展示了一个会话任务比一个信息空缺任务引发的协商水平要低（一个被交互支持者所预测的事实，比如，皮卡等，1993），但是也引发了更多的个人参与，提供更多冒险的机会，使得这些学习者能制造出话轮更长的对话和更复杂的语言。进一步而言，阿斯顿（1986）警告说交互的工作是多面的，并且能完成与修复交际问题无关的事情。比如，福斯特和奥塔（2005）正确地注意到，并不是所有的他人重复是验证性检测，并且很多是他们称为连续体的（continuer），或者是一个表示和谐、有鼓励说话者说得更多作用的重复，正如在例子（16）中：

(16) M1: I wasn't so fat before I came to England
V2: fat?
M3: yeah, but now I eat a lot of bread.

（福斯特和奥塔，2005，第421页）

第二，对说话者而言协商工作的意义可能是有迷惑性的。霍金斯（1985）展示了学习者可能假装理解以避免冗长和繁重的协商，并且他们可能是出于人类礼貌和保护面子需要的动机。在她的研究中，对理解检查的回应（比如uh-huh，或回声式的重复）在表面上合适。当两个第二语言的参与者被问及的时候，事实是实际上他们被调查的回答中有一半是以一种礼貌的形式出现的。这些回应"只是因为他（说话者）说了这个，重复一下"，一个霍金斯研究的参与者这样说（第173页）。

另外，极低水平的协商可能是一些群组和一些环境的特征，就像福斯特（1998）在英国一所大学里进行的一次对21位兼职的、中等水平的英语学习者的研究。在那个教室里，也许还有很多那样的教室里，协商几乎是不可能存在的，也许是出于礼貌，或者可能是不想参与。换句话说，学生们可能加入到了正在学习的内容，但是制造了很少的协商，可能是因为理解的问题没有产生，并且不准确被忽略了，就像穆苏梅西（1996）和皮卡（2002）分别记录的大学水平的意大利和英语的以内容为基础的第二语言教学。并且，负面的，甚至是矛盾的交互模式可能也会发生在学生-学生的工作中，就像墨尔本大学的内奥密·斯托奇在他的工作中所发现的（比如，斯托奇，2002）。相反，一个有高动机的搭档也许能使另一个学生愿意交互并加入到一个给定的口语任务中（比如，德尔涅伊和科尔莫什，2000）。因此一般而言，不喜爱的态度和情感倾向能使得一个对话者或者另一个对协商不感兴趣，或者他们能制造确实发生的无助于理解的协商步骤，更多地是为了习得。

有一点应该澄清的是，并不是交互中发生的任何问题都能归咎于非本族语的说话者和他们兴趣的水平、参与、礼貌、合作性或者学习的意愿。埃利希等（1989）发现并不是所有在一个语言环境下成长的人都能同样熟练地使用这种语言来传递研究者们通常在认知－交互研究中使用的任务要求的解释。第一语言说话者的特殊风格，研究者称之为修饰词，参与了信息过剩的混乱，引起了较不成功的交际。

在认知－交互研究者关于环境工作的研究中，权力和偏见也是没有被考察的因素。林德曼（2002）已经能够用实验的方法证明一些本族语的说话者持有业已存在的对非本族语说话者的负面态度，并且这些偏见的态度能影响具体交互的过程和结果。在她的研究中，态度上有偏见的本族语对话者默认学习者的话语为错误的。他们中的一些人因此完全避免协商，甚至当他们显示出有意愿去就一个相似的任务和一个本族语对话者进行积极协商的时候。只是对于那些可以观察到避免协商的对话者，实际的理解问题影响了任务的结果（画一个地图路线）。无论如何，当被询问的时候，所有有偏见的对话者评价人物结果为失败的而不是成功的，甚者当他们的路线已经被正确地画出时。

最后，一个与权力相关的被忽略的考虑是很多使用第二语言的人可能采用我们可以称之为一个公正的责任的方法来进行交际。正像施密特（1983）敏锐地指出的，有些时候"非本族语者可能简单地不接受交流双方完全不一样水平的努力的公正性"（第167页）。根据施密特的研究，韦斯是他们中间的一个。如果相互理解不能实现，他"期望本族语者学习他的中间语，……认为本族语说话者的问题和他的问题一样多"。更为普遍的，并且无论作为交互的结果语言学习会产生什么，人际交往永远不会仅只与语言有关，但是它总是涉及说话者的自我感觉，还有权力的差异，就像我们会在第十章看到的那样。

尽管本节的所有警告调和了有关语言环境对语言学习影响的不切实际的或者决定性的观点，它们不会减弱由认知－交互主义者提出的且由这章中回顾的大量工作证明的论断。这些见解中很多在有关任务为基础的语言学习的研究发展中也是有用的，这个领域直到现在也在继续迅速发展（埃利斯，2003；范登布兰登，2006；萨穆达和比盖特，2008）。无论如何，当我们要告别本章的时候，我们能记住的最重要的贡献（也是最重要的局限）是意识到语言环境中起作用的不仅是物理的或甚至是社会的围绕学习者的"什么在那里"，而是学习者如何使用它，他们如何处理（或者不处理）语言数据，以及他们如何在这个环境下生活和经历。在第五章中，我们将会考察学习者的认知是如何对语言数据中什么得到处理（或者没得到处理）起到重要影响的。在第十章中，我们将会探索社会结构和个人能动性是如何以一种辩证的张力影响生活体验，并同时帮助解释学习（或者不学习）另外的语言的。

4.13 小 结

这章出现的一些可以记住的一般规律有：

- 共同影响（但是不保证）最终的第二语言学习的五个环境因素是：不断增长的态度，可理解性输入，协商性的交互，推动的输出，和一个自然的或人工的能力，来处理语言的编码，而不仅是信息。这五个因素可以在像朱莉这样的案例中找到（见第二章2.2节），它是自20世纪90年代中期被发现的几个特别成功的学习者中的第一个。最后一个因素，对语言编码的注意，在像韦斯这样的案例中基本缺失（见第四章4.1节），他集中体现了经常被证实的混合学习成功的现象。

- 不论对目标语言及其说话者的正面态度，还是大量的、有意义的对第二语言信息的理解，它们本身都不足以使第二语言学习成功，尽管在一个极复杂的环境平衡中，两个当然都是重要的因素。

- 对于成功的语法习得，对形式的注意可能是必要的。这个注意的形式聚焦能通过外在的教学，或者内在的、自我学习和自我指导的对环境中可以得到的语言材料分析而获得。

- 意义协商、他人以及自我发起的输出修正、合作中对形式的协商，以及不同显性程度的负面反馈都携带学习的潜质，条件是它们发生在最佳的吸引对语言编码注意的条件之下。它们促进分解输入、注意缺口和漏洞、从句法上解析信息、监控和假设测试的心理语言学和元语言过程。这些反过来也是帮助第二语言学习者破解语言编码的过程。

- 在共同协商编码选择的过程中，第二语言使用者生成了语言相关的片段（LRE）或者先发制人的聚焦形式片段，这些都是潜在的学习场所。在这些事件中使用第一语言或者元语言可能会有利于学习。

- 认知—交互主义的研究者认为，相对于整个被忽略的错误，负面反馈（或者隐性或显性的对话语某部分是不合语法的提示）是更好的。对于负面反馈发生在什么时候、如何和为什么起作用还没有达成一致看法。

● 最近的研究证据强烈暗示负面反馈的有效性至少被两个因素影响：其实施的显性程度，和把语言作为意义制造工具或学习目标的更广的教学导向。

还有三个细致的观察值得思考：

● 习得中理解的价值与产品的价值的比对是引起第二语言研究者分歧的一个不被理解的难题。一些人认为学习是广泛地被理解所驱使的，并且分配给产品一个构建流利性的作用。还有一些人认为多产的、有意义的语言使用自身是学习的催化剂。

● 语法的能力与语言要学习的其他方面，比如词汇、语篇能力等，相比，显得更难弥补环境偶然的好处。它看起来在语言习得中也占有一个特别地位。具体地说，语法（a）比语言要学习的其他方面需要更多的兴趣、注意和艰苦的工作；（b）可能比学习第二语言的其他方面需要更多的时间理解与使用，并且（c）能在第二语言其他方面超越公式化技能，尤其是在社会语言学能力的发展上充当看门人的角色。

● 语言环境中起作用的不仅是物理的或甚至是社会的围绕学习者的"什么在那里"，而是学习者如何使用它，他们如何处理（或者不处理）语言数据，以及他们如何在这个环境下生活和经历。

4.14 进一步阅读的建议与说明

已经（并且还将继续）出版的关于语言环境和第二语言习得研究的文献数量是令人生畏的。由于这个原因，选择一些有影响的和近期的研究可能是进入这个领域最好的办法。

你可以从阅读一些三位最有影响的创始人所写的有关这个话题的综述性文章开始：盖斯（1997）的一本综合性的书，一个经常被引用的朗（1996）的回顾，或者由皮卡（1992，1994）所写的两篇分析得很详细的、与教学相关的回顾。接下来你就能充分理解由施密特所写的三个领域内有影响的阅读材料：韦斯的案例研究（1983），R的葡萄牙语学习（施密特和弗罗塔，1986）以及他最易于理解的对注意的解释（施密特，1995）。最后，如果你不阅读使得强迫式输出假说出现的实证研究，你对于环境的理论之旅就不是完整的。如果按照时间的顺序阅读斯温（1995）和斯温（2000），你会更好地理解在传统的和社会文化的环境观点的细微理性差距（我们将在第十章中探索）。

可以阅读的实证研究很多。阅读这个领域具有转折作用的经典研究是很好的开始：盖斯和瓦罗尼斯（1994）、洛施基（1994）与麦基（1999）。一些最近的研究也特别新颖、巧妙（尽管不总是易于读懂）。杰西卡·威廉姆斯（1999；也可参见威廉姆斯，2000）对八位学生的纵向聚焦很特别，她记录了八个学生一个学期的教学和65个小时课程录像中的语言相关的片段。最近前沿研究中一些关于交互的好范例是岩下（2003），他用一个特别的产品加过程的设计考察了第二语言日语结构的负面反馈和正面证据，而麦克多诺（2006）是第一个考虑句法启动（一个在第一语言中被充分研究的心理语言学现象）作为通过负面反馈来获得性学习的资源的潜力。相对于大多数研究项目中对受过高等教育的大学生研究，比奇洛等（2006）复制了之前菲利普（2003）所做的具有独创性的研究，探寻了当认知—交互理论被应用于只受过一定教育的学习者时的效度。麦基（2007）的新文集收集了几个不同目标语学习中前瞻的交互研究，而另外一本德凯泽（2007a）的文集包含了在几个不同环境下广泛的认知—交互话题的研究。

对于任何对负面反馈感兴趣的研究者，具体地说，沙德龙（1997）和表4.1中总结的四个研究都是很好的初始阅读材料。沈（2004）与利斯特和莫里（2006）提供了有意思的关于环境作用的见解。罗德·埃利斯与他现在和以前在奥克兰大学的同事最近出版的著作为这个领域未来的研究提出了一个有益的方向。（见埃利斯等，2001，2006）。最后，如果你对第二语言写作和负面反馈有兴趣，你可以阅读费里斯（2004）与海兰和海兰（2006）的两篇论文，他们提供了很出色的回顾，海夫特（2004）与赖和赵（2006）提供了技术传递的反馈的好案例。

第五章 认 知

认知是人类大脑对信息处理和学习的一个过程（这个术语来自拉丁语 cognoscere，"去理解"的意思）。令 SLA 研究者们感兴趣的是，认知对于学习以至于能熟练地综合运用另外一门语言所具有的促进作用。然而，我们远远不满足于第二语言作为一种认知形式的理解。这是因为新理论和新方法影响人类思维和大脑（尤其是在相近的学科）的速度，以及 SLA 研究者们对这些新理论和新方法达到熟悉程度的快慢，影响了我们探索相关问题的能力。这一章不同于其他几章的是，我将会频繁引用相关第一语言研究，指出 SLA 研究者们未来需要多加留意的地方。

在对认知的研究中，同样重要的是认识到相关行为和神经生物学的证据落在几百毫秒到几秒之间的等级上，或者它由不过最多持续几分钟到几小时的更大范围表现所构成。这跟 SLA 研究者们一般所考虑的语言学习数据是截然相反的，他们所考虑的数据涉及成段的话语，有多个话轮的与人类谈话者的互动，延续的文本，所指的和社会的意义，甚至有多年研究、使用第二语言或用第二语言的生活。因此，对于第二语言学习上的认知解释，被归结于它的各种现象的差异中，不管是暂时的还是长期存在的，都令人感到困惑。

在这章中，你将会学习关于认知的 SLA 理论和概念，本章解释了第二语言的本质是一种认知的形式。这些理论可以大概地分为传统的信息处理，从 20 世纪 80 年代中期就引领着 SLA 的理论化过程和研究，以及浮现理论，它在 20 世纪 90 年代末发展起来，是由前者发展而来的。关于认知的 SLA 研究中的一个重要方面是第二语言学习过程中的记忆和注意力。

5.1 心理学和 SLA 中的信息处理

信息处理在 20 世纪 70 年代时出现于心理学领域中，是由 20 世纪 50 年代末所谓认知的革命带来的。最初，一个对行为主义理论——人类学习只能解释为刺激—反应的模式的反对，在20世纪的70年代后成为了有影响的心理学理论框架。简言之，人类思维被认为是一个符号处理器，它持续参与大脑过程。这些大脑过程控制着大脑表现，干扰着输入（所有进入符号处理器即大脑的数据）和输出（所有表现出的结果）。执行，而不是行为，在信息处理理论中是一个关键的词。这是因为关于思维过程的推论只能在执行任务的时候从观察处理过程中的可观察到的得出，而不是观察外在的对刺激做出反应的行为，这也正是行为学家们经常做的。

若干个由信息处理心理学家做出的假设已被包含于当前的认知SLA研究。第一，人类认知的体系结构是由表征和使用组成的。第二，思维处理过程是双重的，由两种不同的计算方式组成：自动的或自然的（无意识的）和自发的或控制的（有意识的）。第三，认知的来源如注意力和记忆是有限的。让我们具体地分析一下每个原理以便我们更好地了解信息处理意味着什么。

信息处理理论将**表征**（或知识）和**使用**（或处理）区别开来。比亚韦斯托克和沙伍德·史密斯（1985）用图书馆的比喻来向他们的SLA读者们解释这个区别："知道图书馆里有什么，并且知道将书本归类的方法和它们之间的内在联系，必然区别于在一定时间在一本书内检索所需要的信息。"（第105页）语言的表征是由三种知识组成：语法、词汇和概要的或与社会交往有关的。新的第二语言知识被学习者储存在脑中，并且在理解和运用中需要的时候被使用和检索。

使用需要通过我们所知道的两种不同的机制——**自动处理**（automatic processing）和**控制处理**（controlled processing）来激活或运用相关知识。加拿大语言心理学家诺曼·塞加洛维茨（2003）将这两种处理模式分别比喻成自动换挡和手动换挡的汽车："自动换挡的汽车不需要经过司机有意的介入换挡，相反，手动换挡的汽车需要司机进行手动操作。"（第383页）然而，汽车一开始就是由生产商来决定是做成自动换档的还是手动换挡的，不同于汽车的是，自动处理和控制处理这两方面支持着人类的认知。信息处理心理学家认为全人类的感知和行为，包括所有想法和感觉都是这两个过程相互作用的结果。

自动处理不怎么花费精力，并且几乎不需要认知的资源，因此很多的自动处理程序可以平行运作。在自动处理中，认知的激活作用反过来被外在的环境因素（处理者之外的一些因素，即输入或来自环境的某方面的数据）所触发。相反，控制处理是自上而下地被激发的，是一种内在的资源（来自处理者自身的，即自发的和带目的的个人脑中的动机），并且它是由我们所谓的**中枢执行系统**所控制的。当我们有目的地开始控制行为时，我们需要控制处理，例如，由于遇到一个新问题（就像在一门新的语言里）或者是在自动处理中遇到一些问题（就像当周围的噪音迫使我们努力理解从谈话者收集到的不多的不连续声音时），这时还没学习自动处理程序。在这种情况下，我们让我们的中枢执行系统介入来"控制"处理任务。

因此控制处理允许我们进行自我调节，但是它们比自动处理需要更多的精力和认知的资源，因而不能平行运作，而是连续进行的。由于这个原因，控制的处理过程受制于瓶颈效应。当我们自发地致力于某事时，必须暂停其他的事。当若干需求都需要控制处理时，这些事件依主次顺序排列，有些处理排队等候，即每次只能执行一个事项。这就是我们所说的信息处理中的一种**能力限制模式**。这个模式说明，对紧张性刺激来说，需要控制处理的执行比自动处理的执行更多样化和更脆弱。因此，一个在自动性研究中被广泛采纳的方法是**双重任务**状态，即研究者通过让参与者同时进行两项任务来制造处理压力，一项是基本任务，另一项是转移注意力的任务。在这种双重任务的压力下，因为转移注意力的任务消耗掉了主要任务的注意力，主要任务的执行将会变得多变和脆弱。如果发生了这样的情况，则证明了参与者倾向于依靠控制的处理，并且在表现上没有达到主要任务需要的主动性。

5.2 练习的力量：程序化和自动化

从20世纪80年代中期开始（例如比亚韦斯托克和沙伍德·史密斯，1985；麦克劳克林，1987），称为"技能习得理论"的一种信息处理理论一直在指导SLA研究，并已硕果累累。最具影响力的版本是采用认知心理学家约翰·安德森的思维调试控制理论（安德森，1983）的早期构想，尽管他最新的理论版本大大超越了传统的信息处理概念（安德森，2007）。

技巧习得理论定义学习为从控制的执行向自动的执行的逐渐转变。这种转变通过许多次相关的试验来发生，这些试验使控制的处理在执行中逐渐地消退，并且自动的处理逐渐地接替这一执行。这个过程已被称为**程序化**或**自动化**，它需要将**陈述性的知识**或**显性的知识**（或"对某事的知识"）转变成**程序性的知识**或**隐性的知识**（或"对如何做的知识"）。将技能的学习假设成以相关陈述性知识的显性供应为开端，这个意识是很重要的。因此，第二语言学习者（特别是受教育的学习者）开始的时候先接触他们老师或课本里提供的比较简单易懂的说明，并且通过练习，这个知识会很大程度上转变为使用的能力，或者是由自动的程序构成的隐性的程序化知识。

那么练习是怎么发生作用的呢？它是通过在长期记忆里建立和加强相关链接来实现新知识的程序化的。我们对这种知识练习越多，使用它时就越轻松，并且逐渐地就不需要中枢执行参与。然而，练习并不总是起到良好的效果的。这里需要提到一个众所周知的概念——**学习的幂律（power law of learning）**，即练习达到某个点时，并没有得到很大的提高，这是因为学习者已经达到了最佳的学习成果（艾利斯和施密特，1998）。另外，程序化是针对特定技能的，因此，针对于第二语言运用的练习应有助于使理解自动化（德凯泽，1997）。程序化和自动化演变的最终结果是**自动性**，它被定义为利用隐性的程序化知识的自动执行，并表现为流利的理解与运用和更低程度的神经性激活模式（塞加洛维茨，2003）。

常见的两种对技能习得原则的错误观点是：(a) 自动化仅仅是加速的或快速的行为；(b) 第二语言学习者仅仅积累他们练习的知识直到他们可以自动地使用知识。大大相反的是，塞加洛维茨（2003）通过深入地讨论指出，技能的执行不能只被理解成纯粹的快慢问题，它代表的是一个质的改变，一旦达到这个程度执行就变得自动化了。同样地，也不仅仅是积累知识，而是延长和反复的练习改变知识本身的表征，通过使储存的知识更详细具体，或者分析得更好，像加拿大心理学家艾伦·比亚韦斯托克（2001）说的。发生质的改变需要通过增加某些过程，转变和重组知识（讨论见麦克劳克林和埃雷迪亚，1996；见第六章6.4节）。换言之，当它们自动化时，规则大概不同于最初服务于记忆的陈述性规则。

在第二语言学习中，如何才能研究全部这些技能习得的抽象原则呢？在下一章中，我将会向你们介绍德凯泽（1997）的研究，它将这些原则全部具体化了。这个研究是一个典型且成熟的尝试，在第二语言的学习过程中记录了程序化的时间过程。

5.3　SLA中技能习得理论的一个典型研究：德凯泽（1997）

罗伯特·德凯泽（1997）用一个智慧而复杂的实验研究了许多信息处理

预测和认知技能的理论。德凯泽招来 61 名大学生志愿者，并且教给他们一种**微型语言**，他称为 Autopractan。他这样做了 11 个星期，22 场一小时的课程，这期间他通过一个电脑程序来进行图片和句子的练习。Autopractan 包含一小组 16 个名词、16 个动词并且它们被设计成接近于自然的语言，有性别、数和格的形态标记，还有省略主语的可能性和灵活的词语顺序（即 Autopractan 是一种无主语的语言，并且有丰富的形态）。这个研究中的一个难题是参与者们可能会觉得这是一个人造的语言，努力学习它并没有多大好处，除了这个实验，它也就没用了。为了解决这个问题，研究者告诉这些志愿者们，参与这个研究的经济上的报酬会很大程度上取决于实验中他们取得的学习成绩。这个差别也是适度的，最高成绩的参与者每小时 8 美元，而最低成绩的参与者每小时 6 美元，这个报酬对当时 20 世纪 90 年代的大学生来说是相当诱人的了。

第一阶段是显性的陈述性知识的供应，包括展示 Autopractan 的所有词汇和语法规则，并且让所有参与者学习它们，这个过程在最开始的 6 个课时（大约 3 个星期）中进行。第二阶段是练习。它是为了实现程序化，或执行从控制的向自动的转变。它包括不同小组中不同的事项，但这个过程一般需要 15 个课时（8 个星期），并且每个参与者的练习时间完全相同。在最后的研究阶段（22 个课时），用理解和运用的测试题来测试参与者们的四个 Autopractan 规则。

练习阶段是怎么按不同条件变化的呢？第一组参与者（人数为 21）只通过理解的方式练习 Autopractan 的规则 1 和规则 2，只通过运用的方式练习规则 3 和规则 4。第二组参与者（人数为 20）也是练习这四个规则，不同的是，他们通过理解的方式来练习规则 3 和规则 4，而通过运用的方式来练习规则 1 和规则 2。第三组参与者（人数为 20）也同样练习这四个规则，但是他们每个规则的练习，一半通过理解的方式练习，而另一半通过运用的方式练习，因而第三组参与了所有规则的混合方式练习，但他们每种方式的练习量也只有一半。这三个小组的理解练习内容都是让参与者将他们在电脑上读到的句子与给定的四张图中的一张配对。运用练习的内容是让参与者对给定的图片写一句话。在练习过程中，他们出现错误答案时，电脑会提示，并且包括对错误的明确解释并给出正确答案。

这个阶段的 15 个课时分为若干个练习的周期，然后进行测试。在练习阶段中，所有的题目分为两半，一半是在正常的单任务情况下进行，另一半是在颇有压力的双任务情况下进行。在双任务情况时，参与者将会在 Autopractan 的练习题目出现前看到屏幕上出现一个数字，然后一边听着不规律间隔的警报声，一边做题。在答完题后，参与者必须用屏幕出现的数字减去警报声的数量。这样做的目的是为了观察执行的水平是否会在最初大幅度降低（涉及控制的处理的标志），并且观察紧张性刺激是否会随着时间逐渐减小（自动的处理开始接替的标志）。

德凯泽仔细分析了来自学习过程和结果的证据。为了解学习过程，反应时间和正确率用来自15次经过练习后的测试数据描绘成数据图。他发现经过开始的2个课时后，参与者的反应变得更快更准确，并且经过了4或5个练习课时后，参与者的表现水平变得稳定，并且反应的速度和正确率从这个点一直到最后一个练习的课时也几乎保持稳定。这一现象符合学习冥律。然而，执行本质上在15个课时中单任务和双任务的项目中相同，表明了双任务情况下转移注意力的任务没能向认知资源施加压力。

为了证明学习的结果，研究过程最后阶段的测试结果也需要进行分析说明。结果显示，正如预测那样，获得进步需要特定的技能。对于一个给定的规则，前两组的参与者在同一形式的测试中，以该模式练习过此规则的参与者获得的分数较高。同样地，第三组的参与者进行的理解和运用平衡的方式显得对理解和运用都有效，他们的进步与前两组在同一模式测试的参与者们相当。

正如你所看到的，第二语言学习的认知技能习得的理论的预测验证是复杂的。很少研究用此框架进行，而且更少研究像德凯泽（1997）那样通过持续一段时间的练习证明自动化的问题。

你也许已经意识到，支撑所有信息处理的方法与预测的概念是记忆。任何我们大脑遇到的信息，不论经过几毫秒还是几年，都需要通过记忆和涉及记忆的一些方式。在下一节中，我们将验证一些基本的记忆的概念，并且有选择性地学习一些 SLA 的见解。两种类型的记忆在全部的认知行为中是很关键的：长期记忆和工作记忆。我们将会看到，它们二者在第二语言处理和学习过程中有根本性的影响。

5.4 长期记忆

长期记忆是关于表征的，实际上它的容量是无限的，它有两种类型：显性的陈述性记忆和暗示的程序性记忆。很多知识在长期记忆中体现为**显性的陈述性**，就是可用言辞表达的并且有意识地被回忆起来的。显性的陈述性记忆支持着事实或事件的收集，它们是靠人类头脑中的海马体存储。同样多的或者更多的知识是体现为**隐性的程序性**记忆。一些我们知道的，这些是我们并没有意识到我们知道的事物。隐性的程序性记忆支持着技能和习惯的学习，它们是由人类大脑皮层存储的。大约在35年前，一名美国的爱沙尼亚心理学家安道尔·托尔文认为，储存于长期记忆里的知识有另一种更重要的不同，提出了一个进一步的分类方式：语义记忆和情景记忆（见托尔文，2002）。**语义**记忆属于相关事实的非情景化的知识，这里的事实是"每个人都知道的"。**情景**记忆涉及事件的知识，这种事件是关于个别的人或者是"我们经历过的事件"。情景记忆与一种发展中的最近出现的记忆类型相对应，被认为是从语义记忆逐渐变化而成的。它"让人们有意识地再现过去的经历"并且思考他们的未来（托尔文，2002，第6页）。

由于词汇知识在SLA中是长期记忆研究领域中一个最值得研究的方面，我们会考察它来举例说明针对新语言知识是怎么样被表征和储存而提出的问题的范围。

5.5 长期记忆和第二语言词汇知识

记住一个单词意味着什么？在最初级的阶段，一个单词的形态一旦和本身的意义建立起连接，它就存在于长期记忆中了。然而，掌握一个单词不止这样：掌握它还包括知识在记忆中的强度、大小和深度。

词汇知识的**强度**是关于有效地使用或被动地认出一个特定的已知的词的相对能力。就是说，强度是衡量隐性记忆中程序化的程度的。词汇强度已被加拿大的研究者西玛·帕里巴科特和玛乔丽·韦舍（如帕里巴科特和韦舍，1997）和以色列的研究者巴蒂亚·劳费尔（如劳费尔和戈尔茨坦，2004）广泛进行研究。其中的一个典型发现是，学习者接受性地知道的词汇比有效使用的多，尤其是一些不常出现和生涩的词语。但是随着熟练程度的发展，这个差距会变小。相比而言，显性的陈述性记忆的范围之内，是大脑中词汇的规模，它指在长期记忆中的词汇的总数。这个规模常常与学习者在输入方向上遇到的词的出现频率有关，因为在学习过程中，高频率出现的词总是很容易被储存于长期记忆中，而低频率出现的词却相反。来自新西兰的保罗·内申已发现关于第二语言的词汇大小的很多有趣现象（如内申和韦林，1997；内申，2006）。例如，一个五岁的小孩在刚开始上学时就有了5000个词汇的词汇量，一个典型的三十岁的成年大学毕业生毕业时有20000个词的词汇量（内申和韦林，1997）。对于第二语言使用者来说，新词汇的积累是一个艰巨的任务。学习者需要学习大约3000个新词来勉强应付用第二语言进行交谈，再学习大概9000个新词族来阅读第二语言的小说或报纸（内申，2006）。

词汇**深度**存在于显性的和隐性的记忆范围中，指对已知的单词到底知道得如何，即词汇的表征有多详细，怎么详细说明和怎么构词的（或怎么分析，用比亚韦斯托克的话说，2001）。在词汇深度研究中做出杰出贡献的有威尔士的保罗·米拉（如米拉，1996；威尔克斯和米拉，2002），和英格兰的诺伯特·施密特（如施密特，1998，2000）。知识的深度包括第二语言的学习者是否了解词语的发音（/di-'zɜrt/是用于一餐饭，而/'de-zərt/是用于描绘地形），是否了解它的拼写，是否了解词语的一些部分可以与（pre-，-ment，-er，-s，-ing）之配合使用，是否知道什么常置于词语前或词语后（make a decision, do exercise; mental state, state of affairs/mind），是否知道一个词所有的意思（demonstrate = 展示与抗议），是否知道一些同义词在特定情境中用哪个（weather，climate），或者是否知道一个词语在什么样的文章中出现频繁（oaths常出现在法庭上但是不出现在医院，而incisions常出现在医院却不出现在法庭）。正如米拉（2007）已提出很多年的观点，词汇深度的概念假设存在隐性的长期记忆的网络，是覆盖整个大脑词汇的含义基础和形式基础联系的网络。

其他第二语言里的长期记忆相关问题属于词汇的表征内容，这对于双语掌握者来说是编码于记忆中的。例如，蒋楠始创的研究项目，它将第二语言的词语在长期记忆中的表征假设成在最初的时候是用第一语言概念上的内容来填充的（如蒋，2004）。另一个不同的观点由芬克贝纳等（2004）提出，他提出除非对两种语言都完全掌握，不然第二语言的词语在它们的条目中表现的意义比第一语言词语少，就是说，第二语言词汇表征在概念上不那么详尽，分析更少。针对情景记忆和概念的发展，阿涅塔·帕夫连科（1999）研究这样一个假设，即在成长的环境中学习第二语言词语比在课堂上学习第二语言词语更能丰富情景记忆的信息，因为前者是通过自身经历学习到的，而后者较偏重于通过陈述性方式。她由此提出概念上的第二语言发展将会在自然的（即经验的）语言环境中形成，但是可能会在外语环境中受限制。

最后一个相关的重要问题：双语使用者的第一语言和第二语言的词汇是如何相互影响的，这种影响是在长期记忆的机械处理中反应出来的。心理语言学家朱迪斯·克罗尔（在宾夕法尼亚州立大学）和安妮特·德格鲁特（在阿姆斯特丹大学）在这个领域做出了杰出的贡献（克罗尔和德格鲁特，1997）。他们的研究向我们说明了，当双语使用者识别或者使用词语时，两种语言编码的信息都会被激活，不止是用到的这种语言。这个现象称为**无选择性**，莱姆弗尔等（2004）证明了在三种语言的掌握者身上也会出现。然而，这里存在着一个有趣的不对称现象。在意识中被同时激发的是第一语言加上第二语言的方式表征，而在运用时是第一语言加上第二语言的意义表征最早被激发（克罗尔等，2005）。

5.6 工作记忆

长期记忆是关于表征的，并且它是无限的，与此相反的是**工作记忆**，它是关于信息处理的，是有限的。在 SLA 中，尼克·埃利斯通过一个例子提出一个简单但有用的工作记忆的定义："如果我问你 397×27 等于多少，你将不会从长期记忆中寻找答案，你会去计算它。"（第 338 页）彼得·鲁宾逊（1995）是这样描述它的："技能发展开始的工作空间……和知识被编码进入长期记忆的地方。"（第 304 页）换言之，我们需要工作记忆来储存信息（储存的功能），也需要它来整合新知识和已经储存在长期记忆里的知识（加工的功能）。工作记忆控制着自动的和控制的处理。重要的是，它是**中枢控制的场所**，支持着控制的处理（巴德利和希契，1974），并且也是**意识的场所**（巴尔斯和富兰克林，2003）。正如尼克·埃利斯（2005）所解释的那样，工作记忆是"显性说明、假设形成、类比推理、处理优先级、控制和做出决定的基地。它是我们发展、应用和将我们元语言的洞察力转变成第二语言的地方。工作记忆是一个系统，它在一段时间内集中精力，遇到干扰时控制了注意力"（第 337 页）。

工作记忆靠两个特征来定义。第一个，区别于长期记忆，工作记忆**容量有限**。特别是，在正常情况下，信息可以在大约两秒之内储存于工作记忆中。在短时间之后，除非将它以默读的形式进行练习，否则这个表征很快便会被遗忘，这就是英国记忆专家艾伦·巴德利所说的音韵循环，这样它才能真正地进入长期记忆（巴德利，2007）。第二个特征是暂时的**激活作用**。激活作用对工作记忆来说太重要了，另一位美国的第一语言记忆专家纳尔逊·考恩纠正"长期记忆和工作记忆间的传统差别"这一说法，提出工作记忆只是在处理事件中被激活的记忆的一部分（考恩，2005）。

工作记忆在20世纪90年代中期时在SLA中受到强烈的关注。大概它对于SLA的最明了的应用是在个体差异领域。他们提出了以下观点，由于记忆涉及普遍的信息处理，拥有较好的工作记忆的人能较高效地学习第二语言。就是说，工作记忆的容量可以预测学习的速度和最终达到第二语言的水平。我们将在第七章验证这个问题（7.7节和7.8节）。在第二语言记忆容量的普遍事实中，有两个观察到的现象让人关注。

首先，一个被观察到的现象是第二语言工作记忆的容量小于第一语言工作记忆的容量。例如，在一个最初的SLA对工作记忆的研究中，哈林顿和索耶（1992）发现，在他们的记忆力测验中，32位外语为英语的参与者的记忆体现出，第二语言的工作记忆一致低于第一语言的工作记忆。更近一点的研究中，托厄尔和德维利（2005）也发现一个第二语言—第一语言的滞后现象，这个研究是让12名参与者用第二语言和第一语言分别念一段连续的文章，这些参与者都是一个英国大学里二年级或三年级的法语学生。正如薇薇安·库克（1996，第68页）在第二语言工作记忆的早期研究时所怀疑的那样，几个相互兼容的说法可以解释容量上第二语言—第一语言的滞后现象，每个说法都潜在地联系着工作记忆的不同部分。这可能是由于中枢执行功能效率略低，因为它得对第二语言起作用，而不是对第一语言起作用。或者说，默读式音韵循环的容量的降低或许在起作用，因为学习者用第二语言发音速度上比第一语言慢。或者说，可能短期记忆和长期记忆之间的相互作用略低，因为被练习和被记住的内容是第二语言里的。遗憾的是，目前为止在SLA中还没有研究项目是验证这个可能性的。第二个同样被关注的现象是，随着对第二语言熟练程度的提高，第二语言和第一语言间工作记忆容量的滞后现象会逐渐减弱。然而，研究者们通过实证研究对这个普遍的假设了解得更少。由于不够了解第二语言的工作记忆是如何工作的，也不够了解是什么原因最初使得它小于第一语言的工作记忆，这给研究者在研究第二语言和第一语言的工作记忆容量是怎么样配合起来提高第二语言的熟练程度造成困难。

5.7 作为储存器的记忆：被动的工作记忆任务

关于记忆，人们直接联想到的是简单的概念"储存大小"，或者联想到人们能记住多少转瞬间就消失的信息。实际上这是第一语言记忆研究中的原始范围，正如反映在术语**短期记忆**上，它是工作记忆的另一种说法。目前为止已有大量关于第一语言储存容量的记忆研究，形成了合适的实验任务与兴趣，如果具有通用性，这就是个基准。在表5.1中有简单的说明。

表 5.1
记忆储存容量研究中的记忆任务和基准

数字广度回忆任务是心理学中用于测量记忆容量的最古老的方法之一，内容是让参与者重复一个越来越长的数字串，有时候也让参与者们倒序重复。非常注意把默读演练的机会降到最低，因为这是一个"扩大"记忆容量的好方法。正如米勒（1956）在一个开创性的论文中总结到，成年人拥有的工作记忆的平均广度在第一语言中是7个数字，这意味着他们可以有50%的时间准确地记住长度大约7个数字的数字串。

单词广度任务也经常被使用。大多数人可以重复出5到6个没有关联的单词，再多对他们来说就显得困难了。然而，相比想数字或单词，想关于记忆容量的版块或者有关联的或一起储存在长期记忆里的信息片段更准确。例如，你大概可以清楚地记得"Nicole，Gary，Tom，Katharine，Penélope，Sean"，同样也清楚地记得相当于这个两倍长度的"Nicole Kidman，Gary Grant，Tom Cruise，Katharine Hepburn，Penēlope Cruz，Sean Connery"……这就是说，如果你清楚地知道这些演员的名字，并且已经将他们的姓和名视为"一块"就可以记住。

覆诵假词广度任务较单词广度任务更能被某些研究者接受。它能精确地消除利用长期记忆的记忆增强策略，例如分组和结块。非词的例子有 johmbe、zabide、wakime、migene、shosane、tisseke、chakume 和 nawase（来自威廉姆斯对第二语言的研究，2005）以及 lus、vip、kug、taysum、kepponen、woogalamic 和 reutterpation（来自盖瑟科尔等对第一语言的研究，1999）。

句子重复任务（也称为引导模仿任务）是另一种测量工作记忆容量的方法。据我们所知，人类对于句子的记忆，典型的广度大约是16个词，这比记忆独立的5或6个词语的典型广度要长。这是因为在句子中，我们将词语视为"结块"成短语。我们的语法知识（储存在长期记忆中）帮助我们把词语分组成短语，这样比记住独立的词语或数字要容易得多。

尽管习惯上说纯粹的储蓄容量是有限制的，但越来越多的记忆研究者提出选择性的概念化。在他们具有影响力的模型中，巴德利和希契（1974）解释了时间通道的限制，但是更近一点考恩（2001）提出，限制是由于类似信息的混淆或干扰，这些信息引起了注意。但是其他的研究者如埃利克森和金特希（1995）与洛根（1988）解释了（来自其他明显不同的观点）有限的容

量是由于从长期记忆中吸取的知识不充足。在最近的研究中，英国的尼尔·伯吉斯和格雷厄姆·希契（2006）提出，短期记忆容量由两个不同的过程组成，一个是记住项目的内容，另一个是记住项目的连续位置。SLA 的研究者还很少进行过如此细微的短期记忆储存功能的研究（但是见斯佩恰莱等，2004，这是一个例外）。而且，正如马耶鲁斯等（2006）说的那样，这样的研究对于了解为什么记忆容量在执行像表 5.1 中的任务时可以有效地预测第二语言新词汇的学习是很关键的，我们也可以在第七章（7.8 节）中看到。

5.8 作为一个动态处理过程的记忆：主动的工作记忆任务

工作记忆不仅储存信息，它也可以处理信息。由于这个原因，第一语言研究者们开发出了所谓的工作记忆容量的主动测量，它利用了储存与处理的相互交换思想。这个想法通过加拿大的认知心理学家梅雷迪斯·达纳曼和她在卡内基梅隆大学的学生帕特丽夏·卡彭特和马塞尔·贾思特影响了第二语言的研究者们（见达纳曼和梅里克尔，1996）。他们设计了一种第一语言的工作记忆容量的主动测量方法，叫**阅读广度任务**（reading span task）。在这个任务中，参与者们将阅读出现在小卡片上的一些句子，并且理解或者评估他们读到的是什么。在参与者们阅读完所有句子之后，他们马上要回忆起出现在每个句子最后的一个词，或者每张卡片中少数加了下划线的词。这个任务可以反映当另一个处理任务在进行的同时（阅读并理解句子），参与者们的短期记忆保存信息的能力（参与者们被要求从句子刺激中回忆的目标词语）。

在 SLA 中有一个有趣的问题，就是对于记忆极限和第二语言掌握的研究来说，工作记忆的被动测量和主动测量哪一个更为适合。哈林顿和索耶（1992）指出，至少在他们的研究中，主动的工作记忆测量的预测效度高于被动的测量。他们发现阅读广度分数的主动测量预测出托福考试语法部分和阅读部分分数上30%的方差，然而他们使用的记忆的被动测量（数字和单词广度的分数）与第二语言熟练程度的测量没有关联。然而在某种程度上，产生关联的任务很大程度上依赖于阅读技巧，并且由参与者用第二语言来完成阅读广度任务。一个积极的进展是最近有更多第二语言研究已经采用第一语言工作记忆的主动测量方式（如萨加拉，2008）。

最后，掌握第二语言过程中，单靠被动储存容量毫无疑问是不足以应付多种多样的记忆输入的。认知心理学家兰德尔·恩格尔（2002）指出，"［工作记忆］容量不是关于储存多少项目本身的个体区别，而是关于控制注意力去主动、迅速地实现信息检索的能力的区别。［它］不是直接与记忆相关，它注重用注意力去保存或者抑制信息。较好的［工作记忆］容量确实是指能主动地保存更多内容，但是这是有较好控制注意力能力的结果，而非一个更大的记忆容量"（第20页）。将记忆概念化为一个动态处理过程，这样的当代关于工作记忆的观点已将注意力投向认知的中心。

5.9 关注和第二语言学习

确实，与记忆力一起，注意力是认知的另一个关键因素。记住在正常情况下，工作记忆里一个刺激的简单激活能维持几秒，之后就消失了。这就是注意力产生的地方，注意力提高了工作记忆输入的激活等级，通过训练使它保持得更久，并且使它在之后的处理和进入长期记忆保持有效。

注意力的一个主要特点是它的容量是**有限的**。你或许会注意到，这个属性在讨论工作记忆的时候也提到过，这两者是同一类型的隐喻。工作记忆的容量是有限的，很可能是由于注意力是有限的（考恩，2001）。由于集中在焦点上的注意力有限，因此它也被认为具有**选择性**。同一时间只能进行一项需要注意力参与的任务。由于表现出的选择性效应，认知心理学家们从20世纪70年代开始思考将可控制的注意力比喻成一个瓶颈，一个过滤器或一个手电筒。第三个定义性的特征是注意力是**自发的**，就是说它可能受制于由个人的目标和目的驱动的认知的、自上而下的控制。第四个特点是注意力控制着**进入意识的通道**。在正常情况下，参与者们可以将他们意识的知觉告诉研究者们，一些他们参加某项任务时的想法或感觉，一般是通过出声思考（埃利克森和西蒙，1993）或者通过一些其他的回顾的方法，正如盖斯和麦基（2000）在与SLA有关的资料中详细讨论的那样。

正如我们将在接下来的五章内容里看到的，注意力的第三个和第四个定义性的属性，自发性和意识性，已将SLA的研究引向注意力和第二语言的学习。注意力如何影响第二语言学习通过对第二语言学习所需的注意力质量的研究得到考查。焦点聚集在三个注意力的条件下学习的过程和结果上，这三个条件可以概括为：**偶然的**（就是在做另一件事情时不带目的的学习），**隐性的**（就是没有控制的注意力干扰的学习，通常是不提供规则且不要求寻找规则）和**显性的**（就是有控制的注意力干扰的学习，通常提供规则或要求寻找规则而进行的）。总而言之，SLA 研究者们问自己，无目的、无注意力、无意识和无规则的情况下，第二语言学习是否可能？

5.10 无目的的学习

由于注意力可能是自发形成的，因此当衡量第二语言学习所需的注意力质量时，需要对意向性进行考查。这就是我们所说的**偶然的（incidental）**第二语言学习，它提出以下问题：在用第二语言进行别的事项时，是否可以偶然地学习第二语言，或者说所有第二语言的学习必须是有目的的？SLA 领域中一致认为偶然的第二语言学习是有可能的。在随意的阅读中积累第二语言的词汇就是一种偶然学习的类型，这种现象除了存在于第二语言中，也存在于第一语言中。这是简·许尔斯汀（2003）在他开创性的论文中总结的，也是克拉申（2004）综述研究、马利斯·霍斯特（2005）和其他研究者（如皮加达和施密特，2006）收集到的最近的证据表达的思想。

然而，在用第二语言进行一些事项时，缺少预先的目的并不排除一个可能性：在信息处理过程中，注意力会有意地转向输入。例如，在无目的的休闲阅读中学习词汇时，第二语言读者可能会突然专注于找出某个词的意思，或者可能脑海中先记住这个词，事后再查找它的意思。换言之，我们不能忽视信息处理中实时产生的目的的渐增和渐减与波动的事实，也不能忽略实时产生的注意力在第二语言学习认知上的重要性。此外，在无目的的学习是有可能的情况下，人们有意专注于学习会使学习更快更好。这样，带有目的的学习在 SLA 中便十分重要，因为它有着促进作用，正如许尔斯汀和劳费尔（2001）在单词学习方面提出的那样。

5.11 无关注的学习

学习新的第二语言知识是否可以不用注意力即是否在有注意力之前就检测到这个问题大概最具争议性。这一争论与施密特的有很大影响的注意假设有关，我们已在第四章的 4.6 节介绍过它。所提出的问题是：第二语言的学习是否仅仅有检测就足够了，或者说注意是否是必须的？**检测（detection）**被定义为在焦点的或选择性的注意力以外的登记（汤姆林和维拉，1994），而

注意（noticing） 被定义为检测加上在意识注意力焦点上控制的激活（施密特，1995）。

鲁宾逊（1995）和道蒂（2001）曾经提出，纳尔逊·考恩（1988，2001，2005）的记忆和注意力的统一模型给出了一个框架，即想象这个问题是基于一个连续体，一个关于注意力质量的连续体（从低级、自动的注意力到高级、控制的注意力），而不是基于在无注意状态和注意状态间的全有或全无的对分方式。在考恩的模型中，涉及焦点的或选择性的注意力以外的登记的检测在信息处理理论中是一种低级的、最低程度的注意，通常在自动处理中使用，例如，想象一下我们正在走路，我们的感官存储在几百微秒内捕捉到一小块绿地（考恩，1988），来自某个已存在于长期记忆中的表征即时的激活使我们形象地但是预先注意地识别它，这个表征有着同样的基本特征，就像一棵树。这种现象出现并没有主观的经验，即没有到达意识的层次。任何语言的使用必须涉及这种自动的、低注意程度的过程（埃利斯，2002a）。从另一方面来看，在信息处理理论中，控制处理过程中接下来通过控制的激活引起焦点的或选择性的注意的检测，会激发高级的、焦点的注意力。这种注意力的特性被认为是由处理信息时的主观经验或意识伴随产生的。例如，我们正在走路，我们的眼睛捕捉到一片绿地，我们看见一棵树，但是我们同样经历着即时的模糊的愉快感——大概我们甚至凭直觉知道秋天已经到来。这些都是典型的短暂意识效应，它们的范围根据美国意识奖学金获得者伯纳德·巴尔斯的理论，是从边缘意识（模糊的愉悦，对周围秋天迹象的默认记忆）到更实质性和定性的（视觉的图像或内在的言语）（巴尔斯和富兰克林，2003）。但是我们可能会立刻转向其他事物，忘记已看到的任何树木或有过这样经历的意识。大量的语言使用可能包含这种有意识的主观意识，而主动的、低注意级别的过程也在进行着（N. 埃利斯，2002a，2005）。

在学习中，注意力的两个极端的特性（低级自动的检测或高级控制的激活）到底是哪一个占主导地位呢？或者说它们是否可以共同作用于学习？在此列举出 SLA 中不同的观点。与施密特的观点相反，汤姆林和维拉（1994）提出的焦点的注意力边缘的检测对第二语言的学习是必须的，而检测加上焦点的注意力的控制激活，是起到促进作用的，但不是必要的。盖斯（1997）也同意注意能促进第二语言学习，但是不能作为必要因素。相反地，施密特（1994，2001）也提出过，包含边缘注意力的检测对于第二语言的学习是不够的，因为新的学习内容仅用边缘的注意力不能进入长期记忆中。相反，检测加上焦点注意力的控制激活对第二语言的学习很有效："学习者在信息输入过程中所关注的内容就是学习中需要摄入的内容。"（1995，第20页）施密特同样提出，第二语言学习中需要所有因素："为了掌握语音系统，我们必须关注语音系统；为了掌握语用学，我们必须关注语言的形式和相关的语境特征等。"（1995，第17页）

根据考恩（1998）的记忆力和注意力的统一模型，鲁宾逊（1995）同意施密特的观点，即关注对于学习是必须的，但是要规定关注必须是涉及焦点注意力加上训练，因此避开了证明关注体验的现象意识这个烦人的问题。尼克·埃利斯承认注意假说大概是正确的，但也许只有在伴随着隐性计数假说（2002a，第174页）的时候，这个假设限制了两个附带条件：（a）关注只对新的元素是必须的，这些新的元素有某些属性使得低注意级别的学习不能进行，不是对于需要学习的语言的所有方面都是必须的；（b）关注可能只对一些"较难的"以至于使在长期记忆初始表现成为可能的元素的初始登记是必须的，对于后面再遇到则不是必须的。这是由于"一旦这种刺激表现稳固地存在以后，那个刺激再也不需要关注了。然而只要它在将来有意义的信息输入被使用和注意到，它的强度将会增加，并且它的关联性会累加并且不知不觉地被记录下来"（埃利斯，2002a，第174页）。施密特承认可能很难实证信息处理过程可以出现零关注的现象（见5.12节的讨论），他回避了当初提出的"关注对输入转变成摄入的过程是充分必要条件"（1990，第129页）的说法，并且从那以后他的观点变成"更多的关注引发更多的学习"（1994，第18页），即关注促进第二语言的学习（也可参见施密特，2001）。

最后，在学习中是否可以不需要注意力的问题上研究者们仍然莫衷一是。将来研究真正的难题将是实证地认定在第二语言学习过程的背景下研究这个问题究竟需要什么。

5.12 无意识的学习

在关注促进第二语言学习这个说法还较弱时，注意假说已得到引人注意的支持。尤其是罗恩·劳维在乔治城大学的研究项目，它提供了充足的证据，证明关注加上意识，甚至是加上理解能促进第二语言的学习。在这些研究中（如莱奥，1997，2001；罗莎和奥尼尔，1999；罗莎和莱奥，2004），用有声思维记录来将学习者根据他们的评论进行分类：**无意识的**，是否在内省数据中找不到关注迹象；**有意识的**，是否简单的提及是由关注目标的主观经验构成的；或者**意识中带有理解**，是否有更多抽象的评论，它们涉及规律或概括的部分简单陈述。这些结果一致地揭示产出表现出意识的口头报告的参与者们在后测中取得更高分数，甚至更高层次的理解。

相反地，在其他的研究项目中，研究者们利用意识的延迟或间接测量比有声思维多，关注和学习之间的强大联系还未被发现。这样，几位相互影响的研究者（见第四章4.7、4.8 和 4.11 节）已经间接地通过摄入测量了关注，或者是在学习者的自我表达中混合了对话者的纠正，他们的研究没有发现摄入与得分之间的联系（麦基和菲利普，1998；洛温和菲利普，2006；麦克多诺和麦基，2006）。同样地，做笔记作为一种关注的间接测量手段，与至少一个研究中的事后测试的表现是没有关系的（泉，2002）。这种结果模式是否告诉我们一些关于关注和学习之间的联系，或使用摄入和做笔记的作为意识测量的有效性，还没有明确。

5.13 能否从意识中分离出关注？

需要强调的是，注意假说假定了"学习过程中需要意识"（施密特，1995，第26页，原文中的斜体字）。没有任何断言学习者在以后任何点上需要保持对他们关注的事物的意识。同样地，学习者的关注不需要包括对他们所关注的事物属性的理解；随后的假设形成或规则的抽象过程是有可能的，但是不属于关注的一部分。因此，到现在大多数 SLA 研究者通过调查自我报告的和可追溯的意识的存在与否来研究注意假说的预测，这让人感到吃惊。在这种情况下，从20世纪90年代末进行的关注的 SLA 研究就已经卷入了控制注意力的问题——意识和认知的低程度的注意力能否促成学习，并且意识和认知是焦点物体的注意力之外的，带着一个意识和认知的后续问题——学习新的第二语言知识可以不需要意识吗？（即在第二语言的学习和意识之间存在分离吗？）

有一个问题的答案在 SLA 中已充分地确定了，即意识在学习过程中存在与否是不可能通过一些方法来最终说明的，这是由于反省或回顾的自我报告总是不够完美。另一个很少讨论并且在理论观点中比较重要的问题是，我们用来测量自动的与控制的注意力介入的手段与帮助我们测量意识的手段可能是很不同的，如果我们接受考恩的注意力质量的再形成观点（见 5.11 节），以上说法便不言而喻，前者的研究比后者的研究更迫切。

英国的认知心理学家戴维·尚克斯（2005），一名隐性学习的怀疑者，很有用地解释了一些手段使用的范围，一些使得认知心理学家测量自动隐性注意力的介入手段，与协助他们测量意识的手段进行对比。表 5.2 提供了主要测量手段种类的总结，它们与第二语言学习中的意识有关。尚克斯（2005）对于自动隐性注意力的测量的深刻见解使得这个总结更加完整。

最后，在他们热情地阐明意识这个困难的问题时，SLA 研究者们普遍忽略了这个问题——自动对比控制注意力的介入的问题。因此，埃利斯（2002a）、鲁宾逊（1995）、施密特（2001）以及汤姆林和维拉（1994）对于注意假说提出过的多种观点核心上仍没有被实证证实。

表 5.2
SLA 研究中意识与自动注意力是如何测量的？

意识

自我报告方式

用言语表达显性知识的能力与意识的产物因人而异。因此，积极报告是意识的强大证据，但是报告的缺失不能证明无意识。见盖斯和麦基（2000）的进一步讨论。

即时报告

执行一个任务时进行出声思考是我们考察意识目标的最好窗口，边缘意识和更高质量的意识在处理时都如此（巴尔斯和富兰克林，2003）。见莱奥（1997）。

反省报告

已使用过从问卷、采访和刺激回忆中提取信息。除了所有口头报告方式的普遍问题，反省还是不适合用于获取飞快消失的现象意识的。不能忽视这一可能性，某物被主观有意识注意到，但是意识的记忆会很快消失掉，并且当参与者事后被问及时无法再回忆起来。见鲁宾逊（1997；研究最后阶段的问卷），威廉姆斯（2005，任务最后阶段的汇报采访），或麦基等（2000；任务后的刺激回忆采访）。

自动的/隐性的注意力

双重任务执行

作为用来替代自我报告方式的选择，几乎无意识的条件可以通过一个双重的相互竞争或干扰任务框架设计在实验条件中。尚克斯（2005）对此进行解释，如果其中一个任务消耗掉了注意力，并且学习目标嵌入在另一个任务中，这样被视为任何需要学习的目标落在了焦点注意力之外，并且没有意识。然而，总存在着这样一个疑问：注意力是否真的全部被竞争的任务需求耗尽了？再者，尚克斯提出，这个模式目前在心理学上已经形成了相互矛盾的结果。

(续表)

训练后的客观性记忆测试

这是另一个替代自我报告的选择，实验心理学研究者们更偏爱它。如果在训练过程中学习在焦点注意力以外进行的内容，这些内容应在练习后更频繁并且隐性地被认为"预先见过"的事物。然而，客观性记忆测试在敏感性上各不相同。

传统直接记忆任务

首先一系列的项目呈现出来，参与者被要求通过选择"旧"的项目认出研究训练阶段出现过的项目。SLA 中这个方法的例子见舒克（1994）。

间接记忆测试

尚克斯（2005）提出，间接记忆测试可能为替代传统的识别测试提供改良的选择。项目先被一个接一个短暂地呈现出来，参与者们则被要求识别哪个比较喜欢或一般喜欢。需要注意，实验人员的问题不是判断新与旧，而是喜好。虽然我们仍然无法判断这个测试中的间接识别事件是否可以被看作是真正隐性的（不被注意的）事件学习，但是这些间接测试确实比传统识别测试更细微。这种间接记忆测试在 SLA 中还未使用过，尽管匹配句子的任务的逻辑是相似的。在这些任务中，参与者们判断这些句子是否相似，而研究者们要考查的证据只是参与者在判断这些符合或不符合语法的句子时需要的时间是长还是短（见盖斯，2001）。

5.14 无规则的学习

正如 5.2 节所说的，技能习得理论者强烈反对试着没有首先获得显性的陈述性信息就开始学习过程的观点，这些信息是关于人们需要学习的第二语言的任何方面的新知识。其他对认知感兴趣的 SLA 研究者则对研究隐性学习的可行性保持着高度兴趣，即无规则的学习。如果我们记住，当面对语言时，隐性的（凭直觉获得的、默认的）学习有着特殊的吸引力，我们完全可以理解这样的兴趣。毕竟，儿童学习他们的第一语言时也没用任何规则，并且很多学生经历着这样的痛苦，即他们所学到的规则与他们真正能使用第二语言的情况相背离（我们在 6.14 节讨论接口问题时将回到这个主题）。

SLA 对无规则学习的研究项目的核心是对**隐性**第二语言学习产物的聚焦：在学习过程开始时，没有提供显性的知识，单靠体验第二语言数据是否能总结出语法？或者甚至没有学习者积极并且有意识地探索发现她经历的语言数据背后的概括？

美国心理学家阿瑟·雷伯是对隐性学习进行持续研究的第一人，他把隐性学习定义为无规则的学习。他在20世纪60年代提倡一种人造语法研究模式，这个模式在那时受很多人追捧（见雷伯，1996）。在这种实验中，参与者们在隐性学习情况下，记忆一串字母。这是一种偶然的隐性学习情况，因为：（a）参与者们觉得他们正在进行某件事情（记忆字母串），这不同于研究者们希望他们做的事情（推导出形式规律性或规则），（b）他们没有获得任何显性的陈述性知识（对于人工语法无规则）或者任何在刺激之下的规则的可能性的指示（没有寻找规则的说明）。当他们后来被要求判断新的字母串是否符合语法时，他们执行的水平高于随机水平。这印证了他们确实学习了关于人工语法的知识。然而，要求他们用语言表达这些规则时，他们却不知所措。这证明了他们的学习产生了人工语法的隐性的（直觉的、非语言表达的）知识。

然而，在解释这些结果的争论中的一个重要问题是，无规则的学习是否与符号学习或联想学习有关。由于包括雷伯在内的一些人认为我们可以无规则或没意识到规则地进行学习，因此提出隐性的（无意识的）处理导致在头脑中象征性反映规则的抽象，仅仅是它们凑巧难到达意识。这意味着，他们的隐性学习的理论是抽象主义和象征性的。然而，渐渐有更多的心理学家愿意重新解释来自隐性学习研究的现象为表现潜在统计结构的学习，而不是潜在规则的学习（尚克斯，2005）。从20世纪80年代开始，联结主义的出现和发展和心理学方面的有关理论使得这个颠覆性的提议得以提出（在本章的最后一节将讨论到）。

回到第二语言学习的问题上，如果第二语言学习者在训练的开始没有获得显性的信息，这会出现什么结果？自动化学习是否会有别于一开始就有显性规则的学习，就像我们在5.3节看到的德凯泽（1997）的研究？由于缺少陈述性规则程序化的过程，带来的表现会是什么样？第二语言学习者能在他们的学习结果中总结出规则吗？或者他们只表现出相关记忆的证据？鲁宾逊（1997）着手研究这些问题。

5.15 一个典型的符号学习与联想学习的对比研究：鲁宾逊（1997）

鲁宾逊（1997）研究60名日本大学生学习一个英语语法规则，在经过25

分钟的练习后,有规则的学习与无规则的学习哪种情况的学习效果较好。鲁宾逊关注于自动化过程的结果,并在 25 分钟的练习后马上进行测试,用学习者反应的准确度和速度来分析这个问题。

实验选择的语法是英语**与格转换**,准确地说,是它的一小部分,这一语法对日本大学生来说有一定难度。考虑以下两个句子:

(1) John gave the cake to Mary

　　John donated the piano to the church

在以上两个句子中 give 与 donate 有相近的意思。为什么我们会选择替换选择"John gave Mary the cake"而不会选"*John donated the church the piano"?很多说英语的人,包括英语为母语的人,都对 give 能在两种句式中变化感到惊奇,因为它是盎格鲁—撒克逊语源的动词,而拉丁语派生的动词(如 donate)是不允许在句中变换位置的(还有其他几个更抽象的激发转换的方式,解释见平克,1989)。在教育学术语中,如果要给定一个拇指规则,我们会告诉学英语的学生单音节动词能用两种词语顺序,而双音节或多音节动词(因为拉丁动词总是有至少两个音节)只能以"to-词组"的方式使用。鲁宾逊决定使用发明的动词而不用真实的动词,这是为了避免有些参与者可能会受益于对常见动词(如 give)如何使用的现有记忆。一些多音节动词用于练习和测试的项目有:

(2) Nick menided some hot coffee to Sue

　　*Sandy bivarded Patrick some Swiss cake

你可以看到,对于参与者来说,弄清这些句子并在 25 分钟后有某种判断测试项目是否符合语法的能力是很有挑战性的。对于研究者来说,挑战则是回答以下的问题:参与者能否在不同的情况下依靠单音节和双音节的规则来判断什么时候使用 to-词组的结构?或者他们是否靠记忆中的例子做出判断的(这些例子是在 25 分钟的学习中遇到的)?

对于**隐性的**一组,这个任务需要参与者记住这些词在句中的位置(雷伯使用的一种对隐性学习情况的修改来记住人工语法字母串的方法)。**偶然的**一组阅读一些句子来获得意义和回答理解问题(一种类似于克拉申的可理解输入的情况,见第四章 4.3 节)。这两组被试将遇到一些动词和一些句子的句法,但是很可能在没有任何其中有"规则"意识存在的情况下处理这些项目。因此,鲁宾逊预测他们将会学到一些例子,而不是一些规则。这就是说,他们的反应会很快，但是可能只在练习中遇到过的句子中正确，而在后测中也包含的新句子中则不行。研究中的另两组遇到的主题是两种显性学习的情况。在**显性较少**的显性学习组中的参与者们看到印刷上突出的输入信息并且被鼓励发现潜在规则。在**显性较强**的显性学习组中的参与者们接受一个单音节对比双音节的规则解释，并且其后跟着练习。因此在这样的情况下接近于理想的技能习得理论（见 5.2 和 5.3 节）。这个关于两组显性情况参与者的预测是训练可以促成抽象概括，正因为指示分别要求参与者们试着去发现或者使用规则。他们将能应用规则，可能节奏比较慢，但是他们在测试中新句子的正确率更高，因为他们可以"概括"他们学到的东西，远不止训练中给定的项目。

研究结果支持这些预测的很多部分。然而有趣的是，这个被指示的（技能习得形式）组比其他三组表现得好，因为他们在新旧句子中都是最快和最准确的。但是全部的四组都表现出，对于遇到过的项目都给出更快的反应，好像是关于这些训练时遇到过的内容的记忆导致的，而不仅仅是概念上的规则指导。鲁宾逊将这个现象解释为，来自概念上驱动的抽象和数据驱动、记忆为基础学习的共存效应，即使是在被指示的情况下。

最后，第二语言的学习是否可以不用规则？鲁宾逊总结到，没有规则时，利用记忆支持的数据驱动过程的低程度的联想的学习，肯定是有可能的。没有规则的学习促使例子记忆的形成，这样使处理更简单，执行更快，但是没有概括性的知识来学习新的例子。因此，最初没有提供规则（没有一个显性学习条件），学习是自下而上的（即数据和记忆驱动），并且它不会形成一些系统的规则知识。有了规则，学习利用高级注意力和意识注意力支持的概念驱动过程进行，产生有意识的概括。

鲁宾逊（1997），还有尼克·埃利斯（2005）和约翰·威廉姆斯（1999）已经提出，未来关于隐性学习的争论一定是根据低级联想学习和高级意识学习相互作用重新建立起来的，低级联想学习是利用记忆支持的数据驱动过程，高级意识学习是利用意识注意力支持的概念驱动过程。两种类型的学习过程都可以出现和相互影响。未来研究的一个悬而未决的问题是，一门第二语言的所有方面是否可以同样地通过隐性的方式来学习，或者为了联想和表现的形成，一些特别复杂的第二语言的内容是否可能需要概念驱动的过程（埃利斯，2002a，p.174）。

隐性学习重新定义为统计学习，这是意识心理学重新定义信息处理的其中的一个结果,将信息处理定义成联想的、概率性的、理性的、基于应用的、有基础的、动态的,总之,是对环境媒介的自然发生性改造。我们以面向未来的鸟瞰来结束这章的学习。

5.16 SLA 中的浮现理论转向?

在过去的几年,被描绘成即将到来的浮现理论转变的内容已进入 SLA 中一些有关认知的研究项目。浮现理论是认知科学的一派当代理论。认知科学融合浮现理论原则越发批判的考查。因为它们发展自信息处理,它们与信息处理共享了许多基础。然而,又因为浮现理论批判传统的认知主义概念并且远远超越它们,它有时被描绘成后认知主义框架(波特,2000;华莱士等,2007)。在 SLA 领域里,浮现理论的先驱者是语言心理学家尼克·埃利斯。过去的十年至今,他领导其他的 SLA 学者去思考联想的、概率性的和基于应用的第二语言习得特点,最初在威尔士班戈大学(如埃利斯,1993,1996),现在在密歇根大学(如埃利斯和拉森 – 弗里曼,2006;埃利斯,2007;鲁宾逊和埃利斯,2008b)。

在一个 SLA 关于浮现理论的宣言中,埃利斯和拉森 – 弗里曼对他们的观点有以下总结:

> 浮现理论认为简单的学习机制,它执行和贯穿于知觉、运动活动和认知的人类系统,它们通过渴望探索语言功能性的有机体接触作为有丰富交流的人类社会环境的一部分的语言数据,足以驱动复杂语言表现的出现。
>
> (2006,第 577 页)

浮现理论一派对第二语言学习的解释是基于一些嵌入的假设,这些假设是从多种多样当代的认知科学学派借来的,它们都共享一个后认知主义偏好。浮现理论建立在三个重要的原则上:联想学习、概率性学习和理性偶然性(埃利斯,2006a)。从这三个原则导出"简单学习机制",即上面引用埃利斯和拉森 – 弗里曼(2006)的内容。

联想学习(associative learning),正如我们在 5.15 节见到的,意味着学习发生于我们在输入中经历的例子或典型的记忆时,是在自动提取的过程中,关于例子频率和顺序属性的统计信息的提取。埃利斯(2006a)解释到,人类的大脑结构是神经生物学的程序控制,它对输入的统计属性敏感而进行学习。

当处理刺激时，大脑执行着一个连续和强制的（也是隐性的，意为自动的和无意识的）计数过程，记录的是每个形式和与其他形式共同出现的总体频率。这个统计的计数由大脑皮质里的神经结构支持（埃利斯，2006b）。**概率性**学习（probabilistic learning）假设学习不是绝对的而是分等级的和随机的，这就是说，它是（潜意识）凭对经验回应的猜测和推断进行的，这种经验经常是模棱两可的和不确定的（蔡特和曼宁，2006）。然而，这种概率的计算不是盲目用人类大脑对经验的苦干，以连续的暂时或空间的表面模式。人类大脑的可能性计算是由**理性偶然性**的原则指导的，或者在最好的可能证据基础上自动地计算结果的期望（蔡特和曼宁，2006；埃利斯，2006b）。具体地说，执行者做出对结果的最好预测基于（a）来自累积经验的全部统计数值，（b）最新的相关证据，（c）对发现的暗示的注意，（d）语境提供的线索（埃利斯，2002a，2006a，2006b，2007）。每次在别的相关事件中，这个结果能确定或不能确定，执行者根据新的证据来修正预测，这样其预测正确率越来越高。

　　浮现理论中的其他重要原则的范围可能更加宽泛。一个是**基于应用**学习（usage-based learning），或是语言使用和语言知识是不可分的观点，因为我们是通过使用语言来认识它的。因此，埃利斯和拉森－弗里曼（2006）上面的引文说明来自于接触的学习"作为有丰富交流的人类社会环境的一部分"而产生，由"一种渴望探索语言功能性的有机体"经历（第577页）。现在德国马克斯普朗克研究所的美国认知科学家迈克尔·托马塞洛以及其他一些人推动了语言习得基于应用的观点，这里语法概念来自交流和社会的需要："人们建立联系的和语义的分类是为了理解世界，为了与他人交流。"（阿博特－史密斯和托马塞洛，2006，第282页）重要的是，这个对基于应用学习的投入意味着语言学和信息处理的两个传统区分被超越，这两个区分分别为语言能力和执行，以及表现和接触。再者，意思（而不是规则）在理解语言能力中是最为重要的。因此，语言学派中最适合浮现理论项目的是认知语言学（兰艾克，2008）和语料库语言学（格里斯，2008）。

　　另一个范围大的浮现理论原则是认知是**有基础的**，因此语言也是。根据这一点，我们在世界上的经历和我们从这些经历中获取的知识总是由人类的身体和神经上的功能构成的（埃文斯等，2007；巴萨卢，2008）。这就是为什么埃利斯和拉森－弗里曼（2006）把学习机制描述成"执行和贯穿于知觉、运动活动和认知的人类系统"（第577页）。知觉和动作不仅抽象或象征信息，也塑造认知（威尔逊，2002）。因此，大脑的感知的和运动感应功能在语言习得中一定也是隐性的。它们致力于提取语言知识并且也约束和引导很多简单的联想的、概率性的和理性偶然的学习机制。

最后一个有必要在这个浮现理论的概要考查中强调的原则是，语言习得，就像认知的其他形式的习得一样，是自我组织的**动态系统**。这意味着把要解释的现象（如语言学习）视为一个有着很多相互联系的部分的系统（或生态），这些部分在系统外的多种影响基础上自我调节；这些影响提供了限制，进而有了自我调节，但是没有单一的因素是优于其他的，正如琳达·史密斯在发展心理学中说到的，后来印第安那大学的埃丝特·西伦（史密斯和西伦，2003）和格罗宁根大学的保罗·范海尔特（1998）也提出过。另外，这个系统中任何一个给定的部分发生变化都会导致另外部分的变化，但是二者不需要大小或重要性相等。正如史密斯和西伦描述的，"发展是可以预想的，按照一系列的进化的和退化的模式，是变化的动态稳定，而不是不可避免的向成熟的发展"（第344页）。在SLA中，早期呼吁对动态系统引起注意的是黛安·拉森－弗里曼（1997），最近还有一个谢斯·德博和他的同事在格罗宁根大学更明确地提出的研究项目（德博特等，2007；德博特，2008）。自我调节的动态系统在心理研究方面也存在变化性（德博特等，2007）。许多在动态系统原则背后的理论是来自于气象学的见解（拉森－弗里曼，1997）。这并不奇怪，埃利斯（2002a）评论："在任何系统里的多种相互影响的因素重要地反映了语言预测模式，这些模式将最终变得跟天气一样难以预测，这是一个生态学系统的进化，或是任何其他复杂系统的结果。"（第178页）

预测基于应用的、动态的系统需要多长时间也是一个不确定的天气预报练习，SLA浮现理论研究者在这方面确实颇有成就。事实上，浮现理论研究者认为第二语言学习已充满生气，但是结果却由于经验主义的行为变得不被关注。因此，例如第二语言学习的联结主义的暗示在20世纪90年代被频繁讨论（埃利斯，1998；加塞尔，1990），但是联结主义对SLA的实证应用已经很少了（如埃利斯和施密特，1998）。但全实证的发展在逐渐加快，且在不远的将来可能会成为事实，这是从鲁宾逊和埃利斯收集的围绕认知语言学和浮现理论SLA的令人印象深刻的一系列不仅是在理论上的也是实证的知识中判断出来的。尽管它所需时间很长，但是人们确定的是浮现理论在SLA将继续活跃，正如它在其他领域中已有许多研究者。

在浮现理论的观点下的第二语言学习似乎在目的论上到达最终的所谓本

土语法的趋势不太明显，更趋向于人类多语能力作为在世界中的经验的功能的复杂发展。他们提供的第二语言发展的图景与我们所知道的学习者语言是一致的，这是我们在下一章要讨论到的。这个新的分支，通过重新定义认知为自然发生的，有助于预想另外的语言习得非一种正式的、确定性的和象征的功绩，而是一种生态学的现象，"规律性和系统浮现于人们的相互作用，他们的自我意识，他们的大脑，在社会、文化以至于整个世界使用语言，这是一个动态的过程"（埃利斯，2007，第85页）。

5.17 小　结

- 信息处理理论假设：（a）人类认知结构由表现和接触组成；（b）头脑处理是由自动的或流畅的（无意识的）运行和自发的或控制的（有意识的）运行组成；（c）认知资源如注意力和记忆力是有限的；（d）紧张性刺激下的执行结果是多变和易受影响的，就像双重任务执行时表现的那样。

- 一种特别的信息处理理论叫技能习得理论，它说明第二语言的学习是控制执行向自动执行逐渐转变的过程，它通过程序化或者长期坚持的有意义的练习来实现。

- 程序化促使自动化的形成，自动化是一种流畅、自动执行的品质，远远快于绝对速度。

- 练习收益在学习曲线上的特定点数值下降，这是因为学习的幂律；练习收益是由特定技能决定的。

- 延长和重复有意义的练习能改变知识表现本身；使用重复的方式，已储存的知识变得更详细，更有针对性和分析得更好。

- 记忆有两种类型，长期记忆和工作记忆，它们相互影响。

- 长期记忆是关于表现的，并且它是无限的。它可以是显性、陈述的（我们知道并且可以讨论的事实）或者隐性、程序性的（我们不知道我们所掌握的某些知识，但是可以影响我们的行为和提供给我们技能、习惯和执行）。在SLA中没有引起足够注意的另一个区别是语义记忆（非情景化的知识）与情景记忆（我们掌握的活的经历的信息）的区别。

- 第二语言词汇如何编码于长期记忆引发了对词语知识的强度、容量和深度的研究，以及有关脑中双语词汇条目的内容与第一语言词汇和第二语言词汇在词汇接触时如何互相作用的不同理论。

第五章 认 知

- 工作记忆是关于接触的,并且它是有限的。它控制着瞬间储存的信息(储存的问题),也能决定激活这些信息的质量和长短,还能用长期记忆里已有的知识(处理的问题)补充这些信息的不足;工作记忆是控制处理过程和意识的场所。

- 我们已经知道第二语言的工作记忆容量是小于第一语言的,并且假设滞后随着熟练程度的增加减小。同样存在着争论的是工作记忆的被动方式与主动方式哪个更适合于研究工作记忆与第二语言学习之间的关系。SLA 研究者至今未能系统地解答该问题。更多关于工作记忆的容量和第二语言学习个体差异的内容将在第七章介绍(7.7 和 7.8 节)。

- 注意力被视为是理解第二语言学习的关键因素。注意力是有限的,也是有选择性的,并且它是自发的,可以接触意识。SLA 中关于注意力的几个问题已有研究。

- 学习第二语言能否没有目的?是的,偶然的学习,或没有目的的学习,在第二语言学习中是可能的。最广为人知的例子是休闲阅读时的第二语言词汇偶然学习。但人们有意或有目的地学习时学得更快,更多,更好。

- 学习第二语言能否不需要注意力?考查这个问题就要弄清检测(焦点注意力以外的登记)是否能满足第二语言的学习,或关注(检测加对焦点注意力的激活)是否也需要。这个问题目前还没弄清,但是对比研究学习所需的注意力的品质这个问题,大部分的研究考查了意识这个问题。

- 第二语言的学习是否不需要意识?这个问题不能直接回答,因为零意识的状态是不可能存在的。然而,意识(正如关注的报告测量的和出声思考记录中的理解那样)被证明与较高的测试分数有关系,隐性有意识地促进第二语言的学习。

- 第二语言的学习能否不需要规则?没有规则时,低级的联想学习是有可能进行的。这种学习利用了记忆支持的数据驱动过程。有规则时,学习的进行利用控制的执行和概念驱动过程,这个过程是由意识注意力支持的。两种第二语言新材料的处理方式都可以促进学习,并且两者是相互影响的。未来研究的一个悬而未决的问题是一门第二语言的所有方面的内容是否都能同样地用隐性的方式来学习,或为了联想和表现的形成,这门第二语言的较复杂的内容是否可能需要概念驱动过程。

- 一个即将到来的浮现理论转向已深入几个 SLA 关于认知研究的项目。浮现理论指当代的一派认知科学理论,是关于将信息处理重新定义为联想的、概率性的、理性的、基于应用的、有基础的、动态的,总之,是对环境媒介的自然发生性改造。

- 我们难以预测自然发生论在 SLA 研究中要多久才能有所成果,并且目前的出版物出版较多相关的讨论和阐述,多于出版针对第二语言的实证证据的文章。自然发生论很有可能在未来的几年里繁荣兴旺,这是从在其他认知科学的领域中自然发生论的普遍性判断出来的。

5.18 进一步阅读的建议与说明

如果你想阅读更多一些关于信息处理和自然发生论的书籍,最好的选择是德凯泽(2007b)和埃利斯(2007),这两篇论文都在同一文集中,并且在研究他们各自的主题时都用了相似的有用方式。SLA 最好的关于记忆和注意力的综述还是鲁宾逊(1995)和施密特(2001)。

如果你对更深层的阅读有兴趣,这里有一些推荐。要深入研究信息处理,我建议从阅读德凯泽(2007a)考察技能习得理论和与第二语言实践有关概念的章节开始,包括德凯泽自己的概念在内。读完这些,你可以阅读塞加洛维茨(2003)与麦克劳克林和埃雷迪亚(1996)以更好地理解什么是或不是程序化、自动化和重组。有关自然发生论的观点的回顾可以在《现代语言》的一个特刊中看到,是特邀德博特(2008)编辑的,还有鲁宾逊和埃利斯(2008a)的重要论文集。

如果你感兴趣于实实在在的实证应用,你可以阅读德凯泽(1997)和鲁宾逊(1997),这章中已对此进行了深入讨论,还有三个埃利斯(1993)和约翰·威廉姆斯(1999,2005)的相关研究也很有影响。如果你想要深入了解这一实证研究领域,你可以阅读《第二语言习得研究》期刊中的 1997 年第 2 期和 2005 年第 2 期。它们能给你很好的启发。

阅读基础的第一语言论文是另一个在认知和 SLA 中发展专业知识的可选途径,然后才能着手于 SLA 的针对性阅读,就是我以上提到的文献。这样你可能会通过阅读收获更多。如果你想以这一方式学习,我强烈建议从 K. 安德斯·埃利克森(施劳和埃利克森,2005)的访谈开始,他在其中与赫伯特·西蒙一起讨论了他的有声思维方法的发展,他的有关通过有意练习获得专门技能的研究(这一概念与第二语言的学习有关,但是还没有进入 SLA),以及他与瓦尔特·金特希共同发展出的有关记忆和知识的想法。翻阅一些向心理学和认知科学跨学科研究者介绍研究发展的期刊也是一个有用的途径。在《心理学年度回顾》里，你会发现安道尔·托尔文（2002）对情景记忆的易于接受的吸引人的描述，以及巴萨卢（2008）的认知研究中信息丰富、可读性强的对基础的介绍。这两篇文章都是好的选择，它们都没有回避研究认知里的意义、意识和经历（同样在认知导向的SLA中）。在《心理科学发展动态》中，你会读到兰德尔·恩格尔（2002）关于工作记忆和注意力的深刻讨论。在《心理科学发展动态》中，你会发现史密斯和西伦（2003）对动态系统理论的介绍，它明确，有吸引力，并且能很好地将你引导到德博等（2007）的针对SLA的处理上来。同样在《动态》里，有技术的、但简略的并且值得一读的关于概率性学习的介绍，是来自蔡特和曼宁（2006）的，它是一个阅读埃利斯（2006a，2006b）之前的很好铺垫。

最后，如果在这章里提到的任何有关词汇的内容引起了你的兴趣，你可以参阅易读的、有可读性的著作：保罗·内申的著作（如他最近的2006年关于词汇量的论文），诺伯特·施密特的著作（如他在1998年做的纵向研究，或者皮加达和施密特，2006，报告了有关泛读的案例研究），以及巴蒂亚·劳费尔的著作（如许尔斯汀和劳费尔，2001）。

第六章 学习者语言的发展

　　研究学习者语言的 SLA 学者试图解释第二语言能力和第二语言的发展。第二语言**能力**（competence）被定义为心理表现的本质，这一本质由学习者的内部语法组成。第二语言的**发展**（development）指的是那些表现和使用它们的能力随着时间而变化的过程和机制。重点通常是在语法，更具体的是在形态学和句法上。为了理解怎样成为一个其他语言能力合格者，许多目的语言系统的其他范畴也必须学习，其中包括词汇、音韵学、语用学和会话。然而，到目前为止 SLA 的研究一直不断并且在第二语言形态学和句法领域取得了丰硕的成果。这也将是本章的重点。在学习者语言的研究中，存在两个传统的研究方向：第二语言习得的中介语研究和形式语言的研究。虽然理解学习者语言都是这两个方向的最终目的，但是它们彼此有各自不同的结构、宗旨和偏重的方法。我将从一般认知学习的角度使大家了解中介语研究逐渐发现的有关学习者语言的见解，我将强调发展比能力重要。在本章节中，我用口头和书面话语数据说明研究发现和争议。只要有可能，我会利用许多目的语中经证实的例子。

　　在我们进入中介语研究传统生成的有关学习者语言发展的大量知识之前，让我们先简要思考一下本章我们将要探索的方法与从形式语言的视角研究第二语言习得的 SLA 传统的主要不同。

6.1　研究学习者语言的两种方法：一般认知和形式语言

　　对学习者语言研究最早传统的觉醒可以确定为术语**中介语**（interlanguage）的创造（塞林克，1972），中介语指的是在学习者语言发展过程中任意一点建立的语言系统。这个概念的提出是一个分水岭，它使得第二语言习得研究成为一独立的研究领域，这个研究也受到了有关儿童第一语言习得研究的影响（例如，罗杰·布朗的1973年会议上有关三位儿童把英语作为母语习得的开创性研究）。正如我们在第三章中简要提及的，这个研究使得研究者从原来有关对比分析的旧式研究中脱离出来。研究者抛弃了那个关于语言不同的对比分类的学派，取而代之的是他们开始分析学习者在使用他们第二语言时尝试使用的实际语言样本。第二个研究方式在20世纪80年代早期开始盛行，这是这一领域的又一个分水岭，乔姆斯基语言学真正地进入了SLA。结果是研究者开始认真地考虑先天的**普遍语法（Universal Grammar，UG）**可能限制第二语言习得，正像研究者相信普遍语法限制第一语言的习得。从那时开始，受到过有关形式语言学影响的SLA研究者也关注语言学习者在学习过程中建立的语法的思维表现，并且，他们研究的目标是描述这些知识的普遍和内在的界限（怀特，2003）。

  形式主义研究方法被两个原则所驾驭，这两个原则经常被特定域先天论的特性描述所概括。**先天论（nativism）**学说认为人类作为一个物种，在具有任何语言经验之前，天生就有一些基本的语法知识。特定域或**模块化（modularity）**的原则假定人脑中有一个语言专用模块（即从其他的思维功能中分离），这一模块用于处理语言学习和语言运用。这一学说强调能力优于语言发展。它偏好于收集通过实验引出学习者语言的证据，特别是语法判断的方法论，在实验中要求被测试者判断出语法正确或可接受的句子是怎样的。这是因为这些研究者看重学习者的语言直觉，尤其是当直觉证明了仅从接触第二语言输入或从第一语言的知识或显性教学不可能知道的抽象的普遍语法现象时（施瓦茨和斯普劳斯，2000）。从这一形式主义视角来看，语法判断和实验数据会比语篇数据为理解深层的语言能力提供更好的解释。

  相反的是，中介语的研究者相信能够帮助人类学习和处理其他信息的相同的一般认知学习机制也一定会帮助人们从周边的环境中的语言数据分离出规律性和规则。他们利用功能语言学派、语言心理学，包括信息处理（见第五章5.1节）和以应用为基础的自然发生论（见第五章5.16节），并且他们强调发展先于能力。他们也同样依赖实验引出证据和自由产出的数据。后一类别的数据被认为是有价值的，是因为这些学习者在他们说话、书写另一语言时为研究真实情况和跨文化交际中使用这种语言的能力提供了研究渠道，而这一焦点恰恰是研究者研究发展时非常有用的。

  读者应该意识到本章所谈论的中介语研究中收集的许多研究发现和事实也在形式语言学SLA传统中考查过。然而，这些研究不仅涉及专业的理论意义，需要很专业的知识，超出本书范围。如果你对 SLA 学习者语言研究的形式主义方向感兴趣，你可以参阅霍金斯（2001）和怀特（2003）提供的出色的专业论述。

6.2　中介语：大于目的语输入和第一语言之和

从 20 世纪 70 年代开始，对学习者产出语言的密切关注使中介语的本质这一问题上出现了重要的见解，考虑下面两句话，第一句话是一名第一语言为日语的使用者的口语（来自我未出版的数据档案），第二句话来自一个第一语言为韩语的英语使用者的一篇短文（来自押田，2000，第 313 页）：

(1) she ... runned away

(2) ... he falls a piece of note into dough by mistake

在 (1) 中，说话者使用了英语简单过去式的词素-ed，而此时应该使用的是过去式不规则变化（run, ran）。在 (2) 中，不及物动词（fall）被用作有及物义的原因动词（drop）。在 (3) 中，两种解决方案同时出现了，这句话出自一位第一语言为西班牙语使用者的短文（来自押田，2000，第 313 页）：

(3) It [a wall] was falled down in order to get a bigger green house

我们也许想知道在这些学习者制造 (1)、(2)、(3) 这样的解决方案的时候，他们对英语过去时和原因动词的思维表现到底是什么样的。可以肯定的是，这些不是他们从周边的语言输入中获得的（如课本或第一语言为英语的朋友）。并且，在日语、韩语或者西班牙语中，研究者没有找到这样的结构。这就为中介语提供了两个重要的概括：第二语言学习者建立的思维表现和他们周围环境（不管是教室还是更广阔的社会）目的语输入不一样，也和第一语言的语法表现不一样。

更进一步来说，也就是有关中介语的第三个概括，在儿童学习自己的母语时的言语中被证实出现了同样的发展方式（因此他们没有任何不管好的还是坏的第一语言知识可依赖）。比如，很多以英语为第一语言的儿童在 2 岁半到 3 岁之间会把不规则动词的过去式过于规则化（使用 comed 而不是 came）（马拉特索斯，2000）。研究者也发现，儿童会在自己早期第一语言使用时过度使用原因动词代替不及物动词。比如例 (4)，由沙伍德和凯勒曼（1989，第 223 页）研究报告提供，他们把其归功于儿童语言习得研究者梅利莎·鲍尔曼：

（4）I'm going to fall this on her

如果第一语言和第二语言的语言习得者经常有相似的中介语解决方案，而目的语的输入和第一语言影响都无法完全解释，我们又能如何解释呢？

6.3 学习者语言发展的认知主义解释

在第一语言学习中，斯洛宾（1973）首次提出孩子们在学习时处理输入过程中会受到普遍的**运行原则（Operating Principles）**影响，他列出了 40 条陈述描述孩子们为了学习第一语言中的语法而努力在输入数据中"寻找"什么。这些陈述包括诸如"关注单词的最后"（这有助于理解为什么儿童学习单词的后缀早于前缀）和"避免例外"（这与第一语言和第二语言习得中的许多过度规则化现象一致）的原则。在 20 世纪 80 年代，罗杰·安德森在其第二语言习得研究中应用斯洛宾的框架，并获得了一定成功。如他的一对一原则（安德森，1984a），在第二语言中得到了充足的支持（参见 6.5 节）。另外一个相类似的研究是比尔·范帕顿（2002）的**输入加工理论（Input Processing Theory）**。他提出，（a）学习者首先加工实词（一个我们在写电报或读报纸头条时自然会用的策略）；（b）他们还会先加工词汇编码，后加工同义的语法编码（"昨天"先于-ed），也会先加工语义的或不冗余的编码，后加工形式的或冗余的编码（he works here 中，代词 he 先于第三人称单数标记-s）；（c）他们会把句中第一个名词看作主语（the eraser hits the cat，"eraser = 做事者"，讨论见麦克惠尼，2001，第 75—76 页）。从这个观点来看，第二语言习得过程是一个克服这些心理语言学策略和倾向并建立在第二语言中运行得更好的新的策略的过程。然而，最后需要指出的是，运行原则、输入加工策略和其他一些理论实际上都是夸大的比喻，不够使一个研究项目得出实际的解释。

一个强大的解释第二语言发展的认知主义学派是以使用为基础的浮现理论，在第五章我们有介绍（见 5.16 节）。这些理论不够统一。比如，鲁宾逊和埃利斯（2008b）不仅列出了浮现理论和动态系统理论，也列出了认知语言学、语料库语言学、概率性和基于频率的理论，以及语言的联结主义和理性模型。然而，他们都有共同的原则。首先，他们认为语法学习不是以规则为依据的或演绎的，而是以经验为依据的或归纳的（鲁宾逊和埃利斯，2008a）。并且，他们认为输入中的频率和凸显、语言学习者的注意和分类的认知过程是语言学习的解释基石（埃利斯，2006a，2006b）。第三，当代认知—浮现理论研究者的观点给可变性以前所未有的重要性，因为可变性被认为是系统中主要的特点，并且也是发展的一个证明（韦尔斯波尔等，2008）。最后，他们也认为学习者的语言发展不能只通过孤立的原因或单一力量解释（拉森-弗里曼和卡梅伦，2008）。解释需要考虑多种力量的同时的交互。在本章接下来的章节中，一些证据会支持这一观点，并且会解释多种同时作用的因素影响语言学习者的语言及其发展。

6.4 基于公式的学习：习得的材料

很明显，语言学习者充分地运用了记忆的点点滴滴来学习语言。这些很多语言学习者文本中出现的记忆公式，在中介语研究历史中是用不同理论解释的。在20世纪70年代和80年代，第二语言使用者最初依靠记忆公式被认为恰好是受到促进学习的交流和策略动机的推动。在莉莉·黄·菲尔莫尔（1979）有关5个墨西哥孩子的研究结论中可以找到这一点。这5个孩子是随自己的父母从墨西哥移居到加利福尼亚从事农业劳动的。她在一年中，每星期到5个孩子的学校记录他们在学校游戏室的交流，通过这些交流，她记录了这5个孩子从一点不会说英语到可以和说英语的同伴进行交流。这5个孩子受到社会需求的驱使，并采用了一种"先说，后学"的方法。他们很快记住了他们交流所需要的材料。这些只言片语最初以一种未加分析的方式使用，比如：Wait a minute，You know what? Knock it off，It's time to clean up，No fair! Gotcha。在这些孩子中，6岁的诺拉可以称得上是一个"成功的语言学习者"（第221页），因为她学习的速度最快。黄·菲尔莫尔发现一部分原因是诺拉对一大堆基于社会交往的输入信息进行公式分析。表6.1总结了诺拉一学年中使用how do you do dese（"how do you do this"）的经证实的记录。在研究的最后，how-疑问句出现在了诺拉的中介语中，尽管这些疑问句仍然"缺少需要进一步分析的细节改进"（第215页）。

表 6.1

诺拉一学年期间所使用的 How do you do dese

时　间	公式部分……	……空缺变化部分
第二个学期	*How do you do dese*	
第三个学期	*How do you do dese...*	... *September por la mañana*
		... *flower power*
		... *little tortillas*
		... *in English*
第四个学期	*How do you...*	... *like to be a cookie cutter*
		... *make the flower*
	How...	... *did dese work*
		... *do cut it*
		... *does this color is*

注：数据在黄·菲尔莫尔（1979，第 212—215 页）中报告和讨论。

当代也有很多关于第二语言学习的以使用为基础的理论认为基于公式分析的过程不仅在初始阶段可以帮助交流和语法分析，也可以帮助习得，体现在能够指导大部分的习得任务（N. 埃利斯，2008）。以这样的观点，语言习得的过程是由下而上，从公式到低范围模式，再到建构，以一种只在外围是有目的的和策略的暗示、归纳的过程。埃利斯（2002a, 2002b）这样解释这些过程。第一步是**公式**（也称为项目或样本）的登记，定义为一个特定语言使用事件中形式和意义的组对。作为有意义输入处理的一部分，所有被输入的材料被模式化地修剪，并且有关频率、分布和例证的上下文信息在每一次新接触时被在记忆中隐性地编码。学习者会不断遇到某些内容，且处在与它们相关的意义环境中；如果这种形式—意义配对出现得足够频繁，它们如何工作的形式和功能线索足够显著，学习者就会提取信息，累积地从这些经验中形成概化。也就是说，不断重复的相同公式的经验会使得一些**低范围模式**抽象化，这也是以使用为基础的语言学习的第二个步骤。正如利芬和托马塞洛（2008）解释第一语言习得，低范围模式通常是从一个高频出现的这个模式原型的词或词块中抽取出来，或者是一个"岛"来帮助学习者首先尽快聚焦于一些概化的内容（如诺拉的 how do gou do dese）。引导机制或通过分类或概括的归纳使第三步对形式的逐步抽象化变成一种**建构或概要**。正如利芬和托马塞洛所言,"基于对形式和儿童识别[或学习者识别]功能之间关系的分布分析,导致语言表现发展出内部结构",使归纳分析越来越"少基于项目,更为概要"(第169页)。

特别要注意的是,第二语言学习者成功使用这些过程的相对能力差异很大。比如,在第四章中(4.1节),我们看到韦斯特别擅长记忆语言和尽最大可能有效交流,但他没有显示任何使用公式的证据(施密特,1983)。这样个体差异也可以在正式的课堂学习中找到。比如,在英国做的一项关于学习外语法语中的 wh-疑问句的研究中,迈尔斯等(1999)通过老师和资料记录了11岁的学生如何刻苦记忆问句 Comment t'appelles-tu?("你的名字叫什么?")。很多人在做有关第三者提问时也是用这个句式:Comment t'appelles-tu le garçon?(想表达意思是"男孩的名字叫什么?")。慢慢的,另外一些版本也出现在了他们的口语中,暗示着一些分析,比如没有动词后的附着词 tu:Comment t'appelles la fille?(意思是"女孩的名字叫什么?")最后,有前置附着词的动词第三人称形式也出现了:comment s'appelle le garçon? 但他们研究的16个学生中只有10个经历了这整个分析过程。他们在学校学习法语的前两年的最后阶段,剩下的6名学生的水平没有超过最初的公式。

容易引起误解的是,一些人认为一旦公式被分析,并变成抽象的建构和概要时,它们会"消失",或者在这个概化的知识中分解了。相反,所有这些水平的知识(公式、低范围模式、建构或概要)"仍然存在于说话者创造的语言资源中,并以各种水平的抽象利用"(利芬和托马塞洛,2008,第175页)。实际上,一些语言研究者对将这些多重因素影响的结果记录下来很感兴趣(比如,雷,2002;施密特,2004;默尼耶和格兰格,2008)。并且,一些有意思的努力开始被引导来支持通过第二语言教学帮助公式的学习(科尔特斯,2006;菲茨帕特里克和雷,2006;田口,2007)。这些研究帮助我们认识到公式对帮助第一语言和第二语言使用者语言变得地道流畅的中心作用。

6.5 四个中介语过程

受益于对抽象概括的公式记忆和基于经验的归纳,伴随着新的语法的发展,学习者的内在知识系统不断地参与第二语言表现过程的构建、修正、充实和重新定义。他们这样做的四个重要方式是简化、过度概化、重新建构和 U 形行为。

简化反映了一种过程，在这个过程中，要求使用很少的语言传递信息。这种现象在第二语言发展很早期阶段和自然学习者中尤其普遍，在 6.8 节中，我们会读到。在之后的发展中，简化也可能出现在第二语言词法的早期表现中，这时学习者最初采用一个意思一个形式的对应，正像安德森（1984a）的一对一原则预测的。比如菅谷和白井（2007）发现尽管日语标记 te i-ru 可以表示延续的意思（Ken-ga utat-te i-ru，"研在唱歌"），也可以表示结果的意思（如 Booru-ga oti-te i-ru，"球掉了"），学习日语的第二语言学习者只会使用其表示的延续意思。同样的，安德森（1984b）发现安东尼，一个 12 岁的第一语言为英语的西班牙语学习者使用不变的两种西班牙语冠词——一个表示确定（la，定冠词的阴性单数形式），一个表示不确定（un，不定冠词的阳性单数形式，尽管西班牙语目的输入有八个形式可供选择）。

过度概化是指学习者不仅在适合的环境中使用一些公式和规则，也在不适合的情况下使用这些公式和规则。过度概化在词汇使用中尤为突出。比如，学习者开始使用-ing 的形式比较早，但是他们会将其概化到一些不合适的语言环境中。施密特（1983）报道说韦斯在三年多的时间里使用过许多有-ing 的例子，一些是合适的，如（5），一些是不合适的，如（6）：

（5）I don't know why people always talking me

（6）so yesterday I didn't painting

你应该还记得韦斯在自然环境中学习英语。在教学环境中，同样，课堂上的学生也被发现他们过度概化地使用-ing，甚至在同一个时间里，他们应该使用-ing 也不使用。在（7）和（8）中，第一语言为西班牙语的外语英语学习者这样说，皮卡（1985，第143页）报告：

（7）I like to studying English

（8）I was study language all last year

过度概化可能是表面上随机的，像在上面的例（6）和（7）中，也可能是系统的。形态上一个重要的系统性过度概化涉及过度规则化，或使不规则形式适应规则模式的尝试。将-ed 过度应用于不规则动词，在之前的例（1）和（3）中显示的，是过度规则化的一个众所周知的情况，其重要的理论影响已被许多研究者讨论过（如见克拉森，2006，有关第一语言；梁，2006，有关第二语言）。过度概化不需要被否定地解释。实际上，这一过程一般在达到某一发展水平后才显现，它以学习者已至少部分探索出某种规则性为前提。

在系统性地过度概化之后，学习任务从过度概化退回，使形式或规则的应用适应越来越相关的语境。

重新建构是一种语法知识表现重新自我组合的过程。麦克劳克林和埃雷迪亚（1996）在他们有关这个概念的文献综述中解释到，重新建构覆盖了一系列的过程，通过这些过程已存在的知识概要被大幅修改，或者一种新的组织被加于已经存储的知识结构中，以适应之前可能发生过的小范围的知识变化。这就使研究者认为重新建构在一定程度上引起了知识的改变，可小可大，可能很突然可能逐渐的但总与性质有关，并与发展和进步有关系。然而，这种重新建构的概念下的进步和准确性的增加不应对等起来。

那样的进步并不总是转化为准确性，这在 U 形行为中是很清晰的，这种行为通常作为重新建构的一部分表现出来。沙伍德和凯勒曼（1989）定义这个过程为"在发展早期出现的正确或像本土的形式，之后会经历削弱的过程，在后期才重新建立起来"（第 220 页）。在 U 形学习曲线中，最后阶段的学习结果与第一阶段的学习结果无法区分，因为两者看起来都是无错误的。但是，在两个不同时间产生的结果中，性质是不一样的。在第一阶段，准确是纯粹的偶然，因为它缺少最后阶段所产出的语言所表达的功能和意义。在第三章中我们看到过 U 形行为的例子（3.6 节），当我们讨论凯勒曼对三组母语为荷兰语的英语学习者的研究时。中等水平的学习者显示出来他们对于第一语言和第二语言中 breken/break 的意义对应的直觉变差了。另外一个经常被引用的例子是许布纳（1983）对戈所做的研究，戈二十多岁，母语为摩纳哥语，在自然环境中学习英语。实际上，戈对定冠词 the 的学习过程正验证了我们刚刚讨论的四个中介语的过程。

6.6 进行中的中介语过程：戈的 da

许布纳（1983）描述了戈是如何最初使用 the（或者 da，按他的发音）表示特定的名词或者听者知道的，但并不是目前的主题，用不专业的描述。注意在（9）中，当所指物是一个对听者和话语主题已知的特定实体，戈没有使用冠词，然而在（10）中，当所指物虽然对听者来说也是特定、已知的，但对主题（"我们"）则不是，da 被使用（两个例子均来自许布纳，1979，第 27 页）：

(9) chainis tertii-tertii fai. bat jaepanii isa twentii eit

[literally: Chinese thirty, thirty-five, but Japanese is twenty-eight]

[The Chinese man is thirty-five, but the Japanese is twenty-eight]

（10） gow howm, isa plei da gerl

[literally: go home, is play the girl]

[When we went home, we would visit with the girls]

刚开始，戈对 da 的功能的分析是非常正确的，因为它产生了较高的正确水平，当名词对听者是特定且已知时大部分名词都准确地用了英语的 the（如，The book that you lent me is great）。研究一个半月后，戈突然在他语言中的 80%—90% 的名词语境中使用 da，大部分情况下所指物是特定的，而不管听者的知识背景。这种过度概化的水平非常普遍，以至于许布纳用术语**泛滥**来形容。在这一点上，戈的系统可能已在探究适用 the 的上下文范围，在实现将 da 从一个信息地位标记（标志已知或新的以及主题或非主题的信息）重新建构成一个更包容的"冠词"语法分类（在英语中标志着所指性，结合特定性与听者知识的属性，而非主题性）。这在建构内在英语语法时是重要的一个进步，但当然导致了比之前低得多的准确度水平。但研究五个多月后，过度使用 da 从第一次提到的语境中消失了（尽管特定的但"对听者是未知的"，需要不定冠词 a，如在 a woman is walking down the street 中），研究将近七个月时，da 开始从其他非目标不定语境中消失，让位给一个在剩下的观察期中保持产生 80% 到 90% 稳定的像目的语的 da 的重新建构规则。

戈的案例证实中介语的发展不是偶然随意的，而是以可预见的、系统的方式的变化（一种发展）。在此同时，正像几乎所有的自然语言，中介语也具有系统性和差异性的特点。换句话说，中介语变化尽管是系统的，但通常不是线性的（准确度问题），且是速度不均衡的（速率问题）。本章接下来的六节会集中考察重要的中介语发现，它们证实了发展、准确性和学习速率之间的复杂关系。

6.7 作为系统的可变性的发展：乔治的否定习得案例

在第二语言习得文献中，对英语否定的研究为我们提供了一个非常好的沿可预测阶段的系统性、非线性、速度不均衡发展的例子。我将在这里以乔治的纵向研究数据说明这些阶段，乔治是坎西诺等（1978）和斯陶布莱（1978）研究的一位年轻的英语第二语言使用者。表 6.2 描述了他习得英语否定的十个月的发展过程。

乔治出生于哥伦比亚波哥大的一个中上等家庭，12岁时随父母移居到波士顿，在那里他接受了正规的学校教育。在到达波士顿之前，他只接受过3个月私人英语辅导，随后在学校他接受了少量的英语第二语言教学，在学校他上正常的课，用英语学习各门学科。他在家说西班牙语，在学校说英语。在10个月中，他的否定知识经历了从动词前位置到动词后位置的英语否定表达重新建构过程（表6.2中的第三阶段）。正像我们在第三章（3.4节）中提到的，无论学习者的第一语言是什么，动词前否定是第一阶段，尽管第一语言中动词前否定是语法规范的说话者可能在英语中第一阶段的时间比那些第一语言中要求动词后否定的说话者更长（顺便说一下，乔治的第一语言是动词前否定的语言，但是他只花了三或四个月就在第二语言英语中重新建构为动词后否定）。许尔滕斯塔姆（1987）提出第一个动词前阶段可能是由一些类型的基础影响所激发，因为在世界各种语言中动词前否定是一个比动词后否定更普遍的语法结构。

乔治四个阶段的转变速度是不均衡的。早期阶段是简短的，每个阶段只持续了一两个月，然而，剩余的发展慢得多，持续了六个月。重新建构为动词后否定（在第三阶段）也是逐渐的，开始只用于受限的环境（在系动词和助动词后），到了后来（在第四阶段，在第五或第六个月）才用于其他相关环境。这种从一小组更为简单的环境蔓延到越来越相关、复杂的环境的对一个规则的逐渐应用可以在中介语发展中经常看到（比如时态和语体的发展；见6.10节和表6.6）。

另外，乔治的否定发展不是从充满错误到一点错误也没有的线性发展过程。而是像在表6.2中所展示的，只有最后的第四个阶段才是像目的语的。虽然如此，每个新阶段都反映了一个对否定的发展问题更高级的解决方案。这样，相比较I will don't see you tomorrow，I didn't went to Costa Rica是更好、更高级的"错误"，而前者相对于I don't saw you而言，又是一个更好的、更高级的非目的语的中介语创新。那么我们在这里必须指出，并不是所有的"错误"都是相同的，看起来像"错误"的中介语解决方案仍然可能是好消息。

最后，需要指出的是乔治的发展也涉及把一个特定形式作为倾向使用的否定功能词的过度概化（见6.5节）。起初，这个否定功能词是no，但是不久之后就变成了don't（在第二个阶段，研究的第三个月）。到了研究中期，他的

don't 的知识表现也经历了从一个记忆的公式到了一个不仅有否定还有时态（在乔治被证实的话语 I didn't went to Costa Rica 中得到证明）和人称（即 doesn't）的结构的分析。

乔治是幸运的，经过十个月在二语环境中的沉浸，他达到了否定的最后一个阶段。然而，第二语言发展结果不见得出现以一定发展顺序到最高阶段的最终成果，也不见得与目的语语法达成一致，甚至达到最终高水平的准确使用。下一节我们将会看到，这对于自然状态下的成年学习者尤为属实。

表6.2

乔治的英语否定发展

阶段	时间（录音）	证实的第二语言例子	发展描述
1. 有 no/not 的动词前否定	第 1—2 月（磁带 1—4）	No *saw* him [I didn't see him]	动词前否定；倾向使用的否定功能词是非目的语的 no
2. 有 don't 的动词前否定	第 3 个月（磁带 5—6）	I don't *saw* him. [I didn't see him]	动词前否定；对未分析的、但更像目的语的否定功能词 don't 的使用增强
3. 在受限环境下的动词后否定（系动词/助动词 + not/don't）	第 4 个月（磁带 7—8）	I *will* don't see you tomorrow [I will not see you tomorrow]	动词后否定开始出现；在第四个月（磁带 7）初，no 减少了；don't 开始被应用于动词后，但只在系动词/助动词环境中
4. 在所有环境下的动词后否定	第 5—6 个月（磁带 9—12）	I *didn't* went to Costa Rica [I didn't go to Costa Rica] *Not* at the ranch	don't 的初期分析的证据，随着时间的发展而加强；有系动词/助动词的像目的语的否定加强；到第六个月（磁带 12），no 完全消失，对词组的否定使用的是像目的语的功能词 not
	第 7—10 个月（磁带 13—20）	They *didn't* see nobody [They didn't see anybody]	动词后否定完成；对 don't 成为时态和否定的载体的分析完成；但是，在产出中未分析的 don't 的情况仍然与分析的 don't/didn't 共同存在

注意：全部例子报告于斯陶布莱（1978）。否定功能词修饰的动词在每个例子中都用下划线标出。

6.8 语法化前的中介语：自然学习者的基本变式

我们对那些从零学起、没有任何教学帮助的第二语言学习者的习得所知较多，即中介语发展必须只在自然的环境下进行时。这些知识的主要贡献来自于20世纪80年代沃尔夫冈·克莱因和克莱夫·珀杜带领下欧洲科学基金会（ESF）赞助的一个大规模研究（珀杜，1982；克莱因和珀杜，1997）。这项研究有两个突出的优势，就是它既是纵向研究，也是跨语言研究。

在两年半的时间里，对欧洲五个不同国家40位成年移民进行了研究。这些成年人习得五种第二语言的一种：荷兰语、英语、法语、德语和瑞典语。得到的数据达到历时30个月研究15000页第二语言口语转写的密实的、纵向的语料库（克莱因和珀杜，1997）。把第一语言和第二语言联合起来研究一部分是由那个时候欧洲国家的移民政治现实所决定的，这解释了所包含的第二语言的有限范围。但是，就像是图6.1中所显示的，这被有目的的"两种第二语言和两种第一语言"的设计极大补偿。但是最后，这个研究揭示了强有力的普遍模式，而不是跨语言的个别特征。

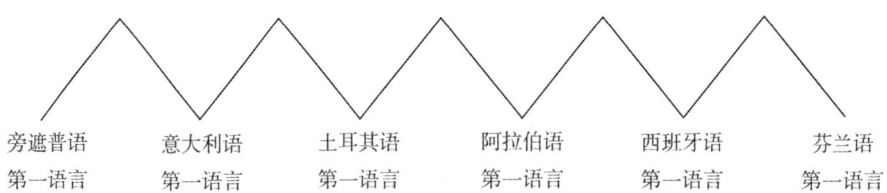

图6.1 欧洲科学基金会项目中两个第二语言和两个第一语言的设计

（改编自珀杜，1982，第47页）

在两年半的研究中，项目中所有学习者显示发展出初步的、但系统的完全可交际的中介语系统的证据，克莱因和珀杜（1997）称这个系统为**基本变式**（Basic Variety）。表6.3总结了它的主要特点。简言之，基本变式可以通过一些话语应如何构建（即词组的限制）以及应该如何通过语用和词汇资源（即语义的和语用的限制）排列各成分和组织信息的简单原则描述。基本变式没有显示出资源语法化的证据，也就是说，它很少利用形态和主从关系。一个很好的例子就是时态的表达,在形态缺少的情况下需要依靠语用和词汇的资源,在表6.3中有总结(同时参见表6.5)。

我们可能会好奇是什么使得自然学习者超越这些基本变式,也就是他们如何超越依赖语用和词汇原则而直接进入语言资源的语法化。克莱因和珀杜(1997)提出可能是由于不断增强的表达复杂思想的需要和当概念存在语义和语用冲突时把想法用词语表达出来的挑战。这种意义制造的压力显然对欧洲科学基金会项目中40位自然学习者中的三分之二产生了影响。然而,对剩下的三分之一似乎这还不够,他们在一年半后看起来到了平台期,有的更早些,在研究结束时第30个月,他们没有进步超越基本变式。

表6.3

基本变式总结(珀杜,1982;基于克莱因和珀杜,1997)

分析的领域	主要发现
词　汇	·大部分是像名词的和像动词的词汇,加上一些像形容词的和一些像副词的词汇 ·没有词的曲折,单词以没有变化的形式出现 ·封闭词汇(指示词、代词)很少,大部分词汇有词汇意义而不是语法意义 ·其他封闭词汇(冠词、连词和代词)即使有也是极少的
话语结构上的词组限制	·没有复杂的结构,没有句法移动 ·话语可能没有动词,或有一个非限定(非变位)动词;有限定或变位动词的话语从未出现 ·没有动词的话语由一个名词词组其后跟着另一个成分构成 ·非限定性的话语可能以下面三种主要形式出现: (1)名词词组加动词(加可选的名词短语) (2)名词词组加系动词加另一个成分 (3)动词或系动词加名词词组 ·和说和给的动词一起,三个论元可能出现(比如,说者、听者和被说者);基本变式没有四个论元的话语
格作用分配上的语义限制	·"控制者优先":有最高控制级别的名词词组(更有施事性,依动词的语义而定)在前面(在基本变式中没有真正的"主语"概念)
有联系的文本中信息组织上的语用限制	·"焦点在最后":基本变式构建信息主要是通过词序;主题在前面,焦点在最后 ·保持的信息可能被零回指词(或很少是代词)标记,但是只有在保持的实体在控制程度上是最高的且同一话语中没有其他施事实体时;否则就使用完整的名词词组

（续表）

分析的领域	主要发现
时 态	·时态和体有语用和词汇的标记，没有语法标记（使用一个没有变化的形式或每个动词的"基本形式"：不加修饰的词干，一个不定式，有时是英语-ing 形式） ·语用标识是通过时序原则实现的："以事件发生的顺序叙述"（比如，"我回家吃晚饭"对比"我吃晚饭后回家"） ·词汇标识是通过大量的副词来实现的 ·日历的（"周日"）和回指（"之后，之前"）状语很多 ·回指（"昨天"）、频率（"总是"）和持续（两个小时）副词发展较少 ·表示两个参照点的副词（"再一次"）缺失

6.9 模式化的形态准确性获得：第二语言英语词素的案例

欧洲科学基金会项目的结果清晰地显示不是所有的第二语言使用者都会超越语用和词汇资源的束缚。然而，很多（不论是自然学习者还是课堂学习者）确实会超越。对于他们，形态，尤其是与动词和名词有关联的屈折形态会较慢地、非线性地，但稳定地得以利用。20 世纪 70 年代一个最早的 SLA 发现显示英语为第二语言的使用者在掌握一组英语屈折词素时是按照一定的顺序，如表 6.4 显示的。这个顺序表示不同研究中学习者达到准确提供这些形式的一般水平的位置，一般设在 80% 或 90%，取决于具体研究者。进行初期研究的海蒂·杜雷、玛瑞娜·伯特和史蒂芬·克拉申（1982，第八章）以及近来的戈德施耐德和德凯泽（2001）对原始证据进行了深入的分析。无论儿童还是成年第二语言学习者，无论自然学习者还是课堂学习者，也不论其第一语言背景是什么，或数据是通过口头还是书面收集的，准确性顺序显示都是相对相似的。

表 6.4

从最早到最后掌握的词素准确性的顺序

词　素	举　例
-ing	the girl is watch<u>ing</u> shop window with the food
复数 -s	Chaplin give away a lot of cigar<u>s</u> and chocolate to the kid<u>s</u>
系动词 be	she <u>is</u> the one

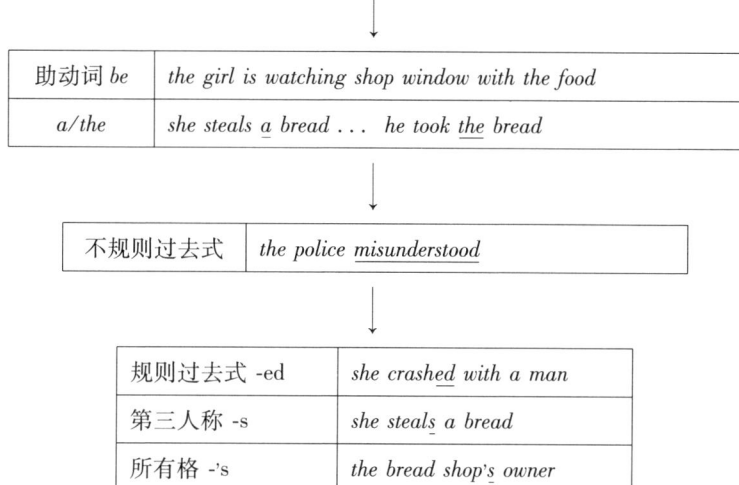

注意：例子来自于日本的大学水平英语学习者在观看了来自查理·卓别林的《摩登时代》的一个短视频《孤独又饥饿》之后产出的第二语言口头叙述；出自作者未发表的数据ⓒ奥尔特加，岩下，拉比和诺里斯。

依次有三个限制。很显然，在纸笔语法考试中，课堂语言学习者能够相对准确地提供所有词素，但是这并不能显示他们实时使用第二语言的能力，只显示他们学习语言规则的能力。另外，如同所有中介语系统性一样，这种模式化的准确性获得不应以一种一个一个的形式、零碎的方式等同于第二语言从不精确使用到精确使用的线性发展。在达到这些任何一个词素 80% 或 90% 的准确性基准之前，第二语言使用者经历非线性的准确性的增长和下降（回忆，比如，6.6 节戈的 da/the 的发展），他们中有些在说、写或做手势时可能永远发展不到完全像目的语一样的形态准确性。

第三个限制是，偶尔有一些研究报告与表 6.4 某一格有细微不同的结构等级。比如，贾和福斯（2007）在五年的纵向研究中报告 10 位 5 岁到 16 岁到达美国的说汉语的参与者发现过去式-ed 比第三人称-s 更有挑战性（所有格-'s 没有被研究）。其中三个最早开始学习英语的参与者在到达美国一年半或更长时间之后被观察到对第三人称-s 的掌握达到 80% 的准确率，但是五年研究结束的时候，10 个参与者均还没有掌握-ed 的用法（顺便说一句，这些发现带给你第二语言发展可以是多么慢的清晰感觉）。但是，表 6.4 中各格的结构等级从没有被违背过。

在一项由戈德施耐德和德凯泽（2001）做的 12 个之前的研究的元分析中，他们设计了使频率和显著性便于操作的五种方法，显示出每个操作化方法各自很好地预测了各研究的合并结果（共享方差在 16% 到 36% 之间），并且结合起来它们能解释数据中的大部分（71%）方差（可以在第七章 7.1 节中找到如何解释共享方差的帮助）。这些发现支持了输入频率和输入显著性可以极大地预测学习者习得第二语言语法某些方面的难度的基于使用的论点（鲁宾逊和埃利斯，2008b）。

6.10 有关第二语言形态发展的更多内容：概念驱动下时态和体的出现

对第二语言形态发展的研究也从一个功能视角展开，即语言发展的**概念指向**（concept-oriented）方法。这种方法将意义制造置于语言习得的核心，并提出"如果被表达的内容被作为分析的起点，第二语言系统可以被更准确地描述"（冯·斯图特海姆，1991）。从这个视角时间的表达已被很好地研究。

学界已达成共识，第二语言学习者（孩子学习他们的第一语言也是如此）经历三个大的阶段，每个阶段以依赖不同的帮助第二语言习得者表达时间的一组资源为特征：语用方式、词汇方式和词素方式（见巴多维－哈利戈的综述，2000）。表 6.5 大略地列出了三个阶段。在第一个阶段，只有语用策略被使用。比如，学习者按照事件的自然时序叙述（冯·斯图特海姆和克莱因，1987），吸收对话者的帮助以填充交互中的时间所指（萨托，1990）。在第二个阶段，词汇策略被加入进来，比如，使用一系列表示时间的状语（见表 6.3 中基本变式的例子）。在这节，我们分析发生在第三个阶段的发展，当时间开始通过语法资源表达的时候，也就是以动词形态的方式来表达。

表 6.5

时间表达中的三个大的发展阶段

第一阶段	**语用策略:** *she steal bread / and run away from the shop*
第二阶段	**增加词汇策略:** *then the car of police come / so he ride on this car / next the woman ride too*
第三阶段	**增加形态策略:** *and suddenly she cried / and later she tried to run away*

注意：例子来自于日本的大学水平英语学习者在观看了来自查理·卓别林的《摩登时代》的一个短视频《孤独又饥饿》之后产出的第二语言口头叙述；出自作者未发表的数据ⓒ奥尔特加，岩下，拉比和诺里斯。

众所周知，当形态出现在中介语中表达语法的时态和体，并不是所有形式同时出现。而且，开始只有一种功能或意义通过一种特定形式表达，正如安德森（1984a）在一对一原则中提出的那样（参见 6.5 节中我们关于简化的讨论）。众所周知的是，一些形式—意义配对比其他更基础，也更早习得。比如，在英语中，第二语言使用者以下顺序学习如何使用现在和过去的对比：现在进行时 > 一般过去时 > 过去进行时 > 现在完成时 > 过去完成时（巴多维-哈利戈，2000）。最后，已确立的事实是时态和体在形态使用阶段的模式化发展是受到形态依附的每一个动词内在的体或者词的语义引导的。这便是简略的由安德森和白井（1996）提出的**语体假说**（Aspect Hypothesis）的预测。更具体地说，语体假说预测了时态和语体出现的发展轨迹会反映原型配对，也就是动词形态的语义与形态依附的动词意义的语义一致的结合。

举例为证，在第二语言英语中最早对未完成体的标识-ing 的使用，包含着一个典型的持续的意义，在中介语中与表示有持续意味的事件的动词结合出现，比如 run、walk、sing 或 watch（这样的动词意义在时态和体的语言学理论中被称为"活动"）。相反地，英语的一般过去时携带着一个典型的准时的意义，且它最初开始被合适地与意味有一个开始和结束动作的动词结合使用，比如 meet someone、catch something、see someone/something、recognize、find 或 bump into（被称为"达到"）。成就和指示有结果的行为的动词上下文，比如 paint a picture 或 steal a bread（被称为"完成"）也倾向于吸引包含完成标识（have/had + 过去分词）的新形态。渐渐地，时态和体的标记也会与非典型的动词意义相

· 133 ·

配对。比如，-ing 会延伸到标识非典型情景，这时动词词组的内在的意义是一个"完成"，但行动是从一个持续的视角来看的（比如 I can't believe she is stealing some bread）。

大量的不同语言的第二语言研究都支持了语体假说的预测。表 6.6 总结了已经证实的第二语言西班牙语中完成体和未完成体的出现，通过 pretérito 和 imperfecto 的形态表达。正想我们所看到的，发展在一个逐渐的形式—功能的映射过程中展开，这个过程被动词形态和动词语义的典型配对所引导。就像罗杰·安德森（1993）承认的，这个受到语义控制的时态和体的形态的出现是在输入影响的习得中的频率问题（假定在输入中典型的配对比非典型的配对出现更频繁，这有待在足够大的第一语言语料库中实证验证），还是一个人类感知和概念体系影响我们如何使用语言和我们如何习得语言的问题，这还不清楚。基于使用的 SLA 研究者（比如，鲁宾逊和埃利斯，2008a 中的大部分作者）会说可能两者都对。

表 6.6

第二语言西班牙语的完成体（pretérito）和未完成体（imperfecto）的发展阶段

形式—功能发展	阶段	动词语义（内在词汇体）			
		达到	完成	活动	状态
		+准时性	−准时性	−准时性	−准时性
		+目的性	+目的性	−目的性	−目的性
		+动态性	+动态性	+动态性	−动态性
一个形式在一个环境中的出现	1.	过去式			
		达到中的过去式：por fin dos líderes de la parroquia cambiaron su actitud hacia mí [最终，教区的两个领导改变了他们对我的态度]			
	2.	过去式			未完成式
		状态中的未完成式：cuando era pequeña [当我年轻的时候]			
延伸到其他环境	3.	过去式	过去式	未完成式	未完成式
		活动中的未完成式：me dolía la cabeza mucho por la altitud [因为海拔我的头很疼]			
		完成中的过去式：en las navidades pasadas vení a casa de mis padres [去年圣诞节我来到了我父母家]			

第六章　学习者语言的发展

（续表）

	4.	过去式	过去式	未完成式	未完成式
		未完成式			

完成中的未完成式：cada navidad venía a casa de mis padres［每年圣诞节我都会来我父母家］

	5.	过去式	过去式	未完成式	未完成式
		未完成式	过去式		

活动中的过去式：no sé por qué, pero ayer me dolió la cabeza toda la tarde［我不知道为什么，但是昨天整个下午我的头疼］

完全的形式—功能映射	6.	过去式	过去式	未完成式	未完成式
		未完成式	未完成式	过去式	过去式

状态中的过去式：aquel día ... fue fatal［那天……很恐怖］
达到中的未完成式：se fue ... porque no encontraba trabajo aquí en Dinamarca［他离开了……因为他不能在丹麦这儿找到一份工作］

注意：楷体（原文大写）表示一个特定语义动词类型的形式的首次出现。例子显示每一连续阶段最新出现的中介语（即新证实的形式—功能配对）。所有例子来自于卡迭尔诺（2000），由十个丹麦的西班牙语大学水平高级学习者在文章中产出，除了第四阶段和第五阶段中的例子，这些是加在这里的编造的例子。

与表 6.6 中所描述的发展阶段相似的发展阶段也已经在其他有完成—未完成划分的第二语言中发现（比如，法语中的 passé composé 和 imparfait，意大利语中的 passato prossimo 和 imperfetto；参见巴多维-哈利戈，2000 的综述）。虽然其他语言的时态和体的系统可能有很大不同，它们也被发现展示了相似的原型影响（见菅谷和白井，2007 对第二语言日语的研究；李和金，2007 对第二语言韩语的研究）。这些形式—功能的映射原则应该在一系列证实中介语发展中意义的中心和系统性的普遍性的第二语言里都有重大意义。

6.11　句法的发展：标记性和对第二语言关系化的习得

SLA 研究者不仅在形态的很多方面，在句法的不同方面也揭示了发展的系统性。第三章讨论的标记性概念（见 3.5 节）是与语音有关的，这个概念也在用于描述第二语言学习者会如何习得目的语句法的一方面关系从句中获

· 135 ·

得了巨大成功。

在沙克特（1974；见3.7节）完成其在这方面的开河研究以及随后的埃克曼等（1981）之后，这个多产的工作方向利用了基南和科姆里（1977）提出的名词短语可及性层级，这个层级描述了人类所有语言的关系化选择。表6.7中的第二语言数据为这个等级提供了例子。在层级的最高位置（也就是说，最常见的和标记最不显著的）是主语关系从句；在最低位置（即最少见的和标记最显著的）是比较关系从句的宾语。从跨语言的角度来说，这六个可能类型的关系从句在一个层级的、有含义的标记关系中。也就是说，只有其他所有之前的（标记较不显著的）类型也是可能的，每个较低的（标记更显著的）类型才能在一个特定语言中被视为是可能的。无论一个特定语言允许有多么少或多么多的关系化可能性，它会依照从层级中的最高到最低的模式来进行，没有间断。

表 6.7

依照基南和科姆里（1977）的名词短语可及性层级的第二语言德语关系从句

从句类型	第二语言例子	对等的英语翻译
主语	Aber eine Frau, *die auch daneben stand*, hat ihn das gesagt	"But a woman *who was also there* said that to him"
直接宾语	Und geniessen sie zusammen die Freiheit, *die sie sich gewonnen haben*	"And together they enjoy the freedom *that they won for themselves*"
间接宾语	Charlie liebt das Mädchen, *dem er seinen Hut gegeben hat* [a]	"Charlie loves the young woman *to whom he gave his hat*"
介词属格的宾语	Und der Mann, *gegen den das Mädchen gestoβt hat*, läβt sich von Polizisten verhaften	"And the man *whom the young woman bumped into* gets himself arrested"
	Aber eine Zuschauerin sagt dem Bäcker, *dessen Wagen das war, woraus das Brot geklaut wurde* "nee, das ist eigentlich nicht Chalie, das ist die Frau gewesen"	"But a bystander tells the baker *whose truck was the one from which the bread was stolen* ' no, that is actually not Charlie, that was the woman'"
比较宾语	n. a. [b]	"The police arrested a suspect *who the woman is more guilty than*" [c]

（续表）

ᵃ 这个例子是为了举例而编造的，因为在语料库中没有发现间接宾语关系从句的情况。
ᵇ n. a. = 在第二语言数据中没有被证实且在第一语言德语中不允许。
ᶜ 比较宾语的英语例子是编造的。

注意：例子来自于澳大利亚第一语言英语的大学生在观看了查理·卓别林的《孤独又饥饿》短片之后产出的第二语言德语口头叙述；出自作者未发表的数据ⓒ奥尔特加，岩下，拉比和诺里斯。

同样，研究者不仅考察英语第二语言（比如帕韦西，1986），也考察其他多种语言，比如汉语（胡和刘，2007）、德语（伯恩斯和西尼克洛珀，2008）、瑞典语（许尔滕斯塔姆，1984）和其他一些第二语言（塔拉洛和迈希尔，1983；白井和小关，2007）的研究中观察到了相同的有含义的相关联的标记性层级。有关主语、直接宾语和介词宾语几个类型的证据尤其充足（讨论见塔拉洛和迈希尔，1983）。具体地说，当一个特定学习者能够产出标记更显著的类型时（尤其是在英语中显著的介词宾语），她或他将也倾向于能产出最高等级的（标记最不显著的）主语和直接宾语，而不是反过来。第二语言的发现在很大程度上与第一语言习得中的关系化发展所报告的事实一致（狄塞尔和托马塞洛，2005）。

实际上，第一语言和第二语言有关关系化的发现不仅在习得的模式上是一致的，在使用和运行模式上也是一致的（比如福克斯和汤普森，2007；雷亚利和克里斯蒂安森，2007）。这样，在第一语言、第二语言产出中处于等级中较高位置的类型更为常见，在较低和标记更显著的位置的类型倾向于展示较少的准确性，吸引更多非目的语的解决方案，比如第二语言英语中的复述代词（The teacher who you introduced me to her works for me now）（更多讨论见胡和刘，2007，许尔滕斯塔姆，1984）。正像雷亚利和克里斯蒂安森（2007）指出的，这些第一语言和第二语言关系化现象中的普遍模式的解释可能与一些句法、语义—语篇、认知和统计的影响有关。

6.12 系统性的最后一个例子：词序的累积顺序

让我们通过考察由于尔根·迈泽尔、哈拉尔德·克拉森和曼弗雷德·派内曼在20世纪70年代末做的一项大规模研究，也就是著名的 ZISA 项目（Zweitspracherwerb Italienischer, Portugiesischer und Spanischer Arbeiter 或"意大利、葡萄牙和西班牙工人的第二语言习得"的首字母缩写，见迈泽尔等，1981），来结束我们对这些有关中介语系统性的发现的概述。这个项目以对 45 名被调查者第二语言德语词序出现的发展模式的发现结束，这些被调查者都是生活在德国的以罗曼语为语言背景的移民工人。这个模式包括五个阶段，表 6.8 总结了这些阶段。在那个时候，迈泽尔等假设两种处理策略与解释这些发现有关：规范的词序策略（canonical word order strategy，COS）和初始/结束化策略（initialization/finalization strategy，IFS）。规范的词序策略提出说出主谓宾这样的词序比其他词序更容易。初始/终结化策略建立在以下的假设之上：语串的初始和结束端在感知上对学习者更显著，因此，把材料移到一个句法串的初始或结束位置比把材料从相同语串内部移动或移至相同语串内部更容易。

表 6.8

根据迈泽尔等（1981）第二语言德语中词序的出现

阶段	策略	描述	举例
1	[+COS] [−IFS]	规范的词序	主语—动词—X： *ein junges Mädchen geht durch die Straße* [a young woman walks along the street]
2	[−COS] [+IFS]	副词前置	*X—主语—动词： * *und dann die Mädchen kommt* [and then the girl comes]
3	[−COS] [+IFS]	小品词分离	动词…………助动词/复合词和小品词： *Ich hab sie gesehen* [I have her seen] *der arme Mann wollte ihr helfen* [The poor man wanted her to help] *sie sieht sehr hungrig aus* [she looks very hungry like]
4	[−COS] [−IFS]	倒装	X—动词—主语： *Und am Ende seiner Mahlzeit will er nicht dafür bezahlen* [and at the end of his meal, doesn't he want for it to pay]
5	[−COS] [−IFS]	动词—结尾	从句中的从句结尾动词： *die Frau, die das Brot gestohlen hat* [the woman who the bread stole]

注意：COS = 规范的词序策略；IFS = 初始/结束化策略。例子来自于澳大利亚第一语言英语的大学生在观看了查理·卓别林的《孤独又饥饿》短片之后产出的第二语言德语口头叙述；出自作者未发表的数据ⓒ奥尔特加，岩下，拉比和诺里斯。接近的英语翻译反映德语的词序，下划线部分显示初始/结束化策略移动的范围。

为理解表6.8中说明的观察到的阶段，要强调发现基于**浮现**，或基于一个特定词序的第一次产出使用。出现的基准显示一个学习者能够控制什么水平的处理（以规范的词序策略和初始/终结化策略操作化）——即使只有部分的时间——是在自发的产出中。另外，表6.8中的发展阶段隐含着约束于向上的方向，意味着学习者倾向于不跳过阶段地穿过这个发展过程。这个隐含的系统性不像否定阶段发现的系统性（见6.7节和表6.2），在那里学习者也是没有跳跃地穿过这个发展过程。对于否定，每一个较低的阶段被慢慢地"成长超越"，最终被抛弃（在向目标语言靠拢的学习者的情况中）。相反，词序的发展是累积的，在每个达到的阶段上为德语词序的发展全貌增加另一种可能性。

德语词序的所有阶段都是语法的，只是在第二阶段例外。在第二阶段，尽管比第一阶段更高级，碰巧得到一种不合语法的解决方案。这是因为在德语中，把一个非主语的成分放在句子的开头（见表6.8，"then + the girl comes"）触发了主语—动词顺序的倒置：*dann kommt das Mädchen*，"then comes the girl"（德语是一个动词第二位的语言，主句中的动词总是需要占据第二个位置）。只有在分离出现在第三个阶段之后，学习者才最终能够处理语串内部的移动，从而处理主语动词倒装的规则，这样就至少产出一些以副词开始的句子，它们在德语中是符合语法的。但是，记住这些发展的顺序是有关浮现而不是准确性。因此，一个学习者可能把倒装的规则应用于仅仅一个或两个相关情况，而在其他某个情况中没有应用，因此这就是第二阶段的不合语法、没有倒装的副词前置的情况，而且我们仍然会认为她在第四阶段，而不是在第二阶段（一些研究者使用在至少四个尝试情况中三次成功应用的惯例安全最小量）。不像目的语的第二阶段可能或不可能最后从学习者的中介语中消失，取决于他们变得如何准确，但是就像已经提到的，所有其他阶段都是累积的。

德语第二语言词序发现的初始发展顺序的相同基本原理后来被澳大利亚的曼弗雷德·派内曼和同事应用于解释英语问句词序浮现的发展顺序（派内曼等，1988），这在第三章中有简要介绍（3.4节）。表6.9总结并举例说明了这些阶段。同样，一个阶段通常得到不合语法的解决方案（第三阶段），因而可能会被分阶段进行（在学习者变得准确的情况中），但是其他所有阶段得到合语法的解决方案，并且被累积地增加到如何用英语提问的全部知识中。

表 6.9

根据派内曼等（1998）第二语言英语中问句的出现

阶段	描述	举例
1	升调的词语和片段	A ball or a shoe?
2	升调的规范的词序	He have two house in the front? The boy threw a shoes?
3	疑问成分的前置（wh 开头的词语、do、其他）	Where the little children are? What the boy with the black short throw? Do the boy is beside the bus? Is the boy is beside the bus?
4	两个限制环境中的倒装： (1) 带系动词的 wh–问句 (2) 带不是 do 的助动词的 yes/no 问句	(1) Where is the sun? (2) The ball is it in the grass or in the sky? 　　Is there a dog on the house?
5	倒装扩展到全部像目标语环境范围	How many astronauts do you have? What is the boy throwing?
6	否定问句 反意疑问句 嵌入从句中的问句	Doesn't your wife speak English? You live here, don't you? Can you tell me where the station is?

注意：所有例子来自斯帕达和莱特鲍恩（1993，1999）；第一阶段到第五阶段的问句由加拿大学校 10 到 12 岁讲法语的学习者在英语精读项目中与一位研究者完成的基于任务的口语交互中产出。第六阶段的问句是由斯帕达和莱特鲍恩编造的未证实的例子。

在 20 世纪 90 年代后期，派内曼的思想发展为一个对处理敏感但基本上是语言学的框架，他称之为可加工性理论（Processability theory，派内曼，1998）。简言之，他主张在开始的时候第二语言学习者在加工时在记忆中能保存什么句法信息的能力是有限的（因此理论名字中有术语"可加工性"）。他们需要不断地发展心理语言的能力以与他们所遇到的语言材料单元中和跨单元的语法信息相匹配，他们能够对语言单元中更远的成分也能逐渐地如此进行。这种匹配提供了一个等级的、难度越来越大的加工问题：在类别中（比如 walk + ed = 过去时），然后是名词短语（比如 two girl + s = 复数一致），然后是动词短语（比如 John walk + s = 人称一致），然后是句子（比如 it is raining / *is it raining*? = 问句倒装），最后是从句（比如 he will come / *he said he would* come = 间接引语）。引人注目的是，可加工性理论目前的表述已经为一些目的语言中各式各样的词序现象提供了解释，包括从类型学角度形态句法方面看来相差较远的语言，比如阿拉伯语、汉语和日语（派内曼，2005）。

6.13 僵化，或当第二语言发展停止的时候（但是是这样的吗？）

不能保证所有的学习者都沿着我们前六节描述的轨迹像目的语语法系统靠拢。更多的是相反的情况，许多第二语言学习者可能继续发展，而不与目的语表达一致，而很多人可能在发展的过程中停下来，可能是永久的。**僵化**（fossilization）这个术语是塞林克（1972）创造出来的，用来形容"尽管有目的语输入的持续接触、提高的充分动机、足够的练习机会，永远无法掌握一门目标语（TL）"的情况（韩，2004，第4页）。有好几例研究充分的成年学习者情况，其发展显示出符合僵化的判断，至少乍看之下是这样的。

其中一位是阿尔贝托，他是一名33岁的哥斯达黎加移民工人。舒曼（1976；见第四章4.2节）研究了其对英语的自然习得，他显得无法超越基础英语的进步。舒曼发现这名工人在波士顿待了10个月后，在词素的准确性上（参较表6.4），他对-ing和系动词的提供是相对准确的，但是低于80%的常规掌握水平，而且他过去式-ed的提供几乎是零。对于问句（参较表6.9），他只能产出非倒装的句子，因此停留在第三阶段。对于否定（参较表6.2），在整个十个月研究中，他停留在动词前的第一阶段。希望打破看起来不正常的缺少成长的稳定性，舒曼又用了七个月对阿尔贝托进行了有关英语否定的一对一教学密集强化训练，但是也没有效果。在第二语言环境中的17个月，其中7个月还包括教学，舒曼报告阿尔贝托停留在否定的动词前阶段，在这一领域有20%的总体准确率，和在接受教学之前表现出的水平是一样的。

并不是所有据称僵化的学习者都是自然的，也并不是所有僵化都只在发展的初期水平发生。拉尔迪耶（2007）对帕蒂的研究是一个著名的接受教学的学习者在第二语言获得很高的能力水平但仍然看起来在第二语言一个特定领域停止发展的例子，这个特定领域是黏着动词形态，尤其是-ed和第三人称单数-s（参较表6.4）。帕蒂的第一语言是闽南话和汉语普通话，22岁移民到美国，拉尔迪耶第一次采访她时,她 31 岁,在移民 9 年后。大约 9 年后,当她 40 岁的时候,研究者又一次采访她,2 个月之后,又进行了一次采访。在 20 年里,帕蒂在读硕士及后来的工作中都被英语围绕着,她发展了高级英语能力,包括准确的冠词用法的较高水平(the 有 84% 的准确率,a 有 75.5% 的准确率),这对很多没有冠词的语言背景(如汉语普通话和闽南语就是)的第二语言使用者而言是一个有着很大难度的领域。但是在第二语言环境中生活 10 年之后的采访数据中,以及后来 20 年之后的采访数据,帕蒂继续以极低的准确率提供两个一般最后掌握的词素(参较表 6.4):规则的过去式 -ed 大约 35%,第三人称单数 -s 大约 5%。

僵化,尤其在很高级的英语学习者中,不总是一定涉及基础句法或形态,但是也可能影响句法和语义接口的细微领域。这在韩(2000,2006)对耿和方的一个七年的研究中得到显示,耿和方是两个成年男性,第一语言是汉语,他们本来是非常高级的使用者,并且享受着最佳的学习环境。耿和方已经在中国接受了六年的正式英语教学,并且在他们移民到英国以获得他们的博士学位之前已经取得了托福 600 分以上的成绩。在获得他们的学位之后,他们继续生活在英语环境中,并且都在他们的领域积极地用英语在国际期刊上发表文章。在她对七年时间语法性判断和自由写作的分析中,韩发现耿和方不断地在英语需要的地方没有提供被动语态,正如例(11)中说明的,而他们在英语语用和语篇上更倾向于使用主动语态的其他环境中过度提供被动语态,就像在(12)中显示的:

(11) I do not know whether these problems have solved in the newest release

(方写于 1996 年;韩,2000,第 89 页)

(12) What I can do for you is to give you a list of professors... The list will be sent to you later

(方写于 1996 年;韩,2000,第 94 页)

并且,两位第二语言使用者显示了在他们的英语非宾格性知识或某些带有准被动意义的主动语态动词的使用上有不确定性(比如 These doors will close at midnight)。具体地说,有时候耿和方将被动语态用于有非宾格意义的动词,不合语法地过度使用被动语态,就像在(13)中说明的,但是在其他地方他们符合语法地使用非宾格动词,就像在(14)中显示的:

(13) Thanks to John's blocking the event were stopped after 3/7/03

(耿写于 2003;韩,2006,第 69 页)

（14）The action already stopped on 1/6 probably after receiving our mail

(耿写于2003；韩，2006，第69页)

七年中不像目的语的和像目的语的解决方案的同时存留确实暗示在第二语言学习的这个领域可能永久的停止。

最后，僵化的概念，尽管非常符合直觉，但是已被确实地证明它是很有问题的。专家们提出三个最严重的警告（见朗，2003 的综述；韩，2004）。第一个是，完全的和永久的学习终止不能被结论式地证明，除非学习者被终生跟踪，或至少是一段很长的时间。第二是，研究很少深入地记录是否所谓的僵化的学习者享受真正的最佳学习条件，包括：(a) 接触和练习的足够丰富的机会；(b) 对目的语和社会的积极的态度；(c)（高质量的）教学帮助。第三，即使可以证明僵化存在，到目前为止，背后的原因还没有统一。比如，舒曼提出对目的语言和文化的负面态度是元凶（见第四章4.2 节）；韩、拉尔迪耶以及索拉切（1993）提出僵化是由微妙的第一语言对第二语言发展施加的上限引起的，甚至对最高级的学习者也是如此；朗（2003）回顾了大量的研究，提出对输入的敏感性（或缺少敏感性）可能是总体上对僵化最好的解释（参较第四章4.6 节对注意的讨论）；而塞林克和拉克什曼南（1992）讲明所有这些原因以不同组合导致僵化。

也许在试图理解僵化时的最大挑战是在这个概念中混淆了有两个不同意思。一些研究者把僵化看作所有第二语言学习中一个不可避免的普遍特征讨论。在这种视角下，僵化最终意味着第二语言语法不能达到和本族语说话者的语法同形的状态。所有学习者都被预计会僵化，而有些僵化早一些、有些晚一些的事实是不重要的（见考彼尔斯特，1987；索拉切，1993；见第二章2.4 节有关最终成果和年龄的讨论）。还有一些研究者以僵化的名义研究了学习的提早终止，就像所展示的那样，比如，朱莉（第二章2.2 节）和韦斯（第四章4.1 节）在历经三年的自然学习之后被报告的截然不同的成果的情况。对于开始研究在双语状态下的第二语言学习的SLA 研究者来说（第二章2.8 节），不可避免的僵化是有问题的，因为那是建立在重复的和难驾驭的假想基础之上的，即双语的语法永远不会变成单语的语法。对于语言教师，他们对提早的僵化最感兴趣。然而，当代关于僵化的研究青睐第一个概念而忽略第二个概念。这并不是说第二语言学习的个人差异没有引起研究注意。就像我们在接下来的三章中看到的，个人差异的认知、意动和情感来源在SLA 中有很长的历史。但是，不同的学习速率，而不是学习永久终止的可能性，是个人差异研究的中心关注点。这样，在我们对学习速率和学习停止现象了解得更好之前，建议对僵化持谨慎态度。

6.14 语法教学的价值是什么？接口的问题

我们在本章中考察过的中介语发展现象已在不同环境下得到证明，因而与接受教学的学习者和自然学习者都是相关的。但是我们应该问问自己：面对我们对第二语言发展所知道的，语法教学的价值，如果有的话，是什么？在 SLA 领域，这个问题有很多不同答案。

一些专家基于普遍感觉课堂与外界有差距，对教学的价值产生质疑。如果你曾经在课堂上学习或教授过一门外语，你也会毫无疑问地记得很多次通过语法解释和有意识的努力学到的东西无法很好地转变为现实情景中自发、地道的使用。这是克拉申（1985）区分学习，或通过语法学习获得的有意识的知识，以及习得，或偶然发展的流利而自然地使用第二语言的能力时的立场。他断言学习不能变为习得。然而，SLA 学术社区不久之后认为不可能研究这些构念和相关预测，原因有几个，几年之后巴里·麦克劳克林（1987）权威地总结了这些原因（特别参见第 55—58 页）。

无论如何，这一问题没有消失，而变成了隐性知识和显性知识是否能在长期记忆中接口的问题（见第五章5.4节）。因为很多形式语言学 SLA 研究者倾向于我们在 6.1 节中简要介绍过的模块化假说，他们提出隐性的（潜意识的）和显性的（有意识的）学习由不同的神经生理学上有区别的知识系统所支持，因而无法相通。施瓦茨（1993）用一个电动剃须刀（教学）和一个插座（语言模块）的类比解释这一没有接口的立场。

> 以一位移民到国外的满脸胡子的男人为例。他不知道，这个文化中的男人必须把胡子刮干净。他很快发现这个风俗，他是那种在其他文化中尽力适应的人。对于他来说幸运的是，他有解决办法：他（碰巧）随身带了一个电动剃须刀，于是逻辑上这个剃须刀对于解决他的问题是必须的。他来到了他的旅馆，把剃须刀插上电，但是什么也没有发生，电流不同。所以为了使这个剃须刀工作，一个变压器是必须的。尽管这个剃须刀是必须的，但是它不能被使用。
>
> （第 153 页）

尽管变压器的可能性在这个类比中是开放的，但是很多普遍语法的研究者对任何接口都持有怀疑态度。相比之下，认知指向的 SLA 研究者认可两个系统有接口的立场，至少是对于成年人。技能习得研究者在这一点上尤其坚定，因为他们把有意的、系统性的练习看作一个最佳的"变压器"，建立在上面提到的施瓦茨的类比之上（见第五章 5.2 节和 5.3 节；德凯泽，2007b）。第二语言学习的以使用为基础的理论和浮现理论反对大多数有关语言和心理的传统思考，因此认为有接口的两个不同系统的比喻是"一个不成功的称呼"（埃利斯和拉森－弗里曼，2006，第 569 页）。他们也比技能习得理论者在总体习得任务中给予显性知识更小的作用。但无论如何这些专家都同意教学是有价值的。他们提出，如果教学聚焦于隐性过程，可以通过使教学材料中的范例更多、更突出、更一致地促进自下而上的引导建构（鲁宾逊和埃利斯，2008b）。另一方面，这可以帮助以优化对特别有挑战性的规则学习需要的方式调动有意识的注意，比如那些涉及低显著性或高复杂性的规则，以及那些与学习者基于他们第一语言的期待不同的规则（N. 埃利斯，2005）。在对反映 20 世纪 90 年代研究的 49 个二语研究的元分析中，诺里斯和奥尔特加（2000）得以展示，确实，针对不同种类的隐性和显性学习过程的教学是有相当大的效果的。正像罗德·埃利斯（2005）指出的，如果隐性和显性知识可能都隐含在对一门第二语言的学习中，在未来更精细地研究它们各自对第二语言习得的贡献将是重要的。

6.15　教学、发展和学习者准备状态

大多数相信语法教学的价值的 SLA 研究者都对他们的位置用教学受到发展的限制的附加条件加以限定（就像第一语言的影响一样；参考第三章 3.3 节到 3.5 节）。换言之，教师只能期望成功地教授学习者发展上准备好学习的内容，这个看法成形为可教授性假说（Teachability Hypothesis），也被称为**学习者准备状态**（learner readiness）的问题，是派内曼（1984，1989）在他对两个有关德语词序的准实验研究中得到的结果的回应中提出的（见 6.12 节和表 6.8）。在这两个研究中，派内曼分别对在德国的 10 位 7 到 9 岁的意大利儿童和在澳大利亚的 3 位成年课堂学习者教授第四阶段（倒装）。在这两种情况下，受益于教学的学习者都是在教学时显示第三阶段（动词分离）证据的"准备好的"学习者，但是对于那些在第二阶段（副词前置）开始学习的"没准备好的"学习者，他们什么也没有获得。实际上，特蕾莎，其中一个没

准备好的年幼学习者，开始避免使用副词前置（第二阶段），可能是为了避免出错。她可能是那种追求完美的以准确性为导向的学习者，就像我们在第九章中将要讨论的（9.3节和9.4节）。在任何情况下，错误避免都是一个有害的结果，这可能会减慢她的词序发展，因为没有阶段可以被跳过，即使是不合语法的第二阶段（正像我在本书中不断重申的，要学习的重要一课是制造较少的"错误"对于语言学习不总是好事）。后来麦基（1999）与斯帕达和莱特鲍恩（1999）提出一些没准备好的学习者可能从词序的教学受益（在他们的研究中是英语问句构成的词序；见表6.9），但是效果只足够帮助他们前进到被教授的阶段之前的下一个阶段，而不能跳过阶段。因此，语言教师应该仔细地考虑他们的学生发展上准备好学习什么内容。

尽管学习者准备状态的原则有很大的优点，它不应被盲目遵从，因为并不是所有中介语系统性对教学都提出同等的挑战。对于一些发展的领域，比如词序的顺序（表6.8和表6.9）以及时态和体的形态（表6.6），学习者确实显得在心理语言学上不能跳过阶段。但是对于语法的其他领域，在一个特定中介语的前沿之上的教学可能加速发展。目前为止，这只显示对于展示出跨语言标记性关系的语言子系统是可能的，比如表6.7中的沿关系从句等级的发展。具体地说，大量小规模研究（比如埃克曼等，1988；道蒂，2001）报告给那些已经能够处理关系化、但只是最简单的主语类型的学生教授介词关系从句的宾语，不仅能在所教授的类型上产生进步，也在所有等级中标记更少的中间类型上产生进步。对于其他语法领域，教学可能基本不受准备状态限制。这在准确状态而不是出现问题上显得尤其可信，比如表6.4中描述的词素准确状态顺序。总之，对能被教授的内容的发展限制可能在第二语言发展的不同领域起的作用不同，需要更多研究对制定教学决策进行有用的揭示。

6.16 语法教学的优势：学习的准确度和速率

尽管语言教学在学术圈和公众政策圈常常成为热烈讨论的对象，支持者和质疑者经常没有注意到这样一个事实，即日益增多的证据清晰显示教学的准确性和速率优势。简单地说，接受过教学的学习者的进步速率更快。他们可能比没有接受过教学的学习者发展出更复杂的语言知识结构，且一般变得更准确。

在句法领域可以找到好几个令人信服的例子。因此，尽管许多自然的德语学习者即便在第二语言环境中生活了几年后，可能仍未达到小品词分离阶段（第三阶段）（迈泽尔等，1981），从罗德·埃利斯（1989）对在英国的 21 名德语学生做的研究以及詹森（2008）对 21 名在澳大利亚的德语学生做的研究报告的发现判断，在第二个学期结束的时候，外语课堂中的大部分学生将会达到这一阶段（有些甚至可能会横穿整个发展顺序）。同样，对于关系化，帕韦西（1986）发现在第二语言环境下平均生活 6 年的 38 位自然学习者中只有大约 25% 能用英语产出介词关系从句的宾语，而平均接受 4 年外语教学的 48 位在意大利的高中生 40% 可以达到同一阶段。同样的，伯恩斯和西尼克洛珀（2008）发现在他们的纵向研究中，仅在研究第二年结束便在美国 23 位学德语的大学生中的 1/4 学生身上发现了介词宾语阶段的证据。另外，就像在上节中提到的，当（标记更显著的）介词关系从句宾语的例子被展现出来或在教学材料中被聚焦，关系从句的习得能得到极大加速，因为（标记较不显著的）直接宾语关系从句的结构就好像是被免费习得的（比如道蒂，1991）。

在第二语言形态中也能找到教学速率和准确性的清晰优势的证据。许多自然学习者在每天使用英语但没受到过具体教学的情况下无法产出-ed，或以极低水平的准确率产出。在有关较晚开始学习语言的学习者的研究中有这方面的记录（比如阿尔贝托，在 6.13 节中有讨论；还有韦斯，第四章 4.1 节中有简要介绍）。同时，对于有较早开始学习优势的学习者在最初包围在第二语言中时也是如此。萨托（1990）所做的 10 个月研究中的两个 10 岁和 12 岁的越南男孩或贾和福斯（2007）做的 5 年研究中的 10 个年幼中国儿童和青少年便是这种情况。相比较而言，巴多维－哈利戈（1995）发现参加一个大学英语项目的 135 名接受教学的英语学习者表现出了最低课程水平 70% 和最高水平 90% 的使用-ed 的准确率。另外，很多准实验的教学研究也显示提供给已经在使用简单过去时、但准确率水平低的学习者任何形式的使用-ed 的更正反馈能促进更像目的语的表现（比如道蒂和瓦雷拉，1998；埃利斯等，2006）。

6.17 中介语的将来？

对于如何以及为什么第二语言学习者在语法各个基础领域发展出（或没有发展）足够细致和地道的表达，各种环境和教学类型在支持或减弱发展过程中起到什么样的作用还有很多问题。尽管我们的知识不全面，中介语研究最终还是提供了一个宝贵的窗口，让我们意识到第二语言学习者是受到影响人类语言学习的所有其他形式的相同系统性和可变性影响的。这种认识可以帮助我们与学习者语言是目的语的一个有缺陷的版本，以及错误是危险习惯的信号，这样的需要消除的顽固观点做斗争。

确实，SLA 的中介语研究者有一系列出色的有力声明达到了这样的效果。从这一领域研究初期开始，就有一些研究者提出语言学习者的错误是洞察第二语言学习过程的来源（科德，1967；塞林克，1972），还有一些研究者呼吁研究第二语言发展本身（许布纳，1979，1983），一些研究者警告将本族语说话者的语言作为学习者语言的解释基准的谬误（布莱－弗鲁曼，1983）。然而，有这些好的意图和启示的信号还是不够的，并且我们本章回顾的研究中有很多，即使不是大部分，受到可以被描述为中介语的"目的论"的观点的影响（奥尔特加和伯恩斯，2008，第 287 页），即无论有意还是无意，SLA 研究者经常把发展描绘成一种过渡的状态，正在（或应该）向目的语改变。这种认识也暗示了一个理想化的单语本族语说话者，他被认为是语言成功的最终衡量的标准。对这一情况已有严厉批判。从社会语言学的视角，斯里达尔（1994）提出 SLA 研究者需要对他们有关全世界第二语言学习的后殖民主义和多语言环境的沉默进行"一个现实评估"，在那里本族语的模式和模型毫无意义。从教育学的视角，塞德洛弗（2001）哀叹，一方面在很多国际交流环境中，意识到本族语说话者不是第二语言学习的参考目标，这几乎只在非本族语说话者中得到贯彻；另一方面，没有能力让这个认识渗透到研究项目中，这两者之间存在概念缺口。

在 SLA 领域内，质疑的声音也在慢慢增长。从心理语言学的视角，库克（1991，2008）一直提出这种双语者出现的能力很难有望变得与单语者的能力同形。从概念指向的视角，克莱因（1998）批判研究者把"学习者"话语作为从某一个目标的偏离来对待。从一种自然发生主义和复杂性理论视角，拉森－弗里曼（2006）对过去的中介语发现的价值提出质疑，因为这些发现都是建立在"一种发展阶梯"的比喻基础上的。她提出解决办法是把语言看成动态的、自组织的、总能适应变化环境的系统。

对关于教学的 SLA 研究价值进行以道德为中心的反思，我预测"一旦单语本族语说话者不再被认为是第二语言学习的合理模式，流传较广的 SLA 构念内容，比如中介语、目的语以及僵化，会毫无疑问需要修正"（奥尔特加，2005，第 433 页）。是否有足够的未来发展，不管是在近来呼吁的自然发生主义方向，还是其他创新方向上，克服我们在把第二语言发展等同于单语发展时出现的分析和概念缺陷，这有待观察。

6.18 小　结

- 本章聚焦于从中介语研究的视角对学习者语言的研究，这一传统强调利用来自实验和自由产出数据的证据对第二语言形态、句法发展进行一般认知解释。
- "中介语"是塞林克在 1972 年创造的一个术语，指的是每个学习者在发展中任何特定阶段构建的语言系统；这是一种自然的语言，以其系统性和可变性为特征；大于目的语输入和第一语言影响的总和。
- 一组以使用和自然发生主义为基础的理论为语言学习提供了有前途的解释：（a）语言学习被经验和概括化归纳所驱动；（b）对发展的重要影响来自于"输入"的频率和显著性，以及"学习者"的注意和分类过程；（c）可变性是发展的中心；（d）语言学习必须是通过多种力量的即时交互解释。
- 根据以使用为基础的研究描述，规则是从下面的经历中得出的。学习者的记录经常遇到形式—意义配对，并且隐性地记录它们的频率、分布和上下文环境；经过重复遇到，记忆的公式最终让位于低范围模式的抽象；在经历充足和条件合适的情况下，低范围的模式可以引起抽象的建构。
- 在记忆和经验的帮助下，四种中介语过程随着内部语法的发展而工作：简化、过度概化、重新构建和 U 形行为。戈对英语定冠词 the 的习得（许布纳，1983）为这四种过程提供了很好的例证。
- 中介语的变化总是系统的（发展的问题），而且是非线性的（准确性的问题），速度也不均衡（速率的问题）。发展、准确性和速率这三个维度对共同描述中介语随时间的变化是必须的。乔治对英语否定的习得（坎西诺等，1978；斯陶布莱，1978）向我们说明了这三个维度的工作。
- 大多数自然成年学习者在第二语言环境沉浸一年半以内，都会发展出一个初步的、系统的且完全可交际的系统，这个系统被克莱因和珀杜（1997）称为基本变式。再经过一段时间，可能是由于交际复杂信息需要的推动，它们中的很多但不是全部会语法化，并发展出形态和主从关系。
- 我们知道一组英语词素可以以一种可预测的顺序在 80% 或 90% 的准确率水平上被掌握，很大部分至少通过词素在输入中的频率和显著性结合得到解释。

- 我们知道在英语、西班牙语和其他许多目的语中，时态和体的形态的出现是模式化的，且受到动词语义的强烈影响。这种现象如何发生的细节在语体假说（安德森和白井，1996）中说得很清晰，且在许多第二语言研究中得到支持。
- 关系化是另外一个发展被证明是系统的而不是随机的领域。许多目的语的学习者看起来能够在频率更低和标记更显著的位置（比如介词的宾语）进行关系化之前，在频率更高和标记更不显著的位置（比如主语、直接宾语）进行关系化。
- 不同目的语中的一些词序现象，包括德语和英语，通过累积的发展顺序描绘，描述一个语言中词序可能性的全景是如何以一个系统但逐渐而非线性的方式出现的。
- 僵化是一个用以指第二语言学习过程中发展到似乎永久停止的情况的专业术语。一些研究者认为僵化是所有第二语言学习不可避免的最终结果。而另外一些研究者认为僵化是学习的提早停止，影响一些学习者，而没有影响其他学习者。有几个对所谓的僵化的学习者的研究（比如，阿尔贝托、帕蒂、耿和方，还有不少本章没有提及的其他研究）。但是，概念和方法的困难使得僵化成为一个必须谨慎对待的有争议的构念。
- 教学的作用被认同语言学习的先天论和模块化的观点的研究者所怀疑，但是被一些持语言学习的一般认知观点的研究者所支持，他们相信在显性和隐性知识之间有接口的可能性。
- 教学不能无视发展，但是教学在句法和形态的准确性和学习速率方面能产生清晰的好处。
- 一个巨大的挑战是找到研究学习者语言本身的方式，而不是把它作为目的语语法的不完美版本去研究；现在存在把发展作为向假定为一个理想的单语本族语说话者的表达靠拢的目的论观念，是否未来的创新能帮助克服这种观念，还有待观察。

6.19 进一步阅读的建议与说明

如果想获得对学习者语言研究的历史的理解，可以阅读科德（1967）和塞林克（1972）的重要文章，以及朗和萨托（1984）所做的以方法为导向的深刻综述。一些论文合集含有标准的引用文献，所载的单独研究包含很多有历史意义的智慧：戴维斯等（1984）、艾森斯坦（1989）和尤班克等（1995）。阅读有关欧洲科学基金会项目和 ZISA 项目的文献也很重要，因为二者都对学习者语言的研究产生了深刻影响（参阅 6.8 节和 6.12 节引用的文献）。如果你对中介语的概念如何应用于形态和句法以外的其他领域感兴趣，可以阅读尤普和温伯格（1987）有关语音的一些论文，以及卡斯珀和施密特（1996）、巴多维－哈利戈（1999）有关语用方面的文献综述。如果你阅读由谢斯·德博特和罗格·霍金斯分别主编的《现代语言杂志》和《语言》两本杂志 2008 年专刊中的论文，你能为自己找到一条通向目前有关学习者语言研究的捷径。

　　一种理解学习者语言的最强有力的方法就是阅读有关不同学习者和环境的语言发展的定性案例研究。为此，我强烈推荐你阅读一些经典的早期研究。如果你对学龄儿童习得另一种语言感兴趣，你可以阅读有关诺拉如何习得英语（黄·菲尔莫，1979）、坎西诺等（1978）研究乔治和其他儿童与成年人、塔伊和坦（萨托，1990），或贾和福斯（2007，贾和阿伦森，2003 报告的非常有意思的人口统计学和社会信息对其有所补充）研究十位第一语言为汉语普通话的儿童的论文。你也可以阅读安东尼（安德森，1984b）习得西班牙语中的性别以及有关教授特蕾莎和其他孩子德语词序的努力（派内曼，1989）的内容。对于成年习得，研究的学习者信息也很丰富。一些成人学习者显示出与超越基本能力做斗争的特点，如阿尔贝托（舒曼，1976），韦斯（施密特，1983），戈（许布纳，1983），以及我们在第三章 3.1 节中提到的 JDB（达夫，1993；你可以在达夫，2008 的第 2—17 页中阅读到有关 JDB 更多有意思的信息）。其他一些有高水平能力的成年人在他们的中介语中保留了一些非目的语的解决方案，比如帕蒂（拉尔迪耶，2007）、耿和方（韩，2000，2006）。记得再次阅读有关朱莉（尤普等，1994；见第二章第 2.2 节）的内容，以免忘记那些令人惊奇的成功案例。

　　最后，如果你对获得一些中介语研究体验感兴趣，有两本非常出色的书：一本是埃利斯和巴克赫伊曾的（2005），另外一本是盖斯和麦基的（2007）。想了解围绕对学习者语言证据的收集、分析和解释的概念等问题的深度讨论，你可以阅读诺里斯和奥尔特加（2003）。

第七章 外语学能

人们在学习另外一种语言的时候,学习的快慢、程度和他们在学习的时候使用的方法都有很大差异。学习的速率、结果和过程的差异可能大得惊人,尤其是对于那些人生晚一点开始学习第二语言的人。比如,在第二章中,你读到了朱莉的例子(尤普等,1994),她的家人和朋友还记得她在第二语言的环境下浸泡了两年半,从生活中"拾起来"阿拉伯语,就能和本族语使用者一样了。但是你也读到了第四章中韦斯的例子(施密特,1983),尽管经过三年努力积极地参与到第二语言的环境中,他在英语习得方面的进步却很慢。鉴于这个证据,SLA 研究者自问:是不是学习者的认知能力、他们的动机和个人的资质中有什么能解释这样的广泛差异?这个问题使得人们开始研究第二语言学习中的个人差异,这是一个 SLA 领域,它从相邻的认知、社会和跨文化心理学领域借用了理论和方法。

本章中,我们将考察学能(aptitude),它主要是一个认知构念。第八章中,我们将要讨论动机(motivation),一个意动构念。学能和动机本身就是两个研究得最充分的第二语言学习个人差异来源。但是一些其他第二语言学习差异的来源也引起人们相当大的关注,它们和情感的维度,比如性格、情绪和如何加工处理新信息的偏好相联系。我们会在第九章通过考察这些来完成对个人差异的讨论。你会发现这三章的主题是互相联系的。你会注意到我们知道的很多关于个人差异的内容大都涉及中小学和大学的(受过较多教育的)青少年和成年人的正式学习。但我们对发生在自然学习条件下以及发生在来自更广范围的社会经济和教育背景下的儿童和成人身上的个人差异的知识则知之甚少。

阅读专注于第二语言学习个人差异的这三章,你会看到很难将学习者的心理与其学习环境和生活经历分割开。当你继续读下去的时候,你的头脑中可能萦绕着这些问题:很多甚至大多数的个人差异不会改变吗?在多大程度上,环境和生活经历会影响,甚至改变这些能力、动机和资质?在这三章中,你将会从学习者和环境的心理框架得到答案,这一框架在理论上和个人差异框架相一致。你会在第十章看到人们为什么在第二语言学习过程和结果上存在差异的社会解释。

7.1 心理学和 SLA 中认知、意动和情感的相关性方法

关注个人差异的心理学家在传统上区分三个概念。**认知**（cognition）是指信息如何被处理以及如何被人类的大脑学习；**意动**（conation）指的是人类如何使用意志和自由做出导致新行为的选择；**情感**（affect）包括有关性格、情绪和人们如何感受信息、人、事物、行动和思想的问题。然而，当代心理学家意识到为了全面理解个人差异，必须以一种共生的方式考虑认知、意动和情感的解释。同样的，第二语言习得的研究者越来越愿意在认知、意动和情感的复杂交互关系的环境中考察学能、动机和其他二语学习过程的个人差异。

基于这个话题的心理学基础，相关性被研究个人差异的研究者广泛使用也就不足为奇了。从第七章到第九章，当提到研究结果的时候，我将会经常提到相关系数（称作 r）和共享方差（称作 r^2）。相关系数指的是两组数据一起共变的程度，从 0 到 1，可能是正向的，也可能是反向的。在头脑中清楚地记住正相关和负相关的标示和数据本身十分重要。比如，在性格内向和词汇多样性之间如果出现了正相关（并且大），说明一个人性格越内向，其用词的多样性分数就倾向于越高（且这种关系是强的）。但是如果这两个变量是负相关（并且大），就说明，一个人的性格越内向，其用词的多样性分数就越低（这种关系是强的）。实际上，相关系数越接近 1，无论是正相关还是负相关，关系就越强；越接近 0，无论是正相关还是负相关，关系越弱。共享方差或 r^2 是另外一个提供对两组分数关系强度直观估计的指标。它告诉我们两个观测到的分数之间的重合百分比，或者这两个变量能解释什么样的方差百分比。很多心理学作者对这一数值有报告，但是即使它没有被报告，如果提供相关系数值，细心的读者也能通过它们的平方计算出来（因此名为 r^2）。

相关性研究方法的主导力量和对组群倾向的强调有时候能使得对个人差异的研究面临失去个性的危险。为了改变这一现象，我想通过对两本吸引人的自传书的质的对比来开始我们的讨论：一本是爱丽丝·卡普兰（1993）所写的《法语课》，一本是理查德·沃森（1995）所写的《哲学家的终结：学习法语》。我第一次注意到这两本书要感谢 SLA 研究者舒曼，他在舒曼（1997）中研究了这两个和其他案例。这两本书都由不是语言学家的学者所

写。他们的故事和他们自我记录的第二语言经历为我们本章和接下来的两章搭起理解第二语言学习中个人差异的框架提供了一种实在的方式。

7.2　学还是不学法语：卡普兰和沃森的对比

　　爱丽丝·卡普兰生活在20世纪60年代的明尼苏达州。在1993年的书中，她讲述了她对法语无条件的、终生联系的学习。她从八岁开始写起，那时候，她的父亲作为一名犹太律师，起诉了纽伦堡的纳粹罪犯，死了。卡普兰解释说她在学法语的过程中感觉到失去父亲的感受和他人不同："学习法语与我的父亲有很大关系，因为法语使我忘记失去父亲之痛，因为法语使我成为一名专家，正如我父亲那样。"（第203—204页）她从小学五年级开始学习法语，14岁时参加了一个在缅因州举办的法语沉浸式夏令营活动。有两个形成性经历，一个是在她15岁的时候，她出国到瑞士的法语学校学习了一年，那时她还在高中；另外一个是三年后到波尔多度过了学术的一年，那时候她是一名法语文学专业的本科生。她对法国文化的兴趣一直像对法语语言的兴趣那样浓厚："甚至在初级的法语班上，你知道有一个在日常之上的法语，一个很难说话和理性的法国。"（第138页）两个一整年的海外学习经历之后，一个完整的对新社区和文化的自我认同产生了。她最后成为了一名法语老师，最终获得了法语专业的博士学位。直到今天，卡普兰的生活中法语和英语都在起主要作用。

　　理查德·沃森生活在20世纪30年代的艾奥瓦州。在1995年的书中，他描述了自己55岁时在艰苦、焦虑驱使下学习说法语的尝试。19岁时，作为一名大学哲学专业的学生，他成功地完成了一门一个学年的法语课，那个课程只包括10周每周数小时的精读教学。之后，在20世纪60年代，他完成了自己在哲学专业的硕士学位和博士学位的学习。因为他专门研究笛卡尔哲学，所以在之后25年成功的学术生涯中，他经常阅读和翻译用法语写成的复杂的哲学文章，并且经常到巴黎和法国的其他地方旅游，在那里，他在法国的图书馆里度过了大量时间。1986年，在他55岁时，生命中的一个偶然事件使得他想学习说（而不仅仅是阅读和翻译）法语。他被邀请在巴黎一个重要的笛卡尔研究会议上宣读一篇论文。这个事件使他产生一个强烈的愿望："作为一名笛卡尔哲学的研究者，却不会说法语，这些年来我一直感到内疚和尴尬……我要学习如何说法语，无论付出什么代价，无论花费多长时间。"（第

65 页）接下来的六个月里，在他去法国宣读论文之前，他每周三小时参加法语辅导课程，然后决定在会议后，在巴黎度夏时在法语联盟学习更多的法语课。尽管他做了这些努力，他没能通过最终的考试（"这是我人生中第一个失败的课程，也是唯一一次失败的考试"，第 122 页），并且也因此不能在联盟升到下一水平的法语课。这本书以一段沃森即将告别三个月的巴黎生活时一次晚餐中痛苦的对话做结尾。一名法国知名的笛卡尔专家对他说："不要努力说法语了。你的法语太糟糕了。"（第 133 页）伴随着这样的结尾，读者只能总结出沃森永远不会实现他的梦想，就是"和一群法国的笛卡尔学者坐在一家餐厅里，并且……聊着"（第 65 页）。几乎是莫名奇妙的，他学习说法语的努力失败了。

卡普兰和沃森的案例所反映的不同情况如何解释呢？人们可能会注意到两人开始学习第二语言的年龄不一样（参见第二章）。可是为什么卡普兰在很小的时候就对法语感兴趣？她对法国的一切的热爱可不可以解释她在法语学习上的成功，以及她终生都从事这个工作呢？我们又如何解释这种爱只是随着时间和经历的发展而发展，而不是衰落或者为其他的兴趣留出空间呢？相反的，沃森案例中"法语失败"的根基是什么呢？难道是他说好法语的决心和欲望（还有他达到目标的积极努力）还不够吗？我们如何解释这样一个受过高等教育、具有创造力、敢于冒险的个体——已经在生活中做得很好，不仅是作为一个哲学家，也是作为一个畅销书的作者、空中摄影师和业余田野考古学家——却不能掌握法语口语呢？

卡普兰和沃森的案例不是文学中虚构出来的罕见人物。他们也不是那些典型的努力在正式的课堂里学习一门外语的人，研究已经证实自然学习者的相似差异，比如，朱莉和韦斯的案例。我们如何解释由于不同的选择和环境的原因，不同的尝试学习第二语言的人之间会有如此大的差异？

7.3 语言学能，一切皆有可能？

一个本能的反应是，像爱丽丝·卡普兰和朱莉这些二语学习成功者，他们一定是有外语学习的特殊天分。我们很羡慕那些看起来有学外语的"耳朵"、语言学习有"诀窍"的人。我们一般认为，那一定是能力的问题，天生就具备的能力。乍一看，这种本能被一些研究发现所证实。当我们使用各种各样目前存在的语言学能测试，并把结果与语言水平、期末成绩，或者教师的评价做出相关分析，研究者通常发现相关系数在 $r=0.40$ 和 $r=0.60$ 之间。也就是说，一个研究接着一个研究，学能和成绩可以互相解释或者有16%到36%的重合。对于一些人，在第二语言学习这个如此多元的现象中这是相当大的模式化差异。

那么，是不是我们就可以下结论语言学能在语言学习中起着至高无上的作用？不完全是。一旦我们超越严格地预测学习成绩时，这一构念的万能性质就分裂为一些更微末的问题。其中一个是，我们说一个人有学习外语的天分意味着什么？是指一个人学得快，不困难（第二语言学习速率中的一个假定优势）还是指学得特别好的能力（非常高级成就的绝对能力的一个假定优势）？是不是有语言天分的外语学习者就是智商高或可能第一语言口语上特别有天分？语言学能是不是可以超越年龄和学习条件呢？语言学能又首先是由什么组成的呢？这些难题中的一些语言学能研究者至今已经研究了近一个世纪。然而，在接下来的几节中，我们理解第二语言学能的成功是有限的，这一点将变得明了。这部分是因为我们投入到解释这一构念的努力远不如我们投入到开发测量语言学能的测试中的多，部分是因为直到近来，试图把认知能力从第二语言学习发生的不同环境中的其他意动、情感和环境因素隔离出来的相关研究一直没什么进展。

7.4 学能作为对正式第二语言学习速率的预测：现代语言学能测试

外语学能的心理研究始于20世纪20年代，但直到第二次世界大战后，学能研究才得到繁荣。研究的真正顶峰是在1953年，那时已故的哈佛心理学家和语言学能研究的创始者约翰·卡罗尔从纽约卡耐基基金会得到了一项五年的资助项目，允许其发展他的现代语言学能测试（Modern Language Aptitude Test，MLAT）（《现代语言学能测试》，2000—2001；卡罗尔，1981），现代语言学能测试是一个非常成功的测试，它可以预测在正式教育环境下的语言学习速率，在美国和（以翻译的形式）在其他国家仍是使用得最广泛的测试。这个测试包括五个子测试，被设计成开发三个认知能力：语法敏感性、语音编码能力和记忆能力。表7.1中展示了测试的内容和设计。测试包括一个长的形式和一个短的形式。长的形式共包括146个项目，各研究报告的平均表现通常为100到135分之间。因此如果你参加现代语言学能测试的长测试，分数在 100 分以上，或可能在 135 分以上，你就知道你的外语学能肯定在平均水平以上。

表 7.1
现代语言学能测试的设计

成分	子测试	项目举例
语法敏感性 认出整个语言中语言部分的功能的特殊能力	第四部分　句中的单词 任务：看句中的划线单词，找出新句子中与之功能匹配的单词	配对：$\underline{\text{JOHN}}$ took a long walk in the woods $\underline{\text{Children}}_A$ in blue $\underline{\text{jeans}}_B$ were $\underline{\text{singing}}_C$ and $\underline{\text{dancing}}_D$ in the $\underline{\text{park}}_E$.
语音编码能力 识别声音、把声音与字母符号联系起来、记住声音—符号联系的特殊能力	第一部分　数字学习（听觉的） 任务：听虚构的数字名称，学习它们，然后写出听到的数字（最多到三位数字）	学习："ba" is "one"… "tu" is "twenty"… 写下你听到的数字： "tu-ba"（=21）
	第二部分　标注音素/音位（听觉的） 任务：学习一些发音的拼写符号，然后听并把音节和符号匹配起来	学习："bot"　"but"　"bok" 　　　"buk" 听："buk" 配对：你听到哪个音节？
	第三部分　拼写线索 任务：读按照发音写出的单词，选择近义词	配对：prezns 　　A. kings 　　B. explanations 　　C. dates 　　D. gifts 　　E. forecasts
记忆能力 死记硬背、脱离语境学习声音和意思联系的良好能力	第五部分　配对结合 任务：在两分钟之内记忆 24 个玛雅语单词，然后展示学习得如何	学习：bat = axe 配对：bat 　　A. animal 　　B. stick 　　C. jump 　　D. axe 　　E. stone

注意：现代语言学能测试及其他第二语言学能测试的更多细节，参见 http://www.2lti.com/htm/Test_mlat.htm。

语言学能测试的高预测效度（如提过的，成绩是 16% 到 36% 的共享方差）同时与其内容高效度和表面高效度相联系。正如你在表 7.1 中能看到的，现代语言学能测试很大一部分的刺激物是"对被试者是新的语言材料"（卡罗尔，1981，第 89 页），正像任何新语言对零起点学习者都是新的。同样的，子测试中的两个是通过听觉进行的，反映了许多语言学习开始阶段主要是口头性质的。然而，现代语言学能测试的构念效度一直是对它是否像它声称的测量的是学能本身的怀疑的批评目标。其中一点是，五个子测试只反映了卡罗尔认为组成语言学能的四个成分中的三个。第四个成分，归纳性语言学习能力因从没彻底讨论过的原因被排除在外（见表 7.1）。可能最严厉的批评是以下两个：第一，正如研究 SLA 个人差异的权威彼得·斯凯恩指出的，测试处理的三个构念的概念是过时的，这在记忆能力成分中特别明显，在现代语言学能测试中被概念化为死记硬背。这与当代认知心理学中动态记忆模型的核心性（见第五章 5.8 节）形成对比。第二，同为著名 SLA 学能专家彼得·鲁宾逊（2005a）提出，如今的第二语言学能研究者对理解正式课堂环境中第二语言学习速率的不同潜力不是那么感兴趣。而另外两个问题现在被认为更为紧迫，理论上也更有意思：成人学习者可能达到的最高水平的最终成果的不同潜力，以及不同学习条件下学能的关联性，包括人们从隐性对比显性语言经历与自然对比更脱离语境化的语言经历中学习的不同能力。

尽管对这一测试的批判日益高涨，同时其他可以替代的语言学能测试也相继出现，但直到今天现代语言学能测试在 SLA 研究者中依然广受欢迎。然而，最后需要指出的是，没有任何测试机构或者相关性预测可以告诉我们语言学能是不是真正存在，还有如果存在，它由什么组成的。

7.5 第二语言学能是否与智力和第一语言能力不同？

在一个被广为引用的学能研究中，玛乔丽·韦舍（1981）报告，在她调查的 455 名加拿大公共服务的法语学习者中，其中 165 名获得较高现代语言学能测试分数的人也获得了在统计上显著的较高智力分数。在另外的语言学能研究中，语言学能测试中"句中的单词"子测试（见表 7.1）也多次被发现和智力有相关性。因此，探询第二语言学能是否不是简单的智力副产品是合乎逻辑的。但是，回顾现有的证据后，斯凯恩（1998）总结出智力和语法敏感性（像在"句中的单词"中）和其他分析能力测试的外语学能有部分重叠，但是对于学能构念的其他成分则不是如此。智力心理学家罗伯特·斯滕伯格（2002）认为有重叠并不意外，因为传统的智力测量（如智商测试）涉及的一些小的学术能力在如现代语言学能测试这样的传统语言学能测试测量的语法敏感性构念中也有涉及。斯滕伯格呼吁未来的研究项目多探索这两个构念非传统的方面。

一直有学者关心外语学能可能只是不同母语能力的残留或副产品的确实可能性。斯凯恩（1986）给我们提供了惊人的证据。他设计了一个持续10年的追溯性纵向研究，这项研究是布里斯托尔语言计划（韦尔斯，1985）的后续研究。韦尔斯的研究是一个对两组128名儿童的第一语言习得的重要研究。在两年的时间里，这些儿童每三个月被录音一次。测试开始时这些孩子的年龄是1到3岁，结束时年龄是3到5岁。10年后，斯凯恩得以测试这些孩子的一个子样本（当时是13到15岁）在其第一年在学校的法语或德语学习后的外语学能和达到的水平。他发现，正如预计的，他们在一系列第二语言学能测量中的分数与同时的第二语言水平测量有相关性。但没有预计到的是，几个学能测量（正是那些涉及分析和语法能力的）与整整十年前收集的语言样本得到的一些第一语言能力测量有范围在 $r=0.40$ 的相关性！另一方面，没有一个第一语言测量与现有的第二语言水平分数有直接联系。斯凯恩（1998）把这解释为第一语言能力与外语学能的语法敏感性成分相关，但第一语言能力和总体学能是不同因素的有力证明。

最后，第二语言学能研究者得到的结论是，智力、第一语言能力和外语学能有部分重叠。然而，这三种构念各自不同，足以被认为是各自独立的，值得分别单独研究。

7.6 缺乏第二语言学能还是普通的语言相关困难？

当人们想到外语学能和第一语言能力的关系时，一个相关的思路是第二语言学习的困难可能与第一语言学习最有挑战性的方面——识字——经历的困难有关。这种猜测被学习障碍专家理查德·斯帕克斯和莱奥诺尔·甘朔所研究（参见斯帕克斯，2006）。他们和同事一起在20世纪90年代开展的工作中，以他们所称的语言编码差异假说（Linguistic Coding Differences Hypothesis）为出发点。这个假说认为人们应对语音拼写处理操作的能力是有差异的，这在他们的第一语言和第二语言中是一样的。在上学的早期阶段，学习者在母语上的困难可能就会显现出来。实际上，15%到20%的学龄儿童都会在开始学习如何阅读的关键的几个月中经历与特定识字任务有关的困难（国际诵读困难协会，1998）。有很多儿童被诊断为有某种语言学习障碍，被确诊的儿童通常会得到治疗。还有一些情况，这些困难没有被诊断出来，儿童也就自己解决了，但还有一些情况是这些困难一直没被发现。在上学早期经历过（被确诊的或没被发现的）语言学习困难的个体可能在之后的中小学或甚至大学尝试学习一门外语时，这些困难可能会又一次浮出水面。

这些普遍的语言编码和处理困难大都清晰地出现在**语音意识**（phonological awareness）方面，斯诺等（1998）定义其为"把言语中的声音从其意义区分开来的一般意识"（第51页）。在语音意识中，最困难的关键领域是**音素意识**（phonemic awareness），被定义为切分口语单词中的声音（比如，cat 中的k-æ-t）和"隐藏"部分再把它们组合回去（比如 transformation = trans + form + ation）的能力，还有就是**语音解码**（phonological decoding），指为识别单词和检索相关意义处理拼写线索并自动融合这些线索的流畅能力。这些能力使得我们能够流畅地阅读第一语言，它们可以通过音节删除、假词复述、快速说出单词或单词识别等多种实验任务测量。如果审视表 7.1 中现代语言学能测试第一部分和第三部分的样题，你能很容易看出这些能力与第二语言学能的语音编码成分涉及的技能相似。

芬兰研究者米娅·杜瓦和几个丹麦同事通过持久的纵向工作研究了语音意识与外语学能之间深而复杂的关系，通过跟踪这两者与语音记忆的几个其他变量的关系，很多人认为其下的根基能帮助解释在第一语言和第二语言中不同的语言和识字能力（杜瓦和弗腾，1999；杜瓦等，2001）。这个团队研究了学前班到三年级的芬兰儿童。研究显示**语音记忆**对大约六岁儿童形成的**第一语言语音意识**起直接而稳定的作用，进而对他们在大约七或八岁形成的**第一语言词汇识别**和**听力理解**的水平起间接作用（通过这个有差异的语音意识）。到了八岁或九岁，后两个变量反过来预测了大部分儿童**第一语言阅读理解**的水平（杜瓦等，2001 的 222 名儿童样本中 60% 的共享方差）。最后，这些儿童在学校里作为外语学习一年英语之后，大约在九岁的时候，其母语的识字水平（通过单词识别和阅读理解测量）和语音记忆（通过一个英语声音非单词的重复任务来测量）一起，帮助解释大部分达到的**交际英语水平**（attained communicative English proficiency）的个人差异（杜瓦和弗腾，1999 的 160 名儿童样本中 58% 的共享方差）。因此，当处理第一语言文字时自动和流利的质量显示出与学童在学习外语时表现出的熟练度相关，并且在很大的程度上可以预测这种熟练度。

这个时候，我们回顾那位不太成功的法语学习者沃森（1995）会有启发。思考他提供的以下回忆片段（第102—103页）：

（1）我总是想我的不好的拼写［用英语］是由于不注意单词，比如是以"an"还是"or"结尾。是不是缺乏耐心的不注意也能解释我怎么查看一个单词的拼写，合上字典，然后回到我的写作却仍然不知道如何拼写这个单词？我已经做了查字典的步骤，是不是我也需要记住它？而且是不是每一个人都会时不时地颠倒字母和数字——把"57"当作"75"，甚至"Nood Gight"？今天我还在吃中午饭的时候要"palt and sepper"，并且，根据我能记得的这种把两个单词的首字母调换可能一个星期要发生一次。这是不是一种诵读困难？在说话和拼写方面这不算是一个严重的问题。严重的是我无法听完声音再重复它们。我年轻的时候，在记忆诗歌和钢琴曲子方面很差劲。

沃森的描述与斯帕克斯和甘朔的语言编码差异假说的主张惊人地一致，并且与杜瓦和她的同事所描绘的芬兰儿童第一语言和第二语言的复杂的差异性发展图景相一致。它也和专业文献中描述的与一般语言编码和处理困难相关的许多症状相一致，这些是现代语言学能测试第一部分到第三部分包含的语音编码能力任务中表现很差的个体经历的症状。比如，韦舍（1981）观察到它们显示了第二语言口语产出更为不流利。相似地，卡罗尔和其他的研究者假设他们可能在模仿外语声音和记住新单词的时候有困难。

耶鲁大学心理学家埃琳娜·格里戈连科（2002）在其对证据的综述中总结，"从失败到掌握［一门第二语言］与习得［本族语］的困难之间有一个非偶然的联系，无论是口语还是书面语形式"（第100页）。最后，与杜瓦和她的同事所报告的发现一致，她把语言编码困难归因于不同的记忆容量，确实，记忆在第二语言学能的概念化中一直占有很特殊的位置。

7.7 作为二语学能特殊成分的记忆容量

可能首先对特别的记忆容量显示出兴趣的是神经心理学家，而不是SLA研究者，SLA研究者在20世纪70年代到80年代发现了有很高外语天分的个人，深度研究了他们的大脑运作（比如施奈德曼和德马雷，1998；奥布勒，1989；史密斯和齐姆普利，1995）。一个典型的例子是 CJ，根据奥布勒（1989）的描述，CJ 是一名高加索男子，从 15 岁开始，他就借助教学和自然接触的混合很好地学会了 5 种语言。他通过高中和之后在国外继续学习和居住学习了法语、德语、拉丁语和西班牙语，大学毕业后，他又在摩洛哥政府任职时通过教学和自然沉浸的混合学会了摩洛哥阿拉伯语。

正如奥布勒和汉尼根（1996）解释的，优异的口头记忆能力在这些案例研究中一致性地作为突出的特性出现，与有天分的第一语言口头表现和倾向于需要隐性的以记忆为基础处理的任务的成功表现的认知类型有关。同时，这一天分据说在这些个体的大脑运作上有一些非正常的症状，可能是由于胎儿大脑发育时遇到了荷尔蒙的"偶然事件"。有评论这些优异的口头能力和外语本领在表现出一些基因遗传特征的人身上出现，包括左撇子、家族中双胞胎的出现和过敏倾向。这样，这一早期研究方向就有一个危险，那就是外语的很高天分很容易被重新解释为一个异常的天分。

当代研究学能和记忆容量的 SLA 研究者显得不太关注特殊个体的案例研究（有或者没有病理记录），而是聚焦于研究在群组表现中在正常范围内的个体差异。在更近期的研究中，好的记忆容量，包括口头记忆和作为第一语言和第二语言技能根基的记忆，仍然是对第二语言取得不同水平成就的主要解释。

已经显示通过广度任务表现（见表 5.1）测量的短时记忆容量可以预测学习外语新词汇能力的个人差异，相关系数一般在 $r = 0.30$ 和 0.40 之间。比如，赫尔辛基的研究者伊丽莎白·瑟维斯（1992；瑟维斯和科霍嫩，1995）发现擅长重复无序非单词表的芬兰小学生在学习外语英语词汇时也比跨度分数较低的儿童更轻松。相似的，短时记忆容量低的成人在记忆新单词的时候有困难。比如，宗和佩恩（2004）跟踪了 13 名大学二年级的第二语言德语学生在通过一个计算机程序处理阅读材料时表现出的查阅行为。他们发现那些在一个非单词重复任务中表现差的个体查阅单词的频率是那些记忆广度分数高的学生的三倍。

在玛丽·李·斯科特做的两个研究这些问题的早期研究中，记忆容量与第二语言听力能力和总体第二语言水平的不同成就有关。在第一个研究（以其婚前姓发表，考尔，1985）中，41 名第一语言背景为阿拉伯语和西班牙语的以英语为外语学习的学生的听力水平分数与回忆段落中的第二语言单词（r

=0.57）和对准确句子的重复（$r=0.65$）相关性最强。第二个研究（斯科特，1994）的参与者是112名男性和女性传教士，按照年龄分为较年轻的一组（20岁多一点）和较年老的一组（50岁到79岁之间），按语言学习经历分为单语背景（进行英语布道）和双语背景（进行西班牙语布道）。研究发现，在经过相同的一年半国外生活后，较年轻的双语组比较年老的单语组一致获得更高的第二语言水平，差距是显著的。比如，在第二语言听力测试中，较年轻的双语组平均达到了90%的表现水平，而较年老的双语组只达到了平均42%的水平。然而出乎意外的是，一旦在统计上控制水平，在一系列足足八个记忆测试中在短时记忆表现和水平分数之间斯科特没有观察到联系。这对其他报告结果的进一步考察很有启发。斯科特比较了较年轻的双语组中的十位参与者和较年老的双语组中的四位参与者，他们都符合约80%的听力水平分数水平。如果你检查她这里提供的描述性数据，你会发现四个较年老的双语参与者的记忆表现比他们年龄组的典型表现要高很多，与较年轻双语组达到的平均值更接近。这可以提供试验性的暗示性证据，证明高于平均水平的短时记忆容量可能是这一样本中较年老的学习者达到对于他们自己的年龄组不典型而可以与许多较年轻的学习者达到的高水平相比较的二语听力水平的一个必要条件。

现在对于学能和记忆的研究开始转向积极工作记忆容量的研究上，这与人类记忆研究的当代发展一致（见第五章5.6节到5.8节）。这一研究方向第一个SLA研究是由迈克尔·哈林顿和马克·索耶（1992）做的广为引用的研究。他们发现阅读广度更大的人在托福考试中的语法和阅读两部分的得分更高，两项测试间的协方差为30%。但是艾伦·扎福斯（2004）用非常相似的工作记忆测量方法研究有歧义的第二语言句子的在线处理（而不是达到的总体水平）的个体差异时，他发现在这样的第二语言表现中工作记忆作用的证据非常弱。

7.8 记忆对语言学能的复杂贡献

现在对工作记忆和第二语言学习的个体差异的研究热情，需要对记忆促进第二语言学习不同速率和成功的方式可能比记忆任务和水平测量之间的简单相关性能捕捉到的更加复杂的意识进行调和。比如，证据明显显示经常谈论的记忆广度任务对第二语言词汇学习速率的预测力量发展在最初阶段很强，但会随着第二语言水平的提高而减弱。比如，马苏拉和盖瑟科尔（2005）发现 75 个 8—13 岁希腊儿童重复第一语言（希腊语）和第二语言（英语）中的非单词的能力与经过三年正规的英语外语学习之后可以达到的第二语言词汇水平有关。然而，三年之后，将新的英语单词增加到已经存在的词汇中的容易度对第二语言词汇知识高于平均水平的一小组学生是较大的，但对非单词的重复能力高于平均水平的一小组学生则不是如此。作者总结说一旦一个门槛词汇知识量在第二语言建立，进一步的词汇学习会被发展更好、数量更大的第二语言心理词汇而非更大的记忆容量促进。

实际上，语音记忆容量的预测能力并非一直保持不变，而是可以在个体穿过其第二语言发展道路时很好地转变成不同学习方面。也就是说，可能记忆能更好地帮助解释早期阶段在某些领域的不同成功和后期阶段另一些领域的不同成功。这是由奥布赖恩等（2006）观察 43 名学习西班牙语的二语学习者在一个学期中第二语言的变化时发现的。他们发现在水平较低的学习者中更好的语音记忆与第二语言表现的词汇领域（叙述技能以及实词的使用）的更多获得有关。相反的，在更高水平的学习者中，更大记忆容量和语法领域（主从关系和虚词的使用）的更多获得有关。如果这些发现能经受得住时间和复制实验的考验，我们可能最终需要重新修正"好的记忆帮助外语学习"的直觉说法，并且用一个更加微妙的表述来取代它，比如，"好的记忆帮助开始的词汇学习和随后的语法学习"。

即使是在同一第二语言学习领域内，短时记忆容量在某些特定第二语言现象上可能比其他现象能更好地预测个体差异。约翰·威廉姆斯（2005）在第二语言语法领域提出了这一可能性，这一可能性建立在他从几个第二语言隐性学习的研究（即没有受益于规则解释的学习，参见第五章 5.14 节）获得的发现之上。在一些研究中，他发现，非单词重复广度任务的不同表现和参与者学习某些涉及表面上的形式与形式一致性规则的能力有明显的相关性（比如，在 la musica moderna 中的性的一致，每个单词都是以-a 结尾；威廉姆斯，1999；威廉姆斯和洛瓦特，2003）。然而，在其他的实验中，如威廉姆斯（2005），我们在第三章简单提起过（3.9 节），发现这和学习语义激发的人工语法规则的能力之间没有什么关系，比如，"gi 和 ro 都意为'the-near'；我们说 gi cow 因为'cow'是一个生物，说 ro cushion 因为'cushion'是一个非生命的物体"。

最后，艾利森·麦基和她的同事为我们提出了很有意义的建议（麦基等，

2002），就是对于一些学习领域的研究，比如从交互中学习（参见第四章4.4节和4.7节），高记忆容量可能只在一个特定延迟时间后才会获得能测量到的优势。在他们的研究中，研究者发现，正如所预料的那样，10名高记忆的说话者比10名低记忆的说话者更能很好地注意到他们与更高水平对话者交互时收到的改正。然而，在实际的第二语言获得方面，后测的趋势显示低记忆的说话者在即时测试中比高记忆者表现更好，而高记忆说话者在两周之后的延迟后测中显示出延迟的获得。研究者评论道："尽管是猜测性的，可能与不能很精确地'把控住'数据的低工作记忆容量的学习者相比较，这些学习者［在交互处理中］收集到更多的数据处理，并且经过一段时间后巩固它。"（第204页）正如可以看到的，有关记忆和不同第二语言成果关系的研究只是刚开始接触到表面。

7.9　学能和年龄

很多SLA研究者认为儿童能够将第一语言学得那么好是因为他们完全在无意识的情况下运用认知和语言的先天禀赋来学习。相反的，他们指出青少年和成人很少达到语言学习的完全成功是因为他们是通过分析和分类的方法（也就是，显性的）学习一门语言，因而运用了一种似乎是"错误的"路径（尽管这些研究者有充分理由说，因为对于成年人分析可能是唯一留下的可以使用的语言学习方法）。这就是由布莱－弗鲁曼（1990）最先提出的根本差异假说（Fundamental Difference Hypothesis）的核心。论点是，由于采用了不太熟练的显性学习路径，这些年龄较大才开始学英语的学习者在他们做任务的难易度和相对成功上有很大的差异，取决于他们天生的分析能力（针对显性学习）和记忆能力（针对隐性学习）的好坏。儿童，恰恰相反，会统一地发展他们的第一语言能力，因为他们依赖隐性（暗示的、直觉的）类型的先天语言学习机制。这种主张的一个推断是学能（和其他个体差异一样）只对或大多数情况下对那些超过一定年龄的学习者才起作用。个体差异是否也对年轻的第二语言学习者起作用？

德凯泽（2000）找到了对学能只是对成年人或青少年起作用而对儿童不起作用这一主张的支持。他部分复制了约翰逊和纽波特（1989）对57名美国的匈牙利移民的研究（见第二章2.4节）。在现代语言学能测试的子测试"句中的单词"中的表现和语法判断有相关性只是对那些在16岁之后到达第二语言环境的参与者。15岁之前到达的人,学能和最终成果之间没有联系,正如所预料的那样。然而这些数据很难解释。这是因为只有一名16岁之前到达的学习者在语法判断任务中回答正确了200道题中的至少180道。因为他们的语言表现差异太小,相关性也就不可能有,这个是基于心理测量的显示,心理测量中,在两组给定的分数中任意一组低的差异会使得任何相关性的可能减弱或者消除(不管我们是否有好的理论原因推断两个变量之间的关系)。

其他研究者采用稍有差异的方法来研究年龄和学能之间的关系。哈利和哈特(1997)预测在每个年龄阶段都可以找到个体差异(前提是一个第二语言学习的情况,相对于第一语言),但是学能的不同方面在不同年龄阶段作用强弱不同。哈利和哈特认为既然记忆与一般的隐性学习过程和一般显性学习过程中对信息的分析处理密切相关,记忆可能对年龄小的学习者的不同结果预测得更好,而分析能力可能在解释年龄大的学习者的不同成功时作用更大。他们在加拿大的法语学校沉浸式教学环境中找到了一些支持这一假说的证据。开始学习较早的学习者(他们在一年级就开始沉浸式学习并且在学校学习了12年第二语言)的水平差异与记忆能力的个体差异之间有相关性,而开始学习较晚的学习者(他们在七年级的时候才开始沉浸式学习,并且在学校学习了4年第二语言)的水平差异和分析能力的个体差异关系更大。然而,就像作者警告的那样,这样的结果模式的原因可能部分是年龄小开始的和年龄大开始的学习者如何习惯于在他们的教室教学下对待法语的结果。也就是说,法语沉浸式教育的课程是有适合年龄的,因此对年少学习者使用与记忆有关的活动,在更高年级中,才逐步过渡到提出更高分析处理要求的更"像学校的"活动。因此,当研究这些问题的时候,把年龄和学习环境分开是一个挑战。哈利和哈特(2002)就这些问题接着进行了第二次研究,研究对象是有相似年龄的加拿大学生(10年级和11年级),但接受的是非沉浸式的法语教学,因此和以前研究中的学习起步比较晚的学生有相似的学习历史。27名参与者参加了一个为期三个月的双语交换项目,这个项目是在讲法语的环境下,给他们以第一语言沉浸式的经历,这是在大约7年的正式法语课堂教学之后。尽管有三个月的沉浸式学习,分析类型的学能和水平分数之间观察到有关联,但是研究者警告说相比较较早的研究,这个结果的模式对于起步较晚的学习者不是很清晰。

罗斯等(2002)报告了支持德凯泽主张的发现,学能的重要性只是在青少年之后才会显现出来(在他们的研究中,大约是12岁),同意德凯泽的观点。但在他们的讨论中，也提供了与哈利和哈特主张相近的有用见解。具体地说，罗斯等提出学能会随着开始学习的起始年龄变晚而起越来越大的作用。这不仅是因为生物上的成熟（较大的年龄），也与学习的环境有关。具体地说，很多在年龄较大的时候开始学习的学习者通常获得更少对自然输入的充分接触，因为他们倾向于通过正式的课堂教学来学习第二语言。因此，年龄和依赖正式教学会使学能差异对这样的年龄较大开始学习的学习者起更大的作用。

7.10 第二语言学能在显性的和隐性的学习条件下是否起作用？

对语言学能是否在各个年龄阶段都起作用这个问题的延伸是是否学能在所有的学习条件下都起作用的问题，尤其在是否有目的、注意、意识和规则的情况下学习，正如我们在第五章（见 5.9 节到 5.15 节）讨论的。在 20 世纪七八十年代，美国的史蒂芬·克拉申和加拿大的赫尔穆特·佐伯尔提出只有当学习在有规则的情况下，即显性教学下，学能差异才会有影响，因为这样的学习涉及极为依赖总体智力和学术能力的概念驱动处理。学能在隐性学习（他们用以指偶然学习，或在做其他事的同时学习语言；见 5.10 节）条件下可能不起太大的作用，因为所有的人类被赋予相同的隐性地（他们用以指暗示地或直觉地）学习语言的普遍能力。他们的逻辑是建立在甚至对成年人也有持续的隐性（普遍语法为基础的）学习的广义上的乔姆斯基立场的基础之上的（见施瓦茨，1998；以及我们第六章 6.1 节和 6.14 节的讨论）。

鲁宾逊（2002）提出了一个相反的论断，主张成人的学能会在整个学习过程中起到作用，因为相同的基本认知能力在所有的语言学习中都有涉及。这种假设根植于那些不同意乔姆斯基语言学习观点的 SLA 研究者的理念中，他们认为语言学习是一个普遍的认知现象，正如学习历史、数学运算、音乐或烹饪一样（如德凯泽，1997；塞加洛维茨，2003；见第五章 5.1 到 5.3 节的讨论）。他们会预测在显性和隐性学习条件下，个体差异都起作用，因为人类同时利用显性和隐性普遍学习过程学习他们母语以外的其他语言。

当然，在有关第二语言学习的一般认知理论里（而不是乔姆斯基的理论），期待学能会在隐性学习条件下对学习成功做出最重要的贡献也是合理的，这是当人们没有接受任何外在的帮助，只能依赖他们自己的机制和力量

（即他们有不同的分析和记忆驱动能力）提取、弄懂、记住和组织需要学习的相关信息。相反，大多数的学习者可能通过解释和有指导性的练习受益于外在的帮助，前提是这些练习被设计得很好。或者至少，这对于那些习惯了正式语言学习的有文化的成人学习者是正确的。如果这第三条推理是正确的，那么就意味着实际上（成年的、受过较高教育的）学习者的个体差异在隐性学习条件下比在显性学习条件下显现得更明显。

这个问题的实证证据是混合的。没有坚实的模式一致性地证明学能在隐性还是显性条件下更起作用。一些研究显示了与隐性学习相关的效果（J. N. 威廉姆斯，1999）。在直接对比隐性和显性条件的研究中，有一些发现认为学能在所有的情况下都起作用（德格拉夫，1997），然而，一些研究发现学习者的个体差异在隐性学习条件下比在显性学习条件下显现得更明显（内申和麦克劳克林，1986）。鲁宾逊在这个领域的研究项目也发现了混合的证据，对三个或四个类型的学习条件的比较对学能产生的作用并不总是与他提出的理论预测相一致（比如，鲁宾逊，1997 对比 2005b）。

对这一问题的课堂研究比较少，但是也已经开始出现。罗斯玛丽·埃尔拉姆（2005）检验了学能的三个不同维度（分析能力、语音编码和工作记忆）是否与从三种不同的教学方法（传统的显性语法教学和练习、合作的提高意识的归纳性规则的发现，以及显性的解释加上只有有意义的理解练习）获得的学习的量有相关性。所有的教学集中于法语的直接宾语代词，并都通过 3 节 45 分钟的课程完成。实验的参加者是新西兰一所高中学法语的 14 岁学生，学能测量是回顾性地进行的，是在教学完成的六个月后。她在接受了归纳的或只有理解练习的教学方法的学生中在分析能力（用现代语言学能测试中"句中的单词"子测试测量，见表 7.1）和工作记忆以及书面的延迟后测中更好表现之间的几个显著相关，但是在学能测量的任何方面和接受显性教学的学习者表现出的学习之间没有任何显著相关。埃尔拉姆把这个证据解释为显示了显性教学中学能和教学方法交互的调整，不管学习者的学能概况和力量如何都似乎能使学习者受益。但是沈英姬（2007）得到了一个完全不同的结果模式，她对美国一个社区大学的六个完整班级学习者的英语冠词提供错误改正，这些学生被要求阅读然后复述所写的两个故事。她发现获得了对他们的故事中冠词使用的元语言改正的参与者比起那些得到相似的显性纠错但没有元语言解释的参与者，在即时的和延迟的后测中的学能测量和获得之间有更强的关系。

最后，要想理解第二语言学能和学习条件的交互作用，我们需要更多的对短时和长时的显性和隐性方法的对比研究。使用更多不同范式也很重要，这使得目前青睐的人工的和半人工的语言范式与更多的课堂研究，比如埃尔拉姆和沈的研究，形成鼎立之势。特别是后者的研究对学能使不同教学方法更成功或合适，或不太成功或合适的生态条件给予了揭示，这样有助于推动如何安排成功的学能和教学方法交互的知识，正如我们将在7.12中讨论的。

7.11 最近的发展：多维度的学能

在出版于2002年的有关个体差异的被广泛阅读的文集中，彼特·鲁宾逊和彼特·斯凯恩，两位可能是对近来学能理论化贡献最大的SLA研究者，都对未来的外语学能研究提出了新的方向。

鲁宾逊（2002）在近期的教育心理学家理查德·斯诺的重要工作基础上，提出了他所称的学能综合体假说（Aptitude Complex Hypothesis）。在斯诺的研究中，突出了三条原则：（a）人类的学能是由一个能力复合体构成的，能力之间等级式地相互联系，而不是简单和直接的模式；（b）不同的认知处理能力与语境和环境的承受性交织在一起；（c）除非动机和情感影响也被考虑进去，不同学能不能被完全地解释（斯诺在这一领域著作的好的综述，见阿克曼，2003）。鲁宾逊（2002，2005a）使用了这三个假设，强调了前面两个："能力……与'综合体'结合起来起作用……在特定的教学环境中联合促进处理和学习。"（鲁滨逊，2005a，第51页）后来，他将这些具体运用于第二语言学习问题中。

举个例子，让我们假设不同的学习者能较好或较差地从重建中学习（见第四章4.11节）。鲁宾逊是如何解释这种学能差异的呢？根据斯诺的第一条假设，两种**学能综合体**可以用来解释为什么有些学习者比另外的学习者能更好地受益于重建：当学习者比较他们自己的话语和听到的对方的回答的时候是"注意缺口"，当学习者实际足够好地记下说话者的说话以在记忆中重复或随后当它再次出现时能认出时，是"对偶然言语的记忆"。反过来，两个综合体中的每一个都由一些更多的**基础认知能力**构成。"注意缺口"综合体可能涉及模式的识别和处理的速度，而"对偶然言语的记忆"综合体可能涉及语音的工作记忆。詹妮弗·菲利普（2003）做的一个研究中有一些初始证据证明后一个基础认知能力对重建很重要，研究显示，对于大多数学习者而言，较长的重建（被定义为多于五个语素的语符列）被重复的准确性不如较短的重建，因此，有较好语音工作记忆的学习者受到重建长度的限制就较少。至少这对于受过较高教育的学习者来说可能是正确的，因为识字技能低的学习者（因为他们来自于以口头语言为主的背景）可能受到长度限制影响就较少，因此也就不太受工作记忆差异的影响，就像比奇洛等（2006）在一个对菲利普研究的复制研究中所提出的。甚至可能像在麦基等（2002）的研究中（在7.8节中提及）所说的，较弱的"对偶然言语的记忆"可能对低记忆的学生能够像高记忆学生那样"把控住交互中提供的数据"（第204页），并扩展他们在两个星期之后的即时后测中的初始获得不利。但是，他们"注意缺口"的能力不一定较弱，因为他们能展示出他们受益于即时测试的重建。

第二条假设与**特定教学环境**（specific instructional context）有关，在这种情况下包括我们在4.4节中讨论的一系列环境考虑，这些环境考虑有关显性的或隐性的重建如何被教师在一个给定的环境中，甚至在一节课的给定部分中，使用多种交际和对编码注意的平衡传递出去。和斯诺的第三条假设一致，鲁宾逊（2005a）认识到**动机和情感力量**（motivational and affective forces）也会影响基础认知能力和学能综合体的等级网络在真实世界条件下付诸使用的效果。人们可能会怀疑，比如，重建的好处可能更易于被那些有高动机的个体获得（见第八章），因为他们可能把对第二语言的每一次接触当作学习的机会，或者更易于被那些个性特征如对经验的开放或外向型的得分高（见第九章）的个体获得，因为他们可能更习惯于通过人际交际传递的正面和负面证据。很显然，要使这第三个理论维度发挥出最大影响，未来的第二语言学能研究者需要更积极地吸收我们将在第八章和第九章考察的意动和情感变量。

斯凯恩（2002）提出一种不同的、但基本协调的学能模型供未来思考。他的主要关注点是要将学能成分与SLA理论与第二语言语法学习相关的过程联系起来。斯凯恩选择了用信息处理理论（见第五章5.1节）进行研究，并将注意、模式化、控制和词汇化认定为四种学习第二语言新方面涉及的宏观过程。因为在**注意**（noticing）中，注意力是被放置在第二语言学习中即将学习的方面，斯凯恩推论对不同的注意优势有影响的学能成分的种类包括如注意管理、工作记忆和语音编码能力等。在**模式化**（patterning）中，对所注意到的内容的猜测被隐性或显性地做出，试验、修改、延伸至相关案例，一个最终的、作为结果的概括（也就是一个新的"规则"）被整合到现有的第二语言知识中，从而经历重构。涉及做这个模式不太成功或更成功的学能成分可能包括语法敏感性和归纳性语言学习能力。下一个学习过程是**控制**（controlling）。因为这包括使用新注意到的、模式化的知识到准确水平的努力的尝试，斯凯恩提出不同的检索和程序化能力应该在这个领域是学能差异的基础。最后，**词汇化**（lexicalization，也被称为组块和双重编码）是将目前获得的第二语言新方面变为一个能通过一个记忆表现也能通过对规则的使用检索使用的流利而自动的日用品的过程（词汇化与我们第六章 6.4 节的讨论有关）。因此，认知过程如记忆、组块等熟练的个体很可能在第二语言学习的词汇化阶段有学能优势。如同鲁宾逊（2002）显示的，结果的画面是一个暗示着学能综合体和概况的画面。

7.12 使它对个人的优势产生影响：第二语言学能的未来？

基于鲁宾逊（2002）和斯凯恩（2002）最近所提出的主张令人非常憧憬的可能性是对学习者某些方面的优势和偏好产生影响的教学将会引发学习者更多的学习。这是研究被称为**能力—处理互动**（aptitude-treatment interaction）的教育心理学的一个古老的愿望。语言教学能否对不同第二语言学能概况的相对优势产生影响呢？

韦舍（1981）对加拿大的为工作不得不学习法语的公务员采用的"分流"的做法研究了这个问题。作为 20 世纪 70 年代的常规做法，这些人按照他们的现代语言学能测试成绩分组，安排最适合他们学能优势的不同类型课程。比如，通过视听法教法语是一种选择。因为听力语言法/视听法作为一种方法大部分涉及听觉和视觉的输入以及快速重复和延伸训练，学生们在现代语言学能测试中的语音编码能力部分（见表 7.1）必须达到一定高的分数才能被安排这样的课程。另外一个教学选择是分析式教学。参加课程的学生在现代语言学能测试中语法敏感性部分（句中的单词，见表 7.1）达到一定高的分数，并且看起来喜欢并擅长我们所说的传统语法解释和练习。1975 年，一组概况显示出最适应分析教学的学生或者分入分析式的班级，或者错分入视听式的班级。三个月每天六小时的教学之后，那个适合班级的学生在四次成就测试中三次获得了统计学显著的较高分数。也就是说，分流似乎是一个能最好激发学生语言优势的有效做法，而学能、教学方法不匹配显示出使学生处于劣势。

第二语言学能是否能被描述并且和与之呼应的教学方法相匹配的老问题是很有价值的，但也是难以研究的。斯凯恩（2002）和鲁宾逊（2002）提出的学能概况有助于对学能和教学方法的交互的预测更易于受实证研究控制，因为它们把早期有关学能概况的主张，这些概况大多数情况下是双重的（比如，基于记忆的和基于分析的概况），分解为一种理论上更可行且适合具体研究的术语。比如说，鲁宾逊（2002）的模型使假定一个第二语言学习者一些基本能力是高的，但在其他方面是低的（HL），或者在所有方面是高的（HH），或者在所有方面是低的（LL）成为可能，这样就在几个学能综合体的每一个形成了一系列强、弱或者混合的能力。相似的，从斯凯恩（2002）的模型中可以得出，一些人可能在学习的一个或者多个处理过程（比如，注意或者词汇化）中很擅长，但是在其他过程（比如模式化或者控制）则表现平平或不擅长。换句话说，两个模型都允许混合的概况，并且都指向确定个体需要外在帮助（并能受益于此）促进他们第二语言学习成功的特定领域的潜力。

7.13 小　结

- 语言学能是在一些人有学习语言的天分而另一些人看起来比较吃力的直觉下的一种心理学构想。
- 在实际操作层面，学能可以用现有的预测一个人着手正式学习另一门语言时可能表现得如何的测试来测量。最著名的也是最广为使用的学能测试是现代语言学能测试，尽管也存在几个其他学能测试。
- 现代语言学能测试以及其他学能测试的分数与水平、课程最终成绩或教师评定有相关性，相关系数在 $r=0.40$ 到 $r=0.60$ 之间。这是一个从 16% 到 36% 的可观的共享方差。
- 过去有两个挑战严重制约着我们理解第二语言学能的能力：对解释构念投入的努力远不如发展测量它的测试，以及不能将认知能力从第二语言学习发生的环境的意动、情感和环境因素中提取出来。
- 语言学能与传统的智力和早期的第一语言能力部分重叠。语言学能和传统的智力在两种测试中可能涉及同一小组学术能力；语言学能和早期的第一语言能力可能在语法敏感性和能力的分析类型上有共同的根基。尽管有部分重叠，三个构念中的每一个也足够独特，值得以自己的方向来研究。

- 语言学能也和早期学校学习时识字发展中涉及的不同能力有关。也就是说，学习用第一语言阅读时的与语言相关的学习困难在学习另一种语言时可能会重新浮现出来。共同的根基在处理语音拼写处理操作的能力上，包括语音意识、音素意识和语音解码的构念。
- 不同的记忆能力被认为在创造成功学习一门外语的不同可能性时起中心作用。只靠记忆被认为就可以帮助预测人们学习新单词学得如何，他们在听力或阅读中能达到什么样的理解水平，他们能从重建中受益多少，或者他们学习一个语法规则的难易。
- 然而，记忆与不同的第二语言学习难易度和成功的复杂图景在现有的证据中浮现出来。比如，好的短时记忆有利于初期阶段的词汇学习，但是这种预测力量对于高级学习者则减弱。好的记忆可能开始有助于词汇学习，并且在后来第二语言学习过程中对学习表面语法现象（但可能不是所有的规则）给予优势。
- 我们还不太清楚（a）是否语言学能只是（或者大都）对年龄大才开始学习第二语言的学习者有影响，（b）是否当学习条件需要记忆驱动、隐性的处理新材料方式对比分析的、显性的处理新材料方式时，语言学能差异会出现相同强度。这两个问题在理论上和实践中都是非常重要的，但是迄今为止还没有被充分研究。
- 在理论层面，作为一种构念的语言学能被认为是由各种认知能力组成，研究者对其中一些认知能力的理解比其他要好一些，但是所有认知能力都与两大类有关：分析能力和记忆能力。
- 最近，斯凯恩和鲁宾逊做出了超越两大类能力重新定义语言学能的努力。他们所提出的两种主张的优势是他们使把二语学能作为与第二语言学习特有的理论假定的处理要求一致的具有良好动机、特定结构的一系列认知能力研究成为可能。
- 未来，两个主张也许也可以帮助我们更好地理解如何设计教学方法以帮助更多不同个体需要成功地学习第二语言。

7.14 进一步阅读的建议与说明

有关语言学能的文献不太好读，但是如果你有策略地按照合适的顺序阅读，你可以从原始资源中的直接知识受益。首先，阅读现代语言学能测试发展的完整故事可能对你有帮助,卡罗尔(1981)自己有有趣的描述,或者在他与斯坦斯菲尔德和里德(2004)的一次访谈中也能读到。最初阅读完这两篇文章中的一篇之后,你就可以接着阅读斯波尔斯基(1995),他提供了一个有关语言学能研究和测试的发人深省的历史画面。回到卡罗尔(1981)发表的同一个重要文集,在那里,韦舍(1981)提供了测量语言学能的理论和实践暗示的很好的讨论。埃尔曼(1998)也很好地补充了它(这本杂志可以在网上免费得到)。接下来,你已准备好读斯凯恩(1998)有关这个话题的出色的一章中比较综合又很现代的综述,之后可以阅读索耶和兰塔(2001)提供的有关学能应用于教学的有用论述。你可以阅读最近期的打开了未来研究新的可能性的主张来结束一般第二语言学能文献的阅读旅程,它们是:斯凯恩(2002),然后是鲁宾逊(2005a),最后是鲁宾逊(2002)。

如果你被有关记忆研究、学能和学习有关困难、学能和年龄或学能和学习条件的任何细节吸引,你可以阅读这几节中提到的文献,但是你要意识到这些文献都是比较高级的文献。可能只有当你阅读完我本节提及的第二语言学能基础文献,包括从卡罗尔到斯凯恩和鲁宾逊的文献,才能理解这些文献。

最后,还有一个额外的阅读提示。如果你想知道音乐能力是否有助于学习外语(或者你的同事或学生问起过你,就像我经常遇到的),你可以阅读斯莱夫克和米亚科(2006),他们可以为你提供一些音乐能力确实有助于发展好的发音的证据,还有帕特尔和艾弗森(2007),提供了一个这个话题的简要综述。

第八章 动 机

在第七章,我们考察了学能。学能是一个包含多个认知能力的构念,且能帮我们解释人们在学习第二语言时的学习速度和学习程度差异的原因。从事人类认知研究的当代心理学家一致认为,认知能力本身不能告诉我们个体差异的全部原因。既然人类是有意识和意志的生物,那么在解释知觉、行为和学习的时候,我们也有必要分析人类的意向、目标、计划和承诺。这些是意动的影响,在最广义的水平,它包括意志和动机,它们能使第二语言学习者成功或失败。本章,我们转向在一般意动领域中研究最透彻的第二语言因素:外语动机。你将会看到,动机的 SLA 工作大量使用来自社会心理学的理论和方法。另一门语言学习这个特定领域要求动机被定义为包括社会心理知觉和态度的一系列复杂的构念。

8.1 传统方法:态度/动机量表和动机数量

动机一般被理解为开始第二语言学习的愿望和为维持它而付出的努力。用非专业的话说,我们把它理解成数量的问题,就像我们日常所观察到的一些学习者有很高的动机,而另一些人则有很小的动机或者没有动机。在20世纪50年代晚期,加拿大研究者罗伯特·加德纳和华莱士·兰伯特发展了一种模型,后来成为了第二语言学习动机的主要模型,这一模型是他们在一个所谓社会教育模型的更宽广的第二语言学习模型下建立起来的(加德纳和兰伯特,1972;加德纳,1985)。在四十年里,加德纳和同伴通过大量的调查研究,推动了他们对动机的概念,这些研究主要在加拿大进行。但是,在20世纪90年代,这个模型受到了严厉的批评,有人指出这个模型太受限制,并且没有回应心理学的更宽广发展(比如克鲁克斯和施密特,1991;德尔涅伊,1994;奥克斯福德和希林,1994)。

大多数研究使用的是同样的工具,即态度/动机量表(Attitude/Motivation

Test Battery，ATMB；加德纳，1985）。因此，除非有特殊注明，这部分和后面的所有例子均来自态度/动机量表。在社会教育模型中，动机的总量从三个维度量化，每一个以态度/动机量表中的一个独立量表反映：

- 动机强度，我们可以解释为人们在学习语言上被报告花费了多少**努力**（如在"我通过几乎每天学习法语不断更新我的法语"和"我不太在意我在法语课上得到的反馈"中）；
- 学习第二语言的态度，我们可以看作是人们在学习语言时报告他们感觉探测到多少**乐趣**（如在"我爱学习法语"和"我恨法语"中）；
- 学习的愿望，这通常可以被理解为人们所宣称的他们为了成功学习语言所做的个人**投入**（如在"我想学好法语，让我自然地使用它"和"坦诚而言，我真的没什么愿望去学习法语"中）。

对任何给出的陈述，可以使用众所周知的里克特量表（里克特，1932），回答者选择七分连续量表中的一个，从"完全同意"（得 7 分）到"完全不同意"（得 1 分）。依照加德纳（2001，第 6 页），上面所说的三个量表每一个包括 10 个陈述，从中所得的分数形成了一个单一的、严格的动机量化。为了更正确地理解这三个维度的重要性，让我们回到我们在第七章（见 7.2 节）介绍的理查德·沃森和爱丽丝·卡普兰的对比。表 8.1 展示了比较两个法语学习者努力、乐趣和投入三个维度的节选。看起来，两个学习者之间的唯一差异是在乐趣维度，仅这个维度，沃森被评为极低（到了厌恶的程度），而卡普兰被评为极高。如果我们接受加德纳的什么构成"真正有动机的个体"的规定，那么卡普兰，而非沃森是真正有动机的，并且确实她学习法语更为成功。

表 8.1

沃森和卡普兰在动机的三个维度的对比

理查德·沃森（1995）	爱丽丝·卡普兰（1993）
努力　高： 但是现在我正在努力。我正在练习。我正在听和重复。我用法语大声朗读乔治·西姆农的神秘小说，努力增加听力词汇。但是好多次当我想使用一个我知道的法语词时，一个只要我读或者听到就能立刻辨认出来的词时，它不会出现。我在我的大脑中无法听到也无法看到它（第103页）	**高：** 是那唤醒了我，接受一个新的现实，重复它，欣赏它。我感觉到一种从五年级开始就感觉不到的力量推着我去学习：静静地掌握一个学科。知道我知道这个材料，知道我掌握了它，知道如何找出更多。发明听的方法并使它们成为习惯。当我感到理解的快乐时，我有一种耳边发痒的感觉。然后是那种我能写下来我听到的和使每个细节、每一个重音符号都正确的快乐（第55—56页）
乐趣　低： ……让我意识到我是多么不喜欢法语的声音是"l'oiseau"（"鸟"）的连续的、油腔滑调的、爱抚的重复。法国人认为这是他们语言里最美的单词之一。这个单词不假笑根本没有办法发音，这个单词应该限定为只能被五岁以下的孩子使用。 我不想说法语因为法语给了我那只鸟（第53页）	**高：** 我走进村庄去寻找法语。我走进火车站，我买了去日内瓦的票，"往返日内瓦"——如果要得到一张往返票，你必须说这句话。我爱让我的舌头卷曲，"来回"是一个卷曲。我买票就是为了说这个。在城里，我做的大部分事是为了说。在烟店、报摊、食品杂货店的复杂对话（第53页）
投入　高： 作为一个笛卡尔学者不会说法语，这些年我感到内疚和尴尬……我会去学习说法语，无论有什么代价，无论需要多长时间。有一天，上帝保佑，我能和一群法国的笛卡尔学者坐在巴黎的餐馆桌子旁，一起讨论！（第65页）	**高：** 学习法语和学习思考，学习渴望，所有的一切在我的头脑中混合，直到我不能做出区分……法语要求我顺从，允许我去努力尝试，扬起我的脸去正确发音（第140—141页）

8.2 作为一种动机前提的融合度

早期动机研究的目标是能够忠实地测量个体对学习第二语言感到的动机的量以及确定这个测量出来的量是否能够在一定程度上合理地预测他或她第二语言的成就水平。但是在理解语言学习动机时同样重要或更重要的是，解释什么变量影响动机量的增长或者降低。在动机术语中，这些变量被称为**前提**（antecedent），或者"动机基底"，这些形成了动机结构。

在所有的前提里，**融合度**（integrativeness）在外语动机理论发展中起最重要的作用。不幸的是，这个构念总是被不正确地解释（参见德尔涅伊，2005 的讨论，第 69 页），并且从 20 世纪 90 年代开始，它不断受到严厉的批评，甚至很多当代第二语言动机研究者不再理会这个构念。依照加德纳（2001）的说法，融合度是一个态度，被定义为"一个为更接近另一个语言社区而学习第二语言的真实兴趣"（第 5 页）。它包含三个维度：

- 对第二语言说话者有好感（"如果加拿大失去魁北克法语文化，那将真是一个大的损失"）；
- 对外语有普遍兴趣和低的民族优越感（"我真的喜欢学习很多外语"）；
- 同意学习第二语言的原因与和说第二语言的人交互有关，或者，按照加德纳的话说，一种**融合取向**（integrative orientation，"学习法语对我来说是重要的，因为它能使我认识和与更多的、各式各样的人交谈"；我们会在 8.3 节考察这个取向和其他取向）。

对于那些在融合度上得分高的学习者（即综合上面三个维度），他们被观察到与第二语言社区完全认同。比如，学习者可能表达了和第二语言社区的人一样思考和行为的愿望，有的时候会达到一种与第一语言社区脱离的程度。这个极端的融合情况的一些迹象可以在卡普兰（1993）的描述中找到，当她写到："为什么人们想接受另外一种文化呢？因为他们自己的文化中有某些东西他们不喜欢，不能'区别他们'。"（第 209 页，原文为斜体）

加德纳（2001）认为最高的和最有促进作用的动机形式是他所称的**融合动机**（integrative motivation），只有三个维度都满足才能达到：（1）融合的前提自身是高的；（2）动机的量（即努力、乐趣和投入的总量）是高的；并且（3）对学习环境（教师、课程）的态度是积极的。实际上，加德纳（2001）提出那些获得本族语一样能力的、特别成功的学习者倾向于是那些有融合动机的个体。这在卡普兰的研究中也有例证,但是从没在第二章表 2.3 中所说明的那种优秀成人学习者研究中得到系统研究。无论如何,在社会文化模型中,融合动机逐步发展为表示最理想的和最高的动机的象征。

正如我们将在本章后面看到的,强调与其他语言社区的认同作为一种理想第二语言学习动机的前提最终因过于狭隘招来了批评。并且,对除加拿大以外的语言环境的忽视总体上限制了加德纳的融合概念和社会教育模型的有用性。因此,自从 20 世纪 90 年代中期,融合的构念经历了重大的概念革新,以使得它更加具有可研究性,并更适用于不同第二语言学习环境(奇泽尔和德尔涅伊,2005b)。

8.3 其他前提:取向和态度

表 8.2 展示了过去几年里已经确定的大部分动机前提的概要。它们包括了最少三个中心前提:融合度(我们在 8.2 节中刚考察过),取向(即学习第二语言的原因)以及态度(指的是对第二语言社区和它的说话者以及对教学环境中的教师和课程的态度)。外语焦虑的情感变量和交际的自信也被认为是预测动机的关键,但是我们将在第九章中讨论个人差异的情感来源时分别考察它们。(特别参见 9.3 节和 9.4 节)

表 8.2

第二语言动机研究中研究的主要前提

前提	评论
对第二语言社区和说话者的态度	它们带着共同的价值、信念、模式和实践,根植于学习者的社会文化的环境;很多时候,研究者也将对很多相互联系的维度基于社会的态度放到问卷条目中,比如,对说法语的加拿大人的态度,对欧洲法国人的态度,普通的外语学习和双语的社会价值
融合度	它指的是一种被统一定义为"一个为更接近另一个语言社区而学习第二语言的真实兴趣"(加德纳,2001,第 5 页)的态度复合体,包含上面说的很多态度
对教学环境的态度	它们包括对教师和课程的态度,大部分学习发生在这里。最近,对同伴和小组动态的态度也得到探索
取向	这是学习第二语言的原因,这些也反过来影响学习者经历的动机强度和质量

（续表）

前提	评论
社会支持	来自重要他人的支持（包括父母、兄弟姐妹、同伴和老师），因为相信他们想让一个人学习语言产生回报和强化，这些可能对增加动机很重要
组间接触	它包括潜在的和实际的接触，以及那些经历是如何作为积极的或消极的方面被学习者记住的（比如诺埃尔斯，2005）
民族优越感	它指的是"社区里语言的社会政治存在"（马斯格利特和加德纳，2003，第132页）；它也可以包括更广泛的其他地理政治因素，比如全球化和旅游（德尔涅伊和奇泽尔，2005）
使用语言时的自信	它包括交际焦虑和对交际能力的自我感知（见第9章9.5节关于交际意愿[WTC]以及理查德·克莱门特的工作）

取向（orientation）指的是学习第二语言的原因，因为它们对目标的制定有影响，这些目标推进和维持不同强度和质量的动机。当然，原因不是对立或者相互排斥的，因此一个特定个体可以同时表现出几个取向。第二语言学习者在不同环境下报告的最常见的取向有五种：

- **工具的**，当语用和功利的原因是重要的，比如得到一份更好的工作或寻求第二语言更高水平的教育；
- 为了**知识**或更好地理解一个人自己的身份、语言或文化，以及为了变成更有知识的人；
- 为了便于去其他国家或者一个国家一些地方**旅游**；
- 为了促进与目的语成员的广泛**友谊**；
- 为了与目的国文化认同和更像第二语言群体成员的真实愿望有关的**融合**原因（作为一个提醒，在社会教育模型中，这种融合取向只是融合度三个成分之一，反过来也只是融合动机的几个成分之一，见8.2节）。

在一个有影响的研究中，克莱门特和克鲁伊德尼尔（1983）在这五个取向之外，又增加了另外几个促进动机形成的学习第二语言的重要原因。甚至更为重要的，他们展示出第二语言学习的取向与环境有关，源于与"谁在什么环境下学习什么"有关的力量（第288页）。比如，他们发现在他们871名11年级学生的样本中，可以被看作加拿大的主流语言群体成员的母语是英语的加拿大人，经常报告学习一种少数语言，如法语或西班牙语，因为他们通过获得对那些日益重要的少数族裔群体的熟悉（一种**主流认可**取向，如在"这允许我成为我的社区有影响的成员"中）寻求他们觉得要坚持获得的优越感和尊重，或者为了保持对他们作为一个主流群体享受财富和影响的控制（一种**语用控制**取向，如在"这会使我获得对法裔加拿大人的影响"中）。相比较而言，克莱门特和克鲁伊德尼尔也发现真实的融合动机确实可以在来自主流群体的个体中壮大起来，这些个体可能有一个熟悉参与取向，因为包括同情和与他人熟悉起来（如在"这会有助于我理解法语人在英语为主流的国家所遇到的问题"中）或者甚至成为一个其他社区的参与者并完成一个加德纳所说的真正的融合认同（如在"我想成为法裔加拿大社区的成员"中）的愿望的原因想学习这一语言。但是，这些研究者也有证据证明这个熟悉参与取向在主流群体的个体中更普遍，他们生活在多语言的环境下，因此满足两个条件：他们"对他们的第一语言和文化有信心，并且与目的语群体有直接接触"（1983，第287页）。相反，在单语环境中，与第二语言成员的接触不频繁，研究者发现一种兴趣作为一种远距离学习和庆祝的目标会在第二语言群体文化中出现（一种**社会文化**或者我们也称为纯文学的取向，如在"这能使我更好地理解和欣赏法裔加拿大艺术和文学"中）。

除了以上使人们想去学习一种第二语言的原因，对第二语言和说第二语言的人的**态度**会对增加或降低第二语言动机产生影响。这些态度来自于共同的价值、信念、态度甚至学习者在所参与的社区中获得奖励和成为模范的行为，不管是在教室、家庭还是邻里或者机构的更宽泛的环境中。这些影响构成了社会心理学家所称的社会文化环境。这些年有关个人差异的SLA文献中，几个根植于社会文化环境的态度已得到研究（见表8.2）。

加德纳等（1999）研究了动机和态度的关系，研究样本是就读于加拿大一所英语大学的109名大学本科生，他们过去至少学习了一年的高中法语。这些应答者被要求对五个量表做出反应，这些量表是用文字来激发他们对高中学习法语的感觉和态度的记忆。比如，条目包括："我真的想念我高中法语课度过的时光"，和"在我离开学校的时候，我的父母强调法语对我的重要性"。另外一些量表研究的是他们的动机，不是在高中，而是在研究进行的时候（比如，"我希望我能流利地说法语"），也有他们对双语的态度（比如，"英语和法语在加拿大都很重要"），还有他们对他们交际能力的自我评价（评估他们在一些情况下使用四种语言技能时他们估计的困难，比如"在饭店里订一顿简单的餐"，或者"理解报纸的标题"）。所有学生还完成了一个伪装配对任务，一种被社会语言学家经常用来研究语言态度和定型的技术。在这个任务中，参与者必须选择评价形容词（不真诚—真诚，不礼貌—礼貌，等等）来最好地描述从六个录音中听到声音的每个说话者（三个用英语，学生的第一语言；三个用法语，学生的第二语言），但是应答者不知道这是三个相同的双语人每人说一组。

这个研究的发现揭示高中时期的态度与现在的动机、融合度和（较小的程度上）大学的法语焦虑有直接关联。加德纳等（1999）也发现过去高中和目前对双语的态度与对交际能力的自我感知有非直接关联。这些发现支持了社会教育模型中的理论关系，并使加德纳等（1999）总结出在一个给定的社会文化环境中过去的经历和态度对第二语言学习动机的形成有原因作用。

8.4 革新的最初迹象：自我决定理论和内在动机

如果说第二语言动机研究的第一次繁荣发生在 20 世纪 60 年代，主要以社会教育模型为基础，那么第二次繁荣开始于 20 世纪 90 年代，三个著名的批评评论：克鲁克斯和施密特（1994）、德尔涅伊（1994）与奥克斯福德和希林（1994）号召第二语言动机研究者寻找理论的革新。自从那些批评远离了对动机的"量"和融合前提的强调，取而代之转向了对动机不同的"质"的探索，更当代的动机研究形成了。另外一个令人不满意的原因是，尽管加德纳和他的同事的动机理论中包含了社会环境和教育环境，但是他们对加拿大环境的兴趣使得他们强调根植于社会环境的态度，而忽视了课堂环境（比如教师、课程、教学质量）的微观环境对促进或削减学习另一种语言动机的影响。这些缺陷很多在以自我决定理论（self-determination theory）的优势探索语言学习动机的研究中得到处理。自我决定理论是一个有影响的人类动机的"宏观理论"，由爱德华·德西和理查德·瑞安在 20 世纪 70 年代发展起来，他们是心理学家，并且都在美国的罗切斯特大学。这个框架使得研究的视角从动机的量脱离出来，转而关注第二语言学习动机的本质和质，同时它也容纳了来自课堂的微观教学环境的动机影响的重要来源。

就像万斯汀基斯特等（2006）解释的，自我决定理论把人类理解为一个成长取向的有意志的生物，也就是说，人类先天倾向于终生学习和发展。满足人类的几个基础的基本需要最核心的是对我们人类所做的一切的选择和个

第八章 动 机

人因果关系的感觉。因此，在这个理论中，人类的行为被认为是由自我决定我们的行动和活动的动力引导。几年之后，加拿大研究者理查德·克莱门特和金伯利·诺埃尔斯将这个理论应用于研究第二语言动机的研究并将这个理论与加德纳的模型相比较，近些年来有很多重要工作研究这两个理论。为此，他们与加拿大自我决定理论专家罗伯特·瓦勒朗和吕克·佩尔蒂埃组成了一个团队，开发了一种测量自我决定理论构念的工具，语言学习取向量表（LLOS；诺埃尔斯等，2000）。下面，我从语言学习取向量表中选择一些条目来解释这个模型和它的构念。

当个体进行他们理解为由自己选择发起且主要由这个活动的内在乐趣支持的行为时（即作为目标本身，纯粹为了学习），他们被认为是有**内在的动机**。这种性质的动机被认为是最佳的，因为实验一致显示这种性质的动机与更高的成就水平有关联（万斯汀基斯特等，2006）。根据语言学习取向量表，如果一个第二语言学习者说，她为了听/说外语时感到的"快感"学习一门第二外语（兴奋作用），为了"超越自我"和"理解一个困难的语言概念"的快乐（自我实现），或者纯粹为了知道更多的满足（知识），她会有内在的动机。注意，这三种情况的典型特征都是乐趣。如果你现在重读表8.1中我们的法语学习者与乐趣有关的引语，你会理解卡普兰是多么地由内在动机驱动……而且到了沃森没有达到的程度！

自然，选择和个人因果关系不总是有可能的。比如，威胁或者甚至简单地控制语言、奖励、最后期限、监督以及考试都可以剥夺人们选择的感觉并使几乎任何活动中的快乐消失（万斯汀基斯特等，2006）。当个体认为他们的行为以一种外界强加的方式——终点、实用—工具因果关系构成，他们自我因果关系和自主的感觉即使有也是很低的，他们被认为是有**外在的动机**。这是一种与外在管理行为联系的不太理想的动机性质。有外在动机的学习者可能会说，他们学习第二语言是为了将来的目标，与第二语言本身没什么关系，比如更好的薪水，一个更有声望的工作，或者仅仅是因为他们被要求这么做（所有三种可能构成了语言学习取向量表中外在管理的三个项目的量表）。

但是，由于想感觉自己属于一个社区即感觉到关联性的人类欲望，这个简单的二元图景变得更加复杂。因为关联性的需要，一些外在的价值、信念和行为会逐渐采用并内化，这样就允许个体去更加成功地行动。之后外在管理会经历一个内化的过程，得到在绝对的外在管理和完全的自我管理之间的两个中间的状态。当人们"卷入"外在压力的时候，**内设管理**就会通过发展

· 183 ·

内疚或羞愧的感觉发生，这些感觉只能通过遵从期望的行为而避免（如在"如果我不会使用我来自第二语言社区朋友的本族语和他们说话，我会感到羞愧"中）。这个看起来好像是沃森的情况，他在事业晚期学习第二语言的强烈欲望根植于"作为一名笛卡尔哲学的研究者，却不会说法语，这些年来我一直感到内疚和尴尬"（1995，第65页）。**认同管理**，同理，更接近内在的一端。这会在外在的价值被当作自己的接受、采纳并且一个个体看到了一个在原则上不是自我决定的行动的关联性和意义时发生。在语言学习取向量表工具中，比如，一个处理认同管理的条目是"我选择成为那种能说超过一种语言的人"。

最后，在极端不正常的情况中，个体无法看到他们行动的任何内在或外在价值。这会在比如以下情况发生，一些上必修外语课程的学生说他们不知道他们为什么学习第二语言或者他们表达了感觉这浪费了他们时间的不满。这些学习者遭受了**零动机**，并且预计他们在正式学习环境中的表现也会因此受影响。

诺埃尔斯和她的同事发现了支持第二语言动机的自我决定原则的坚实实证证据。比如，在一个159个心理学志愿者的样本中，这些志愿者就读于渥太华大学（一个法英双语学校），并且已经学习了时间长短不一的法语，少则几个月，多则34年，诺埃尔斯等（2000）发现，选择的自由（"我在学习第二语言时体会到很多自由"）和继续学习的意愿（"我想继续学习一种第二语言"）有密切联系，也与最自我管理的动机形式（内在的和认同的）有正向联系，与零动机有反向联系。学习第二语言的三个原因（为了旅游、友谊或知识）也与两个最自我管理的动机类型有联系，而工具性原因（比如一个好工作）与外在的动机非常相配。

在其他一些研究中，诺埃尔斯和她的同事发现了自我决定理论更多的聚合效度，被认为控制和阻碍了自我管理和自主的教学环境损害内在动机的水平。具体地说，那些觉得他们的老师进行控制的学生表现出明显更少的内在动机（比如，诺埃尔斯等，1999；诺埃尔斯，2001）。这个发现被自我决定理论完全预测到且确实在其他非语言的学科中也被一致观察到（见万斯汀基斯特等，2006）。你能发现，对动机的自我管理模型的第二语言研究产生的证据不仅在理论上很有前景，对语言教师也有潜在的用处。或者至少这对于西方教育环境，比如加拿大、美国和欧洲，是正确的，在这里自主和独立被很多学生和教师重视并被社会和教育环境广泛奖赏。

自我决定理论中的内在动机是如何与加德纳提出的最佳动机类型，融合动机相联系的？诺埃尔斯（2001）研究的正是这个问题，通过测量融合取向（你应该记得，这只是在社会教育模型中组成融合度前提的三个维度之一）与自我决定理论提出的内在—外在动机连续体的相关性强度。她分析了一组对322名第一语言为英语的学生样本的问卷调查的回答。这些学生都在加利福尼亚州一所大学上第二语言西班牙语的课程。这些学生学习第二语言的时间从没学过到最多学习了38年不等。她最后总结出在加利福尼亚样本中，融合动机和内在动机是相互关联的："一个人越是因为兴趣和愉悦而学习一种语言，因为这种活动对他们个人有价值，他们就越倾向于学习这种语言，因为他们希望与第二语言社区中的成员交流。"（第137页）另一方面，只有融合取向，而非内在动机，帮助解释组间的动机维度，比如在这个西班牙语样本中，与第二语言说话者接触的频率。

因此，尽管指出第二语言动机的自我决定模型的一个优势在于它聚焦于动机状态下宽泛的人类动机，诺埃尔斯（2001，第114页）也意识到一个缺陷，就是它缺少照顾到第二语言及其说话者的社会态度、对社会文化环境的影响以及种族生命力和认同问题的理论装置。在这些有具体第二语言的地区，社会教育模型继续提供理解第二语言动机的重要见解。

到目前为止，本章中所介绍的理论和研究涉及在北美环境广泛突出和存在的语言学习，比如英语、法语和西班牙语。我们可能想问自己：如果我们想理解超出这几种环境下的第二语言动机，这些知识有多大的用途？匈牙利研究者佐尔坦·德尔涅伊是最早提出如果要解释进行大部分研究的加拿大环境之外的第二语言动机，作为自20世纪60年代以来为SLA领域所知的动机研究可能需要修正的SLA学者之一。为此，他进行了一系列意义深远的为革新和创新的探索，这些为当代和未来对语言学习动机的理解奠定了基础。

8.5 远观动机：英语外语学习者的取向和态度

德尔涅伊的批判始于1988年，完成于他在布达佩斯厄特沃什大学的学位研究，同时自此以后也一直通过诺丁汉大学的一个系统研究项目持续进行（见德尔涅伊，2001）。他的主要关注开始是探究对被社会教育模型确认为第二语言动机基石的主要前提（即取向和态度）的解释力。具体地说，他提出融合度可能对外语学习环境中学习者的解释力较小，比如他的祖国匈牙利，因为他们很少与第二语言成员有个人接触。没有接触，他们就不会形成对第二语言说话者的强烈态度或有强烈的融合或要"像他们"的愿望。他推论，至少在第二语言学习的初期阶段，工具类型的取向（想得到好的成绩，通过大学的入学考试，等等）以及课堂的态度（对教师、课程、材料等等）可能会更重地影响外语学习者的动机。

  从那时开始，其他研究者也加入进来，重新定义动机的前提，以使第二语言动机模型与外语环境更有关联。特别的，近年来，在英语作为外语的环境下的动机引起了可观的关注。

  举个例子，外语环境中的取向（即学习一门第二语言的原因）和第二语言环境中的是很不一样的。克莱门特等（1994）研究了 301 名 17 岁到 18 岁学习英语的匈牙利学生样本中的取向。他们发现，在之前的加拿大研究中报告的取向需要一些有趣的修正。第一，友谊和旅行取向被混在一起，也许是因为在像匈牙利这样的环境中和外国人结交朋友的主要方式是出国旅行。另外，因为结交朋友的愿望被表达为和一般意义上的外国人交朋友，而不是和特定第二语言群体的成员，在这种情况下，**异域取向**被提出比友谊取向更适合这种情况。第三，工具和知识取向也被交织在一起，研究者提出这是因为在后共产主义匈牙利的环境中"[在英语方面]获得更多的教育和知识与工作和学习的成功联系在一起"（第 431 页），且因而"英语被认为是可以有实用结果的知识"（第 432 页）。最后，克莱门特等在以上这些取向之外发现了一个新的取向，英语媒介的取向，指的是为了看电视和听音乐学习英语。这个媒介取向最近被改名为非直接接触（奇泽尔和德尔涅伊，2005b）或文化兴趣接触（奇泽尔和德尔涅伊，2005a），因为它广泛地"反应了对与特定第二语言联系的文化产品的欣赏，并且通过媒体[和]……文化产品和手工艺品传达"（奇泽尔和德尔涅伊，2005a，第 21 页）。这与英语作为一种世界语言的特殊地位有关，这引发了全球化和经济威力正面和负面的符号形象。克莱门特和他的同伴以下面的方式总结了在英语作为外语环境下，比如匈牙利，可能比较重要的取向：

> 当前环境缺少英语为母语的人似乎会保持即刻的友谊（通过旅行），对英语文化作为一种外来现象的兴趣，以及一种建立在知识的获得和媒体使用上而不是达成实用结果的工具取向。
>
> （1994，第 433—444 页）

  当在英语为外语的学习环境下描绘动机时，不仅取向，对第二语言和它的说话者的态度可能也会大为不同。日本研究者八洲友子和她的同事（八洲等，2004）提出了**国际姿态**的概念，这是一种积极的国际态度，由这个研究团队成功测量的至少三个维度构成：

- 对国际职业或者活动的兴趣（"我想在一个国际组织工作，比如联合国"）；
- 接近而不是回避不同的他人的倾向，比如在日本的非日本人（"我愿意和国际学生住一个公寓"）；
- 对外国事物的兴趣（"我经常与我的家人和/或朋友谈论外国的情况或事件"）。

有意思的是，注意国际姿态的构念和加德纳支撑融合度的三个条件之一是大体一致的，即对其他群体的开放性或缺少民族优越感（见8.2节）。八洲和她的同事通过两个对日本的大学和高中以英语为外语学习者样本的研究得以在国际姿态和第二语言学习动机之间建立了紧密联系。

兰姆（2004）也在一个非常不同的环境下的一个219位11岁和12岁学生样本中发现了对描绘英语外语学习的相同的一组取向和态度的支持，这些学生是印度尼西亚苏门答腊一所优秀初中的中学生。这些青少年主要通过电视和音乐接触英语，很少通过和说英语的人直接交往接触英语，这个模式和克莱门特等（1994）发现的英语媒体或文化兴趣取向一致。按照克莱门特等的话说，他们也显示出了具有异域取向，因为他们看到了与"外国人"和"外国文化"总体有关而不是针对特定的目标人群和文化的第二语言交流的需要和愿望。与八洲的国际姿态概念关系密切，拉姆发现了清晰证据证明这些学生通过媒体、学校和家庭接触到全球化的集体话语，并且他们把英语视为"世界公民"的资源。他提出这个国际的倾向也涉及一个培养"一个说英语、参与全球但对国家负责的未来自我"的认同过程（2004，第16页）。

无论克莱门特（1994）和八洲等（2004）的定量方法，还是兰姆（2004）的定性方法，无论所谓外国语言环境是否是像匈牙利、日本或印度尼西亚这样不同的国家，发现和主题的相似是很明显的。然而，想象积极的国际态度是英语外语学习者把英语作为一种国际语言和全球化的语言学习的动机的全部就有些天真了。比如，迄今规模最大的动机研究，德尔涅伊和奇泽尔（2005；也参见德尔涅伊等，2006）研究了对五种第二语言的态度（包括英语和德语，在那个环境中被研究最多的），研究对象是超过8500位13岁和14岁的匈牙利在学校学习外语的学习者。他们的发现显示居住在旅游量较小的地区但报告有很高频率的个人接触的应答者展示出最积极的态度。相反，那些居住在旅游热门地区（如布达佩斯）同时报告了相似的接触频率的应答者相比较前一组持有更加消极的态度。德尔涅伊和奇泽尔推测，在某种程度上，如果外国人的数量在一个特定外语环境中非常大，可以观察到态度的恶化，可能是因为目标语的学生对于旅游和全球化的好处和缺陷有更现实的认识（更多有关第二语言接触的内容参见第九章9.5节）。

兰姆（2004）持有更加批判的观点，也指出一些印度尼西亚学生的评论显示"与其说是语言学习者去与外国文化或社区融合［……的一种感觉］，不如说是知道了他们必须接受已经深入他们文化的变化"（第13页）以及一种为了"不被推开"而成为有能力的英语使用者的学习紧迫性的感觉（第11页）。因此，一些外语学习者会对英语说话者有些遥远的形象或甚至一般意义上的"外国人"发展出积极的态度，并且会持一种积极的国际姿态，但是有些学习者在充分实际接触后可能会变得失望，或他们可能对这类积极的国际态度提出质疑，甚至破坏它们，这取决于可能会在一生中一直变化的身份形成的复杂而动态的力量。

8.6 语言学习动机：在冲突的情况中是否可能？

克莱门特和克鲁伊德尼尔（1983）宣称，当应用于其他的环境，尤其是语言学习在目标语和第一语言说话者直接冲突仍然发生时，动机以及其下的依赖"谁在什么环境下学习什么"（第288页）的取向是高度相关的。这是对以色列的阿拉伯语研究的情况。当环境有第一语言和第二语言群体之间严重冲突的特征时学习另外一种语言的高动机是否可能？

得益于研究以色列说希伯来语的学龄儿童的动机的特拉维夫大学的一个研究团队，让我们对这个难解的问题得到一些好的认识（因巴尔等，2001；多尼策-施密特等，2004）。这些研究者如此描述这个国家的环境。在以色列的在校七年级到九年级的希伯来说话者被要求学习英语外的另一门外语（也就是第三语言）。在70%的学校里，学生们没有选择，只有学习现代标准阿拉伯语，或是因为这个学校没有提供其他可选的第三语言，或是由于资源效率的原因，学校随意决定哪些学生学习阿拉伯语，哪些学习其他语言（一般是法语）。相反，30%以色列学校的学生的确可以选择在初中这三年必须学一门第三语言的时间里学习阿拉伯语或法语。另外，在20世纪90年代中期，特拉维夫市政府在城市中65%的犹太小学（即38所学校）开展在四年级试验性地引入阿拉伯口语（与现代标准阿拉伯语相对），这时学生的年龄是在 9 岁或者比国家标准早 3 年。

多尼策－施密特等（2004）研究了特拉维夫 9 所学校 539 名四、五、六年级学生的代表性样本，这些孩子从 9 岁开始实验性地学习阿拉伯口语。研究者对比了这些孩子和另外 5 所学校 153 名按国家标准在七年级或者 12 岁才开始学习阿拉伯语的同龄学生代表性样本的态度和动机。当研究者让这些中学生有机会对为什么阿拉伯口语应该优先作为以色列学校中的第三语言学习提供开放式的评论时，最多提及的原因是：

（a）我们周围的阿拉伯人；（b）我们需要与阿拉伯人交流；（c）我们需要了解他们的文化并和他们和平相处；（d）这对找工作、大学学习、看电视等很有帮助；（e）我们需要和敌人斗争。

(2004，第 223 页)

幸运的是，与直到七年级才开始学习阿拉伯语的学生相比，当时已经学习阿拉伯口语的 539 名学生回答问题时一致特别强调了原因（c）和（d）。具体地说，他们更频繁地提到了在以色列学习阿拉伯语的和平取向（如"推进犹太人和阿拉伯人的和平相处"）和实用取向的原因（如"这样当我长大的时候我就能成为总理"）。研究者也发现了那些在九岁开始学习阿拉伯语的小孩子想到更多的是在学校学习这种语言很重要。这个在观点上模式的不同给了我们希望，实际上学习一种语言能使得人们对第二语言以及它的说话者持有更积极的取向和态度，甚至是在冲突的环境中。

在一项更早的研究中，因巴尔等（2001）同样研究了说希伯来语的以色列儿童，但是这次研究的焦点是在必须学习三年第三语言时刻的大一些的学生（七年级或 12 岁的学生）。2001 年研究的主要焦点是选择学习阿拉伯语或选择学习其他的第三语言是否会产生动机上的差异。研究者发现没有产生差异：学习阿拉伯语的 12 岁孩子与那些学习另外一种语言（一般是法语）的学生相比对第二语言及其说话者有更高的动机和更积极的态度，并且不管他们是自愿还是被教学环境所迫学习阿拉伯语或其他第三语言都是如此。在 2004 年的研究中，实际上，学习语言看起来造成真正的积极差异，这次除了态度和取向外，还有动机强度。

2004 年和 2001 年的研究发现在大部分其他方面也大体一致。首先，对于那些 692 名学生的年龄较小的总体样本（2004 年的研究中）和 1690 名年龄较大学生的总体样本（2001 年的研究中），与孩子们更有动机学习阿拉伯语

（当时或者将来）的可能性紧密联系的因素是对第二语言、它的说话者和文化的态度，还有他们认为他们的父母是否希望他们学习阿拉伯语。

更令人失望的是，在2001年的样本中，对于每一个群组中（有或者没有选择），在四年级到六年级（从9到12岁）优先接受了阿拉伯口语的交际教学的学生（即在2004年的研究中参加了更早开始的试验项目的学生），动机没有差异。因此，似乎在2004年的研究中，那些早一点开始学习的学生的更高动机和更好态度不会随着年龄的增长而呈指数增长，或者至少是在这个样本中，与较晚开始学习的学生相比，这些更高动机和更好态度没有在以后给予他们任何特殊的动机优势。然而，仍然有积极的发现，在这个以色列环境下，不管开始学习的时间还是第三语言的选择，最重要的是孩子们在学校实际接触阿拉伯语的事实。这个阿拉伯语的第一手研究就积极地影响了他们的动机和态度。

来自于这两个特拉维夫研究的一个最重要的发现可能是，学生对阿拉伯语教学质量的满意度最好地预测了动机。也就是说，在那些正在学习阿拉伯语的学生中（2004年研究中539名9到11岁的学生和2001年研究中1132名12岁的学生），那些对他们老师和课程更加满意的学生倾向于是那些也报告有更高动机的学生。遗憾的是，2001年研究中那些在初中当时学习法语而不是阿拉伯语的学生没有被问及这个问题。因为去了解当在一种给定的环境中学习一种更加政治"中立"的语言，比如在以色列的法语时，学生是否对第二语言教学质量给予同等的重要性关注，那将是非常有意思的。无论如何，研究者总结"在学校环境中学习一种外语提高学生对所学文化和语言的动机"（因巴尔等，2001，第307页）。这就是年龄小的孩子在一个社会和政治冲突的国家环境中学习一种目的语的情况，这很有希望，并给了教师和课程开发者巨大责任（多尼策－施密特等，2004，第226—227页）。因此，就像麦克格罗蒂（2001）指出的，这个发现给好的语言教师对学生动机的作用以非常有希望的启示。

这两个研究也使在语言和说话者冲突的情况下新的取向需要被考虑变得清晰：一种和平取向和一种冲突优势取向或国家安全的取向。实际上，在"9·11"事件之后美国很多倾向于学习某些（所谓关键的）第二语言的公众舆论被后来的冲突优势取向控制，受国家安全考虑驱动（这个问题上一个有用的评论参见爱德华，2004）。然而，尽管因巴尔等（2001）和多尼策－施密特等（2004）报告了大体积极的发现，以色列学校系统的阿拉伯语学习现实让我们很难对除有关冲突优势的取向以外学习另一种语言学习的长期动机持乐观态度。具体地说，作者报告，一旦那些于9岁或者12岁开始学习阿拉伯语的学生们继续九年级之后的高中学习，在那里英语是唯一的要求，阿拉伯语学习就会经历严重的96%的退出！对跨越更大范围冲突环境的语言学习者动机更为深入的研究，不仅包括取向、态度和动机强度，也包括学习第二语言的实际长期参与和坚持的行为证据，也许能为动机理论和促进世界和平做出真正贡献。

8.7 动态动机：时间、环境、行为

从21世纪初开始，第二语言动机研究者大胆进入了越来越新的领域并开始探索新的能帮助我们进一步理解动机做为一种第二语言学习个体差异的主要来源的方向。经过四十年系统发展、验证以及对前几个模型批评的积累，这些变化的时机已经成熟。这些更新的视角与对第二语言动机动态本质的强调有关，德尔涅伊和奥托（1998）刺激了这个领域的研究，他们第一次提出在现存的研究中，第二语言动机大多被描述为是静态的，然而，实际上我们都知道动机是会随时间变化的。他们也警告说，一方面聚焦于第二语言动机的前提和原因，另一方面聚焦于将第二语言成就作为建立相关动机的唯一标准，这种双重聚焦意味着第二语言研究者几乎完全忽视了阐明高或低的动机对实际行为的影响。他们因此提出了第二语言动机处理模型，这个模型部分建立在黑克豪森和库尔（1985）的行动控制理论（Action Control theory）上，把动机和特定环境、活动和情景联系起来考虑。麦克格罗蒂（2001）很好地总结了这个理论发展对未来的第二语言动机研究的意义：

> 任何课堂中的动机常规，包括它自己建构的社会关系，可能只能经过一段时间才能测量。可能无论是一个完整的课堂还是一个小群组或者班级中的小组工作，一个社会单元的动机水平的盈亏在一定程度上取决于活动和正在发生的任务的多样性……以及构造活动的社会交互。
>
> （2001，第86页）

现在，第二语言研究者认为不仅要把第二语言动机作为一种普遍的特质来研究，而且也要研究其作为**随时间变化的**一种状态特质（像加德纳等，2004所称呼的）或者一系列目标驱动的以某种方式行动（或不行动）的倾向

（像德尔涅伊和奥托，1998 倾向于描述的）。因此，有必要对第二语言动机进行纵向研究。在一个宏观的水平，比如，对第二语言说话者态度的微小下降会发生在历时的变化中，就像在匈牙利的情况中，德尔涅伊和奇泽尔（2005）发现了一个小的但是能注意到的动机的降低，这个降低是接着 1993 年到 1999 年之间发生在匈牙利的旅游业和全球化的希望破灭之后，那个十年以 1989 年匈牙利共产党统治结束后向经济私有化转变为标志。就像因巴尔等（2001）和加德纳等（2004）在非常不同的环境下报告的，在一个更地方但仍然是机构水平上，会经常观察到一个特定群体的学生从一个学期或者一年研究的课程从开始到结束总体动机有一定降低。加德纳等（2004）也报道了更小规模的只出现在学期结束结业考试临近时的焦虑变化和教师评估变化。潮田（2001）在更个人和更定性的水平上观察了动机，捕捉到 14 名在都柏林学习英语的本科生在 15 个月的学习过程中动机的性质是如何变化的。他们经历从开始学习时与学术兴趣和纯粹愉悦相关的更内在的动机类型，到临近结束时对将会积累的实用回报和有用性的提高的意识。潮田称前者为因果动机思考，可能在研究开始时激发了回顾的视角，根植于基于过去积极学习历史的学习法语原因。潮田称后者为目的论动机思考，因为它显示了一种指向未来目标和回报的预期的视角。她推测目的论动机思考只会随时间逐渐发展，但是最终可能当学习者在他们教学努力中有进步时"呈现动机的重要性和清晰性"（第 117 页）。

对第二语言动机的当代研究也开始考虑从课堂或群组的社会单位的情景活动中出现的动机行为作为一种特性是什么样的。也就是说，动机是在其微观环境中在来自群组动态和情景认知的解释的帮助下考虑的。举例说明，德尔涅伊（2002）发现融合度高、对课程有积极态度的学生在做一个特定的口语辩论第二语言任务时，比起那些在这些方面分数低的学生，更倾向于持有积极的态度。反过来，积极的任务态度（还有积极的课程态度）导致了学生们在做任务的时候，有更多的第二语言输出。甚至更为重要的是，当一个对任务态度低的学生总体上持有了对课程的积极态度，或者当对这个特定任务态度不太积极的学生和一个高动机的同伴组成一组的时候，这个学生的口语参与得到提高，并且也产出相对更多的语言。

另外一个近期的变化是认识到在第二语言成就之外，我们需要看行为动机会引起什么变化。奇泽尔和德尔涅伊（2005a）直率地指出："动机是一个解释为什么人们会那样做而不是他们的行为会如何的成功的概念。"（第 20

页）在最低限度上，行为估计得分像一个自我项目的语言选择（"如果你能选择，你选择下一年在学校［或者工作中］学习什么外语？"）以及自我报告的计划学习努力（"你打算在学习这些语言上花费多少努力？"）可以被考虑（参见德尔涅伊等，2006 的附录1）。除了研究动机和第二语言的成就，我们现在不得不考虑（直接观察的或至少自我报告的）行为。

8.8 展望：第二语言动机的自我系统

可能在未来几年，我们可以如何理解动机的最显著变化是第二语言动机的自我系统，由德尔涅伊（2005；奇泽尔和德尔涅伊，2005b）提出。这个主张把以往的模型综合成一个特定语言动机的宏观模型，但它是建立在一般社会心理学理论管理焦点和人类会做出以一个理想自我为参考动机下如何行动的决定的观念之上的。

管理焦点理论是由哥伦比亚大学情感和动机心理学家 E. 托瑞·希金斯（2000，2005）发展的。他认为人类自我管理自己的行为是基于平衡一个促进焦点和一个预防焦点的动机，促进焦点中我们预期能从一个行动中得到收获或者快乐，预防焦点中我们预期能从一个行动中得到痛苦或者羞愧。按照希金斯的理论，一个促进焦点包含对一个"理想的自我"（我们想成为的那种人）的参考以及我们与之联系起来的成就和愿望。它也与更内在的动机类型有关，与我们问我们自己以下问题有关：值得做某事吗？相反的，一个预防焦点包含一个"应该的自我"（我们认为我们应该是什么样的人）的参考以及我们与之联系起来的安全和责任的价值。它也与更外在的或者仅部分内在化的动机有关，与我们问我们自己以下问题有关：做某事值得其价值吗？

将这些观点应用于第二语言的动机，德尔涅伊提出了第二语言动机的自我系统的构念，包括三个主要成分：

1. "理想的第二语言自我"，指的是一个人"理想的自我"的特定第二语言的方面——如果我们想成为的人说第二语言，理想的第二语言自我是去学习特定语言的一个有力的动力，因为我们想减少我们实际和理想自我的差异。
2. "应该的第二语言自我"，指的是我们认为为避免可能的负面后果我们应该拥有的属性——这个动机的维度可能因此与我们自己的欲望或愿望基本没有相似性。

3. "第二语言学习的经历",包含与当前学习环境和经历有关的执行动机 [……]

(德尔涅伊等,2006,第 145 页)

他进一步提出融合度被重新定义成不是一种与目标语言成员认同的动力（他的研究和其他人的研究已经显示这在很多外语环境中有很低的相关性），而是一种缩小现实的自我和理想的自我之间差距或差异的动力,理想的自我对于第二语言动机高的个体正好被认为是一个说第二语言的自我。也就是说,有很高动机的个体会在融合度上得到很高的分数,她或他同时在内在的和工具的动机下学习第二语言,因为他或她有一个成形的说第二语言的理想自我,这个自我可以期望作为一个参考点,将第二语言成功与一个促进的焦点联系起来。在这一提出的概念重建中,融合度确实是各种环境下第二语言动机的主要与最直接前提,但只在其被重新标记为**理想的第二语言自我**的前提下（奇泽尔和德尔涅伊,2005a,2005b）,这反过来直接受到**工具性**的前提和**对第二语言说话者态度**的前提的影响。考虑到这些动机的前提,至少四种动机描述可以从第二语言动机的自我模型中辨别出来。这个模型在表 8.3 中用图表展示出来。

表 8.3

第二语言动机的自我系统,基于奇泽尔和德尔涅伊（2005b）

前提	动机描述			
	动机最高	动机较少	动机极少	失去动机/零动机
自我参考（重新定义的融合度）	理想的第二语言自我	应该的自我	二者都不是	二者都不是
感觉到的工具性	高	高	低	低
对第二语言和外语的总体态度	高	低	高	低

这四个描述已经被奇泽尔和德尔涅伊（2005b；以及德尔涅伊等,2006 的第六章）报告的发现实证支持。最有动机的个体会发展出高动机（与自我报告的投入精力学习第二语言的强烈意愿有相关性）以及所有动机前提的高水平,包括高的工具性,对第二语言说话者和文化的积极态度,以及对学习外语的普遍高兴趣。这些有动机的个体因为有一个发展得很好的理想的第二

语言自我而呈现这个模式。这个有高动机的个体也会因我们在学习一种第二语言中期望的实用回报和功用有工具的动机或更外在的动机。毕竟，"在我们对自己的理想化形象中，我们想表现出个人让人喜欢（与对第二语言社区和文化的积极态度相联系）以及职业上成功（与工具的动机相联系）（奇泽尔和德尔涅伊，2005b，第637—638页）。

学习第二语言动机质量较低的个体有三种。一些有很高的工具性分数，但是有不太积极的态度、文化兴趣，等等。也就是说，他们表现出了不太强的动机，由参考应该的自我而非理想的第二语言自我支持。他们仍受动机刺激，但是是外在的动机。还有一些学习者在态度上的分数高，但是在工具性上分数低，意味着他们没有看到能够知道或使用第二语言的个人相关性或有用性。这些类型的学习者一般缺少动机，因为没有工具性的感觉（通过参考应该的自我）或融合度（通过参考理想的第二语言自我），只有积极的态度不足以促进动机的强度。最后，最没有动机的描述包含在动机上得分低的个体，因为理想的或应该的自我都无法促使他们努力学习第二语言，他们就是没有感受到足够水平的融合度、工具性，或对第二语言说话者的积极态度，因而失去动机或者没有动机。

第二语言动机自我模型在解释第二语言学习动机本质时对自我概念给予的重要性打开了个体差异研究的视野。个体差异中的认知、意动和情感维度可以被融合在一起，并可作为互相联系的因素研究。我们会在第九章检测另一些这样的影响。

8.9　关注动机的力量

我们以一个也许是语言教师和学习者问自己的最为重要的问题来结束本章关于动机的讨论：不同的人在尝试学习另一门语言的时候，动机对于解释他们获得的相对不同程度的成功到底占有多重要的位置？也就是，动机在多大程度上能够预测第二语言学习的成功？

基于对加德纳实验室所做的研究的元分析，马斯格利特和加德纳（2003）总结，态度/动机量表努力、乐趣和投入三个子量表的分数共同一致解释了动机量和第二语言成果之间平均9%（$r = 0.30$）到16%（$r = 0.40$）的变化，第二语言成果在他们的不同研究中总是被定义为课程成绩、自我报告的能力或水平测试的分数。虽然9%到16%可能被认为是个温和的效应量，这个发现仍然给人深刻印象，因为这是建立在总共包括超过8000个学生的50个独立样本基础上的，并且只涉及一个多构念模型的一个成分（动机量）。同样，我们必须避免过度解释这个发现，因为加德纳和他的同伴所揭示的关系是一个严格的量化关系，通过态度/动机量表这一范围有限的框架测量。

考虑到更当代的动机理论，德尔涅伊（2007）报告了没有公开发表的研究结果，提出相关性高得多，在 $r = 0.38$ 和 0.78 的范围内，平均是 $r = 0.59$，相当于35%的解释变化。这一证据利用了8.7节和8.8节回顾的动机理论新流派第二语言学习情景化和与性格特征相关的观点。它包含了从比对态度/动机量表陈述的整体反应与理论更相关的标准测量工具得出的分数。比如，更当代的动机调查，比如德尔涅伊等（2006）开发的，可能包含有关报告的计划努力（"你打算在学习X语言花费多少努力？" 5 = 非常多，1 = 完全没有）和报告的行为（"我经常在电视上看卫星节目" 5 = 完全符合，1 = 完全不符合）的陈述和问题。还有一些研究者已经开始实际测量行为，比如第二语言活动中的参与量（德尔涅伊，2002；德尔涅伊和科尔莫什，2000）。

然而，需要注意，动机和行为变化以及第二语言学习成功之间的关联总是被认为是相互的，而不是因果的：有动机促进了更成功的第二语言学习，但是，相反的，经历第二语言学习成功也会使动机提升到更高的水平，这是一个加强的循环。因此，动机确实是解释第二语言学习的核心，但是它不能被简化为几个变量，也不能被几个问卷或群体数据所涵盖。自20世纪90年代后期，尤其是自21世纪初，随创新出现的挑战主要存在于实施正确对待学习其他语言动机的复杂性和动态性的研究。这些研究将必须考虑时间的变化、不断变化的环境引起的波动，以及刺激和支撑学习另一门语言需要的行为和愿望的许多相互影响。

8.10 小　结

- 动机常常被理解为发起第二语言学习的愿望以及为了保持它而做的努力。我们能通过问卷可靠地测量动机的不同方面和维度，通过聚焦于动机的量（比如加德纳的态度/动机量表），动机的质（比如，诺埃尔斯和同事的语言学习取向量表）以及动机的前提，比如取向和态度。
- 融合度被定义为"一个为更接近另一个语言社区而学习第二语言的真实兴趣"（加德纳，2001）。尽管这个构念经常被误解，且与外语环境的关联性有一段时间受到质疑，融合度的核心性似乎相当有弹性（奇泽尔和德尔涅伊，2005b）。看起来过时的是只聚焦于对第二语言说话者和文化的认同；然而，融合度可以更有成果地被重新定义为一种缩小现实的自我和理想的自我之间差距或差异的动力，理想的自我对于第二语言动机高的个体正好被认为是一个说第二语言的自我。

- 很多动机的前提被研究了，但是宽泛的学习动机（或取向）和对目标第二语言和社区的社会观念（或态度）被最广泛地解释。取向和态度在不同的第二语言学习环境中有差异，包括第二语言环境相较于外语环境，也包括单语环境相对于多语环境，以及第二语言附加与全球化或当前政治冲突有关的符号价值的环境。
- 20世纪中期的一次有益的危机对加德纳动机模型的统治地位提出了质疑，使得第二语言动机研究团体转向更广的社会心理学研究的各种动机理论。特别有用的是对聚焦于动机的质而不是量的理论的改造，比如自我决定理论。
- 危机的另外一个积极结果是推动扩大了对动机研究的环境，不仅仅局限于几个少数的环境（尤其是法语—英语加拿大环境）。很多重要的观点就是因为研究者开展了不同环境下的研究才产生的。
- 对正式学习环境的态度显示出了对动机的持久的和重要的影响。尤其是，对学习环境和第二语言社区和文化的积极态度（通过优先的积极学习经历发展）以及当前对教师和教学的满意能极大促进动机。随之而来的是动机的改变，包括为了更好而改变，可以在教程中计划和实施，对教师和教育者有实际帮助（德尔涅伊，1994）。
- 更新的视角在最近出现了，并且很自然地加入了这个变化的充满生气的研究图景。这些变化的主要趋势是认识到第二语言动机是动态的而不是静止的，这造成了对时间、环境和行为的越来越多的关注。这些主题很可能在未来研究中与一个重要的新概念相结合：理想的说第二语言的自我。

8.11 进一步阅读的建议与说明

阅读动机研究对读者有两点要求：注意问卷任务提示和相关性结果的细节，想象把理论预测和量化结果放在一个环境视角下。我希望这章已经指导你发展了这两个阅读本能。如果你主要是对动机在教学实践方面感兴趣（"我如何提高和培养我的学生的动机?"),我建议你读奇泽尔和德尔涅伊（1994），之后阅读德尔涅伊（2005）有关第二语言动机的章节，最后你可以阅读奇泽尔和德尔涅伊（2005b），这时这个研究更容易理解。一个有关同样大规模的研究项目的完整报告在德尔涅伊等（2006）中呈现。

如果你想在其研究环境下的理解动机，两本论文集德尔涅伊和施密特（2001）、德尔涅伊和潮田（2008）提供了各式各样的定量和定性研究，这些研究跨越了很多研究环境并且有一些重要的立场论文。本章所引用的许多实证研究中，以我的观点，那些可读性最强的研究有：克莱门特和克鲁伊德尼尔（1983）、克莱门特等（1994）、潮田（2001）、兰姆（2004）和多尼策 - 施密特等（2004）（爱德华，2004 的反思可以作为这一研究的很好补充，尤其是对于美国读者）。这些研究中的任何一个或以这一推荐顺序阅读每一个研究，都能激发有用的见解。

最后，如果你的目标是跟上最新的第二语言动机研究，最好的策略是定期搜寻以下关键期刊最近几期的目录：《语言学习》《现代语言期刊》和《系统》（应用语言学领域）以及《语言和社会心理学期刊》和《学习和个体差异》（心理学领域）。

第九章 情感和其他个体差异

如果我们不考虑情感和它在第二语言学习中的多重作用,那么我们对为什么人们在学习第二语言时的快慢、好坏和所使用的方法如此不同的理解就是不完整的。让我们简要回顾一下第七章中的法语学习者。在他们的书中叙述的两种经历最普遍、最令人震惊的不同是沃森和卡普兰表现出来对第二语言发展出的情感关系。如表9.1所显示的,对于沃森,学习法语的感觉是一种对他的自我的攻击("自上而下渗透的外来影响"),但是对于卡普兰,学习法语的感觉是一种培养与对自我的受欢迎的改造("我全身充满了法语,它把我高高举起,在我全身奔腾")。

表9.1

情感与第二语言学习

理查德·沃森(1995)	爱丽丝·卡普兰(1993)
……当我写英语的时候,我惊骇地发现我使用了法语形式。法语在暗中破坏我自身!我的性格有被分解的危险!一个巨大的警钟在我深层的潜意识中启动,这自上而下渗透的外来影响使我恼火(第57页)	六月,我坐飞机回家,我能感觉到法语就在我的喉边,我嘴中的新肌肉。我打开我的耳朵,在飞机上,去听任何说法语的声音,因为这是我现在的声音。我全身充满了法语,它把我高高举起,在我全身奔腾,我头脑中的一个声音,我耳朵发痒,好像会在任何时候触发。一种相反的语言,当我下飞机时,美式英语听起来很吵,很响,就像是一种信仰的侮辱或丧失(第70页)

学习和使用一种外语是对一个人自我的威胁。它使得人们容易受到伤害,尤其是成年人,他们习惯于顺畅地使用他们自己的语言。比如,很多第二语言初学者厌恶地报告当他们使用第二语言的时候,感觉"被幼儿化"了(施皮尔曼和拉德诺夫斯基,2001)。至少在达到高水平之前,那些尝试使用一种新语言的人不能很好地控制自己用第二语言说的内容、如何说这些内容以及他们能向他们的对话者展示什么样的自我形象。相似的,他们可能因意识到

不能完全理解对话者且不能合适地回应感到尴尬和沮丧。可能一些个体（比如爱丽丝·卡普兰）更适合处理这些威胁自我的经历。相反，其他一些个体（比如理查德·沃森）在这些情况下感到痛苦，有时伴随对最终学习或没有学习第二语言的灾难性后果。但是这些差异存在于何处？有关这些差异对情感和第二语言学习的心理学方向研究能告诉我们什么？

我们将在本章考察这些问题。在进入我们有关情感和第二语言学习的讨论之前，应该警告你，虽然传统上情感被认为包含性格中性情和感情的方面（可能还有意志的一些方面），如今的心理学家相信情感可以影响认知并且被认知影响。这样，就很难把情感与认知和意动区分开来。我们在本章所考察的维度就证实这是个挑战。

9.1 性格和第二语言学习

第二语言学习者的性格能不能在人们学习一种新的语言经历的不同情感反应中得到暗示？我们现在还不知道，因为尽管对性格的一般心理学研究已经有了很长的历史，SLA 研究者才刚刚开始研究这个因素。

性格可以被认为是一个人稳定的特征或特质，是与感情的认知过程相联系的动态的情绪，或者甚至是通过社会经历学习到的倾向。在 SLA 研究中，迄今为止，特征性格模型占优势地位，三个主要模型及其伴随的工具已被使用，这些在表 9.2 中显示。第一个是艾森克的性格模型，这个模型也许是最著名的、最传统的模型。它聚焦于性情，由三个特征组成：精神质（Psychoticism）、外向型（Extraversion）和神经质（Neuroticism）（这就是为什么它也被称为 PEN 模型）。这三个特征有一个生物学基础。精神质与攻击性相关，由睾丸激素水平反映出来。外向型与激发皮层有关，通过测量汗、皮肤电导和脑电波得出。神经质与面对危险时的反应有关，由大脑特定部分的激活临界值反映出来，通过测量心率、血压、冷手、出汗和肌张力得到。这个模型及其工具（艾森克和艾森克，1964）已经被广泛的实证验证，并得到理论的支持，但是目前 PEN 已经过时了。

第二个著名的性格模型是由布里格斯和迈尔斯母女开发的。这个性格模型有力地提醒情感和认知是很难分离的，强烈关注认知方式或处理信息的优先方式（我们将在 9.5 节和 9.6 节中深入考察）。迈尔斯和布里格斯提出了带有两个相反极端的四个特征：外向型/内向型、感觉/思考、感知/判断以及直觉/感觉。迈尔斯—布里格斯类型指标（Myers-Briggs Type Indicator, MBTI）（迈尔斯和麦考利，1985）是一个著名的调查工具，尽管重要保留意见使其近年来研究者使用减少，但是它还是被广泛地使用（参见斯滕伯格和格里戈连科，1997）。MBTI 把人分成了 16 种性格，结合了回应这个世界的四个积极和四个消极极端的优先方式。

最后，基于 20 世纪 90 年代集中的实证研究，出现了性格的五因素模型（FFM，也称为"大五"），并且已经成为心理学界占有主导地位的现代性格模型，部分是因为它成功地把以前的所有模型结合在了一起。具体地说，它对艾森克与迈尔斯和布里格斯的模型适应得很好，如表 9.2 所显示的。大五人格模型经常用大五人格量表（NEO Five-Factor Inventory，NEOFFI）测量（考斯塔和麦克雷，1992）。

表 9.2

SLA 研究中使用的三个性格模型

描述	艾森克 PEN 模型 性格特征	迈尔斯和布里格斯 性格类型模型	大五人格模型
在压力下平静或紧张的倾向；尴尬、悲观主义、内疚、低自尊的趋向	稳定型—神经质		情绪稳定型
社会兴趣，受到社会活动的激励；内在兴趣，受到单独活动的激励	外向型—内向型	外向型—内向型	外向型
容忍、侵犯、狡猾欺诈行为的倾向；有逻辑、善于分析与客观的或聚焦于价值、温暖和关系的倾向	精神质	感觉—思考	舒适度
针对或远离目标、终止、计划、组织、规则的取向		感知—判断	责任心
整体的和意义驱动的相较于现实的和细节驱动的对刺激的感知、创新的兴趣、对模糊的容忍		直觉—感觉	对经历的开放度

(续表)

	艾森克 PEN 模型	迈尔斯和布里格斯 性格类型模型	大五人格模型
描述	性格特征		
焦点	性情	认知方式	性格
工具指南	艾森克和艾森克 （1964）	迈尔斯和麦考利 （1985）	科斯塔和麦克 雷（1992）
SLA 研究案例	德维利（2002）	穆迪（1988）	费尔赫芬和弗 米尔（2002）

是不是可能某些性格类型比其他类型更易被吸引开始外语学习？为了准确处理这个问题，穆迪（1988）对夏威夷大学 491 名自愿参加一年级和二年级欧洲外语课程的学生使用了迈尔斯和布里格斯类型指标，他把他的结果和 MBTI 的开发者发表的一个从接近 20000 名一般大学生的大型规范样本获得的模式（迈尔斯和麦考利，1985）相比较。穆迪发现在他的样本中，有非常惊人的大比例直觉和思考的性格，即这些人倾向于依赖记忆和联想，使关系形象化，寻找大的图景和体会言外之意（直觉），但是他们也擅长分析和逻辑（思考）。为什么"直觉思考者"尤其被学习外语所吸引？穆迪提出这些人喜欢和语言单词和符号打交道（直觉的），也喜欢使用语法分析和规则（思考）。有趣的是，埃尔曼（1990）也发现直觉的思考者是在美国涉外服务学院中非欧洲语言的 79 名学生和老师中最常见的性格结合类型。埃尔曼的发现给了穆迪的发现以重要的支持，因为她的研究包括高学能的学习者学习所谓的难语言（在美国涉外服务学院学习语言的学生必须满足在现代语言学能测试中得到大约 130 分的高学能分数，才能够学习所谓的"难的"语言，比如日语、韩语、泰语和土耳其语）。可能有点让人吃惊的是，穆迪（1988）和埃尔曼（1990）都发现他们的参与者外向型和内向型两类的人数相等。考虑到在 MBTI 上针对美国人建立的规范有倾向于外向者的不平衡性（75% 对只有 25% 的内向者），我们可以怀疑，很令人惊讶的是，不成比例的内向者被学习外语吸引。

当然，不仅探寻什么样的性格类型被学习外语吸引很有意思，探索是否某些性格特征与学习这些外语的更高水平成功有联系也是很有意思的。性格和获得的第二语言交际能力的这种直接关系被卢多·费尔赫芬和安妮·弗米尔（2002）所研究，研究对象是在荷兰 12 所不同学校学习的 69 名六年级学生。他们是第二代移民的男孩和女孩，年龄在 11 岁到 13 岁之间，来自工人阶层的家庭，在家中说荷兰语外的一种语言。他们从幼儿园开始就在荷兰上学。在这个更为现代的研究中，性格通过大五人格模型定义。在这种研究中，一般使用像大五人格量表这样的问卷。但在这个研究中，教师被要求仔细观察他们的小学生，并在一个有 30 组判断的五级李克特量表中给他们打分。从所报告的工具的高信度，以及根据一个主要成分分析，分数的分布清晰地回应了因素的五个成分，这五个成分很好地反应了五个性格特征，并解释了 69 名儿童性格分数 73% 的整体变化，这个策略看起来对这个研究很有效。根据由巴特曼和帕尔默（1996）提出的被广为接受的模型，交际能力被定义为包括三个维度：组织的、实用的和策略的能力。每一个维度都通过源自六个工具的八套分数被仔细测量。研究者总结这个测试组是对这个复杂构念的成功操作化，因为当它们为主要成分分析提供分数时，它们能围绕这三个理论上提出的维度呈现清晰的模式。

对于性格和第二语言最终成果的关系，费尔赫芬和弗米尔（2002）展示了什么？基本上，对于这个在学校学习第二语言荷兰语的六年级学生样本，与大部分测量中获得的交际能力联系最紧密的性格因素是对经历的开放性，占大约 15%—25% 的共享方差。外向型只与两套分数有高的相关性（监控和策略能力），责任心与交际行为的计划的分数相关。相反，舒适度和稳定性，显示出与获得的交际能力没有关系。

费尔赫芬和弗米尔（2002）所报告的这样的发现，如果在未来的研究中被复制，会显示出对新的经历有好奇心，因此感觉很兴奋，并且在较小的程度上是合群的和社交的，这些也许是那些愿意或需要学习一种第二语言的人重要的性格优点。这个研究也指向对经历的开放度对第二语言学习个体差异研究的潜在重要性。有意思的是，这个大五人格模型中的性格成分与缺少民族优越感（加德纳，2001）和国际姿态（八洲等，2004）产生共鸣。然而，这是一个与据称有一系列文化创新、人际关系和社会态度影响的倾向有关的宽广很多的构念（麦克雷，1996）。它也被发现与学龄前复杂的玩耍行为和青少年时期的自信有关（阿贝，2005）。在成年人中，斯滕伯格和格里戈连科（1997）指出对经历的开放度也与智力的构念有关，艾伯特和科尔莫什（2004）提出它也与测量的创造力有关。因此，对经历的开放度成为未来 SLA 性格研究中有丰硕成果的领域，尤其是鉴于费尔赫芬和弗米尔有趣而有说服力的发现。

9.2 外向型和说话方式

外向型的性格特征一直吸引着第二语言研究者的想象,但是由于开始结果太混杂,使得很多人对其幻想破灭或者避免进入这个领域的研究,使外向型成为第二语言研究领域一个"不被喜爱的变量"(德维利和弗恩海姆,1999)。但是,在20世纪90年代后期,SLA研究者让-马克·德维利和心理学家阿德里安·弗恩海姆联合起来支持这一变量的第二语言工作的复兴,强调其在情感和认知十字路口的重要性。他们综合了第一语言的研究中显示外向性和说话方式有联系的有说服力的证据。德维利和弗恩海姆(1999)指向心理学中三个第一语言研究的有力发现:(a)外向者有更好的短时记忆,(b)他们比内向者更为不受压力和焦虑的影响,并且(c)他们比内向者说话更流利。这些预测如何把性格和最终的第二语言学习成功联系起来呢?他们提出,当涉及第二语言言语产出时,至少前两个优点在逻辑上应该转化为关键的优势,也就是更便于利用、分配更有效的认知资源,仅这就能解释口语流利优势这第三个优点。如果外向型被显示出对使用第二语言时有更多自信与更少焦虑有指导性,人们可能会发现外向的人能在使用第二语言说话的时候更好地保持更高的流利度,甚至在有压力的情况下。这也暗示了,人们可能也会期望,相比内向者,外向者能寻找和获得更多和更丰富的机会使用第二语言。所有这些可能会导致外向者在第二语言的课堂上获得更高的分数,并且在长期的学习中获得更好的学习成果。德维利和弗恩海姆通过两个研究为支持他们的假设提供了证据。

德维利(2002)将艾森克性格量表应用于比利时100名中学最后一年的学生,大约一半是男生,一半是女生。他也测量了他们报告的自信和焦虑水平,以及他们的课程成绩记录。这个研究很特别,因为全部的参与者都是多语人,因此她们的第二语言的性格和自信水平与第三语言的性格和自信水平之间关系可以进行比较。大部分参与者的第一语言是丹麦语,所有参与者都从10岁开始学习法语,从12岁开始学习英语(并且大约一半的参与者还学习了第四语言,德语或者西班牙语)。德维利发现精神质、(程度较弱的)外向型和神经质都预示了他们第三语言英语的焦虑。这些关系在程度上和第二语言法语的焦虑是相近的,但在统计上不显著(奇怪的是,从总体焦虑水平上看第二语言法语高于第三语言英语，德维利解释这是在比利时对法语的社会政治历史态度的作用）。这个结果的模式应该被谨慎评估，因为麦金太尔和卡罗斯（1996）的另一个研究没有对其做出支持，他们没有发现性格和焦虑之间有联系的证据。

德维利和弗恩海姆（2000）收集了更多有力证据，他们研究了比利时25名第二语言法语的学习者外向型和流利的言语产出之间的关系。他们都是佛兰德（第一语言是荷兰语）18到21岁的大学生，他们在中学已作为外语学习了6到8年的法语（大约1200个小时）。通过艾森克性格量表，他们就其外向型被评分。研究者随后检测了每个学习者30分钟说话表现出的七个语言特征。他们发现，在外向型和七个变量中的六个之间有相当程度的相关性（在 $r = 0.40$ 到 0.55 之间），并且外向型对说话速度的流利度测量有特别明显的影响。全部参与者中，一个说话者越是外向，他或她倾向于展示的说话速度就越快。言语在两个条件下引出，一个高压力的10分钟口语测试情景与一个与研究者更放松的不记时的谈话。结果显示情景的压力对内向的说话者产生了一个可观的影响，但是对外向的说话者没有产生这样的影响。具体地说，有证据显示，在有压力的条件下，内向的参与者获得更高的词汇丰富度和表达更清楚的语言，但付出的代价是进行更多以犹豫为标志的词汇寻找，并且也更不流利。这样，整体来看，外向者流利度的优势，内向者是通过复杂性和词汇丰富度的优势来平衡的。相比较而言，形态准确性是德维利和弗恩海姆（2000）检测的变量中唯一的与外向型和内向型都没有任何相关性的变量。

9.3 学习者对交际和准确性的取向

与我们刚才所讨论的发现有关，德维利和弗恩海姆（1999）也在外向型/内向型的性格特征和对准确性对比交流的关注之间建立了一个有趣的理论联系。他们这样总结这点：

> 外向者和内向者也可能，有意识或无意识地，在所谓的速度—准确性的权衡中做不同的选择……尤其是当他们在压力之下时。外向者，作为冒险者……可能适合在言语产出中选择更快的速度，但是内向者更谨慎，更怕被惩罚，可能使他们慢下来，更注意"在开口说话之前，确保头脑已经准备好"的准则。

（第536页）

对这个领域的关注已有一定历史，可以追溯到20世纪70年代，那时这样的个体倾向被第一次注意到，克拉申（1978）创造了"监控低使用者"和"监控过度使用者"的标签描述这些倾向。"监控低使用者"倾向于过度聚焦于交际，达到错误估计冒险使用第二语言行为的程度，而"监控过度使用者"倾向于过度关注正确性，达到焦虑或沉默的程度。无论如何，这个问题很少被系统研究，且这样的倾向的前提与外向性的性格特征是否有间接的联系还不得而知。

匈牙利研究者尤迪特·科尔莫什（1999）研究了是否对交际或准确性的说话倾向的不同会在言语产出的不同中得到反映，尤其是在自我改正的步骤中。科尔莫什没有着眼于外向型或其他一般性格特征，而是设计了一个问卷掌握每一个说话者对流利地或准确地交流自己的信息和对避免错误的关注。她从匈牙利找了30位把英语作为第二语言使用的参与者，几乎所有的参与者都是女士。在他们中，10个是16—18岁的中学生，英语水平为中下等，10个是18—22岁的大学一年级英语专业学生，他们极少接触第二语言环境，但是有高等或者中高等的水平，最后一组是10位小学教师，他们以前教俄语，现在正在接受教英语的再培训，他们的水平和年龄跨度大。在参加了一次水平测试和完成了一个简短的问卷之后，这些参与者被要求和研究者一起做一个五分钟的角色扮演活动，任务是在一个饭店预订一个包间。这个活动录音之后，每个参与者做了一个回顾访谈。访谈中，他们在听自己说话时，解释他们的选择和感受，这能帮助研究者辨别他们自我改正的地方。

基于他们的问卷回答，科尔莫什把30个说话者做了以下分类：监控低使用者，看起来对交流很重视；监控过度使用者，更多地关注于准确性；以及中等的监控使用者，似乎对交际或准确性都没有很强的态度。在考虑水平差异之后，说话方式被发现只与流利度和七个自我更改测量中的一个有关系。具体地说，监控过度使用者很明显说得比较慢，并且他们更频繁地重新措辞，寻找一种更好的方式来表达自己。但是，他们总体上没有比其他组更频繁地自我改正词汇或语法错误。这个观察与德维利和弗恩海姆（2000）展示的结果一致。虽然科尔莫什的发现有点让人失望，从八个测量中只有两个产生了理论上假定的关联，但可能一方面性格与说话方式之间的关系，另一方面，性格与言语产出中的监控行为之间的关系，会出现在更大规模的研究中。即便如此，无论科尔莫什（1999）还是德维利和弗恩海姆（2000）都没有报告性格因素对准确性的影响。这样，另外一个似乎合理的预测是性格和学习者关注交际或准确度可能通过对流利度和复杂性的权衡而非对流利度和准确性的权衡对说话风格产生影响。然而后者经常在信息处理的理论预测中有受到青睐的可能性，就像在之前德维利和弗恩海姆（1999）的引语和克拉申的研究中（比如，见克拉申和福斯特，2001）。

性格和第二语言学习之间的关系是很有趣的，才刚刚开始被 SLA 研究者研究。但是最后，这种关系可能会误导我们想象人的天性中某些神秘的天生的特性会影响他们学习语言的快慢和好坏。然而，性格特征，比如对经历的开放度、外向型、对交际或准确性的关注等等，影响目标和行动，而且又是这些目标和行动影响最后的学习成果。比如，理智上有好奇心且善于人际关系的人更倾向于寻求或有与第二语言的更多接触（和交互），这反过来可能增加他们更快和更好地全面发展第二语言交际能力的机会。也就是说，就性格对人们寻求或避免的经历类型的影响多少而言，性格与第二语言成果相关。

9.4 外语焦虑

在 SLA 研究中，焦虑的变量本身已经得到了很多研究，而不是和性格联系在一起。简单地说，一些人报告当他们想到外语时，经历忧虑、紧张甚至害怕的强烈感觉。就像麦金太尔和加德纳（1994）指出的，这种感觉焦虑的倾向只是针对外语学习的，就像一些大学生报告与要求使用数学、统计学或公开说话的情况有关的一致的忧虑。高焦虑的外语学习者显示出很多特征，但是最普遍的特征有两个：当被要求在全班面前使用第二语言说什么的时候怯场，不能说话，以及尽管学习非常努力甚至知道答案，在语言测试中仍然忘记正确答案。

两位推动我们有关语言焦虑知识的核心研究者是美国的伊莱恩·霍维茨和加拿大的彼得·麦金太尔。虽然两个研究项目是一致的，并且有趋同的结果，但是突出一些不同是有用的。霍维茨聚焦于课堂之外没有很多接触第二语言机会的外语学习者经历的与课堂有关的焦虑类型，她的研究集中于心理状态和自我信念。相比较而言，麦金太尔强调植根于在第二语言环境中与第二语言说话者直接接触的交际焦虑，他进行了强调社会态度和行为交际关联的解释。就像我们将在 9.5 节看到的，后者这些强调最终将交际意愿（willingness to communication，WTC）作为主要的构念来研究，焦虑只是对它起作用的一种力量或前提。

最著名的焦虑测量是外语课堂焦虑量表（Foreign Language Classroom Anxiety Scale，FLCAS），是由霍维茨和同事（霍维茨等，1986）一起开发的。量表一共包括33个项目的五级李克特量表，大多数是关于说话者在说或者产出语言时的焦虑和更一般的对外语学习的忧虑态度的陈述。项目的例子有"即使我已经对语言课做好准备，我还是对其感到焦虑"和"我总是感觉其他学生比我说外语好"。另外一个工具是由麦金太尔和加德纳（1994）开发的输入、加工和输出焦虑量表（Input, Processing and Output Anxiety Scales, IPOAS）。这个量表包括18个五级李克特量表项目，具体与在遇到说或写的输入的输入阶段（"除非法语说得很慢，很刻意，否则我会感到慌乱"）、理解信息和弄清词语和意义的处理阶段（"我对法语感到焦虑，因为无论我怎么努力，我还是理解有困难"）以及制造一个人在说或写中学到的和能够做的证据的产出阶段（"我可能知道正确的法语表达，但是当我紧张的时候，它就是出不来"）引发的焦虑有关。基于麦金太尔和加德纳（1994）报告的发现和贝利等（2000）进行的验证性研究，两个工具之间互相有可接受的相关性，是测量外语焦虑的两个同样很好的选择。

外语课堂焦虑量表和输入、加工和输出焦虑量表的分数被发现与课程成绩有中等的关联，这说明比起那些低焦虑的学生，高焦虑的学生在他们的外语课程中期待的和做的的确得到了更低的分数。另外，在那些有关焦虑分数和第二语言水平直接测量的分数的研究中获得了大约 $r = -0.45$ 到 $r = -0.65$（即20%到40%的解释的共享方差）的较大的负相关性，无论是全面的语法测试还是要求说、听、写和词汇学习的任务。这就有力地说明，高的、有削弱作用的焦虑的确干扰了外语课堂的学业成就。除了更低的成就外，还发现了过度焦虑的学生经历的其他几个更细微的影响，这些包括他们学习和处理第二语言材料更慢的速度、低估他们真实的第二语言能力倾向和进行避免冒险的行为的倾向，比如说得更少，尝试复杂度更小的信息（斯滕伯格和霍维茨，1986；麦金太尔和加德纳，1994；麦金太尔等，1997）。

外语焦虑来自于哪里？最近的研究强调了自我感觉和自我概念的重要性。比如，昂韦格布兹等（1999）发现美国参加外语课程的210名大学生中，焦虑的水平与自我价值低的感觉和他们对自己的一般学术能力低的感觉有联系。对于那些可能一开始就有低自尊的人，在第二语言学习环境下易受伤害的感觉可能特别强烈。如果威胁没有得到控制，焦虑上升，就会促成这些学生在他们感觉被评估并预计会失败的情况下有不好的表现。

关于语言学习反作用的信念（在霍维茨，1988 中有很好的解释）也能从不同的方式上对外语学习的焦虑产生作用，也就是通过导致高水平的失望和强烈的失败的感觉。关于语言学习误导性的谣言包括一个人应该能够学习词汇和语法，然后没有错误地说或写，还有学好一门外语意味着能够像本族语说话者一样发音，以及在大学两年内可以学会一门外语。在一个少见的在北美之外所做的发表的关于焦虑的研究中，格雷格森和霍维茨（2002）发现这些完美主义的态度和毫不留情的期待是智利一所大学 78 位以英语为外语学习的大学二年级学生样本中四位最焦虑的学生的突出特征。比如，这些高焦虑的学生中的其中一个说到（第 567 页）：

（1）我（对我的错误）有点烦恼，因为我焦虑，我觉得另一个人认为我不知道如何说。这经常发生。我尽我最大的努力发音，而我努力更好发音的时候，我的发音变得更不好了，因为我会发慌。也就是说，我发慌因为我有的时候单词发音不好。我非常努力地完美发音。

这些对准确性的关注和 9.3 节考察的科尔莫什（1999）对准确性取向的学习者比较交际取向的学习者的研究有共鸣。但是需要重点指出的是，完美主义不总是一定有一个负面的影响。比如，珀塞尔和苏特（1980）发现在他们 61 个学习英语的国际学生中，所有人都是青春期后的学习者，有出色的发音是第二语言发音评分中四个最好的预测因素之一（其他三个因素是第一语言背景、口语模仿的学能和第二语言接触时间的长度）。埃利奥特（1995）发现，同一对发展像本族语口音的关注在大学水平的第二语言的西班牙语学生中是与第二语言发音有最显著正相关的变量。相似的，在邦加茨（1999）对英语学习者的研究和莫耶（1999）对德语学习者的研究中，有出色发音、使他们被当作本族语说话者的优秀学习者，报告他们在听起来像本族语说话者上有很高的动机（而且，值得注意的是，他们也在发音方面获得了高质量的教学）。这些发现提示我们，一定程度的紧张能帮助人们投入额外的努力并推动他们表现得更好，这是我们说的促进性焦虑。就像麦金太尔和加德纳（1994）提出的，只有当焦虑的学生有从专心分心且分散正常应该投入到手边的外语学习任务中脑力劳动的自我反对和负面的想法，焦虑的感觉才能达到削弱其力量的水平。

9.5 交际意愿和第二语言接触

采用更近的社会心理传统，焦虑开始在一种更广构念交际意愿（willingness to communicate，WTC）之下被研究。交际意愿是在20世纪80年代交际领域发展起来的，并且十年之后，被加拿大研究者理查德·克莱门特、彼得·麦金太尔和他们的同伴引入第二语言研究。在第一语言中，交际意愿与一个性格子特征的复合体相联系，比如内向、害羞、交际的忧虑和沉默。第一语言中的交际意愿被认为系统地预测了面对不同的情况和说话者（比如面对面、在写作和在技术为媒介的环境中），当一个有倾向的人有自由的选择，是如何发起交际的。在第二语言的文献中，交际意愿被称为"第二语言使用最直接的决定因素"（克莱门特等，2003，第191页），并且它与第一语言中交际意愿的独立性已被贝克和麦金太尔（2000）坚实地证实。那么如果不是第一语言的交际意愿，第二语言交际意愿的前提是什么？结果显示在很大程度上是第二语言交际信心，在较小的程度上是第二语言的态度，预测了第二语言的交际意愿。

一个人在第二语言中的**交际信心**对她或他的第二语言交际意愿有很大影响。在不同研究中，这两个变量之间的被观察到的相关性在0.60靠上直到0.80靠上之间。特别是克莱门特最初的工作，在显示能通过导出学习者使用第二语言时两个不同的情感的回答：他们多么放松或紧张（**焦虑**，一个情感变量）和他们感觉多么有能力或没能力（**自我感觉的能力**，一个认知的自我评价的变量），引出学习者的回应对最好地测量第二语言交际信心这方面是很有帮助的。而克莱门特等（2003）则显示这些正面的或者负面的对焦虑和能力的感觉与过去的第二语言接触（比如，在家里、邻里、工作场所或学校）的频率和（甚至在一个更大的程度上）感觉的质量有关。也就是说，两个交际特征焦虑和自我感觉的能力，虽然稳定，但受与第二语言说话者接触的过去经历影响，且二者都对第二语言交际信心的程度有影响。

另外，似乎第二语言交际信心的两个前提在依靠学习环境解释交际意愿时的分量是不一样的。也就是说，在第二语言使用程度比较高的环境下，比如第二语言和沉浸环境，焦虑对第二语言信心预测性更高，但是在第二语言使用程度比较低的环境下，比如外语环境，交际能力被认为与第二语言信心有更多的联系。在不同的环境下进行交际意愿的研究，比如加拿大（贝克和麦金太尔，2000）以及日本（八洲，2002），都收集到了同样的结论。贝克和麦金太尔（2000）提供了下面的解释。在第二语言高使用的环境下，说话者一般发展出更高的交际能力，并且相对习惯于成功的经历。因此，任何显著的负面经历更加强烈，并且能被记住。而且，他们面对的交际要求比在第二语言低使用环境中更加复杂，并且包含更高的风险。所有这些导致焦虑更加强烈地影响他们形成的第二语言交际信心。另一方面，在第二语言低使用的环境下，说话者仍然会发展他们的交际能力，他们与第二语言说话者的接触很少，给他们的交际要求也不那么复杂，对他们的日常生活也有较小的影响。这样，他们可能会更强烈地担忧以他们初期的能力他们相信自己能多好地用第二语言，而不怎么担心与第二语言说话者极少的接触（正面的或者负面的）的生活经历。所有这些解释了为什么他们对目前交际能力的感觉比起焦虑会对他们形成的交际信心更有影响。

虽然交际意愿是关于意图，理解意图的目的就是要帮助预测行为。然而，在第二语言交际意愿和交际行为的频率之间建立联系是很难的。还没有 SLA 研究尝试通过面对面对交际行为的实际观察来研究交际意愿的回答，但是少数的尝试观察交际意愿和第二语言交际自我报告的频率之间的关系的研究，只发现了它们之间有很弱的相关性，大约是 $r=0.20$。与研究意图的强度和目标实现之间的联系的心理学研究通常发现，与在 $r=0.45$ 到 $r=0.60$ 之间的相关值相比，这一相关显得很小（参见希兰，2002，戈尔维策和希兰，2006）。

尽管量化分析的结果是弱的，与**第二语言接触的自我汇报**在交际意愿中显得是一个重要的因素，因为它作为交际意愿前提和结果产生相互的作用。接触也是以形成于特定的学习环境和社会文化背景中的第二语言态度为中介的。因此，克莱门特等（2001）提出在第二语言低使用的环境下（比如，加拿大的单语环境或者其他地方的外语环境），实际的第二语言能力和第二语言自信是低的（因此交际意愿水平也是低的），因为使用第二语言的机会是低的。这些研究者预测在这种前提下，第二语言少数族裔群体移情和密切关系可以帮助鼓励学习者寻找更多的第二语言接触，这也反过来可能增强他们的信心。并且实际上，在克莱门特等（2001）收集的数据中，在这种低第二语言使用的说话者中，较强的认同水平与自我报告中与第二语言接触的更高频率同时出现。相比较而言，在解释高第二语言使用说话者所报告的第二语言使用频率上与第二语言群体的认同不再重要（他们也发展了更高水平的能力，并且总体更有信心了）。

还有一些例子证明了接触、自信和态度之间的相互关系，甚至在外语学习环境中，在那里第二语言的使用是低的且可能涉及更远距离的行为，比如见旅行者，观看第二语言的电视频道，等等。比如，德尔涅伊和奇泽尔（2005）发现在他们的研究中，匈牙利回答者报告他们与第二语言接触越频繁，学生倾向于对他们的交际能力总体越自信。在英语作为外语的低第二语言使用环境的日本，八洲友子和她的同事们所发展的国际姿态的构念是与"认同"或对第二语言成员的移情（参见8.5节）最接近的对应者。八洲等（2004）发现那些在国际姿态上得到高分数的学生在某种程度上更愿意加入第二语言的交流，虽然国际姿态对交际意愿的直接贡献很小（$r=0.27$）。

总之，可以很好地建立这样的观点：在很大程度上，第二语言中的交际意愿被第二语言的交际信心所预测（第二语言的交际信心本身被焦虑和自我感觉的能力所预测），并且在一个较小的但也是可观程度上被第二语言态度预测。这些态度受到过去第二语言接触的频率和质量所影响而形成，但是它们也帮助形成寻求和参与未来第二语言接触的意愿。交际意愿是在第二语言还是在外语的环境下发展也影响前提和结果的相对重要性。基于这些发现，交际意愿的变化成为一个理论的必然，也成为一个通过参与不同促进各种第二语言使用情况的环境积累更高的水平和更广泛的交际经历的功能。比如，交际意愿的形态可能随着学习者从一个学习环境移到另一个学习环境而变化，由于在工作、移民、婚姻等相关生活环境中各种自愿的或不自愿的变化获得他们附加的能力，或随着他们学习又一门语言，这门语言改变了之前与第一个学习的第二语言关联的与交际意愿相关的因素的稳定性，他们也随之获得了大量能力。未来的研究有希望解释交际意愿及其相关前提和后果如何在环境和时间的作用下改变（你可以把这个接触与交际意愿的社会心理学观点和将在第十章10.14节呈现的接近与参与的社会文化的观点进行比较）。

9.6 认知方式、场独立和场敏感

在第七章中，我们考察了认知能力（也就是，人们的学能概况和复合体）影响他们轻松学习语言能力的见解。但人们不是仅在他们的认知能力上有差异。在心理学上广为人知，人们也在他们更愿意把他们的认知能力以什么样的方式使用上有差异。比如，不同的人在感觉、记忆和使用信息来解决问题和学习时有不同的、让他们自己感到舒服的"通常优先的处理信息的模式"

(斯滕伯格和格里戈连科，1997，第700页）或方法。这些倾向以术语"认知方式"或"学习方式"为人所知。认知和学习方式没有好坏可言，而只是两极的维度（比如整体的对比分析的，反省的对比冲动的，场依存的对比场独立的），两个极端有潜在的优点和缺点，并且有时候有在多种方式的连续体上的子维度的混合特征。在本节中，我们将考察场依存和场独立（FDI），这是SLA中有最长研究传统的认知方式。在9.7节中，我们会看到尝试解释第二语言学习涉及的认知方式描述的更包容的模型。

场依存/独立是一个SLA从心理学引入的构念，一般通过嵌入图形测验（Embedded Figures Test）（戈特沙尔特，1926）来测量，在这个测验中，简单的形状隐藏在更大的图形中，找到那些形状花费的平均时间产生一个分数。分数越高（即花费的时间越少），一个人越是场独立的。在一个经常被引用的第二语言研究中，夏佩尔和格林（1992）考察了20世纪70年代和80年代发表的10个研究产生的32个嵌入图形测验和各种第二语言水平测量之间的相关。他们发现这些相关只有极个别在测量了某个其他认知能力（经常是数学能力和语言学能）并排除其影响的主要研究的子集中在统计上是显著的。这样，他们提出一个研究场依存和场独立的相当大的挑战，就是从其他非语言能力中理出嵌入图形测验上的能力。不管怎么说，审视夏佩尔和格林在其研究的表一中提供的数据，显示出相对一致的发现。这个统计上显著的相关的中位数是大约 $r = 0.35$，不管其他因素的影响是否被排除。这指向了场依存和场独立与第二语言水平之间的一种温和的但不是伪造的关系。

斯滕伯格和格里戈连科（1997）提出，另一个来自于只通过嵌入图形测验测量场依存和场独立的挑战是被引导出来的表现，比起解释为一种认知风格，更易于解释为一种能力，同时产生一个反映"越高越好"的评价设想的分数（就像我们看到一个100分的智商分数或者一个135分的现代语言学能测试分数）。而且，这个评估在心理学和SLA领域，很清晰地偏向于场独立的那一端。但是一个真正的双极解释的理论武器很明显：认知重建空间信息的能力（比如，指出简单的形式，而忽视把这些形式隐藏起来的更大的图形）被预测为对于场独立的情况是高的，而对于场依存则是低的，然而，一个人际取向被预测为对于场独立的情况是低的，但对于场依存是高的。因此，就如同加拿大心理学家约翰逊等（2000）主张的，在第二语言学习的环境下，场独立可能与发现第二语言输入模式、处理语言规则和能够在第二语言产出中自我监控的更好成功联系在一起，而场依存可能通过记忆和通过无意间获得语用和社会线索从交际中学习，从输入上在整体上促进学习。当他们检测加拿大一所大学 28 名第一语言英语的学习者和 19 名以英语为外语的学习者的口语表现数据时，他们的确发现了场依存与更高的交际能力有联系的证据。他们推测场独立可能促进对流利的交际表达有帮助的模式化公式和表达的整体学习。

埃尔曼和利弗（2003）以另外一种方式应对把场依存和场独立作为一个真正的两极认知方式研究的挑战。他们提出两个独立的标签来帮助把场依存和场独立构念的两极分解为两个不同的构念：场独立和场敏感。他们把场独立定义成一种好像在森林里看到树的能力，即发现重要的信息并把它从其环境中分离出来的能力，他们把"场敏感"这个术语留给表示使用"照明灯来保持对整个森林的意识，记录所有植物和动物以及环境中时时刻刻变化的存在"（第 397 页）的能力。根据埃尔曼和利弗，最好的语言学习者在环境里和环境外都能很好地学习新的材料，因此可望在场独立和场敏感中都得到高的分数。

9.7 学习方式描述

还有很多其他学习方式在 SLA 中得到了研究，有各种小程度的成功。在澳大利亚，肯·威林（1988）首先采访了 40 名教师和 25 名以英语为外语学习的成人学习者，随后又调查了 517 名学习者，使用发展于心理学的学习方式的模型和量表，包括四个学习描述：聚敛型学习者、发散型学习者、适应型学习者和吸收型学习者。这些发现产生了一些对移民教育政策以及项目、员工和材料发展的珍贵建议。但是因为项目的实践本质，这个研究很遗憾没有对其他 SLA 研究产生理论影响。在美国，乔伊·瑞德（1995）开发了一个用来分析英语为第二语言和外语学习者倾向的感觉学习方式的工具，比如视觉的、听觉的、运动感觉的/触觉的以及群体/个人的对学习的取向。然而，其他研究者后来尝试从心理测验证实这个工具失败了。

最有前途的语言学习方式模型是由埃尔曼和利弗（2003）开发的，这个模型建立在多年来对美国涉外服务学院的成年语言学习者的田野试验基础上（见埃尔曼，1990，1998，在第七章 7.14 节和 9.1 节中有引用）。这个模型包含一个二元连续体，**概要—伸展**维度。根据这些研究者，"这一区别……处理想要学习或需要学习的意识控制的程度"（第 395 页）。概要指的是依赖于对信息整体的、一看便知的感觉。概要型的学习者用潜意识学习的方法获得成功，因为他们是直觉的学习者。"伸展"（ectasis）是一个研究者从希腊词 ectasis 创造的新词，意思是"伸出"。它指的是学习者处理新信息时依赖于细节和系统的倾向。伸展型的学习者会在他们能对其学习施加有意识的控制时获得成功，因为他们是注重方法的学习者。埃尔曼和利弗提出概要与右半脑占优势的学习者有关，而伸展则与左半脑占优势的学习者有关。这个连续体通过 10 个子量表测量（一共 30 个题目，每个量表 10 个题目），大部分的题目都在以往的文献中有很好的基础。这一提出的模型中特别有意思的是信息可以被处理的方式的丰富特性描绘。表 9.3 中概括的六个量表尤其有意思，因为它们可能会和注意第二语言新特征的差异性能力联系起来（施密特，1995；参见第五章），这是一种也能在学能的新概念化中起很大作用的能力（参见第七章 7.1 节）。

表 9.3

埃尔曼和利弗（2003）学习方式模型 10 个维度中的 6 个

学习方式	定义
随便的—顺序的	信息是如何被建构的（通过内在的或系统的、有计划的标准）
整体的—具体的	在处理中对细节的关注水平
格式塔的—分析的	在处理中对信息的分析水平
全面的—个别的	在处理新材料时关注方向自上而下或自下而上的倾向
拉平的—加强的	学习者是倾向于通过依赖松散地融合的记忆片段和寻找共性，还是依赖细节的和差异性的、事实性的长期记忆编码在记忆中储存和回忆信息
冲动的—反省的	处理的速度

德尔涅伊（2005）在其权威性的对这一模型以及其他有关认知和学习方式的 SLA 著作的评估中，指出埃尔曼和利弗（2003）的框架很有前途，但他也警告它需要在一系列的环境和学习者群体中测试和修正。

9.8 学习策略

如果方式是信息处理的优先方法，策略就是人们为了控制他们的学习过程参与的有意识的精神和行为程序。卡普兰（1993），我们成功的法语学习者，在以下片段中提供了一个很好的例子，她记得 15 岁在瑞士寄宿学校学习的时候，她使用了复杂的网络词汇学习策略（第 48 页）：

（2）我总是在一个个人的进行清单上写五六个新单词。每次当我听到我清单中的某个单词，我就会注意上下文，并且努力去弄清它的意思。当我想我知道了它的意思，我就会等这个单词再次出现，这样我就能检测是否我的意思还是正确的。最后，我尝试使用这个单词来看看和我说话的人的脸上是否有了奇怪的表情。如果没有，我知道我对了，我学会了一个新的单词。

值得重申的是，学习策略和其他个体差异变量一样，认知和情感的界限模糊了。确实如此，因为当人们想对他们的思想和行为有更好的控制时，他们将在自己的情感上使用和在认知和意动过程上一样多的策略。

第一批关于第二语言策略的实证研究出现在 20 世纪 70 年代中期，这个方向的研究很快以"好的英语学习者"研究广为人知。在这些早期研究中，最经典的引用之一就是一本以《好的英语学习者》为名的专著，是由一个加拿大研究团队撰写的（奈曼等，1978）。这个团队的目标是理解任何可能帮助解释为什么一些人在他们寻求掌握第二语言时特别成功而很多学习者却不能成功的因素。这些早期发现很快证实除了自然语言能力（即学能）和个人对学习的投入（即动机），这些"好的"学习者还有在他们自己的学习过程中高的积极参与度的特征。琼·鲁宾（1975）把第一代研究的发现总结为好的学习者的六个关键属性，都与策略行为有关：

- 他们是好的猜测者；
- 他们对形式有分析性的关注，也关注意思；
- 他们试验他们的新知识；
- 他们监控他们的产出和其他人的产出；
- 他们不断地练习；
- 为了把自己放在交流和学习的情况中，他们能很好地应对易受伤害的感觉。

你会注意到，所有六个策略行为的属性都能套入（2）中卡普兰对她词汇学习策略使用的描述。

建立在这些最初努力成功的基础上，在 20 世纪 80 年代，很多 SLA 研究者继续投入很大精力研究第二语言学习策略。在美国，这些努力让路于两个独立但本质上又相容的传统（沙德龙，2006）：安娜·查莫特和同事进行的基于观察的研究项目和瑞贝卡·奥克斯福德和同事开发的基于问卷的对学习策略的研究。

由奥马利、查莫特和同事在20世纪80年代中期进行的一系列描述性研究,是最早尝试通过观察和行为记录学习者策略使用的研究,并且和特定的语言任务类型相联系。研究方法是有结构的访谈,三到五个学生组成的小组被要求回忆或想象他们在假定的第二语言任务和情况的环境下会使用的策略。在其中一些研究中,也使用了学习者在进行实际第二语言任务同时出声思考的口头说明。这些研究包含英语作为第二语言的学习和英语作为外语的学习,包括初学的和中等的学生,在高中和大学环境下的水平都有。

这些研究中,最重要的研究是一个包含三个连续阶段的三年的项目,奥马利和查莫特(1990)对其做了总结。横向研究阶段证实了之前的策略发现,但也揭示了把西班牙语作为外语学习的高中生和把俄语作为外语学习的大学生样本之间的一些差异,很显然这些不同与各个环境下各自课程通常要求的任务有关。纵向阶段聚焦于记录13位学习西班牙语的高中生和6位学习俄语的大学生在一个学年里策略使用的发展。发现证实与扩展了之前研究的发现,引发了学习策略的一个彻底的清单的产生,这些策略被分为认知、元认知和社会情感策略三类(见奥马利和查莫特,1990,第137—139页)。但是,就纵向变化本身而言,没有找到清晰的模式。在第三个阶段,也就是策略培训阶段,研究者在两个学期内观察了3位俄语教师和1位西班牙语教师在9次场合下的教学策略。培训结果总体上是令人失望的。总的说来,由查莫特和她的同事实施的研究项目提供了以下发人深省的见解:第二语言学习者使用的策略类型能在很大程度上被课程目标和课程大纲、学生学习语言的动机以及任务本身决定。

奥克斯福德丰富的策略著作基于一个很长的量表和一个伴随的工具,即语言学习策略量表(Strategy Inventory for Language Learning, SILL)(奥克斯福德,1990)。语言学习策略量表通过五级李克特量表得到报告的策略频率水平。这个模型假定了六种策略类型:情感的(比如"当害怕说话时鼓励自己"),社会的(比如"与他人一起练习第二语言"),元认知的(比如"提高自己的技巧有清晰的目标""注意到自己的错误"),认知的(比如"从上下文猜测""写笔记"),与记忆相关的(比如"把词的声音和一个脑中形象或图象相联系"),以及补偿的(比如"使用迂回的说法")。这个分类基本上与奥马利和查莫特(1990)提出的三个类型相一致。肖和奥克斯福德(2002)

所报告的发现支持了这个结论，他们对 517 名台湾地区大学水平的第二语言英语学习的学生的语言学习策略量表回答做了因子分析。奥克斯福德对第二语言学习策略的调查方法被经常使用。其流行可以部分地由有好的心理测量特质的问卷的便利性来解释，它使得其他研究者易于采用这个框架。比如，皮科克和何（2003）在香港地区一个大规模研究中使用了语言学习策略量表，通过调查 1006 名大学生，并进一步访谈了他们中的 48 名学生，他们能够揭示第二语言学习策略使用的一些差异与学科、年龄和性别有关。

就研究第二语言学习策略的价值作为不同的第二语言成功的可能来源而言，有两个关注点被反复提出：情境化和理论化。对策略更情境化的理解的需要在 20 世纪 90 年代初期变得特别清晰，这时一些研究者转向了对"不成功的"学习者的深度案例研究（比如，范恩和亚伯拉罕，1999），发现这些学生经常和所谓"好的"语言学习者使用一样多的策略，只是在方式上对于手边的任务和目标不能被认为是有经验的或合适的。而且，奥克斯福德和尼科什（1989）调查 1200 名美国大学的外语学习者时，他们证实了查莫特及同事所提出的警告，即很多报告的策略与课程或大纲的压力有关，比如，受仍然统治着大量大学外语教学的测试和语法分离性的学习目标驱动。根据这些发现，研究第二语言学习策略时考虑课程大纲的环境的重要性被其他研究者强调。像麦金太尔和诺埃尔斯（1996）努力做的，在特定使用环境下实证地探究学习者对困难的感知和特定策略的有用性可能也是很重要的。

有关环境波利泽尔和麦克格罗蒂（1985）也贡献了一些重要的、但较少被注意的观察。他们通过加利福尼亚 18 位亚裔和 19 位西班牙裔以英语为第二语言学习的研究生八个星期集中课程的水平增长，研究了他们的报告学习行为。他们发现与西班牙裔样本相比较，亚裔样本中一致的策略使用体现出更低的自我报告水平，但是两个组的策略和实际水平增长之间没有关系。他们提出问卷中很多策略指的是对那些非西方国家的学生在文化上可能是不合适的行为，比如在有些内容没有理解时要求老师或其他对话者重复，或在其他同学犯错误时纠正他们。波利泽尔和麦克格罗蒂以提出研究者划分为"好的"或"成功的"第二语言学习行为可能实际上受有相当种族优越感的假设影响（第 119 页）结束他们的研究。从一个社会文化的视角看（见第十章），"好"的语言学习者的称呼还有其他的缺点，这些已经被诺顿和图希（2001）有说服力地揭示出来。

彼得·斯凯恩和佐尔坦·德尔涅伊这些年来一直从一个社会心理学的视

角坚持表达理论化"策略行为"构念的需要（见德尔涅伊和斯凯恩，2003）。他们最后提出，第二语言学习策略行为不能也不应该被简化为一个观察的启发法和报告的思维过程的分类（奥马利和查莫特，1990）或一个自我报告的策略使用频率的调查表（奥克斯福德，1990）。对理论化学习策略的解决方案或许已被德尔涅伊（2005）发现，他指向自我管理的理论作为一个提供给第二语言习得研究者一个重新概念化他们对第二语言学习过程中策略行为思考的理论的原则性方法的框架。我们以对这个有前途的方向做简要考察来结束本章。

9.9 一个有前途的包罗万象的框架：自我管理理论

自我管理理论（self-regulation theory）的起点是人类活动总是目标驱使的、有目的的、努力的和自愿的（伯卡茨等，2006）。在面对多个（经常是竞争的且几乎总是分等级的互相联系的）目标和接踵而来的环境挑战时，人类能够达到他们选择追求的目标，因为他们能够自我管理他们的行为。自我管理涉及"创造的"和"有意识的"应对行为控制的很多方面的努力，包括"自我指导的问题分析，投入的构建，进步的评估和长期的保持"（卡罗利等，2005，第302页）。而且，不仅行动和思考，感觉也是自我管理的，因为当目标变得困难或甚至不能达到的时候，应对情绪和负面情感是很关键的。这样，自我管理理论的一个新的优势就是认知和情感是能够以原则性的方式被一起研究的。另外一个优势是多种方法被使用，并且传统的问卷数据结合了更多通过访谈、观察、日记，甚至实时计算机任务模拟获得的定性数据（卡罗利等，2005）。自我管理理论与SLA研究和个体差异之间的相关性是清晰的：学习另外一种语言提出了一个高的焦虑和复杂的挑战，需要认知和情感的自我管理，而个体在自我管理能力上存在差异。

聚焦于有意志的行动控制领域，曾等（2006）发展了词汇学习的自我管理能力量表（Self-Regulatory Capacity in Vocabulary Learning Scale，SRCvoc），这个工具有20个表示在词汇学习中控制自己行动的较多或较少创造性努力的六级李克特量表陈述。注意这一强调与过去很多研究中对纯粹的策略使用频率的强调是非常不同的。这个词汇学习的自我管理能力量表工具包括五个子量表，每个包括四个项目，参见表9.4的举例。

表 9.4
词汇学习的自我管理能力量表及举例（曾等，2006）

有意志的行动控制的维度	项目举例
投入控制：保持目标聚焦	"当学习词汇的时候，我一直坚持直到我达到为自己设定的目标"
元认知控制：最小化拖延或注意力分散并最大化专心	"当学习词汇的时候，我想我控制我专心的方法是有效的"
满足控制：避免厌倦或不耐心并增大兴趣	"在学习词汇的过程中，我对我能克服任何厌倦的感觉有信心"
情感控制：克服负面情绪并支持感情稳定性	"当我对词汇学习感到有压力时，我知道如何降低这一压力"
环境控制：消除负面环境因素并最大化正面环境因素	"当我在学习词汇，学习环境变得不适合时，我尽力解决问题"

基于一个 172 名在高中最后一年作为外语学习英语的台湾地区学生样本的回答，研究者们给了词汇学习的自我管理能力量表很好的评价。他们提出它的信度是可以接受的，并且验证性因子分析的结果也支持五个子量表的结构，虽然最后一个环境控制的子量表在某种程度上有用性不是特别清楚。

因为这个方向的研究在 SLA 研究领域刚刚开始，是否自我管理理论能够像其在其他领域一样获得深刻而丰富的见解还有待观察（见鲍迈斯特和福斯，2004）。这毫无疑问是社会心理学导向的 SLA 研究一个受欢迎的改变方向，自我管理的方法允许在一个理论框架下对动机和策略行为以及认知和情感联合研究。

9.10 小 结

- 学习和使用第二语言会对一个人的自我产生威胁，并使人变得易受伤害。在这些情况下，个人对第二语言和他们自己的第二语言说话以及第二语言学习的自我发展的情感反应因人而异。一些人可能比另一些人在心理上更适于在第二语言学习中管理情感反应。
- 一些性格特征能使学习者对第二语言学习更有兴趣，并增加成功的可能性。似乎直觉思考的人更容易被外语学习所吸引，可能是因为他们喜欢与单词和意义符号打交道的直觉或整体要求,以语法分析的思考和分析要求。意料之外的是,很多内向者也被外语学习所吸引。
- 对经历的开放性作为一个可能有利于达到第二语言学习高水平成功的潜在的重要性格变量出现在最近的研究中。这一性格特征可能与民族优越感、自信和创造力的缺失有关,可能是第二语言学习重要的特质之一。
- 一些性格特征(外向型)和说活的倾向(关注交际胜过关注准确性)显得与说话方式有关,这些说话方式可以通过流利效应得到直接的测量。内向者和关注准确性的第二语言学习者产生较不流利的口语,寻求更好的词汇,更多地重新措辞。这些说话的风格传统上解释为流利度—准确性的权衡,但是在现有研究中缺少实际的准确性或自我修正的效应表明它们可能实际上被看作流利度—复杂性的权衡更好。
- 外语焦虑是一个可测量的、与一些特征联系在一起的第二语言特有的情感变量,这些特征包括更低分数、更低的水平表现、在处理和学习新的第二语言材料时的困难、沉默和第二语言避免风险的行为。它的根基可以在总体上低的对一般学术能力的自我概念和不现实的语言学习信念中被发现。但是,焦虑的结果是很难预测的,因为焦虑对于不同的个体可以有促进的影响也可以有削弱的影响的作用。
- 交际意愿(WTC)被定义为一个第二语言学习者自我报告的当有机会参与或避免第二语言交流时想发起第二语言交流的可能性。第二语言交际意愿的前提是第二语言交际的自信(本身被焦虑和自我感觉的能力所预测)以及在一个较小却可观的程度上的第二语言态度。这些态度由过去第二语言接触的频率和质量影响形成,而它们也帮助塑造了寻求并参与到未来的第二语言接触中的意愿。环境对理解交际意愿的前提和结果有很重要的影响。悬而未决的两个重要的研究领域是交际意愿如何可能与寻求第二语言接触行为的实际增长联系起来,以及它如何能随着时间和环境变化。
- 认知或学习方式是个体倾向于使用他们一般的认知能力的方法。它们没有好坏可言,仅仅是两极的维度,这两端都有潜在的优势和劣势。SLA研究的一个认知方式是场独立。在这个构念的场独立一极高的个体可能更善于发现第二语言输入的模式,处理语法规则,以及能在第二语言产出时自我监控。那些在场依存一极(也被埃尔曼和利弗,2003称作场敏感)高的个体可能更善于通过记忆从输入中整体学习和通过与他人的交际学习。
- 埃尔曼和利弗(2003)提出了一个包容的概要的—伸展的学习方式的宏大

模型。概要与依赖于对信息整体的、一看便知的感觉的倾向有关，而伸展指的是当处理新信息时依赖细节和系统的倾向。
- 学习策略是人们为了控制他们的学习过程参与的有意识的精神和行为程序。策略可以是认知的（其中与记忆有关的和补偿的策略是重要的）、元认知的、社会的和情感的。策略使用主要被课程大纲的环境和手边的特定任务所塑造。
- 描述第二语言学习者如何使用策略是相对容易的。更困难的是在策略行为和实际的学习增长之间建立联系，展示策略不是文化的偏见，或者解释为什么差的策略使用者与好的策略使用者之间的差别只是在他们如何在环境中使用策略，而不是他们使用策略的种类和频率。
- 最近研究策略行为的一个选择是自我管理，一个人类如何控制他们的行为、思想和感觉达到他们的复杂目标的理论。这个框架一个有前途的创新是传统的纯粹对策略使用频率的强调已经被为了控制一个人的学习过程而进行努力的创造力的强调所取代。

9.11 进一步阅读的建议与说明

如同德尔涅伊和斯凯恩（2003）与德尔涅伊（2005）抱怨的，情感和第二语言学习的领域充满了理论、概念和方法的挑战。如果你倾向于结合认知和情感更整体地、更定性地思考个体差异，我建议你阅读贝利（1991）与卡森和隆吉尼（2002），他们的研究分别提供了在自然环境下和课堂环境下第二语言学习情感的全面认识。另外，埃尔曼（1996）的书虽然也许比较特殊，且有片面性，其结合认知和情感对认知和性情的个体差异的吸引人的、整体的处理是非常卓越的。

另外一个更方法论的阅读计划选择如下：你可以先阅读德尔涅伊（2005），他的研究提供了目前最好的对情感个体差异的处理。下一步，你可以阅读布林（2001）中安娜·查莫特、黛安·拉森-弗里曼和安尼塔·温登的章节，因为他们提供了各种相关领域的有用的综述。

如果你愿意探究个体差异的某些领域，我推荐你阅读德维利和弗恩海姆（1999）与费尔赫芬和弗米尔（2002）关于性格和第二语言学习的研究，霍维茨（1988）与麦金太尔和加德纳（1994）关于焦虑的研究以及贝克和麦金太尔（2000）与八洲（2002）关于交际意愿的研究。你能在麦金太尔等

(1998)中找到一个关于交际意愿的全面的理论讨论,尽管现在看来有些过时。要了解认知和学习方式,我建议你阅读埃尔曼和利弗(2003)的讨论。要想更多地了解学习策略,一个有意思的(因为多样的)实证研究的合集是奥克斯福德(1996)。对于那些想了解第二语言学习策略研究近期会如何发展的人,曾等(2006)最近的研究是必须要读的。

第十章　第二语言学习的社会维度

就像我们在第四章开始时指出的，在根植于皮亚杰发展心理学的认知交互主义框架的指引下，20世纪80年代和90年代的SLA领域大都被寻求理解学习者内部和学习者外部的变量所驱使。研究的目的是识别普遍的模式，这些模式对于任何学习另一种语言的人都应该是基本合适的，其背后的理念是普遍的模式能帮助我们把第二语言学习作为一种一般的现象解释。但是，在20世纪90年代初期，一些SLA研究者对这种状况不满意，开启了SLA思想的新立场（豪尔，1993；范利尔，1994；布洛克，1996；兰道尔夫，1996；弗尔斯和瓦格纳，1997）。与时代精神相一致，那个时候，其他很多人类和社会科学学科已被一个社会转向影响，这些批评显示现实的本质是社会的且根本上是不可知的，对特殊而不是一般的探究会是一个解释复杂人类问题的更好的学科策略，比如另一种语言的学习。其他来自应用语言学更广泛领域的研究者也指出了第二语言工作突出的社会理论化的匮乏（兰普顿，1990；斯理达尔，1994；诺顿·皮尔斯，1995）。这个日益增长的学科意识开启了一个理性危机和重新定义的过程，这一过程还未完成，但在21世纪早期它已经被认为是"第二语言习得的社会转型"（布洛克，2003）。直到现在，这个领域的各种著作已经开始收获对第二语言学习现象的社会理解，而其他一些人一直想通过普遍原则和心理学—个体构念解释同样的现象。

本章，也是本书的最后一章，提供了一个第二语言习得领域中社会转型的鸟瞰，并对我们目前已知的第二语言学习的社会维度进行反思。我们将会看到，如果在以下五个并存的理论帮助下研究第二语言习得，五个构念——认知、交互、语法、学习和自我意识——如何被重新认定为本质上是社会的：维果斯基的社会文化理论、会话分析、系统功能语言学、语言社会化理论以及认同理论。我们也将考察有关技术在支持注重社会的第二语言学习中的作用的发现。我的目的是准确描述第二语言学习的社会维度开始被解释的主要方法。

10.1 无法忍受的社会环境不可避免性

在新的社会视角下，对另一种语言学习的研究不仅受它所发生的社会环境的影响，而且无法摆脱与这种环境有密切的联系。变色龙的比喻对完全理解这一点的重要性很有帮助。多纳托（1998）引用到，理查德·塔克借鉴了一个来自哈马延不知何时的说法，他指出获得第二语言水平"与画一只变色龙在很多方面是相似的。因为变色龙的颜色依赖于它的自然环境，一旦环境发生变化，任何一个表达就变得不准确了"（塔克，1999，第208—209页）。

这个比喻不仅对第二语言水平的研究是适用的，对于整个第二语言学习也适用。它依赖于变色龙变化其皮肤颜色模式以伪装自己的广泛持有的看法。这些颜色会发生变化，当特殊的细胞（被称为色素细胞，或颜色储存器）回应激素的分泌，这被认为是由周边的物理环境引起的，这些颜色就会变化。实际上，生物学家（比如斯图尔特-福克斯和穆萨利，2008）已经有说服力地证明，尽管有时候，伪装的目的的确刺激了这些颜色的变化，更多的时候，它们是一个与其他变色龙互动时社会情绪摇摆的显示，比如说，雄性的变色龙竞争和求爱的时候！这样，变色龙的比喻是个体和环境的不可分割性以及社会在理解所有生物上的中心性的双重有意义的提醒。

对SLA中的社会过程的基本作用的彻底再定位是从社会建构主义、社会文化主义和后结构主义理论中得到灵感的，自从20世纪60年代，它们继承了相邻领域人类学、社会学、教育学、科学哲学、文化研究和文学批判的研究。这些新的概念装置如何帮助我们研究第二语言学习中的社会性？**社会建构主义**告诉我们现实是不能自然而然就被给予的；它不是直接躺在那里，被个体的大脑所理解，而是被人类媒介和社会群体所创造。**社会文化主义**超越了社会建构主义，它提出现实不仅仅是一种解释性的构建，也是一种彻底的集合的和社会的，通过相关联的知识占用和改造。换言之，个体的大脑在社会社区中找到学习的来源；学习可在历史和社会过程中获得，在给定的环境里在媒介中出现。只有过程、事件和活动是真实的，而对那些过程而言，结构和模式是附带现象。这样，现实总是过程的和社会的，而且一次又一次通过与这个世界、词和其他的特定交互重新出现，总是在一定的环境中。**后结构主义**比社会文化主义走得更远，它告诉我们，结构主义思想者（尤其是弗洛伊德、马克思和索绪尔）所提出的人类的意义结构和人类的社会行动在解释人类条件时是不足的,并且从命名和产生那个知识的语篇中无法单独得知和理解。另外,力量被卷入到知识和语篇中,也就是说,现实不仅仅是社会的构建和社会的分配,是不可简化的多重地、跨学科地、推论式地构成的,也是冲突力量利益的斗争场所。

这样对第二语言学习的社会研究不能以外在记录的、固定的环境遭遇评价社会经历,就像可能上面比喻所提及的变色龙色素变化的伪装理论表明的,也像本书其他章节中大部分研究展现的,更像变色龙颜色库的社会动机理论所提出的,经历必须被理解为完全社会性的。经历必须被理论化为活跃的、竞争的经历,总是未完成的,永远不能被完全预测,并且总是因人类相关联活动的特定环境而异。难以避免的是,为了从完全的社会视角来理解第二语言学习,人们必须聚焦被学习者在他们的物理的、人际的、社会的、文化的和历史的环境下所经历的、明白意义的、协商的、竞争的、要求的经历。换句话说,任何事情如果在一个特定的社会环境下是不可知的,那么都是无法知道的——并且脱离社会,什么也不可知。

10.2 认知是社会的:SLA 中的维果斯基社会文化理论

社会文化主义包括不只一个理论,而是很多理论。然而,毫无疑问,目前对 SLA 有最重要贡献的社会文化方法是维果斯基关于思维的社会文化理论。列夫·维果斯基是一位俄国心理学家,他在 20 世纪前 25 年里发展了一个有影响的文化—历史心理学理论。这个理论被设计出来是针对行为主义以及其独有的对较低水平的心理操作,以及构成皮亚杰的心理学的思维主义与思维和环境的双重性。它的主要目标是推动意识的研究,意识被定义为涉及语言、识字、识数、分类、理性和逻辑的较高水平的心理操作(兰道尔夫和索恩,2007,第 202 页)。这一理论把认知重新定义为其根本上是社会性的。在随后的几十年中,其他苏联研究者发展了维果斯基的工作,尤其显著的是亚历山大·卢里亚和阿列克谢·列昂季耶夫,他们是活动理论(Activity Theory)的创建者。

在第二语言学习的环境中,20 世纪 80 年代詹姆斯·兰道尔夫就已开始将维果斯基的见解应用于 SLA 研究中,并使这个理论及其变体被 SLA 的读者所熟知(比如,兰道尔夫和阿佩尔,1994;兰道尔夫和索恩,2006,2007;兰道尔夫,2006b)。从 20 世纪 90 年代中期开始,梅里尔·斯温将输出和交互

——认知交互主义 SLA 的主要概念,就像我们在第四章看到的——重新赋予新的社会文化意义(斯温,2000,2006)。这两个 SLA 研究者为其他很多人通过维果斯基的理论重新定义第二语言学习开辟了道路,引向目前维果斯基 SLA 研究规模和范围稳定而有活力的增长。实际上,这是唯一一个作为 SLA 理论被广为接受的第二语言学习社会研究方法。比如,它已经被一个一流 SLA 期刊中的一篇关于最新发展的论文所回顾(兰道尔夫,2006b),同一期刊的一期特刊专门刊登了这个框架的研究工作(麦卡弗蒂,2008)。并且,它已成为 SLA 课本中必须包括的一章(比如兰道尔夫和索恩,2007)。

维果斯基的社会文化理论提出意识是以人类用符号作为工具的能力作为基础。兰道尔夫和索恩(2007)提供了一个蜘蛛和建筑师之间的有用的比方来解释这一点。蜘蛛出于本能织网,事先没有计划,也不想改变网的形状或大小。网总是以同样的方式织,依赖于蛛形纲动物的物种,并且总是为了同样的功能——去捕捉食物。建筑师,相比较而言:

> 在客观物理空间中实际建造一个建筑物之前,在纸上以一个蓝图的形式计划一个建筑物。这个蓝图是这个建筑物的理想形状,当然没有人能居住,但是同时,它必须对在具体世界中运作的物理是敏感的。因此,这个蓝图是一个文化建构的符号的人造物,代表了实际的建筑,也用于调解实际建筑的建造。它允许建筑师进行理想的改变,不用在客观的物理世界实施。

(第 205 页)

大脑的活动一直是以工具为中介,物理的和符号的;通过使用工具,人类能改变他们的现实,但是使用工具也改变他们自己。另外,无论活动是独自的还是和他人一起,认知和意识总是社会的,对二者起中介作用的工具也是如此。比如,一个收集知识的专业机构,一个想要建造房子的客户,以及一个能在物理空间把蓝图变为现实的建筑团队,都是设计建筑物蓝图的建筑师活动的一部分。确实,没有社会合法化的专业执照,不被一个团队所批准,那么一个建筑师就不能成为建筑师,她的建筑物计划的绘图就不会被他人认可。重要的是,意识只是以一个过程存在,这个过程出现在(过去、现在和将来)通过他人以及工具的活动中,是物理的和符号的,每一个过程都和它的历史的和文化的遗传有关。语言也是一个过程,而不是一个产品,是所有符号工具中最重要的。和所有的工具一样,语言被用来创造思想,但是也能改造思想,是学习的来源。

下面四个部分将讨论一些到目前为止维果斯基的 SLA 理论有关第二语言学习的主要见解。

10.3 自我管理和语言中介

意识帮助人类在他们"动机"（为什么他们想做这个）的指引下管理问题的解决和达到他们的"目标"（他们想做什么和预期做什么）以及他们所选择的"程序"或者方法（他们想如何做它）（兰道尔夫和阿佩尔，1994，第 17—21 页）。管理有三种类型：客体管理、他人管理和自我管理。人们还没有学会如何在进行一个给定活动的环境中控制他们的世界和他们自己时，他们会指向客体。也就是说，他们最初是**客体管理的**（object regulated）。客体管理可能是负面的，也就是当一个客体挡住了另一个客体，分散儿童的注意力并且使她忘记了她被告知要去取什么玩具；客体管理也可能是正面的，如一个儿童使用方块或手指来解决一个加法问题（兰道尔夫和索恩，2007，第 204 页）。人们也可能在做一件事的时候指向他人，这样他们是**他人管理的**（other-regulated）。这典型地发生在他们在其他合作者的帮助下参与新的、复杂的活动。比如，一个孩子和父母开始一起做饭的环节可能包括父母中的一方帮助孩子把做饭的步骤分解成更易于控制的动作，很多给出指导的事件，某些示范，甚至间或在估计孩子需要帮助时，比如用一把尖锐的刀子切蔬菜时，代其完成活动的某些部分。在管理的最高水平，人们指向了他们自己的思维活动，也就是说，如果他们有能力基本独立地进行一个活动，他们是**自我管理的**（self-regulated）。

因为语言在所有思维活动中起中介作用，它也在所有三种管理中起中介作用。继续这个做饭的例子，某人想学习如何做一个新菜，比如，希腊碎牛肉和称为茄盒的茄子菜，她可能会跟着从网上打印的一个菜谱做，寻求客体管理。在这个情况下，在做饭事件中，可能会有一些省略但出声的言语，主要是对自己说的，比如，大声阅读菜谱的一些部分，执行动作的时候把动作说出来，或甚至提供自我鼓励的表达（"好的，好，调味酱已经准备好！做得好……现在，下一步！）这是维果斯基所称的自我中心的言语（沿用皮亚杰，但是给了它一个不同的解释），当代维果斯基理论者倾向于称它为**私人言语**（private speech）。它是被省略的、出声的、大多指向自我的言语。它在面临挑战的时候出现得最多，当人们尝试自我管理的时候。我们的没有经验的茄盒厨师可能会通过询问一个朋友来寻求他人管理，可能，但不一定，是一个以前做过这道菜的人——来帮助她准备这道菜。在这种情况下，如果朋友能互相支持并一起做这道菜，**社会言语**（social speech）也会发生（除私人言语之外），因为他们在他人管理。相比较而言，一个职业厨师在做茄盒的活动中（甚至在和很多人共用的餐厅厨房里），可能需要对自己"说"或其他人说的很少，可能以**内在言语**（inner speech）的形式或无法被其他人观察到的默读言语进行其大部分的思考。

维果斯基派的SLA研究者把学习另外一种语言看作一个涉及逐渐使第二语言为己所用以使它成为我们自我管理和思考的工具的过程，就像我们作为儿童对我们的第一语言曾经所做的那样。因此，他们对通过对社会、私人和内在言语的研究理解第二语言活动中的管理有很大的兴趣。他们聚焦于三种类型的管理出现的程度如何，在使用第二语言进行活动时是否每一种都以第二语言和第一语言出现。兰道尔夫和索恩（2006，第83页，第110—111页）指出第二语言中自我管理的最终成就是是否中介能通过第二语言执行（而不是第一语言），比如，当私人言语或内在言语或者两者以第二语言合适的形式和意义具体化的时候。

10.4 有关第二语言学习中内在、私人和社会言语的一些发现

可以说，当我们感觉似乎能听到自己思考时，我们能意识到这种内在言语。实际上，大脑影像研究已经捕捉到人类在内在言语的时候额叶额下回的大脑活动，这是一个和自我意识相联系的区域（莫里恩和米肖，2007）。内在言语，一般在自我管理的思维活动中是持续的，只能被间接地研究。在解释这个概念的一本书中，玛利亚·德格雷罗（2005）回顾了大脑影像方法和有关思维复述涉及问卷和访谈回答的内省方法。后一类方法被应用于SLA研究中，始于德格雷罗（1994）的开创性研究。在这个研究中，她描述波多黎各的第二语言英语学习者所使用的许多思维策略。比如，学习者中的一个，阿马瑞里斯，报告了为一个英语口语活动记材料，当时她头脑空白，她为作业只得到了50分满分的44分而失望，后来她使用内在言语重新获得了对情况的情感控制（第112页）：

（1）On the bus ... I did it all over again [the activity dialogue] to see if I was so stupid that I would forget everything. And I gave myself a 50.

但是大部分研究聚焦第二语言活动中的私人言语和社会言语。相对于内在言语，这两者更易于研究。

私人言语尤其是研究大脑运作的核心，因为它组成内在言语和社会言语之间的联系，私人言语在完全的自我管理活动中可能转变为内在言语，而社会言语可以为私人言语提供来源。兰道尔夫和索恩（2006，第83—94页）回顾了七个考察第二语言任务表现中私人言语研究中的主要发现。如果第二语言能力有较高的水平，学习者便能更好地管理自我，这反映在第二语言叙事复述中总体上不太普遍的私人言语使用上。在很多研究中，私人言语的例子在较低水平的学习者身上比较常见（比如，情感标记如 oh boy、oh no、oh my god、OK、oh well、now I get it、alright let me see，这些可能发生在第二语言或第一语言）。更高水平的学习者也总体上展示出他们第二语言活动中的一些语言选择显示更少的客体管理痕迹和更多自我管理的证据。比如，比较下面三个弗劳利和兰道尔夫（1985）使用的对于同样的冰激凌故事任务的第二语言翻译：

(2) This is a boy who is standing in the street. This is a boy and a man who is selling ice cream. The man is selling ice cream for 50 cents. The boy is telling the man "Thank you"

（第32页）

(3) This man, he took the ice cream from the boy, and the boy became angry because his father took the ice cream and he left

（第32页）

(4) ... And an ice cream man comes, meets him... And the little boy looks... The first boy gets... So the little boy says...

（第35页）

不同的研究中，在很多较低水平的说话者创造的叙事语言中，（2）中的现在进行时被选择得比较多。提出的解释是它显示有管理的困难。也就是说，使用进行时的时态可能显示说话者是任务的客体管理，因为他们将故事中的事件描述为即刻的；这些说话者在说话时是在发现一个故事，而不是叙述一个故事。而（3）中使用一般过去时，在很多研究中，虽然不是全部研究，被解释为在面对困难时更高级的第二语言学习者自我管理的尝试。就像兰道尔夫和索恩（2006）所解释的，这是因为一般过去时帮助说话者获得一种对故事统一的、有距离的感觉，这给予比进行时更好的讲故事效果。然而，这个选择可能比历史现在时自我管理更少，就像（4）中所展示的。在上面回顾的七个研究中，高级学习者和第一语言说话者能更经常地保持对历史现在时的一致使用。并且兰道尔夫和索恩认为有证据表明这个选择显示"叙事任务中的"自我管理，"因为在这种情况下它所承载的意义同时有距离感和即刻性"（第87页）。理解这些分析和概念和以认知交互主义者的观点分析学习者语言的传统方式是多么的不同是很重要的。这样，在我们第六章（6.10节）考察的时态和体的中介语发展的视角下，目标是要把语言描述成一个客观的系统，通过不同的形式选择编码意义。在维果斯基的观点中，这些时态和体的选择被研究，因为它们能帮助我们发现在被管理的第二语言思维活动的发展中的中介过程。

采用有很小差别但仍属于维果斯基的视角，斯温也研究了在第二语言学习中语言的中介作用，通常聚焦于社会言语的研究。她被"言语化改变思维，引发发展和学习"（2006，第110页）的原则所引导，聚焦于她所说的"语言化"来传递维果斯基的语言是进行中的过程而不是产品的观点（托卡里-贝勒和斯温，2007，第145页），这是语言产出中的强迫式输出的认知交互主义观念中的典型观点（参见第四章4.5节和4.9节）。

托卡里-贝勒和斯温（2007）的研究举例说明了语言化。他们捕捉到发生在丽萨和海伦之间的联合学习，她们是一个北美大学项目的两位英语第二语言学习者，在一次有关以下双关语的二人练习讨论中，她们这样对话：

Waiter, I'd like a corned beef sandwich, and make it lean.
Yes, sir! In which direction?

两个学习者各只知道单词 lean 的一种意义，并在这个对话中都从对方学会了另一种意义（第160页）：

(5) Helen: I don't understand what is lean.
    Lisa: Uh ... lean can mean uh not fat, not fatty.
    Helen: Oh. And also uh ... you lean on something. That direction or that direction.

当两个学习者都知道了同伴提供的对自己来说是新的那个意义后，她们的对话继续进行：

Lisa： Oh, lean against the wall?

Helen： Yeah. And lean is not fat?

Lisa： Yeah.

Helen： There is no fat in the meat.

然后她们查阅了字典，这样就在获得他人管理之后有成果地使用了客体管理，她们以对各自学到的新的意义的相互认可结束对话。七个星期之后，当两个学习者被要求在一个后测中填这个单词时，她们都记得 lean 这个单词的两个意义。

在另一个研究中，理查德·多纳托（1994）捕捉到三个说话者在一起为他们的法语课口语活动做计划时合作学习法语中表示"记得"的动词的过去时复合反身形式（第44页）：

(6) S1： ... and then I'll say ... *tu as souvenu notre annniversaire de marriage* ... or should I say *mon anniversaire*?

S2： *tu as* ...

S3： *tu as* ...

S1： *tu as souvenu* ... "you remembered?"

S3： yes, but isn't that reflexive? *tu t'as* ...

S1： ah, *tu t'as souvenu*

S2： oh, it's *tu es*

S1： *tu es*

S3： *tu es, tu es, tu* ...

S1： *t'es, tu t'es*

S3： *tu t'es*

S1： *tu t'es souvenu*

多纳托指出这个活动的每一个参与者都贡献了他们已经掌握的一点知识。第一位说话者掌握了过去分词的形式（souvenu），第三个说话者知道动词是反身的（tu t'as），第二个说话者掌握了助动词复合形式的选择：être，而不是 avoir（es，而不是 as）。通过在这个联合活动中一起思考，并由社会言语的工具做中介，他们得到了新的、完整的解决方案：tu t'es souvenu。

由社会言语做中介的活动不应该等同于学习者发起的形式协商的认知交互主义概念（参见第四章4.10节）。虽然很多同样的分析和证据适合这两种方法，但解释的差异也是很深的。认知交互主义视角会把比如（5）和（6）中的事件当作促进个体学习的语言交换，而社会文化视角把它们概念化为捕捉到的"第二语言集体习得"过程的例子（多纳托，1994，第53页），受"共同知识构建"所驱使（第39页）。学习者努力在他们的社会世界里自我管理，并且在这个过程中，他们以行动为中介——并且作为一种结果，或者是有意识的，或者是无意识的，他们学习——通过社会、私人和内在言语。

10.5 最近发展区的社会学习

就像已经提到的，维果斯基研究者认为学习是社会的，"发展的来源在于环境而不是个体"（兰道尔夫，2006a，第726页）。也就是说，参与管理活动的任何知识和能力总是首先出现在与他人活动的社会的、人际的水平，只有后来才能看到也在心理的、个人的水平运作。因此必须研究的不是个体而是联合的社会活动，因为，就像珀纳和兰道尔夫（2005）解释的：

> 个体和环境形成一个不能分离的对话整体，如果这个整体被破坏，就不能被理解。就像维果斯基经常说的，如果我们想理解水能够灭火的性质，我们不能把其简化到它的构成因素——氧气和氢气。
>
> （第239页）

不仅分析的单元必须是联合的社会活动，而且这个联合活动必须在其开展时实时研究，维果斯基称这个方法为**微变化研究法**（microgenetic method），指的是实时对情景改变的研究。前面一节中对例5和例6的分析说明了微变化。学习或发展被概括在维果斯基的重要构念**最近发展区**（Zone of Proximal Development，ZPD）中，这一构念被定义为如果得到他人的帮助（在他人管理的联合活动中）一个学习者用第二语言能做的和她或他能独自完成的（在希望是自我管理的独立活动中）之间的距离。为了区分这个新的概念和传统的早先的定义，考虑学习的传统视角提供对发展无论达到什么程度的"追溯的"描述，而维果斯基的观点包含对能够在最近的将来预期的发展的"预期的"描述是有帮助的（阿莱弗里赫和兰道尔夫，1994，第468页；珀纳和兰道尔夫，2005）。韦尔斯（1999）指出最近发展区不是一个人的固定特质，而是"组成一个产生于参与者之间在特定环境下交互"的学习潜能，因此应被看作"自然发生的"，因为在联合活动中正在进行的交互能打开无法预见的新的学习潜能（第249页）。最近发展区的潜能出现在伙伴中，不仅是和一个专家，并且不暗示教学的意图或对学习的明显聚焦，虽然它能包含两者，尤其是在正式的教学环境中。

10.6　负面反馈概念的重新界定

第二语言研究中有成果地应用最近发展区概念的一个领域是错误更正。这一主张最先在阿莱弗里赫和兰道尔夫（1994；兰道尔夫和阿莱弗里赫，1995）的一个开创性研究中发起，这个研究涉及三位女性以英语为第二外语学习者，作为写作教师的阿莱弗里赫对她们每人进行七个每周的第二语言写作辅导。辅导聚焦于为第二语言写作者提供对冠词、时态、介词和情态动词的最优的负面反馈。但是，反馈不被看作从导师到学生的语言信息的传递，就像在第四章中描述的认知交互主义方法中经常定义的那样（见 4.11 节），而是被定义为"专家和初学者之间共同协商的帮助"（阿莱弗里赫和兰道尔夫，第 480 页）。最终，目的是要研究作为他人管理的负面反馈，其被细微地调整以在一个给定学习者的最近发展区内提供帮助并鼓励自我管理的出现。下面一个简短的成功的交流对话可以说明这一点（第 479 页）：

(7) Tutor: Is there anything wrong here in this sentence? "I took only Ani because I couldn't took both"... do you see anything wrong?... Particularly here "because I couldn't took both"

　　Tutee: Or Maki?

　　Tutor: What the verb verb... something wrong with the verb...

　　Tutee: Ah, yes...

　　Tutor: that you used. Okay, where? Do you see it?

　　Tutee: (points to the verb)

　　Tutor: Took? Okay

　　Tutee: Take

　　Tutor: Alright, take

　　Tutee: (laughs)

(7) 中例示的是最优的负面反馈，因而被阿莱弗里赫和兰道尔夫定义为"逐渐的"和"视条件而定的"。逐渐的，而不是统一的，意味着反馈开始的时候是作为隐性的任务提示帮助自我发现，慢慢地根据需要带上越来越显性线索的形式。通过这个逐渐的传递，更加专业的对话者（即导师）参与到一个如何在任何给定时间提供"鼓励学习者以他或她的能力的潜在水平发挥"（第468页）需要的不少也不多的指导性帮助的协商的估计中。视条件而定的，而不是没有条件的，意味着反馈是"一旦初学者展示自我控制和独立发挥的能力时就要被撤回"（第468页）。

研究者通过一个从数据自下而上的分析得到的十三级自我管理量表形式化逐渐和视条件而定（兰道尔夫和阿莱弗里赫，1995，第622页）。它始于鼓励自我管理的最隐性的或归纳的任务提示，比如，导师要求学习者阅读一篇文章，并在去辅导之前尝试寻找错误（0级水平），或导师问"这个句子有没有错误？"（3级水平，在上面（7）中展示）。这个量表以越来越显性的和信息量越来越大的线索结束，比如导师提供正确的形式（10级水平），一个元语言的解释（11级水平），或正确模式的新例子（12级水平）。在例（7）中，导师只需要把帮助逐渐提到6级水平，通过很宽泛地指出错误的本质（"What the verb verb... something wrong with the verb... that you used. Okay, where? Do you see it?"），并且，学习者能自己做出更正，首先通过指向动词，然后说出"take"。

在一段时间之后，经过事件和辅导，微变化研究法应该能帮助捕捉到"学习是如何通过从降低对他人的依赖到增加对自己的依赖的阶段发展的"（第479页），也就是说，从他人管理到自我管理。换言之，经过一段时间，帮助（即负面反馈）应该更经常地被置于管理量表中隐性的一端。但是，正像兰道尔夫和阿莱弗里赫（1995）显示的，当纵向地考察数据时，这些变化不会是线性的和平滑的。微变化研究法应帮助捕捉动态的、辩证的变化，并且有时候回归到更早期的中介形式。就像我们在本书所有章节不断提及的那样，第二语言发展一直以来都是非线性的和动态的。

纳萨基和斯温（2000）使用准实验的方法检测了阿莱弗里赫和兰道尔夫的主张。在四次写作辅导中，纳萨基作为导师，对两名韩国的第二外语英语学习者文章的错误提供反馈。辅导涉及为其中一名写作者提供逐渐的和视条件而定的或者与最近发展区一致的帮助，对另一名写作者提供的是随意的或者最近发展区不敏感的帮助。在后者条件下，导师从管理量表中随机选择一个水平提供提示，然后尽力避免在这一问题上的进一步合作或交互。在最后一次辅导中，两个学习者都完成了对他们之前已经和导师讨论过的四篇文章每一篇的填空，每个空代表他们在自己的辅导中讨论过的冠词错误。平均地来看，得到与最近发展区一致的帮助的学习者能够填写正确在她的辅导中协商过的总共 28 处冠词的 83%，但是参与最近发展区不敏感辅导的学习者只能对 20 处随机协商的冠词提供仅 40% 的正确答案。这样，这些结果对这个主张提供了一些最初的支持。

在大多关于第二语言教学的认知交互主义讨论中，能感觉到来自于二分法的紧张关系，比如显性的和隐性的教学，演绎的和归纳的教学，以及形式和意义相融合的和形式和意义分离的教学。在维果斯基的最近发展区的框架中探索具体的负面反馈或总的第二语言教学的一个好处是这些二分法变得模糊并且所有的维度有一个连续体，当共同参与者共同帮助第二语言活动中逐渐的、非线性的自我管理中介出现时，可以在同一交互活动内和多个连续的活动中动态地变化。

10.7 交互是社会的：会话分析与 SLA

如果说维果斯基的社会文化理论为 SLA 研究者提供了一个认知的社会再规范，并且把意识当作研究的中心，那么会话分析的方法提出了一种新的交互的社会再规范，并且使其在社会性研究的中心变得普及、有序地完成。当应用于 SLA 问题的时候，这个框架将第二语言学习描绘为根本上为社会交互的实践，聚焦于自然发生的口语交互的细节分析，无论是在随意的还是亲密的对话中，在社会机构的还是公众的谈话中，还是在教室和辅导中的教学谈话。

20 世纪 40 年代，美国社会学领域经历了一次沉重的危机，激发了社会学家欧文·高夫曼和哈罗德·加芬克尔在 20 世纪 50 年代和 60 年代的重要工作。高夫曼聚焦于自我、符号交互和生命像一个剧院，而加芬克尔强调实践活动，交互地产生的序列性以及社会组织的地方产物。在 20 世纪 60 年代早期，加芬克尔创造了术语"民族方法学"（ethnomethodology）指代他研究社会秩序的方法。会话分析流派建立在他的民族方法学的思想之上，首先通过由哈维·萨克斯和伊曼纽尔·施格罗夫发展的新观点，他们都是加芬克尔的学生，随后盖尔·杰斐逊加入了，她是萨克斯的学生。尽管这些学者学术生涯的大部分时间在加利福尼亚，但是 20 世纪 80 年代，杰斐逊移居到荷兰，因而帮助扩展了这个流派的影响地域。现在会话分析已有很大发展，被美国、欧洲、澳大利亚大量各种跨学科团体所实践，他们一个共同的兴趣就是研究交互会话的组织。

在第二语言学习的环境下，会话分析理论开始应用于第二语言数据，最早始于丹麦的艾伦·弗尔斯和约翰尼斯·瓦格纳，他们研究了一些在欧洲使用英语作为商业目的通用语的非母语说话者的口语交互。虽然他们的实证研究在20世纪90年代早期开始传播，但是《语用学期刊》的一期特刊（瓦格纳，1996）和一篇发表于《现代语言期刊》的经常被引用的文章（弗斯和瓦格纳，1997）才迅速使这些观点在欧洲和北美SLA研究者中广为人知，加上马基（1994）的一篇早期的文章，他开启了北美SLA研究对会话分析的讨论。在仅仅十余年的时间里，第二语言习得会语分析，如同它的名字，已经形成了自己的研究领域。其他主要的贡献者也加入到弗尔斯和瓦格纳的行列，比如美国的努马·马基（1994，2000）和琼科·莫里（2007），英国的保罗·希德豪斯（2004，2005），还有以其他研究著称的SLA研究者，比如加布里埃尔·卡斯珀（2006）和安妮·拉扎若顿（2002），重新规划了他们的事业，加入到了这个研究项目中。这个框架应用于SLA研究已经得到了快速积累的论文集、期刊特刊和与第二语言有关的研究专著的成果。这个蓬勃发展的研究文献的权威回顾已经由希德豪斯（2005）、卡斯珀（2006）和莫里（2007）在进行。

10.8　会话分析视角的简要综述

会话分析的一个目标，一个使其与民族方法学有关但又不同的目标，是发现使有组织的谈话成为可能的普遍机制。也就是说，会话分析的实践者相信"环境敏感的社会行为"为"与环境无关的机构"的存在提供了证据，这最终帮助解释了人类互动的能力和在特定的本地环境中展示他们的社会行动（希德豪斯，2005，第167页）。这个与环境无关的机构包括**话轮转换**（或如何保持、让步或发言）、**修复**（或如何在谈话中处理麻烦）以及**顺序设计**（或如何制造每一个新的对话中的行动变化，保持或制造下一个新的对话中行动，以自然发生的但受认可选择中的共同偏好约束的顺序）的规则。然而，人们一直在原地的本地交互中寻找与环境无关的机构的证据，这就是会话分析和民族方法学的共同之处。语言是社会行动，并且这个特定立场反应在会话分析中动词"做（do）"的使用，你会在很多会话分析研究的题目中发现这一点：人们不是使用语言交流，他们做语言，他们做交际。

会话分析理论的基石是**激进的主位视角**，马基和卡斯珀（2004）做出如下解释：

> 会话分析建立了一个主位的视角……通过考察……参与者通过他们的交互行为展示给对方的取向和关联的细节……这样，参与者的取向、关联和主体间性不被视为在某种程度上潜伏在交互之后的思维状态，而是视为本地的和顺序的成就，它必须根植于实证的可观察的会话行为。
>
> （第495页）

会话分析的激进的主位规则一定不能与民族方法学研究中作为理想追求的主位视角相混淆（海德兰特等，1990）。会话分析的主位概念不仅与民族志传统中认定的概念非常不同，而且在认识论上和它之间关系紧张。民族志研究者寻求获得一个对环境的内部人观点以及对参与者来说环境有什么关联性的深刻理解，他们通过长期的观察和参与与参与者和环境非常熟悉，以及通过访谈和收集有关更广泛环境的信息，比如机构文件和文化手工艺品，直接获得参与者的观点进行研究（沃尔科特，1999）。一个主要目标是在研究解释上给参与者说话的机会，这是通过分析过程中的三角平衡和成员检验以及通过报告识别和平衡多样的述位（研究者的）和主位（内部人的）观点的多样风格进行的。相比较而言，会话分析禁止分析者进行对社会结构、文化、权利、意识形态或任何已有的理论或假设可以获得的这种解释性分类的先验引用，但如果它们是后验的解释，紧紧地根植于在社会媒介谈话中的可观察的交互行为，则所有这些种类可能是允许的。我们可以通过"可证明的"访谈来思考这些，这是我从利文斯顿（2008）那里借来的术语，发现很有用。同样，从更广泛的环境中收集的访谈、参与者的见解或信息也被排除，因为只有在正在进行的即刻交互中产生的可证明的证据才被允许进入分析。这样，这个会话分析的激进的主位规则使得研究很多其他第二语言研究者发现很重要的社会环境的宏观维度变得困难。但是，同时它也对第二语言学习这个学科的理解有有益的影响，这可以在下面的两节中看到。

会话分析的另一个特征是分析中必须使用高度技术的转写惯例，目的是获得一个给定交互的相关细节，这是在描绘对话中行动的可观察或可证明的证据时所必需的。比如，方括号［］代表说话者的重叠；圆括号中的数字（0.56）表示计时的停顿；括号中的部分［h］代表的是转写中的不确定；下划线表示强调；分号:::显示的是加长的元音；向左的箭头＜指的是一个加速对话的开始，向右的箭头＞表示的是减慢的对话的开始；而向上的↑和向下的↓箭头指的是升调或降调。

在下面两节中，我选择突出两个第二语言习得研究会话分析理论的贡献以及一个疑问。

10.9　第二语言习得研究会话分析理论的一些贡献

会话分析的一个主要观点是第二语言的交互，就像人类的任何交互一样，是在做交际时按顺序完成的，而不是使用第二语言随意的或不足的尝试。这样，其他方法所认为的语言问题的证据，会话分析重新定义为交互的资源。唐纳德·卡罗尔（2005）在一个对会话数据的研究中说明了这一点，研究对象是日本第二年英语外语课堂中三个自我选择的女性同伴。他仔细地检测了在一些词的结尾加上一个额外的元音的现象（比如，what-o 或 what-u，have-u，raining-u，dark-u），这通常被 SLA 研究者解释为一种把第一语言日语的辅音—元音的音节结构强加于英语词语的尝试，一个第一语言负迁移的情况（见第三章）。卡罗尔的会话分析发现额外的元音是与一些交互行动联系在一起的，其中大部分和它们作为"显示不完整的感觉"的价值相关（第229页），这就允许一个说话者保持或重新建立说话者地位。这样，比如，它会出现在对话的结尾，选择的时机和对另一个说话者来说可能是发言的合适时机恰好重合。在这种情况下，所有说话者朝向了表示同一说话者还有更多要说的元音方向。这就是说话者 S 在她对她不喜欢的（rain）和她喜欢的（blue skies）进行两部分比较时如何使用 raining-u 和 like-u（第228页）。

　　(8)　S：　　yeah　　(0.22) but (0.49) but I don't like(h) raining-u (0.14)

　　　　K：　　［mm：：：：］

　　　　A：　　［ah：：h：：］very dark-u (0.14)

　　　　S：　　da-yeah［I：：a I　］I like-u

　　　　A：　　　　　　［un un un　］

　　　　K：　　　　　　［a：：h：：　］

　　　　(0.19)

　　　　S：　　I：I(h)：huh (h)rike-u (0.14) brue sky

通过把交互实践看作一种成就，会话分析把对普通的观察第二语言学习者不能或不会做的事情的聚焦转向一个对他们"做"交互时确实能做的事情的更确定性的探究。

　　认知—交互主义 SLA 研究者把第二语言交互看作充满意义的对象来进行研究，这些意义他们认为（从他们的视角）属于常识性行动，比如误解一个消息或纠正一个错误，以及常识性分类，比如一个非本族语的说话者，一个学生，或一位女士（见第四章）。相反，第二语言交互的会话分析研究提出外人，包括研究者和教师，可能想当然地认为在交互中起作用的行动和分类没有持续的价值。这些行动和分类实际在特定交互事件中可能与特定第二语言使用者有关，也可能无关。这些行动和分类的相关性是由参与者在当地一个话轮一个话轮地共同制造的，且被分析者通过对交互行为中可以观察到的证据的检查所判断，与会话分析所采用的激进的主位视角相一致。会话分析的这个立场有可能提供一个新的有益的视角质疑和挑战很多想当然的构念。

　　比如，在会话分析方法中，错误的概念变得过时了，因为没有什么可以被视为"先验的"错误。相反，会话分析者讨论可修复的，但是只是当参与者展示的证据证明他们在会话中指向了一个对他们而言是麻烦的来源。实际上，很多对话看起来是进行的，好像语法家所称的错误不存在，因为第二语言的数据会话分析研究几乎没有发现任何证明说话者一直指向"错误"或在他们的交互行为中调用错误的证据。相似的，对意义的协商在第二语言—第二语言交互中的谈话中不是一种必须的前提，并且弗尔斯（1996）和其他许多人已经指出说话者在大多情况下指向"正常"，比如，通过做"让它过去"，指的是听者"让不知道或不清楚的行为、单词或话语'过去'，（常识上）认定它会随着谈话进行变得清晰或多余"的常见情况（第 243 页）。

　　相似的，说话者作为"本族语的"或"非本族语的"以及作为"语言初学者"或"专家语言使用者"的身份不能被视作固定的，因为会话分析已显示这些分类是如何在一个交互的事件中可能是相关的，而在下一个事件中是不相关的。这种观点在细田雄由利（2006）的研究有所展示，她分析了 15 名第二语言日语的学习者和他们的第一语言为日语的朋友和熟人的随意会话录像和音频，这些学习者已经在日本生活了 6 年到 20 年。她捕捉到可证明的证据支持以下解释，在一些情况下，第二语言说话者"在他们所说的语言中把自己作为一个'初学者'，而把他们的对话者在那个时候视为一个语言专家"（第 33 页）。这发生于当一个第二语言说话者请他们的第一语言朋友纠正或者在某些词上帮助他们。这些要求能被识别，因为它们是通过明显的信号进行的，比如加长的声音、升调、对忽略的显性表达、凝视、抬起眉毛，等等。

但是，细田也观察到很多例子中所谓的不符语法的表达没有被双方说话者所指认，显示在这些情况下不同的语言水平被认为是不相关的。

在一个交互中的合作者，通常，但不总是共同指向联合的交互行为和交互身份。比如，在刚刚讨论的细田的研究中，她发现对语言初学者或专家地位的暂时指向是共同的，像在所有案例中，没有例外，当一个第二语言说话者指向了词汇麻烦"第一语言的说话者通过提供词汇并寻求第二语言说话者的理解承担起（相对的）'专家'角色"（第44页）。萨拉·库尔希拉（2005）的研究结果却有些轻微的差异，她分析了100位不同的芬兰语第二语言学习者和20位芬兰语第一语言说话者的个人和课堂交互对话的14个小时的音频和视频材料，这个研究聚焦于非母语的说话者指向的形态问题，尤其是芬兰语格词尾的情况。在有些情况中，她的研究结果和细田的研究结果一致，并且第二语言说话者的指向第一语言说话者也有，这些第一语言说话者在下一个话轮中提供目标形式。但在数据的一些其他情况中，对于第二语言说话者与之前相同的行动，第一语言说话者没有指向这些第二语言说话者发起的语法修复，而是通过使用点头和回答标志（mhm，joo，或者芬兰语中的"是的"）表示理解。在这些数据中，主要是第一语言为芬兰语的秘书这样使用。库尔希拉提出在这样一个给定的交互中，特定第一语言说话者就是要通过相关的交互行为来保持会话的进行，也许是因为在那些特定的例子中他们的秘书工作超越了他们作为一个语言专家说话者的角色。

但是，外在的环境或情景不能被拿来把特殊的角色或限制"强加"在第二语言说话者的交互工作上，因为就像库尔希拉（2005）自己所说的，在任何正在进行的交互中"每一个回应在对话中产生一套不同的身份和关系"（第155页）。这已甚至在第二语言教室会话分析研究考察的教师—学生和学生之间谈话的机构环境中被证实。在这样一个研究中，基思·理查兹（2006）总结说在教室的环境中，默认的机构角色是教师和学生，但是这些角色在即时的交互组织中不"约束"为话语身份，而仅仅"在一系列可能的选择中处于突出地位"（第60页），而这些角色的突出性不断地在交互中获得变化。总之，就像弗尔斯和瓦格纳（2007）所说的，在会话分析中的身份总是"一个交互中能动的、阈限的、获得的特征"（第801页）。

10.10 第二语言习得会话分析中的学习?

把会话分析框架应用于第二语言习得问题的文献进行回顾的研究者都表

达了一个疑问：会话分析的发现对理解第二语言进行面对面研究意味着什么尚不明了。这是因为没有一个先验的"学习"的概念能被假定，除非在一个给定的交互中说话者碰巧指向了学习（西德豪斯，2005；卡斯珀，2006；莫里，2007）。一个从会话分析视角处理学习的策略已经纵向地研究交互，以能够检验是否经过一段时间第二语言说话者能被看到转变和扩展过去交互中展现的资源，这样也许能提供在第二语言社会—交互发展中的证据。

布鲁韦和瓦格纳（2004）通过观察一个在丹麦的日本学生知世和她的丹麦熟人维戈之间的两个半月的重复的采访式会话，说明了这个研究策略的可能性。研究者指出知世最初使用相当笼统的困难表示（hvad siger du，"你说什么"），但后来她越来越多地使用更加具体的标志（hvad betyder X，"X 是什么意思"），更好地帮助了维戈识别来源与发起修复。她也越来越多地说出更及时和更多变化的回答标志，以及用更适时的笑声回应维戈的回答标志。扬和米勒（2004）进行了一个更为深入的分析，他们研究了君，一个学习第二语言英语的越南大学生和他的导师之间的四次每周写作辅导。他们展示到了第三次辅导君是如何变得在转换话轮时越来越积极，并发起更多的与"做复习"有关的交互行为，比如制造一个解释（this this very strong?），为复习提供备选语言。更为重要的是，杨和米勒也指出导师本人也随着时间而以导师和学生共同产出的方式改变，促进了学生的有益改变。黑勒曼（2006）通过两个参加大学英语第二语言持续默读课程的两个学习者的录像和录音的交互，跟踪了他们在七个半月教学中可证明的交互能力增长。一位学习者是爱德华多，一个 51 岁的墨西哥移民，他只有有限的教育和识字能力，逐渐展示了他变得更有能力，并且慢慢地但稳定地开始在课程的教学事件中交互和参与。另一位学习者是阿比，一个 21 岁的学生，他在中国出生与接受教育，用了少得多的时间，但也在这个教室交互会话事件过程中通过她的语言和非语言行为表现展示了进步。

但是，最后，即使被纳入到一个纵向的视角，从一个严格的会话分析的视角考察交互也只够让我们回答这个问题：第二语言学习何时发生？而回答更传统的问题什么是第二语言学习和它是怎么发生的时候，它就会面临困难。因此，在我们刚才回顾的三个纵向研究中，研究者诉诸其他直接聚焦于学习的理论的帮助，比如练习的团体（布鲁韦和瓦格纳，2004）、情景学习（扬和米勒，2004）或语言社会化（黑勒曼，2006），这不是巧合。可能在未来，第二语言习得会话分析会需要融合其他这样的理论，打造出一个理论的混合理性空间来使第二语言学习的探索更加丰富。

10.11 语法是社会的：系统功能语言学

系统功能语言学（Systemic Functional Linguisitics，SFL）是一个语言学流派，这个流派把语法重新认定为一个社会符号过程，也就是作为意义制造的社会行为，它总是在环境中发生，并且被社区生活中的功能和目的所驱动。它整体地研究意义和形式、内容和措辞、情景和文本之间的关系。这一流派不把这些配对看成可以分析的两极，而是视其为不可分的、互补的对应物，解释了人们是如何"制造意义"的，他们如何通过意义制造识解他们的经历。这主要通过分析口语和书面文本中例示的分句以上的现象来进行研究。蕴含在一种语言的语篇—语义和词汇语法资源中的意义制造潜能是通过更大的社会对使用的解释性期望实现的，并在特定的情景环境中例示。当应用于第二语言习得问题时，系统功能语言学迫使我们在一个第二语言中把对另一种语言的学习重新定义为符号的发展，或在不同环境中重新定义为灵活的意义制造的第二语言能力的发展。

系统功能语言学是由 M. A. K. 韩礼德（M. A. K. Halliday）在 20 世纪 60 年代创立，他是一位出生于英国、成长于澳大利亚的语言学家。他在伦敦大学完成了他有关现代汉语的博士学位，并在那里教授了几年汉语，随后他被布拉格学派的继承者引导进入到了语言学领域。20 世纪 70 年代中期，他移居到澳大利亚。在那里他写了很多有影响的著作。目前他在中国香港居住。在这样的学术轨迹下，系统功能语言学可以被认为与欧洲的功能主义有联系，但它毫无疑问是国际的。它成为澳大利亚最具有实践性的语言学方法（并且是唯一对澳大利亚全国的教育实践有重要影响的语言学学派），但是它的传播地域也很广泛，且有大的研究社团，一个国际协会，1974 年以来每年一次学术会议，以及一本一流期刊《语言的功能》，由约翰本杰明斯出版社出版。以一些人的观点，系统功能语法已经成长为出类拔萃的形式语言学流派乔姆斯基语言学最有力的竞争者。

在第二语言学习的环境下，北美的一些研究者已经采用这种方法——尤其是玛丽·施勒佩格雷尔（2004）、海蒂·伯恩斯（2006）以及玛丽安娜·阿丘加尔和塞西莉亚·科隆比（2008）。他们都认为系统功能语言学为 SLA 研究者提供了独特的优势。虽然如此，在 SLA 中其他语言流派受到更强的认可，比如认知语言学（像系统功能语言学一样，在它的语言理论中赋予意义一个关键的地位）和语料库语言学（也很像系统功能语言学，把句子以上的语言使用置于描述计划的中心）。然而，系统功能语言学比认知语言学或甚至语料库语言学有更清晰的社会指向。也许因为这个原因，系统功能语言学很大程度上影响了其他受争议的功能语法研究方向，包括社会符号学、多模态研究、批评话语分析和生态语言学。在系统功能语言学启发下的 SLA 研究（比如扬和源，2002；施勒佩格雷尔，2004；莫汉和斯莱特，2006）进行了对大多数人上学时学习的各种学术语域有关的语言资源的深入描述，详细描述了这些语域对第二语言使用者提出的挑战。对历史和科学语域与日常语言如何不同的描述尤其丰富。相比较而言，对第二语言中意义制造能力的实际发展的研究仍然稀少。在下一节，我们考查在这个方向上所出现的三种研究。

10.12 学习如何在第二语言中表达意义

第二语言指向的系统功能语言学学者聚焦于一种语言的使用者逐渐发展改造口语或日常语言、并调动其进入在学术环境中成功使用需要的一系列正式或书面语域的能力的方式。塞西莉亚·科隆比和玛丽安娜·阿丘加尔已经将这一学术语言发展的系统功能语言学视角应用于美国的西班牙后裔说话者的大学教育环境中。这些学习者很多已经掌握了在日常生活环境中的意义制造的口语表达，但是他们希望扩展他们的能力并且学习更专业的语域以应对未来的学术目标。

在阿丘加尔和科隆比（2008）所回顾的一系列纵向研究中，科隆比追踪了三名参与一个西班牙语课程的美国墨西哥裔大学生罗莎、罗伯托和露西娅九个月写作中趋向更学术的写作变化。科隆比证实了三种正面变化。首先，经过一段时间，罗莎、罗伯托和露西娅通过使用更大比例的实词（名词、动词、形容词和副词）使他们的写作更有学术味。也就是说，通过增加他们的被称为**词汇密度**（lexical density）的文本使用。这是与口语和非正式话语相对的，口语和非正式话语一般包括更多功能词（代词、指示词、冠词和介词）。第二，他们也越来越多地使用更多把一个给定的意义装入或压缩到语法不协调用词中的表达，或韩礼德派所称的**语法隐喻**（grammatical metaphor）。这能在英语话语"the withdrawal of assistance led to concern"中得到说明。名词 withdrawal、assistance 以及 concern 实际上意味着两个行动（"to withdraw" "to assist")和一个品质("being concerned")。在口语和日常话语中更倾向于使用形式和意义在语法上更协调的搭配,比如:someone stopped helping and someone is concerned。第三,也是使用语法隐喻增长的一部分,对罗莎、罗伯托和露西娅写的文章进行九个月研究的最后,研究显示在系统功能语言学学者称之为**语法复杂程度**(grammatical intricacy)的方面他们都下降了,也就是依赖于主从关系表达逻辑联系的语言。继续用我们刚才的例子,动词 led to 不是真正意味着任何行动,像动词一般表示的,而是为两个观点建立了因果联系。在日常语言中,相同的逻辑联系可以通过从属关系的方式更协调地表达,通过一个表达时间或逻辑关系的副词从句:when/because someone stopped helping, they got worried。随着这些写作者逐渐开始使用语法隐喻表达文本成分之间的逻辑联系,而不是仅仅依赖从属关系,文章的语法复杂程度在一段时间之后下降了。总之,通过慢慢地使用更大的词汇密度、更大量和变化更多的语法隐喻的使用以及更低的语法复杂程度,这些写作者继续发展能在第二语言使用的书面、正式环境中使用的各种灵活的第二语言技能。

另外一个系统功能语言学对另一种语言学习的有趣应用是**功能重建**(functional recast)的概念,它是由伯纳德·莫汉在加拿大对英语学习者以内容为基础的教育环境下提出的(见莫汉和贝克特,2003;莫汉和斯莱特,2006)。不像认知—交互主义研究者所研究的重建,聚焦于形式错误(见第四章 4.11 节),功能重建提供了把一个学习者的话语修改为表达某种学术意义的更正式的方式的语义解释。具体地说,教师提供功能重建以支持学习者在他们学术口语表达中达到更高词汇密度、更多语法隐喻和更低语法复杂程度的努力。这可以通过加拿大一个英语第二语言的大学教室的一个片段显示出来,涉及一个教师和一个学生在一个口头展示中有关人类大脑进行的交互(莫汉和贝克特,2003,第 428 页):

(9) Student: To stop the brain's aging, we can use our bodies and heads. Like walking make the circulation of blood better …

Teacher: So, we can prevent our brain from getting weak by being mentally and physically active?

我们可以看到,教师的重塑将 use our bodies("使用我们的身体")转换为 being physically active("身体上是活跃的"),并把 use our heads("使用我们的头脑")转换为 being mentally active("精神上是活跃的"),这样将学生协调的具体化(表示动作的动词、表示实体的名词)改成以副词和形容词构建相同意义的语法隐喻。研究者将在基于内容的课堂中发生的这样的功能重建描述为"［学生］作为作者和［教师］作为编辑者的一个复杂的、急速的编辑过程，双方都是为了提高［学生］创造的文本而工作"（第 430—431 页）。有意思的是，他们也提出当学习者对得到更高词汇密度和更多语法隐喻使用的过程进行试验时，其结果因人而异，教师可以不时提供将学习者推向更协调语言相反方向的语义解释，这样"解除学生对较不协调的和更简洁的陈述的雄心过大的尝试"（第 428 页）。那么正像每一种第二语言学习的研究方法显示的，这再次显示发展不是线性的。

系统功能语言学学者第三个贡献领域可能在 SLA 研究者中不是特别广为人知，但也非常有意思。它有关"在扩展语言选择时表明的社会身份"（阿丘加尔和科隆比，2008，第 49 页）。这是通过分析系统功能语言学学者确定组织成**评价体系**（appraisal system）的人际语言资源进行的（马丁，2000）。这些资源帮助将语言的使用者构建为采取一种立场、制造一个评价和保持权威。传统资源可能是规避的策略，比如通过以某些方式使用情态动词，而构建评价的词汇语法策略是微妙的，并且延伸到从句之上，就像制造意义时经常出现的情况。阿丘加尔（报告于阿丘加尔和科隆比，2008）跟踪了这样的变化，在一个在德克萨斯州西南部参加双语美术项目的研究生马塞洛相隔一年被两次问到"这个项目是双语的［对你］意味着什么？"时提供的回答中。一年级时，马塞洛能够通过表达感觉构建情感态度（me impresiona，"它给我留下很深印象"），并且为了回答这个问题，还利用个人经历作为参考。二年级时，他使用主观的评价策略（yo creo que，"我认为"），甚至尝试提及发表作品的作者（no me acuerdo cómo se llamaba ni cómo se llamaba lo que escribió pero..., "我不记得人名或书名了，不过……"）。阿丘加尔将这些变化解释为反映一种专业且属于学术社区的成熟感觉，一种"对将自己作为权威展现并被承认为专业团体中的成员的可用资源的意识"（阿丘加尔和科隆比，2008，第 53 页）。

总之，系统功能语言学的方法在 SLA 方面很有前途。但是，是否 SLA 研究者会更充分利用使用其带来的益处启发第二语言学习的研究还有待于继续观察。

10.13 语言学习是社会学习：语言社会化理论

语言社会化理论（language socialization theory）把语言学习重新认定为根

本上是有关社会的学习。就像由加勒特和巴克达诺－洛佩兹（2002）以及达夫（2007）所做的两个权威回顾中充分展示的，这个充满活力的研究领域经过三十年已有很大发展。它起源于20世纪70年代和80年代早期语言人类学的研究领域，当时艾莉诺·奥克斯和班比·席费林的重要研究指引了对年幼儿童和他们的照料者的充分环境化的研究，他们共同参与帮助新的成员社会化，融入其所在社区的语言、文化和价值的社会常规（比如奥克斯和席费林，1984）。这个方法后来被雪莉·布赖斯·希斯（1983）扩展为包括社会化中学校与社区的不同以及对识字而不仅是口头表达的明确关注。很多其他代表开始于20世纪90年代的第二代研究者通过不断增长的更多在第二语言和多语环境中进行的研究继续扩展社会化的视角。

加勒特和巴克达诺－洛佩兹以及达夫在他们的回顾中把语言社会化的研究描述为主要是民族志学和纵向的，被语言和文化之间的联系占据，横跨环境的微观和宏观维度，并且是以分析常规、仪式和其他重复出现的、一个特定社区中典型的人类活动为中心。这些评论者将这个框架描述为受欧洲批评社会学家影响（特别是布尔迪厄和吉登斯），并且对不同的社会文化和后结构主义的批评理论日渐更加开放。这个理论发展来自于一种齐心协力去回应我们当代世界突出的多民族、多文化和多语言的结构的努力，并且它重申对对待"把意识形态、实践和结果联系起来的相互影响的渠道"的持续兴趣（加勒特和巴克达诺－洛佩兹，第355页）。因此，很多2000年以来的语言社会化研究的题目会用关键术语做标志，比如"叙事""身份"和"意识形态"，这些也和语言的社会学研究的其他社会文化和后结构主义方法相联系。

10.14 语言社会化的过程：接近和参与

很多第二语言社会化研究已经在探究各式各样的使成员进入一个群体成为可能的文化全景，以及可能支持学习者使用这种文化全景的社会过程。通过这些，这一工作提出了要接近新语言与参与新社区、第二语言学习者需要斗争的尖锐观点。

一个常见的障碍是设想的共享的知识实际上是不共享的。比如帕特丽夏·达夫（2004）在一个加拿大高中两个年级十个班中发现师生的活跃讨论中谈到流行文化很常见。教师和加拿大出生的学生会开玩笑、讲轶事和围绕他们认为是常识的《辛普森一家》、英国皇室等构建社会研究的讨论。他们看起来有效地使用的这样的对话，本质上是把相关个人知识与学术主题联系起来，是一个通常最大化学习的优秀教育实践。但是，对于两个班的英语第二语言学习者，只在加拿大生活了一年到三年的时间，基本不熟悉加拿大的流行文化，这样的对话只能使他们沉默，并且削弱他们对主题的学习。有意思的是，在这些课堂中没有一个参与者显示意识到这些交互事件是多么困难：快节奏、充满俚语以及同时有很多说话者说话。而英语第二语言的同伴的沉默被教师、加拿大出生的学生，甚至英语第二语言学生自己解释为害羞和有限的语言能力，与"亚洲人"和"一个新来者"的主流意识形态相关的属性。

第二语言社会化研究更进一步揭示当第二语言学习者不被构建为定义上的初学者，而他们不被看到的专门技能在社会化事件中变得可见，学习成果就能得到大幅提高。比如，在一个两年的研究中，贝斯蒂·瑞姆聚焦于一个叫雷涅的哥斯达黎加男孩，他在上幼儿园时到了美国，在美国东南部的一所小学二年级入学，最终在三年级上学。雷涅通常是友善的，并且言语活跃，但是在正式的阅读课上表现出了可见的害羞。瑞姆展示这种害羞是由一个热情的教师交互时制造的，这位教师用她课堂活动的过多示范过于表现其专家角色，同时也是其他已社会化的学生制造的，他们在与雷涅抢着发言时总能抢过雷涅。出乎意料的是，在学校学习的第二年，这个男孩能够进行各种各样他的老师曾拼命引导他说出来的语言使用。这发生在学校之外某些谈论对他的世界而言熟悉的事物的空间被开发时。比如，他通过他有关当时很流行的电子游戏《精灵宝可梦》里面的一个人物吉利蛋成功地解码了语音卡片游戏中的单词 chancy（瑞姆，2004）。通过和其他同伴一起合作，他们也是西班牙裔移民，表面上共享某些生日习俗的内在知识，他还向一个惊讶的、感兴趣的斯普林女士（他的白皮肤的、中产阶级的英语第二语言教师）叙述了一个生动的脸在蛋糕里的故事（2003，第 397 页）：

(10) 我第一次这么做……好像是四岁的样子。然后我咬了一口蛋糕，然后我的爸爸在蛋糕里摇晃我的整个脸（轻轻地笑了）然后我开始哭了

瑞姆强调这些产出的时刻通常发生在学生作为专家出现而教师在交互中暂时重新定位为一个文化初学者时。她提出，这些教师—专家和学生—初学者的角色被颠倒或至少模糊了的事件是语言社会化和学习的重要场合。

第二语言社会化研究也清晰地显示出接近和参与是经常被限制的，因为

特定群体或者社区的成员，也就是所谓的"专家"，在知识、能力和作为社交伙伴的意愿上是因人而异的。在一个为期一年的有关一所加拿大大学国际学生的学术社会化研究中，森田直子（2004）研究了6名参与各种硕士和博士课程的女性日本学生的经历。在他们中，23岁的菜菜子和27岁的利荣在攻读教育学硕士学位。他们两个都对他们参与课堂讨论的困难感到烦恼，积极寻求他们的讲师的帮助。菜菜子接触的其中一个讲师以一种支持的态度回应，虽然没有导致菜菜子的可见行为中有任何改变，但是极大地鼓励了她，并帮助她学得更好（第587页）：

（11）如果有人在我所有的课程中跟踪我，只观察我，她会以为我是一个安静的人。但是我的沉默在不同的课程上有不同的含义。在课程E上，讲师让我感觉到尽管我是安静的，我在那里。在其他课程上我的存在和缺席看起来没有什么差异……我只是像一个装饰品一样坐在那里。

相反，利荣所接触的讲师清楚地指出她的问题在于语言能力的个人不足，并且以其他学生的利益为由拒绝对她的教学做出任何调整。在几次积极主动的努力之后，利荣不得不顺从，放弃和这个老师成为自发的社会化同伴的希望："不幸的是，我的存在没有受到尊重。"（第594页）相反，她能够成功参与到另一门研究生课程中，在那里她的日韩的多文化背景被看作一个优点："我在这门课程中能够感觉到我的存在。"（第592页）无论如何，记住专家和初学者的贡献总是共建的而不是事先决定的，他们的成功或失败也是共享的而不是在于一个或另一个参与者一个人，这很重要。比如，对于惠美子，在这个研究中的一个24岁日本学生，她的讲师给予她的有帮助的回应没有像菜菜子那样获得同样的好处。相反，当她的讲师同意不在班级讨论的时候喊她的名字，她最初感到更加舒服，但最终她的学习变化很少，因为她感到陷于作为班级里唯一沉默的成员的困境。

10.15　结果：通过第二语言社会化学到了什么？

通过聚焦"一个社区或文化中的初学者或新来者获得交际能力、成员身份以及群体中的合法地位的过程"（达夫，2007，第310页），第二语言社会化研究不仅帮助语言学习的过程，也帮助它的结果重新定义为社会的。也就是说，当人们着手学习另一种语言的时候，所学到的远远超越了掌握一门语言，即使这被广义地看作包括话语、语用和非语言资源，它还包括"合适的身份、立场……或意识形态，以及其他与目标群体和它的规范做法联系的行为"（第 310 页）。

因此，比如，在一个对出国学习的研究中，杜方（2006）显示了很多印度尼西亚语第二语言学习者被他们的房东家在谈论食物和对待食物上社会化的交互方式。在这个过程中，他们学习了大量第二语言词汇（pedas，"辣的"；asin，"咸的"）以及如何称赞（enak，"美味的"）或直接批评（kurang enak，"不太好吃"，hamber，"没有味道的"）厨师的公式（显然在印度尼西亚吃饭时两种行为都是可以接受的!）。但他们也被社会化把食物看作一种主要的生活乐趣，并且这些美国学习者中有一些转向了这个世界观，这与他们从他们国家文化带来的食物作为营养的更实用的立场是不同的。凯尔，一个在外国学习的学生，回忆了这些变化（第 117 页）：

(12) 我的饮食行为变了。现在我早上吃得很多，并且我的饮食礼仪也变了。好吃的东西吃起来真好。我看食物的态度有点变了，有了更多尊重。

莱斯利·穆尔（2006）进行的一个民族志研究很好地说明了语言学习和对生存和思考的规范方式的学习是不可分割的。这个研究记录了非洲中西部的喀麦隆北部一个多语言穆斯林群体富尔贝人小学第一年的第二语言教学实践。富尔贝孩子通常在家学习富拉语，上学时从六岁开始为了宗教目的学习阿拉伯语，为了教育目的学习法语。穆尔聚焦于发生在古兰经教育中的古兰经阿拉伯语韵文教学和发生在公立学校的法语对话教学中使用的记忆方法（或指导性重复，就像她更愿意称呼的）。记忆在这两个环境下都被使用，因为在富尔贝人社会中记忆被作为一种优秀的学习方法受到重视，尤其适合于六岁到青春期的儿童，这些孩子被认为拥有 taaskaare wuule，或原始记忆，并且是 tabulae rasae，或白板（第 116 页）。但是，她对一学年 90 个小时录音的分析显示这种方法在两种环境下以有细微不同的方式使用。在古兰经课中，学生们被期望向老师或 mallum、或被 mallum 指定的具有这种作用的高年级学生提供的模范学习，他们从来不互相学习。穆尔已完全了解到他们不会学习韵文的内容，只会学习形式。合适的学习者行为包括专注，并用头脑模仿和背诵这些韵文，（每一个学生以不同的速度）最终能忠实地把神圣的文字表现出来，采用与 mallum 相似的"发音、顺序、音量和表现"（第 115 页），且不犯错误。如果有任何错误发生，学生会被打断，mallum 会将整个韵文再重复一遍，不以任何方式指出错误之处，也就是说，没有第四章4.11节中例示的那些改正步骤。相反，在法语对话的记忆活动中，公立学校老师的教学方法在所有这些方面与很多西方语言教师实行的更为接近。穆尔提出这些不同与两个环境中的不同社会学习目标有联系。也就是说，对神圣的古兰经韵文的阿拉伯语教学寻求将年幼的儿童社会化，使其适应传统的、穆斯林的、富尔贝的价值观，比如尊重、谦逊、崇敬以及纪律。相反，小学的法语教学是发展一种喀麦隆现代身份的国家计划的一部分，涉及后殖民法国价值 évolué，或文明的和理性的，与更普遍的西方教育价值相联系。

因此，这个语言社会化结果的意义深远的观点与詹姆斯·基（1990）对语言能力的描述产生了共鸣：

> 在社会情境下的语言使用中，一个人必须同时说"正确的"事情，做"正确的"事情，并且在说和做的时候表达"正确的"信念、价值和态度。

（第140页）

尽管很多研究者和教师会同意这个第二语言能力的定义，它也提出了一个困难的问题，即是否一个社团或群体采纳的定义为"正确地说、做和是"什么样的必须是被当作中立的、必须的和有益的第二语言学习目标。如果是这样，社会化有成为危险的同化意识形态的只是更时尚的伪装的风险。必须弄清的是，这不是将语言社会化应用于第二语言学习的研究者的既定目标。无论如何，除非使身份、意识形态和权力处于显著地位，这个困难但重要的问题在一定程度上是被回避的。就像我们将在本章剩余部分看到的，这正是认同理论所能提供给第二语言习得研究者的视角。

10.16 自我感觉是社会的：认同理论

认同理论（identity theory）很少被直接作为SLA官方研究的一部分考察。虽然如此，对身份和第二语言学习的研究是在更广泛的应用语言学领域中最具活力的研究领域之一。认同理论将个人的感觉重新认定为社会构建而成，同时受到社会的约束。对这个领域的兴趣发展始于邦尼·诺顿·皮尔斯，在1993年她完成了关于加拿大五位移民妇女身份斗争的论文，随后在两个广泛引用的来源中发表了其中部分内容：一篇《对外英语教学季刊》上的文章（诺顿·皮尔斯，1995）和一本书（诺顿，2000）。2002年，一本新的期刊进入到这个领域，那就是由劳特利奇出版社出版的《语言、身份和教育期刊》。从那时开始，对第二语言身份的研究发展得越来越强大。

认同理论推动的活跃兴趣可以在很多第二语言研究中看到，这些第二语言研究文献的主要贡献者被三个回顾引用：布莱克利奇和帕夫连科（2004b）、诺顿（2006）和布洛克（2007）。他们指出在应用语言学中受到青睐的研究身份的当代理论视角是后结构主义，叙述在很多第二语言研究中已经成为一个检查身份的重要场所（布洛克，2007，第867页）。他们也警告我们身份必须以在社会中构建和放在社会中理解，总是"动态的、矛盾的、不断随着时间和位置变化的"（诺顿，2006，第502页）。另外，他们提出人们不能自由地选择他们想成为谁，而是必须在他们所居住和占据他们的更大的经济、历史和社会政治结构中协商自己的身份立场（帕夫连科和布莱克利奇，2004b，第3页）。你会发现第二语言身份研究学者在他们的写作中使用很多表示这一身份是动态的和竞争的后结构主义观点的词，比如，名词有裂缝、裂口、裂片、缺口和渗漏，形容词有转换的、片段的、去中心的和混合的。最后，很多第二语言身份研究，虽然不全是，毫无疑问指向了宏观的环境维度，并且清晰地把社会理论化为因转化需要进行斗争的场所。因此，大多第二语言身份研究探究学术知识能成为一个为第二语言学习者提倡社会公正的平台的方式（诺顿·皮尔斯，1995；帕夫连科和布莱克利奇，2004b）。

第二语言认同理论中最有影响力的模型是诺顿（诺顿·皮尔斯，1995；诺顿，2000）建立的。一个主要的概念是**投入**（investment）。或"如果学习者在一门第二语言中投入，他们会以他们将要习得更广泛的一系列符号和材料资源的认识这样做，这反过来也会增加他们文化资本的价值"的概念（诺顿·皮尔斯，1995，第17页）。一个给定学习者在学习第二语言时的投入只能通过考虑她的身份、她的愿望和她的改变的社会世界理解，这三者均对不同时期和不同环境下的不同投入的构建做出贡献。以下论点也对此有所补充：与他们的投入交织在一起的是第二语言学习者对不同实践社区（community of practice）的情感和符号亲和性，其中一些是学习者在其中为接纳或得到合法成员资格努力的真实的、当前的社区，比如10.14节中讨论的森田（2004）的研究中菜菜子、利荣和惠美子想更充分融入的教室社区。还有一些是**想象的社区**（imagined community），或目前只存在于想象中的社区，以及学习者在他们过去的成员资格和生活历史以及他们对更好未来的估测基础之上打造的社区（我们会在下一节考察一个例子）。诺顿的身份模型中最后一个关键元素是**说话的权利**（the right to speak）的概念。这个权利和行使这种权利的权力分配并不公平，且第二语言学习者经常发现他们被其他人定位为没有这一权利的说话者。这个认同模型的理论影响，像诺顿（2006）简明解释的，跨社会学（皮埃尔·布尔迪厄）、女性主义（克里斯·威登）、文化人类学（让·拉夫和艾蒂安·温格）和文学批评（米哈伊尔·巴赫金）。在后面的两节中，我选择性地用几个身份在两种很不同的第二语言学习环境下有重大意义的方式的实例来说明这些和第二语言认同理论的其他概念，这两种环境是依情况而定的和选择性的。

10.17 第二语言学习者的身份和权力斗争：间接第二语言学习的例子

间接第二语言学习涉及一个语言少数族裔的成员由于自身没有什么选择的、通常与更大规模世界事件有关的原因，比如移民、经济的困境、后殖民主义、战争或职业，必须学习大多数群体的语言。在这些环境下的身份研究显示了学习者在一个边缘化的处境下努力为自己构建正面的身份，他们通过参考在家庭、学校、工作场所、媒体等多元和矛盾的话语中可用的身份选择这样做。

尤其在语言少数族裔学习者基本没有权力的机构环境中，比如在学校，他们被理解为努力地斗争以改变和协商可能允许他们实施他们的力量且被他人看作是积极的身份。在克服边缘化时，很多人只得到有限的成功。麦凯和黄（1996）为期两年的对四名青少年的识字能力和身份认同的经历的民族志研究显示了这一点，这四名青少年都是最近从中国刚到的移民，在加利福尼亚一所高中读七年级和八年级。在他们中，布拉德·王可能是最不成功的故事。他是唯一一个来自较低的社会经济背景的学生，并且他经历了成绩的螺旋下降而实际上终结了他的高中学习。他最初很渴望提高英语，但是他通过假装理解保护面子的绝望尝试很快使得他被他的老师贴上了不诚实的标签。老师根据种族化的话语责备那些不被同化且英语学得慢的移民，认为他们不愿学习英语，且有较低的道德观。最后，他被强加上不成功的学习者的身份。这使得他的识字能力提高的潜力一直没有被开发出来。

另外，通过话语和叙述第二语言学习者获得的可能身份总是矛盾的、混杂的，并且话语和叙述帮助建立起来的身份地位也是不断变化的。在另外一个民族志研究中,琳达·哈克留(2000)跟踪研究了艾菲尔、克劳迪娅和佩妮高中三年级和大学一年级的经历。不像麦凯和黄研究中的新来者,这些学生是已经在美国生活了六到十年的老住户。在高中,他们享有有利的主体地位,部分来自于"移民离开他们的家,承受经济和情感困苦,通过纯粹的坚持成功在美国为自己建立更好生活的更广泛的美国社会'埃利斯岛'形象"(第46页)。有意思的是,教师和学生参与了这个英雄移民身份的共同构建和维持。比如,无论什么时候给他们一个写作题目的选择,这些学生重复选择写他们个人的移民故事,主要是对"埃利斯岛"的神话进行有利于自己的挪用。但这个正面的身份与家庭和不足话语共同存在于教师对移民学生尽管很努力却总是在学术上很吃力的形象中。高中总体上肯定的经历在艾菲尔、克劳迪娅和佩妮进入一个两年制社区大学并因为他们被划分为非母语说话者被学校分到英语第二语言班后发生了巨大的变化。他们的阅读材料和作业现在包含不断地让他们在一个"你的国家"和"美国"之间的空间叙述自己,把这些在美国受教育的移民困于被他们的大学教师强加的国际学生的身份,一个需要社会化融入新的生活方式的新来者。这些话语也是混杂的,定位是矛盾的。比如,哈克留提出这些学生有关"他们的"国家的看法看起来与他们很多年前离开的遥远世界和"他们和他们的教师笼统地称为'美国的'白人中产阶级文化"都不一致(第56页)。因为这些强加的身份而感到厌烦和沮丧,艾菲尔、克劳迪娅和佩妮一旦发现这些英语第二外语学习课程不是必修的,最终便不再参加更多英语第二外语学习课程。

最后,第二语言身份研究显示了不仅是周围的话语和意识形态,实际的和想象的社区实践也会帮助构建投入,因而构建间接第二语言学习环境中观察到的不同学习轨迹和学习成果。诺顿·皮尔斯(1993)对凯塔琳娜的故事的分析清晰地显示了这一点。卡塔利娜从波兰移民过来,她在家乡已经获得了生物学硕士学位,并且有17年的教学经历,但是当她和她的丈夫以及6岁的女儿到加拿大的时候,她不会英语(虽然她会波兰语、俄语和德语三种语言)。当她被别人定位为移民,"痛苦地抵抗着被定位为没有技能、没有文化"时(第142页),她感到被疏远了,找不到自我。尽管她新换了环境,她继续把她自己看作一个受到良好教育的专业人士社区的人。因此,作为在新的职业生活中重新获得她之前的职业地位的追求的一部分,她对这个想象的社区进行了投入,通过完成一个为期18个月的计算机课程。为了达到这个目标,她被迫做一份兼职的家务工作,这个工作和她的职业训练不匹配,在这份工作中，她不认可自己。最后她还决定放弃她的九个月的有补助的英语第二语言课程，她只参加了四个月，主要是选择学习计算机而不是英语，尽管英语在建造职业身份中也是一个必须的工具。这个选择是由她对一个有良好教育的自我比一个英语说话者的自我进行更多投入构建的，这是她作为她想象的职业社区成员身份的一部分："我选择计算机课程，不是因为我不得不说，是因为我不得不思考。"（第 142 页）经过一段时间之后，卡塔利娜的英语有一定提高，但提高主要来自于能够在一些低风险的环境中练习英语，这种环境在她看来这只是暂时的，不是她作为"正常"自我的一部分，因为她在和她所照顾的老年人说话的时候，感到放松。而形成强列反差的是，她和那些说英语的专业人士，比如老师和医生，说话的时候，她就感到表达比较困难。这个研究中的其他女性也存在同样的现象，这让诺顿（2000）提出"学习者感到与之说英语最不舒服的人正是那些学习者的想象社区的成员或守门人"（第 166 页）。目前的问题是卡塔利娜以及其他像她一样地位的妇女是否以及如何不仅发展在低风险环境下的第二语言流利程度，而且发展要求在高风险的环境下说第二语言的权利，这可能和他们为未来的自我设想的社区有关。

10.18 身份对第二语言学习的直接影响：可选择的第二语言学习例子

可选择的第二语言学习是那些来自具有平等权力的大多数群体地位的人进行的，因此也就没有明显的或直接的权利斗争。在可选择的语言学习环境中的身份研究比那些在间接双语环境下进行的研究要少一些，且主要集中在跟踪外语学习者开始与第二语言社区接触的经历，一般是在第二语言环境中生活时的经历。

在这些环境下的身份研究显示了外语学习者也有由他们的身份构建的投入，这些投入指导不同的学习者在他们努力学习第二语言时不同地分配精力和努力。比如，就像我们在第九章（9.4 节）中提及的，很多外语学习者把模仿一个理想化的本族语说话者作为目标。这个理想化的目标来自于在很多外语教育中占优的单语制话语，认为最好的语言能力是通过原始的社会化获得的（即出生就有的语言），并且不包含不纯或其他语言的痕迹（即没有语码转换或语码混合，没有迁移，没有外国口音）（见奥尔特加，1999）。不过，其他外语学习者可能实际上选择性地抗拒模仿这种理想化的一些方面，正是因为它们与他们现在的自我的感觉相冲突。小原由美子（2001）展示了这一点。她考察了三组生活在美国的女性日语说话者所使用的音高。小原对这些女性使用两种语言完成一系列照原稿朗读的任务进行了录音，对音高频率进行了语音分析，然后采访了她们。五位以日语为主的双语人（即来自日本的国际研究生）说日语的音高一致高于说英语的音高。在声谱的另一端，五个"新双语人"（第236页），她们参加了一个大学第一学期的课程，显示在两种语言中没有音高变化，她们在被采访的时候也没有任何意识到日语中的音高问题的迹象。这些发现支持了有关在日语中一个高音的声音是女性的可辨识标记的争论，表明某些细微的身份的指示性来源，比如说音高和女性之间的联系，可能超过了在学习过程开始时学习者的掌握。但是，最有意思的发现来自于五位以说英语为主的说日语的女性，她们至少在日本的大学学习了四年，在日本居住了一年。所有五人敏锐地意识到音高的文化意义。但是，她们对这种意识施加的行动的力量是不同的。她们中的三个发出了日语中所期待的更高音高。在对她们的采访中，她们清晰地提到适应是主要的原因。她们感到如果她们想听起来有日语味，并且和日本说话者说话时给人有礼貌的印象，她们需要一个更高的音高。但是，其他两位女性没有改变她们的音高。在她们的采访中，她们清晰地显示了在构建她们的日本身份时对第二语言这方面的抗拒（第244页）：

（13）有时候这真的让我感到反感，看到那些日本女孩，甚至不再是女孩，她们中有的已经快30岁了，但她们会使用那种很高的声音努力表达，并使得自己看起来对男人来说很可爱。我决定我绝对不想这样做。

对于可选择的语言学习者，就像对于间接语言学习者一样，他们行使他们的力量并做他们在第二语言中想做的人的程度受其他说话者的力量约束，这些说话者，像他们一样，也依靠根植于周围话语的意识形态。这是梅里尔·西格尔（1996）在她对玛丽的个案研究中得出的论断。玛丽是一位来自新西兰的高中教师，受新西兰政府资助，她在40多岁时在日本待了一年的时间。玛丽对学习在第二语言中语用上合适进行了极大投入，并且在使用她的中高级日语时热切地想做有礼貌且不冒犯他人的人。虽然她有意避免使用敬语，因为她发现这些敬语太难了，但是她在和日本人交互时发展了多种策略建造这个谦逊的女性自我的新身份。比如，在她的谈话中，她使用很多犹豫标记（比如 anō），她偶尔使用像唱歌的声音，以显得很高兴，并且在大笑的时候捂住嘴。尽管经过这些认真的努力，西格尔捕捉到了在办公期间玛丽和她的一位日语教师的对话，当她和一个社会上级说话时，她不经意间表达得非常不合适。比如，她大量地使用了小品词 deshō 而没有意识到这个词的多重意义使它在环境中不恰当，而且，她在结束对话的时候以一种像唱歌的声音说"对不起，非常感谢"（chotto dōmo, sumimasen, arigatō gozaimasu），如果在服务业场合这样说是合适的，但是和一个教授会谈时就不合适了。所有这些选择被她的话语中没有敬语所恶化，这在日语中和一个社会上级说话时是最基本的。有意思的是，尽管她违背了很多语用规范，对此她很忧虑，她依旧完全没有意识到她的谈话中可能的面子威胁效果。这是因为她的对话者显然没有给她任何明显的反馈。西格尔提出这个回应的动机可能是日本民族主义话语中的 henna gaijin 或"陌生外国人"，这把日语构建为一种困难的语言，外国人不能也不需要掌握。外国人日本事物学得太好以及变得太像日本人只会是一件怪事。

最后，研究显示社会构建的性别、种族和阶层的类别与选择性的第二语言学习有关，这些类别在很多重要方面影响外语学习者的投入、愿望和身份协商。比如，一组美国女性在俄罗斯海外学习时的语言学习经历充满了性别歧视（波拉尼，1995）。具有讽刺意味的是，她们学习使用第二语言协商"如何从屈辱的社会交往中走出来，如何解释甚至看起来礼貌的、受过教育的年轻男性的意图，如何在花费一个晚上抵御不想要的进展后使自己恢复原状"时，也鼓励了她们拓展她们的第二语言能力（第 289 页）。米舍拉经历了一次痛苦的西班牙海外学习，她发现自己不断被男性语言侵犯，性别的种族主义使米舍拉以后都不想再学西班牙语（塔尔伯特和斯图尔特，1999，第 169 页）：

（14）我的观察是很负面的。对于我，当我在西班牙的时候，我注意到非洲女人就是性的象征。当我走在路上的时候，我经常听到关于我的肤色的评论和有关性的评论，尤其是老男人和 15 岁到 20 岁之间的青少年。

相比较而言，对于爱丽丝来说，阶层是一个主要的认同力量。爱丽丝是一名美国大学生，学习法语，她参加第二语言学习是作为在社会向上移动与身份重建的计划。这个案例被西莱斯特·金吉格（2004）历时四年仔细记录下来。爱丽丝被一个工人阶层的单亲妈妈抚养长大，她的妈妈和她的两个女儿移居到俄亥俄州和佐治亚州，后来在阿肯色州乡下被她的祖父收留。她在生活中经历了很多苦难，感到和那些更年轻的、更有优越感的大学同伴不同。她在学习法语上投入是为了让法语帮助她超越和逃离她艰难生活的象征性可能。金吉格描述了爱丽丝使用很多方法利用法语作为爱、文化和轻浮的语言的美国流行话语，这被课本材料和媒体强化，她还用这一意识形态想象未来说法语的自我，这一自我为她提供象征性的好像用活动住房换城堡的机会。尽管四年中几次海外学习经历有很多失望，但爱丽丝最终得以在她的追求中获得成功。为了这样做，她不得不参与身份的深层重新协商，不得不寻找在毫不明显的地方学习的机会。但是，最后，她得以完成她的成为一个合格的第二语言法语说话者以及未来的法语老师的新身份计划。学习法语允许她"升级她对文化资本的接触，成为了一个有教养的人，并且和他人分享她的知识"（第240页）。

10.19 以技术为媒介的交际作为社会性丰富的第二语言学习的场所

我们不能不对实际环境中的另一种语言学习进行评论就结束关于第二语言学习的社会维度这一章内容，即在以技术为媒介的环境中，因为我们当代生活的大部分时间都花费在跨越时空的网络交流。就像科恩（2006）在一个有关第二语言学习和技术的权威综述中记述的，我们本章所讨论的各种社会理论都已成功应用于这个领域的研究，扩展了认识论的图景，并建立了**技术作为媒介**的隐喻，或创造"人际交流的场所、多媒体出版物、远程学习、社区参与和身份形成"的技术（第192页）。拉姆（2006）、赛克斯等（2008）以及索恩和布莱克（2007）提供了这个领域前沿发展的很好综述。这一研究领域显示应用于数字社会网络的技术能促进在社会角度非常丰富的第二语言和文字学习。

一系列有关第二语言学习和技术的社会文化指向研究聚焦于有关目标话语和文化的学习，这些学习是从与同学或地理和文化上有距离的课堂社区的网上交流参与积累的。在一些研究中，在第二语言中被证实有社会交互能力的发展。比如，达霍尔（2002）分析了两个第四学期西班牙学生的完整班级在九个星期内每星期在课上完成聊天活动产出的话语。他指出外语可能在正式的面对面的课堂话语中能用于更加多样的人际目的，包括戏弄和开玩笑，甚至是在半幽默状态下使用鄙俗的语言。他提出这些语言的使用对第二语言社会语言的发展有扩展的潜力。在很多其他研究中，外语学生被发现发展了很多有关第二语言的文化知识。这不仅对在地理和文化上有距离的课堂社区中所谓的远程合作是属实的（贝尔茨和索恩，2006），而且在一些组织较少、更为随便的第二语言—第一语言的网上交流的时候也是如此（比如图迪尼，2007）。这些虚拟参与的其他好处还有，学生能经常遭遇模式化观念以及偏见，能增加文化的自我意识（比如奥多德，2005）。以技术为媒介的跨文化伙伴关系也特别有助于形成健康的跨文化不适和紧张的治疗剂（比如巴沙林娜，2007），语言教师对此应该小心处理。

我们目前对技术和语言学习的大多认识来自另外一些有关移民的年轻人使用校外技术的研究。发现大量记录了技术能够帮助少数族裔第二语言学习者建立正面的身份，这一身份可以对抗他们在学校世界可能遇到的负面定位。这在很多情况下是通过跨国社区的网络关系发展进行的。拉姆（2000）记录了阿尔蒙的故事，一个来自中国香港的十几岁的移民，他在美国已生活了五年。他感觉对他的英语技能没有信心，感觉在把他定位为英语第二语言学习者和不成功的学生的学校文化环境中受到歧视。即时信息、笔友邮件，以及创建一个有关他最喜欢的日本流行少年歌手的网站，这些为他打开了网上同伴的新世界，这些同伴帮助他构建了一个新的、有信心的身份，在这个身份中阿尔蒙感觉他是网络设计和日本流行文化的专家，同时也是一个合格的英语使用者。在一篇晚一点的文章中，拉姆（2004）报告了两位年轻的妇女，从中国移民的于青和苏颖，她们在美国已生活了三年。尽管她们是 B 级学生，但是她们感到在学校的小集团生活中说英语不舒服，在那里她们处于两个世界之间，她们不能和她们的英裔美国同伴有很多的交往，也受在美国出生的中国同伴欺负，她们和这些同伴享有相同的种族背景，但是语言或文化共同点很少。通过尝试使用网络，寻找在网上练习英语的方法，她们发现了一个世界各地的移民中国人的英语聊天室。于青和苏颖显示了与这个新社区惊人的参与水平，她们在八个月的研究中每天要在这个聊天室花三个小时。她们自由地、创造性地使用英语，并且混合使用罗曼化粤语，使用这些资源建立密切关系并构建一个有共同移民经历的双语英语—粤语说话者的共同身份。拉姆指出参与这个支持性的虚拟社区帮助她们提高了英语流利度，也促进了她们在学校环境中的信心。

最后，几个研究记录了第二语言使用者惊人的文字参与，他们在以技术为媒介的虚拟社区中找到了不能在学校作业的学术话语中找到的创造性写作和自我表达的空间。布莱克（2006）记述了田中耕-奈奈子（大概是一个自己选的笔名）的成功故事。她是一名来自上海的年轻中国女孩子，11 岁的时候全家移民到加拿大。因为是世界流行的日本动漫的粉丝，她很快发现了同人小说，即媒体系列作品（比如《星际迷航》、哈利波特系列、日本动漫）的粉丝发布他们自己从官方故事衍生出的创造性作品的网站。奈奈子最终在 13 岁创建自己的网页之前，她热衷阅读日本动漫的同人小说。在这之后不久，她成为这个网站多产的同人小说作者。布莱克记录了奈奈子同人小说的写作给她带来丰富的加工写作经历的很多方式，包括同伴的反馈和多次修改，也带来正面身份的发展。比如，其中一个菜菜子发布的故事（写了 14 章！）"变得疯狂地流行""获得了读者超过 1700 条评论"（2006，第 177 页）。人们可以想象她在作为一个人和一位英语作家的身份中经历的巨大提高。同样，伊（2007）描述了琼不那么戏剧性、但同样强烈的韩语文字参与，她是一位美国一所学校九年级的韩语—英语的双语学生，借助同一个城市由大约 25 名韩国后裔年轻人组成的地方数字社区的支持，她得以发展成为一个有创造性的、多产的作家。最后，利用意义制造的多模态形式的网络文本的生产和消费，包括语言、形象和声音，已经被认为是一个多语使用者，尤其是年轻人为他们的学术成就和身份发展有正面结果可以利用的特别重要的语言和文字学习场所（比如，肯纳和克雷斯，2003；赫尔和纳尔逊，2005）。

10.20　永远不要只停留在语言上

　　正像我在本章中一直希望阐明的，对于很多、可能是大多数着手学习另一种语言的人，最关键的不仅是他们成功习得第二语言或甚至成功获得他们渴望的或在社会上发挥作用需要的文字和职业能力的可能性。对于很多人、可能是大多数第二语言学习者，这有关成功获得他们渴望的物质、象征和情感的回报，也有关被他人视为有价值的社会人。如果的确是这样，我们就必须得出着手学习另一种语言的人正在参与改变他们的世界的结论。在这一意义上，我们可以说第二语言学习总是变化的。

　　如果从社会转变的观点出发，在第二语言能力发展的时候什么是必须发展的定义内容很多。就像诺顿（2006）简明表达的：

　　　　第二语言的学习者需要斗争以挪用别人的声音，他们需要学习控制他们的听者的注意力。他们需要把语言作为一个系统和一个社会惯例协商；并且他们需要理解他们与之交互的社区的惯例。

（第504页）

诺顿提出，在这一广泛的单子上，我们必须也加上"拥有说话的权利的能力"（诺顿·皮尔斯，1995，第23页）和"一种如何挑战和转变社会的边缘化惯例的意识"（第25页）。也就是说，有能力使用另一种语言最重要的是变得有能力行使力量和产出力（坎贝雷里斯，2001），并通过第二语言改变一个人的世界。但是第二语言学习者和他们周围的人一样可能有不同的亲和或敌对的交往，如同巴巴（1994，第3页）称呼的，并且这些将会影响与第二语言学习的不一致的接触和多样化的结果。人们生活的机构，以及他们生活经历的物质、社会和文化历史，增加了人们通过学习另一种语言改变他们世界的能力的复杂性。以这种观点，第二语言学习的社会环境是斗争和转变的场所。但是一旦我们意识到第二语言学习永远不是仅仅关于语言，并且总是变化的，困境也是不小的。

首先，我们认识到我们不能承诺第二语言学习者，只要（并且一旦）他们获得第二语言能力的良好水平，他们的困境、他们的边缘化或他们的愿望就能被解决。正像学习一种第二语言永远不仅关于语言，被判断为一个有能力的或有价值的社会人永远不仅是纯粹第二语言能力的问题，即使第二语言能力在包括手势和概念（兰道尔夫和索恩，2006）或说话、做事和成为什么样的人的规范方式的广义得多的定义下（见10.15节）。很多研究显示有较高语言能力的学习者因为种族（图希，2001）、性别（威利特，1995）或缺少物质和象征性资源（麦凯和王，1996）被守门人忽视，其他语言水平较低的人更受青睐。这些影响在这些环境中比语言的，甚至社会文化的能力更重要。

意识到第二语言学习永远不仅与语言有关也带来了问题：我们是否应该为此做些什么。如果学习另一种语言的工程本身就有关转变社会世界，难道服务于第二语言学习者的教育者与研究他们的研究者就不应该在他们转变的努力中支持他们吗？批判应用语言学研究者已经提出答案是"是"（卡纳加拉亚，2002；彭尼库克，2004；赫勒，2007）。就像已经提及的，一些后结构主义的认同理论的研究者也认为学术知识能变为第二语言学习者提倡社会公平的平台（诺顿·皮尔斯，1995；帕夫连科和布莱克利奇，2004b）。如何做出转变的建议也已经提出，通过发展来自少数族裔的第二语言学习者的资源促使他们学习为自己争取权力，通过第二语言学习与边缘化斗争（戴维斯等，2005），并且通过帮助来自大多数群体的第二语言学习者为自己争取权力，通过第二语言学习批判地质问规范话语（克拉姆契，2006）。SLA 的社会化转向继续吸引对理解另一种语言学习感兴趣的人为自身社会环境中的第二语言学习者探索和发现新的可能性。

10.21 小　结

- 从 20 世纪 90 年代中期开始，SLA 领域有一种持续的社会化转向，根植于社会建构主义、社会文化主义和后结构主义，提出我们只能把第二语言学习放在社会环境中才能完全理解第二语言学习。
- 维果斯基的社会文化理论把认知重新认定为本质上是社会的，并且提出意识为人类认知的核心功能和探究的主要目标；语言是被用来创造思想的，它也改造思想，并且是学习的源泉。
- 需要记住的维果斯基社会文化理论的主要概念是：语言是一个符号工具，通过客体、他人和自我的中介，社会、私人和内在言语，自我管理的出现，以及最近发展区。
- SLA 的维果斯基理论方法把第二语言学习看作一个共同活动，在这里共同知识的构建成为可能，并且自我管理通过各种中介促进和协商。
- 在第二语言和第一语言中中介的思想和谈话过程中通过微变化研究法可以捕捉到第二语言学习，并且不是作为已经获得的发展评估，而是作为未来向自我管理的潜在提高评估。
- 第二语言习得研究会话分析理论研究第二语言学习者交际时的社会交互成就，它重新定义了交互资源行为和其他方法可能当作缺点的证据的解决方案。
- 按照在交互行为中可观察的或可被证明的证据中的激进的主位规则的基础性解释性主张，第二语言习得研究会话分析提出很多类型（比如错误、意义的协商、学习者身份、语言水平）没有永久的价值，而只是在每个具体本地交互和谈话的话轮中重新认定为相关或不相关。
- 一个第二语言交互中的共同参与者一般，但不总是，共同指向联合的交互行为和交互身份。外在的环境和情景使一些指向、身份和目标比其他更便于利用，但是这些环境不能完全决定它们。
- 系统功能语言学把语法重新认定为社会符号过程，即作为意义制造的社会行为。这个框架已被应用于第二语言学习中，更主要的是为了描述第二语

- 言学习者的文本挑战，但是不太常被用于研究第二语言中的符号发展。
- 学术能力的发展可以纵向通过分析词汇密度、语法比喻和语法复杂程度的文本变化来检查；所有这三个性质与涉及使正式语言比日常语言语法更不协调、信息密度更大的符号过程有关。
- 功能重建和评价系统是另外两个一些系统功能语言学指引下的第二语言符号发展研究已被进行的领域。
- 语言的社会化理论认为语言学习和社会学习是互相影响的；它调查了新来者如何通过与有意愿的专家进行社会活动以获得语言知识，还有在一个给定的群体或社区中的成员身份和合法地位。
- 在第二语言研究中，语言社会化的研究者们聚焦于什么样的新语言接近方法和在什么情况下新社区的参与者支持或者阻碍了第二语言学习者对在一个新环境中被接受为一个合格成员所需的语言和文化资源的挪用。
- 语言社会化的结果影响深远，并且包括了看待这个世界的规范方式。也就是说，通过越来越积极地参与与他人的活动，学习者获得了说、做和成为什么样的人的新方式。
- 认同理论把自我的感觉重新定义为社会构建的并受社会的约束，并且展示了这个构念如何帮助解释不同语言学习轨迹及其结果。
- 要记住的认同理论的主要概念是：投入、实践社区、想象的社区和说话的权利。
- 身份、意识形态和权力交织在一起，帮助理解第二语言学习。
- 间接第二语言学习和可选择的第二语言学习中，学习者努力改造允许他们行使自己的力量并被他人积极地看待的身份。可能的身份通过在产生不平等权力的社会结构中周围的话语获得；在不同的时间和空间中，学习者有力量协商、反抗、调整或改变他们的身份。
- 以技术为媒介的交际为第二语言学习者提供了身份的协商和重建、社会和文化学习以及对文字发展前所未有的支持的丰富机会。
- 本章讨论的关于第二语言学习的社会视角，尤其是其中的后结构主义方法，提出第二语言学习永远不只是与语言有关。对于很多人、可能是大多数着手学习另一种语言的人，这有关成功获得他们渴望的物质、象征和情感的回报，也有关被他人视为有价值的社会人。在两种情况下，学习者都参与了改变他们的世界，因此第二语言学习总是变化的。

10.22 进一步阅读的建议与说明

以社会的方式思考，而不是以心理的方式思考，不是一个简单的任务。你可以阅读久保田（2003）所描述的有关芭芭拉的精辟的、富有寓意的故事来理解我这样说的意思。在这篇文章中，她展示了我们在理解那些必然的对所有知识和话语的社会构建时经历的一个困难和没有完成的个人转变是正常的，包括第二语言学习中的知识和话语。一个危险是阅读那些从激进的、从社会重新认定的视角考察问题的第二语言学习研究，却不得要领，通过我们熟悉的思维方式重新解释我们所读的。因此，我建议你以一个开放的头脑和一个整体的视野进入阅读，同时在你深入探究这一文献时密切关注细节。

对于我们讨论的每一个话题，每一节开头引用的权威文献能帮助你获得一个对这个领域的好感觉，并引领你超越本章所能容纳的有限选择进行研究。如果你是那种从先看研究中的具体例子之后才去从阅读评论中有所受益的读者类型，我可以提供下列的阅读建议。实证研究可以巩固你对维果斯基的社会文化理论的认识，弗劳利和兰道尔夫（1985）、多纳托（1994）以及纳萨基和斯温（2000）都是可以满足这个目的的有趣而易读的文献。对于第二语言习得研究会话分析，阅读常被引用的弗尔斯和瓦格纳（1997）是必不可少的，后面可以阅读黑勒曼（2006）和理查德（2006）所做的第二语言和会话分析的混合研究。最好的了解将系统功能语言学应用于第二语言学习的研究的捷径是阅读阿丘加尔和科隆比（2008），他们提供了特别有帮助的图表，总结了很多相关研究。对于语言社会化理论，我建议你阅读格雷戈里等（2007）的研究。这个对伦敦的孟加拉人聚集区的 6 岁的萨希尔和他的奶奶拉齐亚的组织丰富的研究会帮助你把你阅读的有关这一方法的几节中回顾的不同主题联系起来。对认同理论的一个很好的入门途径是阅读诺顿·皮尔斯（1995）、麦凯和王（1996）与金吉格（2004）的实证研究，以这个顺序阅读，因为这些研究互相补充，会增强你对这种方法的理解。至于以技术为媒介的第二语言学习，拉姆（2004）提供了一个第二语言社会化的框架如何能被创造性地应用于研究技术的例子，布莱克（2006）对社会技术可以为年轻人第二语言学习和身份转变提供确实前所未有的机会给出了有说服力的理由。最后，在帕夫连科和布莱克利奇（2004a）的重要的书中，他们收集的研究能充当联系认同理论和批判应用语言学的一座桥梁。

参考文献

Abe, J. A. A. (2005) The predictive validity of the Five-Factor Model of personality with preschool age children: a nine year fellow-up study. *Journal of Research in Personality*, 39, 423—42.

Abbot-Smith, K., and Tomasello, M. (2006) Exemplar-learning and schematization in a usage-based account of syntactic acquisition. *Linguistic Review*, 23, 275—90.

Achugar, M., and Colombi, M. C. (2008) Systemic Functional Linguistic explorations into the longitudinal study of the advanced capacities: the case of Spanish heritage language learners. In L. Ortega and H. Byrnes (eds), *The longitudinal study of advanced L2 capacities* (pp. 36—57). New York: Routledge.

Ackerman, P. L. (2003) Aptitude complexes and trait complexes. *Educational Psychologist*, 38 (2), 85—93.

Albert, A., and Kormos, J. (2004) Creativity and narrative task performance: an exploratory study. *Language Learning*, 54, 277—310.

Aljaafreh, A., and Lantolf, J. P. (1994) Negative feedback as regulation and second language learning in the zone of proximal development. *Modern Language Journal*, 78, 465—83.

Ammar, A., and Spada, N. (2006) One size fits all? Recasts, prompts and the acquisition of English possessive determiners. *Studies in Second Language Acquisition*, 28, 543—74.

Andersen, R. W. (1983) Transfer to somewhere. In S. M. Gass and L. Selinker (eds), *Language learning* (pp. 177—201). Rowley, MA: Newbury House.

Andersen, R. W. (1984a) The One to One Principle of interlanguage construction. *Language Learning*, 34, 77—95.

Andersen, R. W. (1984b) What's gender good for, anyway? In R. W. Anderson (ed.), *Second languages: a cross-linguistic perspective* (pp. 77—100).

Rowley, MA: Newbury House.

Anderson, R. W. (1993) Four operating principles and input distribution as explanations for underdeveloped and mature morphological systems. In K. Hyltenstam and A. Vigorb (eds), *Progression and regress in language* (pp. 309—39). New York: Cambridge University Press.

Anderson, R. W., and Shirai, Y. (1996) The primacy of aspect in first and second language acquisition: the pidgin-creole connection. In W. C. Ritchie and T. K. Bhatia (eds), *Handbook of second language acquisition* (pp. 527—70). San Diego, CA: Academic Press.

Anderson, J. R. (1983) *The architecture of cognition.* Cambridge, MA: Harvard University Press.

Anderson, J. R. (2007) *How can the human mind occur in the physical universe?* New York: Oxford University Press.

Aoyama, K., Guion, S. G., Flege, J. E., Yamada, T., and Akahane-Yamada, R. (2008) The first years in an L2-speaking environment: a comparison of Japanese children and adults learning American English. *International Review of Applied Linguistics*, 46, 61—90.

Aston, G. (1986) Trouble-shooting in interaction with learners: the more the merrier? *Applied Linguistics*, 7, 128—43.

Baars, B. J., and Franklin, S. (2003) How conscious experience and working memory interact. *TRENDS in Cognitive Sciences*, 7 (4), 166—172.

Bachman, L. F., and Palmer, A. S. (1996) *Language testing in practice: designing and developing useful language tests.* Oxford: Oxford University Press.

Baddeley, A. D. (2007) *Working memory, thought and action.* Oxford: Oxford University Press.

Baddeley, A. D., and Hitch, G. (1974) Working memory. In G. H. Bower (ed.), *The psychology of learning and motivation: advances in research and theory* (vol. 8, pp. 47—89). New York: Academic Press.

Bailey, K. M. (1991) Diary studies of classroom language learning: the doubting game and the believing game. Unpublished ERIC document no. ED367166.

Bailey, P., Onwuegbuzie, A. J., and Daley, C. E. (2000) Correlates of anxiety at three stages of the foreign language learning process. *Journal of Language and Social Psychology*, 19, 474—90.

Backer, S. C., and MacIntyre, P. A. (2000) The role of gender and immersion in communication and second language orientations. *Language Learning*, 50, 311—41.

Bardovi-Harlig, K. (1995) The interaction of pedagogy and natural sequences in the acquisition of tense and aspect. In F. R. Eckman, D. Highland, P. Lee, J. Mileham and R. Weber (eds), *Second language acquisition theory and pedagogy* (pp. 151—68). Mahwah, NJ: Lawrence Erlbaum.

Bardovi-Harlig, K. (1999) Exploring the interlanguage of interlanguage pragmatics: a research agenda for acquisitional pragmatics. *Language Learning*, 49, 677—713.

Bardovi-Harlig, K. (2000) *Tense and aspect in second language acquisition: form, meaning, and use* (vol. 50, supplement 1, *Language Learning* Monograph Series). Malden, MA: Blackwell.

Barsalou, L. W. (2008) Grounded cognition. *Annual Review of Psychology*, 59, 617—45.

Basharina, O. K. (2007) An activity theory perspective on student-reported contradictions in international telecollaboration. *Language Learning and Technology*, 11 (2), 82—103.

Basturkmen, K., Loewen, S., and Ellis, R. (2002) Metalanguage in focus on form in the communicative classroom. *Language Awareness*, 11, 1—13.

Batistella, E. L. (1996) *The logic of markedness*. New York: Oxford University Press.

Baumeister, R. F., and Vohs, K. D. (eds) (2004) *Handbook of self-regulation: research, theory, and application*. New York: Guilford.

Beck, M. Schwartz, B., and Eubank, L. (1995) Data, evidence and rules. In L. Eubank, L. Selinker, and M. S. Smith (eds), *The current state of interlanguage: studies in honor of William E. Rutherford* (pp. 177—95). Amsterdam: John Benjamins.

Beebe, L., and Zuengler, J. (1983) Accommodation theory: an explanation for style shifting in second language dialects. In N. Wolfson and E. Judd (eds), *Sociolingusitics and second language acquisition* (pp. 195—213). Rowley, MA: Newbury House.

Belz. J. A., and Thorne, S. L. (eds) (2006) *Internet-mediated intercultural foreign language education*. Boston, MA: Heinle and Heinle.

Bhabha, H. (1994) *The location of culture*. New York: Routledge.

Bialystok, E. (1997) The structure of age: in search of barriers to second language acquisition. *Second Language Research*, 13, 116—37.

Bialystok, E. (2001) *Bilingualism in development: language, literacy, and cognition*. New York: Cambridge University Press.

Bialystok, E., and Hakuta, K. (1999) Confounded age: linguistic and cognitive factors in age differences for second language acquisition. In D. P. Bridsong (ed.), *Second language acquisition and the critical period hypothesis* (pp. 161—81). Mahwah, NJ: Lawrence Erlbaum.

Bialystok, E., and Sharwood-Smith, M. (1985) Interlanguage is not a state of mind: an evaluation of the construct for second language acquisition. *Applied Linguistics*, 6, 101—17.

Bickerton, D. (2007) Language evolution: a brief guide for linguists. *Lingua*, 117 (3), 510—26.

Bigelow, M., delMas, R., Harsen, K., and Tarone, E. (2006) Literacy and oral recasts in SLA. *TESOL Quarterly*, 40, 665—89.

Birdsong, D. P. (1992) Ultimate attainment in second language acquisition. *Language*, 68, 705—55.

Birdsong, D. P. (ed.) (1999a) *Second language acquisition and the critical period hypothesis*. Mahwah, NJ: Lawrence Erlbaum.

Birdsong, D. P. (1999b) Introduction: whys and why nots of the critical period hypothesis for second language acquisition. In D. P. Birdsong (ed.), *Second language acquisition and the critical period hypothesis* (pp. 1—22). Mahwah, NJ: Lawrence Erlbaum.

Birdsong, D. P. (2005) Nativelikeness and non-nativelikeness in L2A research, *International Review of Applied Linguistics*, 43, 319—49.

Birdsong, D. P. (2006) Age and second language acquisition and processing: a selective overview. *Language Learning*, 56, 9—49.

Birdsong, D. P., and Molis, M. (2001) On the evidence for maturational constraints on second-language acquisition. *Journal of Memory and Language*, 44, 235—49.

Black, R. W. (2006) Language, culture, and identity in online fanfiction. *E-learning*, 3 (2), 170—84.

Bley-Vroman, R. (1983) The comparative fallacy in interlanguage studies: the case of systematicity. *Language Learning*, 33, 1—17.

Bley-Vroman, R. (1990) The logical problem of foreign language learning. *Lingusitic Analysis*, 20, 3—49.

Block, D. (1996) Not so fast: some thoughts on theory culling, relativism, accepted findings and the heart and soul of SLA. *Applied Linguistics*, 17, 63—83.

Block, D. (2003) *The social turn in second language acquisition*. Washington, DC: Georgetown University Press.

Block, D. (2007) The rise of identity in SLA research, post Firth and Wagner (1997). *Modern Language Journal*, 91, 863—76.

Boekaerts, M., de Koning, E., and Vedder, P. (2006) Goal-directed behavior and contextual factors in the classroom: an innovative approach to the study of multiple goals. *Educational Psychologist*, 41, 33—51.

Bongaerts, T. (1999) Ultimate attainment in L2 pronunciation: the case of very advanced late learners of Dutch as a second language. In D. P. Birdsong (ed.), *Second language acquisition and the critical period hypothesis* (pp. 133—59). Mahwah, NJ: Lawrence Erlbaum.

Braidi, S. (1999) *The acquisition of second-language syntax*. New York: Arnold.

Braidi, S. (2002) Reexamining the role of recasts in native-speaker/non-native-speaker interactions. *Language Learning*, 52, 1—42.

Breen, M. (ed.) (2001) *Learner contributions to language learning: new directions in research*. New York: Longman.

Brouwer, C. E., and Wagner, J. (2004) Developmental issues in second language conversation. *Journal of Applied Linguistics*, 1 (1), 29—47.

Brown, R. (1973) *A first language: the early stages*. Cambridge, MA: Harvard University Press.

Burgess, N., and Hitch, G. J. (2006) A revised model of short-term memory and long-term learning of verbal sequences. *Journal of Memory and Language*, 55, 627—52.

Byrnes, H. (2006) What kind of resource is language and why does it matter for advanced language learning? An introduction. In H. Byrnes (ed.), *Advanced language learning: the contribution of Halliday and Vygostsky* (pp. 1—28). New York: Continuum.

Cadierno, T. (2000) The acquisition of Spanish grammatical aspect by Danish advanced language learners. *Spanish Applied Linguistics*, 4, 1—53.

Cadierno, T. (2008) Learning to talk about motion in a foreign language. In P. Robinson and N. C. Ellis (eds), *Handbook of cognitive linguistics and second language acquisition* (pp. 239—75). New York: Routledge.

Call, M. L. S. (1985) Auditory short-term memory, listening comprehension, and the input hypothesis. *TESOL Quarterly*, 19, 765—81.

Canagarajah, A. S. (2002) *Critical academic writing and multilingual students*. Ann Arbor, MI: University of Michigan Press.

Cancino, H., Rosansky, E., and Schumann, J. H. (1978) The acquisition of English negatives and interrogatives by native Spanish speakers. In E. Hatch (ed.), *Second language acquisition: a book of readings* (pp. 207—30). Rowley, MA: Newbury House.

Candland, D. K. (1993) *Feral children and clever animals: reflections on human nature*. New York: Oxford University Press.

Carroll, D. (2005) Vowel-marking as an interactional resource in Japanese novice ESL conversation. In K. Richards and P. Seedhouse (eds), *Applying conversation analysis* (pp. 214—34). London: Palgrave/Macmillan.

Carroll, J. (1981) Twenty-five years of research on foreign language aptitude. In K. Diller (ed.), *Individual differences and universals in language learning aptitude* (pp. 83—118). Rowley, MA: Newbury House.

Carroll, M., Murcia-Serra, J., Watorek, M., and Bendiscioli, A. (2000) The relevance of information organization to second language acquisition studies: the descriptive discourse of advanced adult learners of German. *Studies in Second Language Acquisition*, 22, 441—66.

Carroll, S., Roberge, Y., and Swain, M. (1992) The role of feedback in adult second language acquisition: error correction and morphological generalization. *Applied Psycholingusitics*, 13, 173-89.

Carson, J., and Longhini, A. (2002) Focusing on learning styles and strategies: a diary study in an immersion setting. *Language Learning*, 52, 401—38.

Cenoz, J., Hufeisen, B., and Jessner, U. (2001) *Cross-lingusitic influence in third language acquisition: psycholingusitic perspecitves*. Clevedon, UK: Multilingual Matters.

Chapelle, C., and Green, P. (1992) Field independence/dependence in second-language acquisition research. *Language Learning*, 42, 47—83.

Chater, N. , and Manning, C. D. (2006) Probabilistic models of language processing and acquisition. *TRENDS in Cognitive Sciences*, 10 (7), 335—44.

Chaudron, C. (1977) A descriptive model of discourse in the corrective treatment of learners' errors. *Language Learning*, 27, 29—46.

Chaudron, C. (2006) Some reflections on the development of (meta-analytic) synthesis in second language research. In J. M. Norris and L. Ortega (eds), *Synthesizing research on language learning and teaching* (pp. 325—41). Amsterdam: John Benjamins.

Chun, D. M. , and Payne, J. S. (2004) What makes studdents click: workig memory and look-up behavior. *System*, 32, 481—503.

Clahsen, H. (2006) Dual-mechanism morphology. In K. Brown (ed.), *Encyclopedia of language and linguistics* (vol. 4, *Morphology*, pp. 1—5). Oxford: Elsevier.

Clément, R. , Baker, S. C. , and MacIntyre, P. D. (2003) Willingness to communicate in a second language: the effects of context, norms, and vitality. *Journal of Language and Social Psychology*, 22, 190—209.

Clément, R. , Dörnyei, Z, and Noels, K. A. (1994) Motivation, self-confidence, and group cohesion in the foreign language classroom. *Language Learning*, 44, 417—48.

Clément, R. , and Kruidenier, B. G. (1983) Orientations in second language acquisition: I. The effects of ethnicity, milieu and target language on their emergency. *Language Learning*, 33, 273—91.

Clément, R. , Nobels, K. A. , and Deneault, B. (2001) Inter-ethnic contact, identity, and psychological adjustment: the mediating and moderating roles of communication. *Journal of Social Issues*, 57, 559—77.

Cobb, T. (2003) Analyzing late interlanguage with learner corpora: Quebec replications of threee European studies. *Canadian Modern Language Review*, 59, 393—423.

Collins, L. (2002) The roles of L1 influence and lexical aspect in the acquisition of temporal morphology. *Language Learning*, 52, 43—94.

Collins, L. (2004) The particulars on universals: a comparison of the acquisition of tense-aspect morphology among Japanese- and French-speaking learners of English. *Canadian Modern Language Review*, 61, 251—74.

Cook, V. (1991) The poverty-of-the-stimulus argument and multicompetence.

Second Language Research, 7, 103—17.

Cook, V. (1996) *Second language learning and language teaching* (2nd edition). London: Arnold.

Cook, V. (ed.) (2003) *Effects of the second language on the first*. Clevedon, UK: Multilingual Matters.

Cook, V. (2008) Multi-competence: black hole or wormhole for second language acquisition research? In Z. Han (ed.), *Understanding second language process* (pp. 16—26). Clevedon, UK: Multilingual Matters.

Coppieters, R. (1987) Competence differences between native and near native speakers. *Language*, 63, 544—73.

Corder, S. P. (1967) The significance of learners' errors. *International Review of Applied Linguistics*, 5, 161—70.

Cortázar, J. (1966 [1963]) *Hopscotch [Rayuela]*. New York: Random House.

Cortes, V. (2006) Teaching lexical bundles in the disciplines: an example from a writing intensive history class. *Linguistics and Education*, 17, 391—406.

Costa, P. T., Jr, and McCrae, R. R. (1992) *Revised NEO Personality Inventory (NEO PI-R) and NEO Five-Factor Inventory (NEO-FFI): professional manual*. Odessa, FL: Psychological Assessment Resources.

Cowan, N. (1988) Evolving conceptions of memory storage, selective attention, and their mutual constraints within the human information-processing system. *Psychological Bulletin*, 104 (2), 163—91.

Cowan, N. (2001) The magical number 4 in short-term memory: a reconsideration of mental storage capacity. *Behavioral and Brain Sciences*, 24, 87—114.

Cowan, N. (2005) *Working memory capacity*. Hove, UK: Psychology Press.

Crawford, J. (2000) *At war with diversity: US language policy in an age of anxiety*. Clevedon, UK: Multilingual Matters.

Crookes, G., and Schmidt, R. (1991) Motivation: reopening the research agenda. *Language Learning*, 41, 469—512.

Csizér, K., and Dörnyei, Z. (2005a) The internal structure of language learning motivation and its relationship with language choice and learning effort. *Modern Language Journal*, 89, 19—36.

Csizér, K., and Dörnyei, Z. (2005b) Language learners' motivational profiles and their motivated learning behavior. *Language Learning*, 55, 613—59.

Curtiss, S. (1977) *Genie: a psycholinguistic study of a modern-day 'wild child'*. New York: Academic Press.

Dagut, M., and Laufer, B. (1985) Avoidance of phrasal verbs: a case for contrastive analysis. *Studies in Second Language Acquisition*, 11, 241—55.

Daneman, M., and Merikle, P. M. (1996) Working memory and language comprehension: a meta-analysis. *Psychonomic Bulletin and Review*, 3, 422—33.

Darhower, M. (2002) Instructional features of synchronous computer-mediated communication in the L2 class: a sociocultural study. *CALICO Journal*, 19, 249—77.

Davies, A., Criper, C., and Howatt, A. P. R. (eds) (1984) *Interlanguage: papers in honour of S. Pit Corder*. Edinburgh: Edinburgh University Press.

Davies, A., and Elder, C. (eds) (2004) *Handbook of applied linguistics*. Malden, MA: Balckwell.

Davis, K. A., Cho, H., Ishida, M., Soria, J., and Bazzi, S. (2005) 'It's our kuleana': a critical perticipatory approach to language minority education. In L. Pease-Alvarez and S. R. Schecter (eds), *Learning, teaching, and community* (pp. 3—25). Mahwah, NJ: Lawrence Erlbaum.

Day, R., Chenoweth, N. A., Chun, A., and Luppescu, S. (1984) Corrective feedback in native-nonnative discourse. *Language Learning*, 34, 19—46.

de Bot, K. (1996) The psycholinguistics of the output hypothesis. *Language Learning*, 46, 529—55.

de Bot, K. (ed.) (2008) Second language development as a dynamic process. Special issue of *Modern Language Journal*, 92 (2).

de Bot, K., Lowie, W., and Verspoor, M. (2006) *Second language acquisition: an advanced resource book*. New York: Routledge.

de Bot, K., Lowie, W., and Verspoor, M. (2007) A Dynamic Systems Theory approach to second language acquisition. *Bilingualism: Language and Cognition*, 10, 7—21.

de Graaff, R. (1997) The eXperanto experiment: effects of explicit instruction on second language acquisition. *Studies in Second Language Acquisition*, 19, 249—97.

de Guerrero, M. C. M. (1994) Form and functions of inner speech in adult second language learning. In J. P. Lantolf and G. Appel (eds), *Vygotskian approaches to second language research* (pp. 83—116). Norwood, NJ: Ablex.

de Guerrero, M. C. M. (2005) *Inner speech – L2: thinking words in a second language.* New York: Springer.

Dechert, H. W., and Raupach, M. (eds) (1989) *Transfer in language production.* Norwood, NJ: Ablex.

Dehaene, S., Dupoux, E., Mehler, J., Cohen, L., Paulesu, E., Perani, D., et al. (1997) Anatomical variability in the cortical representation of first and second language. *NeuroReport*, 8, 3809—15.

DeKeyser, R. M. (2000) The robustness of critical period effects in second language acquisition. *Studies in Second Language Acquisition*, 22, 499—533.

DeKeyser, R. M. (2003) Implicit and explicit learning. In C. J. Doughty and M. H. Long (eds), *Handbook of second language acquisition* (pp. 313—48). Malden, MA: Blackwell.

DeKeyser, R. M. (2007a) *Practicing in a second language: perspectives from applied linguistics and cognitive psychology.* New York: Cambridge University Press.

DeKeyser, R. M. (2007b) Skill acquisition theory. In B. VanPatten and J. Williams (eds), *Theories in second language acquisition: an introduction* (pp. 97—112). Mahwah, NJ: Lawrence Erlbaun.

Dewaele, J.-M. (1998) Lexical inventions: French interlanguage as L2 versus L3. *Applied Linguistics*, 19, 471—90.

Dewaele, J.-M. (2001) Activation or inhibition? The interaction of L1, L2 and L3 on the language mode continuum. In J. Cenoz, B. Hufeisen, and U. Jessner (eds), *Cross-linguistic influence in third language acquisition: psycholinguistic perspectives* (pp. 69—89). Clevedon, UK: Multilingual Matters.

Dewaele, J.-M. (2002) Psychological and sociodemographic correlates of communicative anxiety in L2 and L3 production. *International Journal of Bilingualism*, 6, 23—39.

Dewaele, J.-M., and Furnham, A. (1999) Extraversion: the unloved avariable in applied linguistics research. *Language Learning*, 49, 509—44.

Dewaele, J.-M., and Furnham, A. (2000) Personality and speech production: a pilot study of second language learners. *Personality and Individual Differences*, 28, 355—65.

Dissel, H., and Tomasello, M. (2005) A new look at the acquisition of relative clauses. *Language*, 81, 882—906.

Donato, R. (1994) Collective scaffolding in second language learning. In J.

P. Lantolf and G. Appel (eds), *Vygotskian perspectives to second language research* (pp. 33—56). Norwood, NJ: Ablex.

Donato, R. (1998) Assessing foreign language abilities of the early language learner. In M. Met (ed.), *Critical issues in early second language learning: building our children's future* (pp. 169—97). Glenview, IL: Addison-Wesley.

Donitsa-Schmidt, S., Inbar, O., and Shohamy, E. (2004) The effects of reaching spoken Arabic on students' attitudes and motivation in Israel. *Modern Language Journal*, 88, 217—28.

Dörnyei, Z. (1994) Motivation and motivating in the foreign language classroom. *Modern Language Journal*, 78, 273—84.

Dörnyei, Z. (2001) New themes and approaches in second language motivation research. *Annual Review of Applied Linguistics*, 21, 43—59.

Dörnyei, Z. (2002) The motivational basis of language learning tasks. In P. Robinson (ed.), *Individual differences and instructed language learning* (pp. 137—57). Amsterdam: John Benjamins.

Dörnyei, Z. (2005) *The psychology of the language learner: individual differences in second language acquisition*. Mahwah, Nj: Lawrence Erlbaum.

Dörnyei, Z. (2007) The L2 motivational self system. Paper presented at the American Association for Applied Linguistics, Costa Mesa, CA, 21—24 April.

Dörnyei, Z., and Csizér, K. (2005) The effects of intercultural contact on tourism and language attitudes and language learning motivation. *Journal of Language and Social Psychology*, 24, 327—57.

Dörnyei, Z., and Csizér, K., and Németh, N. (2006) *Motivational dynamics, language attitudes and language globalisation: a Hungarian perspective*. Clevedon, UK: Multilingual Matters.

Dörnyei, Z., and Kormos, J. (2000) The role of individual and social variables in oral task performance. *Language Teaching Research*, 4, 275—300.

Dörnyei, Z., and Ottó, I. (1998) Motivation in action: a process model of L2 motivation. *Working papers in Applied Linguistics of Thames Valley University*, 4, 43 -69.

Dörnyei, Z., and Schmidt, R. (eds.) (2001) *Motivation and second language acquisition*. Honolulu, HI: University of Hawai'i, National Foreign Language resource Center.

Dörnyei, Z., and Skehan, P. (2003) Individual differences in second language learning. In C. J. Doughty and M. H. Lomg (eds), *Handbook of second language acquisition* (pp. 589—630). Malden, MA: Blackwell.

Dörnyei, Z., and Ushioda, E. (eds.) (2008) *Motivation, language identity and the L2 self.* Clevedon, UK: Multilingual Matters.

Doughty, C. J. (1991) Second language instruction does make a diffrence: evidence from an empirical study of ESL relativization. *Studies in Second Language Acquisition*, 13, 431—69.

Doughty, C. J. (2001) Cognitive underpinnings of focus on form. In P. Robinson (ed.), *Cognition and second language instruction* (pp. 206—57). New York: Cambridge University Press.

Doughty, C. J., and Long, M. H. (eds) (2003) *Handbook of second language acquisition.* Malden, MA: Blackwell.

Doughty, C. J., and Varela, E. (1998) Communicative focus on form. In C. J. Doughty and J. Williams (eds), *Focus on form in classroom second language acquisition* (pp. 114—38). New York: Cambridge University Press.

Duff, P. A. (1993) Syntax, semantics and SLA: the convergence of possessive and existential constructions. *Studies in Second Language Acquisition*, 15, 1—34.

Duff, P. A. (2004) Intertextuality and hybrid discourses: the infusion of pop culture in educational discourse. *Linguistics and Education*, 14 (3/4), 231—76.

Duff, P. A. (2007) Second language socialization as sociocultural theory: insights and issues. *Language Teaching*, 40, 309—19.

Duff, P. A. (2008) *Case study research in applied linguisitcs.* New York: Routledge.

DuFon, M. A. (2006) The socialization of taste during study abroad in Indonesia. In M. A. DuFon and E. Churchill (eds), *Language learners in study abroad contexts* (pp. 91—119). Clevedon, UK: Multilingual Matters.

Dufva, M., Niemi, P., and Voeten, M. J. M. (2001) The role of phonological memory, word recognition, and comprehension skills in reading development: from preschool to grade 2. *Reading and Writing*, 14, 97—117.

Dufva, M., and Voeten, M. J. M. (1999) Native language literacy and phonological memory as prerequisites for leaning English as a foreign language. *Applied Psycholinguistics*, 20, 329—48.

Dulay, H., Burt, M., and Krashen, S. D. (1982) *Language two.* New

York: Oxford University Press.

Eckman, F. R. (1977) Markedness and the contrastive analysis hypothesis. *Language Learning*, 27, 315—30.

Eckman, F. R. (2004) From phonemic differences to constraint rankings: research on second language phonology. *Studies in Second Language Acquisition*, 26, 513—49.

Eckman, F. R. , Bell, L. , and Nelson, D. (1998) On the generalization of relative clause instruction in the acquisition of English as a second language. *Applied Linguistics*, 9, 1—20.

Edwards, D. J. (2004) The role of languages in a post-9/11 United States. *Modern Language Journal*, 88, 268—71.

Ehrlich, S. , Avery, P. , and Yorio, C. (1989) Discourse structure and the negotiation of comprehensible input. *Studies in Second Language Acquisition*, 11, 397—414.

Ehrman, M. E. (1990) The role of personality type in adult language learning: an ongoing investigation. In T. S. Parry and C. W. Stansfield (eds), *Language aptitude reconsidered* (pp. 126—78). Englewood Cliffs, NJ: Prentice Hall Regents/Center for Applied Linguistics.

Ehrman, M. E. (1996) *Understanding second language learning difficulties*. Thousand Oaks, CA: Sage.

Ehrman, M. E. (1998) The Modern Language Aptitude Test for predicting learning success and advising students. *Applied Language Learning*, 9 (1/2), 31—70.

Ehrman, M. E. , and Leaver, B. L. (2003) Cognitive styles in the service of language learning. *System*, 31, 393—415.

Eisenstein, M. R. (ed.) (1989) *The dynamic interlanguage: empirical studies in second language variation*. New York: Plenum Press.

Elliott, A. R. (1995) Foreign language phonology: field independence, attitude, and the success of formal instruction on Spanish pronunciation. *Modern Language Journal*, 79, 530—42.

Ellis, N. C. (1993) Rules and instances in foreign language learning: interactions of implicit and explicit knowledge. *European Journal of Cognitive Psychology*, 5, 289—319.

Ellis, N. C. (1996) Sequencing in SLA: phonological memory, chunking, and points of order. *Studies in Second Language Acquisition*, 18, 91—126.

Ellis, N. C. (1998) Emergentism, connectionism and language learning. *Language Learning*, 48, 631—64.

Ellis, N. C. (2002a) Frequency effects in language processing. *Studies in Second Language Acquisition*, 24, 143—88.

Ellis, N. C. (2002b) Reflections on frequency effects in language acquisition: a response to commentaries. *Studies in Second Language Acquisition*, 24, 297—339.

Ellis, N. C. (2005) At the interface: dynamic interactions of explicit and implicit language knowledge. *Studies in Second Language Acquisition*, 27, 305—52.

Ellis, N. C. (2006a) Language acquisition as rational contingency learning. *Applied Linguistics*, 27, 1—24.

Ellis, N. C. (2006b) Selective attention and transfer phenomena in L2 acquisition: contingency, cue competition, salience, interference, overshadowing, blocking, and perceptual learning. *Applied Linguistics*, 27, 164—94.

Ellis, N. C. (2007) The associative-cognitive CREED. In B. VanPatten and J. Williams (eds), *Theories in second language acquisition: an introduction* (pp. 77—95). Mahwah, NJ: Lawrence Erlbaum.

Ellis, N. C. (2008) Usage-based and form-focused language acquisition. In P. Robinson and N. C. Ellis (eds), *Handbook of cognitive linguistics and language acquisition* (pp. 372—405). New York: Routledge.

Ellis, N. C., and Larsen-Freeman, D. (2006) Language emergence: implications for applied linguistics—introduction to the special issue. *Applied Linguistics*, 27, 558—89.

Ellis, N. C., and Robinson, P. (2008) An introduction to cognitive linguistics, second language acquisition, and language instruction. In P. Robinson and N. C. Ellis (eds), *Handbook of cognitive linguistics and language acquisition* (pp. 3—24). New York: Routledge.

Ellis, N. C., and Schmidt, R. (1998) Rules or association in the acquisition of morphology? The frequency by regularity interaction in human and PDP learning of morphosyntax. *Language and Cognitive Processes*, 13, 307—36.

Ellis, R. (1985) *Understanding second language acquisition*. New York: Oxford University Press.

Ellis, R. (1989) Are classroom and naturalistic acquisition the same? A study of the classroom acquisition of German word order rules. *Studies in Second Language*

Acquisition, 11, 305—28.

Ellis, R. (2003) *Task-based language learning and teaching.* New York: Oxford University Press.

Ellis, R. (2005) Measuring implicit and explicit knowledge of a second language: a psychometric. *Studies in Second Language Acquisition*, 27, 141—72.

Ellis, R. (2008) *The study of second language acquisition* (2nd edition). Oxford: Oxford University Press.

Ellis, R., and Barkhuizen, G. (2005) *Analyzing learner language.* New York: Oxford University Press.

Ellis, R., Basturkmen, H., and Loewen, S. (2001) Learner uptake in communicative ESL lessons. *Language Learning*, 51, 281—318.

Ellis, R., Loewen, S. and Erlam, R. (2006) Implicit and explicit corrective feedback and the acquisition of L2 grammar. *Studies in Second Language Acquisition*, 28, 339—68.

Ellis, R., and Sheen, Y. (2006) Reexamining the role of recasts in second language acquisition. *Studies in Second Language Acquisition*, 28, 575—600.

Engle, R. W. (2002) Working memory capacity as executive attention. *Current Directions in Psychological Science*, 11, 19—23.

Ericsson, K. A., and Kintsch, W. (1995) Long-term working memory. *Psychological review*, 102, 211—45.

Ericsson, K. A., and Simon, H. A. (1993) *Protocol analysis: verbal reports as data* (revised edition). Cambridge, MA: Bradford Books/MIT Press.

Erlam, R. (2005) Language aptitude and its relationship to instructional effectiveness in second language acquisition. *Language Teaching Research*, 9, 147—71.

Eubank, L., Selinker, L., and Sharwood Smith, M. (eds) (1995) *The current state of interlanguage: studies in honor of William E. Rutherford.* Amsterdam: John Benjamins.

Evans, V., Bergen, B. K., and Zinken, J. (2007) The cognitive linguistics enterprise: an overview. In V. Evans, B. K. Bergen, and J. Zinken (eds), *The cognitive linguistics reader* (pp. 2—36). London: Equinox.

Eysenck, H. J., and Eysenck, S. B. G. (1964) *Manual of the Eysenck Personality Inventory.* London: Hodder & Stoughton.

Ferris, D. R. (2004) The 'grammar correction' debate in L2 writing: where are we, and what do we go from here? (And what do we do in the meantime?) *Jour-*

nal of Second Language Writing, 13, 49—62.

Finkbeiner, M., Nicol, K. F. J., and Nakamura, K. (2004) The role of polysemy in masked semantic and translation priming. *Journal of Memory and Language*, 51, 1—22.

Firth, A., and Wagner, J. (2007) Second/foreign language learning as social accomplishment: Elaborations on a reconceptualized SLA. *Modern Language Journal*, 91, 800—19.

Fitzpatrick, T., and Wray, A. (2006) Breaking up is not so hard to do: individual differences in L2 memorization. *Canadian Modern Language Review*, 63, 35—57.

Fledge, J. E. (1987) A critical period for learning to pronounce foreign languages? *Applied Linguistics*, 8, 162—77.

Fledge, J. E. (1989) Age of learning and second-language speech. In D. P. Birdsong (ed.), *Second language acquisition and the critical period hypothesis* (pp. 101—32). Hillsdale, NJ: Lawrence Erlbaum.

Fledge, J. E., and MacKay, I. R. A. (2004) Perceiving vowels in a second language. *Studies in Second Language Acquisition*, 26, 1—34.

Fledge, J. E., Munro, M. J., and MacKay, I. R. A. (1995) Factors affecting strength of perceived foreign accent in a second language. *Journal of the Acoustical Society of America*, 97, 3125—34.

Fledge, J. E., Yeni-Komshian, G., and Liu, S. (1999) Age constraints on second-language acquisition. *Journal of Phonetics*, 25, 169—86.

Flynn, S., Foley, C., and Vinnitskaya, I. (2004) The cumulative-enhancement model for language acquisition: comparing adults' and children's patterns of development in first, second and third language acquisition of relative clauses. *International Journal of Multilingualism*, 1, 3—16.

Foster, P. (1998) A classroom perspective on the negotiation of meaning. *Applied Linguistics*, 19, 1—23.

Foster, P., and Ohta, A. S. (2005) Negotiation for meaning and peer assistance in second language classrooms. *Applied Lingusitics*, 26, 402—30.

Fox, B. A., and Thompson, S. A. (2007) Relative clauses in English conversation: relativizers, frequency, and the notion of construction. *Studies in Language*, 31, 293—326.

Frawlwy, W., and Lantolf, J. P. (1985) Second language discourse: a vygotskian perspective. *Applied Linguistics*, 6, 19—44.

Freeman, D. E., and Freeman, Y. S. (2001) *Between worlds: access to second language acquisition* (2nd edition). Boston, MA: Heinemann.

García Mayo, M. P., and García Lecumberri, M. L. (eds) (2003) *Age and the acquisition of English as a foreign language*. Clevedon, UK: Multilingual Matters.

Gardner, R. C. (2001) Integrative motivation and second language acquisition. In Z. Dörnyei and R. Schmit (eds), *Motivation and second language acquisition* (pp. 1—19). Honolulu, HI: National Foreign Language Resource Center.

Gardner, R. C., and Lambert, W. C. (1972) *Attitudes and motivation in second language learning*. Rowley, MA: Newbury House.

Gardner, R. C., Masgoret, A.-M., Tennant, J., and Mihic (2004) Integrative motivation: changes during a year-long intermediate language course. *Language Learning*, 54, 1—34.

Gardner, R. C., Masgoret, A.-M., and Tremblay, P. F. (1999) Home background characteristics and second language learning. *Journal of Language and Social Psychology*, 18, 419—37.

Garrett, P. B., and Baquedano-Lopez, P. (2002) Language socialization: reproduction and continuity, transformation and change. *Annual Review of Anthropology*, 31, 339—61.

Gaskill, W. H. (1980) Correction in native-non native speaker conversation. In D. Larsen-Freeman (ed.), *Discourse analysis in second language research* (pp. 125—37). Rowley, MA: Newbury House.

Gass, S. M. (1997) *Input, interaction, and the second language learner*. Mahwah, NJ: Lawrence Erlbaum.

Gass, S. M. (2001) Sentence matching: a re-examination. *Second Language Research*, 17, 421—41.

Gass, S. M., and Mackey, A. (2000) *Stimulated recall methodology in second language research*. Mahwah: Lawrence Erlbaum.

Gass, S. M., and Mackey, A. (2007) *Data elicitation for second and foreign language research*. Mahwah, NJ: Lawrence Erlbaum.

Gass, S. M., and Mackey, A., and Ross-Feldman, L. (2005) Task-based interactions in classroom and laboratory settings. *Language Learning*, 55, 575—611.

Gass, S. M. , and Selinker, L. (eds) (1983) *Language transfer in language learning*. Rowley, MA: Newbury House.

Gass, S. M. , and Selinker, L. (eds) (1993) *Language transfer in language learning* (revised edition). Amsterdam: John Benjamins.

Gass, S. M. , and Selinker, L. (2001) *Second language acquisition: an introductory course* (2nd edition). Mahwah, NJ: Lawrence Erlbaum.

Gass, S. M. , and Varonis, E. M. (1994) Input, interaction, and second language production. *Studies in Second Language Acquisition*, 16, 283—302.

Gasser, M. (1990) Connectionism and universals of second language acquisition. *Studies in Second Language Acquisition*, 12, 179—99.

Gathercole, S. E. , Service, E. , Hitch, G. J. , Adams, A. -M. , and Martin, A. J. (1999) Phonological short-term memory and vocabulary development: further evidence on the nature of the relationship. *Applied Cognitive Psychology*, 13, 65—77.

Gee, P. (1990) *Social linguistics and literacies: ideology and discourses*. London: Taylor & Francis.

Georgakopoulou, A. (2006) Thinking big with small stories in narratives and identity analysis. *Narrative Inquiry*, 16, 129—37.

Goldschneider, J. , and DeKeyser, R. M. (2001) Explaining the 'natural order of L2 morpheme acquisition' in English: a meta-analysis of multiple determinants. *Language Learning*, 51, 1—50.

Gollwitzer, P. M. , and Sheeran, P. (2006) Implementation intentions and goal achievement: a meta-analysis of effects and processes. *Advances in Experimental Social Psychology*, 38, 249—68.

Gordon, R. G. (ed.) (2005) *Ethnologue: languages of the world*. (15th edition, web version edition). Dallas, TX: SIL International.

Gottschaldt, K. (1926) Über den Einfluβ der Erfahrung auf die Wahrnehmung von Figuren. *Psychologische Forschung*, 12, 1—87.

Granger, S. , Hung, J. , and Petch-Tyson, S. (eds) (2002) *Computer learner corpora, second language acquisition and foreign language teaching*. Amsterdam: John Benjamins.

Gregersen, T. , and Horwitz, E. K. (2002) Language learning and perfectionism: anxious and non-anxious language learners' reactions to their own oral performance. *Modern Language Journal*, 86, 562—70.

Gregory, E., Arju, T., Jessel, C., and Ruby, M. (2007) Snow White in different guises: interlingual and intercultural exchanges between grandparents and young children at home in east London. *Journal of Early Childhood Literacy*, 7, 5—25.

Gries, S. Th. (2008) Corpus-based methods in analyses of SLA data. In P. Robinson and N. C. Ellis (eds), *Handbook of cognitive linguistics and second language acquistion* (pp. 406—31). New York: Routledge.

Grigorenko, E. L. (2002) Foreign language acquisition and language-based learning disabilities. In P. Robinson (ed.), Individual differences and instructed language learning (pp. 95—112). Amsterdam: John Benjamins.

Grosjean, F. (1989) Neuolinguists, beware! The bilingual is not two monolinguals in one person. *Brain and Language*, 36, 3—15.

Hahne, A. (2001) What's different in second language processing? Evidence from event-related brain potentials. *Journal of Psycholinguistic Research*, 30, 251—66.

Hall, J. K. (1993) The role of oral practices in the accomplishment of our everyday lives: the sociocultural dimension of interaction with implications for the learning of another language. *Applied Linguistics*, 14, 145—66.

Han, Z. (2000) Persistence of the implicit influence of NL: the case of the pseudo-passive. *Applied Linguistics*, 21, 78—105.

Han, Z. (2004) *Fossilization in adult second language acquisition*. Clevedon, UK: Multilingual Matters.

Han, Z. (2006) Fossilization: can grammaticality judgement be a reliable source of evidence? In Z. Han and T. Odlin (eds), *Studies of fossilization in second language acquisition* (pp. 56—82). Clevedon, UK: Multilingual Matters.

Harklau, L. (2000) From the 'good kids' to the 'worst': representations of English language learners across educational settings. *TESOL Quarterly*, 34, 35—67.

Harley, B., and Hart, D. (1997) Language aptitude and second-language proficiency in classroom learners of different starting ages. *Studies in Second Language Acquisition*, 19, 379—400.

Harley, B., and Hart, D. (2002) Age, aptitude, and second-language learning on a bilingual exchange. In P. Robinson (ed.), *Individual differences and instructed language learning* (pp. 301—30). Amsterdam: John Benjamins.

Harley, B., and Wang, W. (1997) The critical period hypothesis: where are we now? In A. M. B. De. Groot and J. F. Kroll (eds), *Tutorials in bilingualism: psycholinguistic perspectives* (pp. 19—51). Mahwah, NJ: Lawrence Erlbaum.

Harrington, M., and Sawyer, M. (1992) L2 working memory capacity and L2 reading skills. *Studies in Second Language Acquisition*, 14, 112—21.

Hatch, E. (1978) Discourse analysis and second language acquisition. In E. Hatch (ed.), *Second language acquisition: a book of readings* (pp. 401—35). Rowley, MA: Newbury House.

Hawkins, B. (1985) Is 'an appropriate response' always so appropriate? In S. M. Gass and C. Madden (eds), *Input in second language acquisition* (pp. 162—78). Rowley, MA: Newbury House.

Hawkins, R. (2001) *Second language syntax: a generative introduction.* Malden, MA: Blackwell.

Hawkins, R. (ed.) (2008) Current emergentist and nativist perspectives on second language acquisition. Special issue of *Lingua*, 118 (4).

Headland, J., Pike, K., and Harris, M. (eds) (1990) *Emics and etics: the insider/outsider debate.* Newbury Park, CA: Sage.

Heath, S. B. (1983) *Ways with words: language, life, and work in communities and classrooms.* New York: Cambridge University Press.

Heckhausen, H., and Kuhl, J. (1985) From wishes to action: the dead ends and short cuts on the long way to action. In M. Frese and J. Sabini (eds), *Goal-directed behaviour: the concept of action in psychology* (pp. 134—60). Hillsdale, NJ: Lawrence Erlbaum.

Heift, T. (2004) Corrective feedback and learner uptake in CALL, *ReCALL*, 16, 416—31.

Heller, M. 9ed.) (2007) *Bilingualism: a social approach.* New York: Palgrave/Macmillan.

Hellermann, J. (2006) Classroom interactive practices for literacy: a microethnographic study of two beginning adult learners of English. *Applied Linguistics*, 27, 377—404.

Herschensohn, J. (2007) *Language development and age.* New York: Cambridge University Press.

Higgins, E. T. (2000) Making a good decision: value from fit. *American Psychologist*, 55, 1217—30.

Higgins, E. T. (2005) Value from regulatory fit. *Current Directions in Psychological Science*, 14, 209—13.

Horst, M. (2005) Learning L2 vocabulary through extensive reading: a measurement study. *Canadian Modern Language Review*, 61, 355—82.

Horwitz, E. (1988) The beliefs about language learning of beginning university foreign language students. *Modern Language Journal*, 72, 283—94.

Horwitz, E. K., Horwitz, M. B., and Cope, J. (1986) Foreign language classroom anxiety. *Modern Language Journal*, 70, 125—32.

Hosoda, Y. (2006) Repair and relevance of differential language expertise in second language conversations. *Applied Linguistics*, 27, 25—50.

Hsiao, T. -Y., and Oxford, R. L. (2002) Comparing theories of language learning strategies: a confirmatory factor analysis. *Modern Language Journal*, 86, 368—83.

Hu, X., and Liu, C. (2007) Restrictive relative clauses in English and Korean learners' second language Chinese. *Second Language Research*, 23, 263—87.

Huebner, T. (1979) Order-of-Acquisition vs Dynamic Paradigm: a comparison of method in interlanguage research. *TESOL Quarterly*, 13, 21—8.

Huebner, T. (1983) *A longitudinal analysis of the acquisition of English*. Ann Arbor, MI: Karoma.

Hubner, T. (1998) Linguistics, applied linguistics, and second language acquisition theories. In H. Byrnes (ed.), *Learning foreign and second languages* (pp. 58—74). New York: The Modern Language Association of America.

Hull, G. A., and Nelson, M. E. (2005) Locating the semiotic power of multimodality. *Written Communication*, 22, 224—61.

Hulstijn, J. H. (2003) Incidental and intentional learning. In C. J. Doughty and M. H. Long (eds), *Handbook of second language acquisition* (pp. 349—81). Malden, MA: Blackwell.

Hulstijn, J., and Laufer, B. (2001) Some empirical evidence for the involvement load hypothesis in vocabulary acquisition. *Language Learning*, 51, 539—58.

Hulstijn, J., and Marchena, E. (1989) Avoidance: grammatical or semantic causes? *Studies in Second Language Acquisition*, 11, 241—55.

Hyland, K., and Hyland, F. (2006) Interpersonal aspects of response: constructing and interpreting teacher written feedback. In K. Hyland and F. Hyland (eds), *Feedback in second language writing: contexts and issues* (pp. 206—24).

Cambridge: Cambridge University Press.

Hyltenstam, K. (1977) Implicational patterns in interlanguage syntax variation. *Language Learning*, 27, 383—411.

Hyltenstam, K. (1984) The use of typological markedness conditions as predictors in second language acquisition: the case of pronominal clauses. In R. W. Anderson (ed.), *Second languages: a cross-linguistic perspective* (pp. 39—58). Rowley, MA: Newbury House.

Hyltenstam, K. (1987) Markedness, language universals, language typology, and second language acquisition. In C. Pfaff (ed.), *First and second language acquisition processes* (pp. 55—78). Cambridge, MA: Newbury House.

Hyltenstam, K., and Abrahamsson, N. (2000) Age and L2 learning: the hazards of matching practical 'implications' with theoretical 'facts': comments on Stefka H. Marinova-Todd, D. Bradford Marshall, and Catherine Snow's 'Three misconceptions about age and L2 learning'. *TESOL Quarterly*, 35, 151—70.

Hyltenstam, K., and Abrahamsson, N. (2003) Maturational constraints in SLA. In C. J. Doughty and M. H. Long (eds), *Handbook of second language acquisition* (pp. 539—88). Malden, MA: Blackwell.

Ide, S., Hill, B., Carnes, M. Y., Ogino, T., and Kawasaki, A. (2005) The concept of politeness: an empirical study of American English and Japanese. In R. Watts, S. Ide, and K. Ehlich (eds), *Politeness in language* (2nd edition, pp. 281—98). Berlin: Mouton de Gruyter.

Inbar, O., Donitsa-Schmidt, S., and Shohamy, E. (2001) Students' motivation as a function of language learning: the teaching of Arabic in Israel. In Z. Dörnyei and R. Schmidt (eds), *Motivation and second language acquisition* (pp. 297—311). Honolulu, HI: National Foreign Language Resource Center.

International Dyslexia Association (1998) *Basic facts about dyslexia: what every layperson ought to know* (2nd edition). Baltimore, MD: Author.

Ioup, G. (2005) Age and second language development. In E. Hinkel (ed.), *Handbook of research in second language teaching and learning* (pp. 419—35). Mahwah, NJ: Lawrence Erlbaum.

Ioup, G. Boustagoui, E., Tigi, M., and Moselle, M. (1994) Reexamining the critical period hypothesis: a case of successful adult SLA in a naturalistic environment. *Studies in Second Language Acquisition*, 16, 73—98.

Ioup, G., and Weinberger, S. (eds.) (1987) *Interlanguage phonology: the acquisition of a second language sound system*. Rowley, MA: Newbury House.

Ishida, M. (2004) Effects of recasts on the acquisition of the aspectual form -*te i*-(*ru*) by learners of Japanese as a foreign language. *Language Learning*, 54, 311—94.

Iwashita, N. (2003) Negative feedback and positive evidence in task-based interaction: differential effects on L2 development. *Studies in Second Language Acquisition*, 25, 1—36.

Izumi, S. (2002) Output, input enhancement, and noticing hypothesis. *Studies in Second Language Acquisition*, 24, 541—77.

Izumi, S. (2003) Comprehension and production processes in second language learning: in search of the psycholinguistic rationale of the output hypothesis. *Applied Linguistics*, 24, 168—96.

Izumi, Y. and Izumi, S. (2004) Investigating the effects of oral output on the learning of relative clauses in English: issues in the psycholinguistic requirements for effective output tasks. *Canadian Modern Language Review*, 60, 587—609.

Jansen, L. (2008) Acquisition of German word order in tutor learners: a cross-sectional study in a wider theoretical context. *Language Learning*, 58, 185—231.

Jarvis, S. (2002) Topic continuity in L2 English article use. *Studies in Second Language Acquisition*, 24, 387—418.

Jarvis, S., and Odlin, T. (2000) Morphological type, special reference, and language transfer. *Studies in Second Language Acquisition*, 22, 535—56.

Jarvis, S., and Pavlenko, A. (2008) *Crosslinguistic influence in language and cognition*. New York: Routledge.

Jia, G., and Aaronson, D. (2003) A longitudinal study of Chinese children and adolescents learning English in the United States. *Applied Psycholinguistics*, 24, 131—61.

Jia, G., and Fuse, A. (2007) Acquisition of English grammatical morphology by native Mandarin-speaking children and adolescents: age-related differences. *Journal of Speech, Language and Hearing Research*, 50, 1280—99.

Jiang, N. (2004) Semantic transfer and its implications for vocabulary teaching in a second language. *Modern Language Journal*, 88, 416—32.

Jin, H. G. (1994) Topic-prominence and subject-prominence in L2 acquisition: evidence of English-to-Chinese typological transfer. *Language Learning*, 44, 101—22.

Johnson, J. , and Newport, E. (1989) Critical period effects in second language learning: the influence of maturational state on the acquisition of English as a second language. *Cognitive Psychology*, 21, 60—99.

Juffs, A. (2004) Representation, processing, and working memory in a second language communicative production. *Language Learning*, 50, 529—67.

Jung, E. H. S. (2004) Topic and subject prominence in interlanguage development. *Language Learning*, 54, 713—38.

Kamberelis, G. (2001) Producing heteroglossic classroom (micro) cultures through hybrid discourse practice. *Linguistics and Education*, 12, 85—125.

Kaplan, A. (1993) *French lessons: a memoir.* Chicago, IL: University of Chicago Press.

Karmiloff-Smith, K. , and Karmiloff-Smith, A. (2001) *Pathways to language: from foetus to adolescent.* Cambridge, MA: Harvard University Press.

Karoly, P. , Boekaerts, M. , and Maes, S. (2005) Toward consensus in the psychology of self-regulation: how far have we come? How far do we have yet to travel? *Applied Psychology: An International Review*, 54, 300—11.

Kasper, G. (2006) Beyond repair: conversation analysis as an approach to SLA. *AILA Review*, 19, 83—99.

Kasper, G. , and Schmit, R. (2006) Developmental issues in interlanguage pragmatics. *Studies in Second Language Acquisition*, 18, 149—169.

Keck, C. M. , Iberri-Shea, G. , Tracy-Ventura, N. , and Wa-Mbaleka, S. (2006) Investigating the empirical link between interaction and acquisition: a meta-analysis. In J. M. Norris and L. Ortega (eds), *Synthesizing research on language learning and teaching* (pp. 91—131) . Amsterdam: John Benjamins.

Keenan, E. , and Comrie, B. (1977) Noun phrase accessibility and universal grammar. *Linguistic Inquiry*, 8, 63—99.

Kellerman, E. (1979) The problem with difficulty. *Interlanguage Studies Bulletin*, 4, 27—48.

Kellerman, E. (1983) Now you see it, now you don't. In S. M. Gass and L. Selinker (eds), *Language transfer in language learning* (pp. 112—34) . Rowley, MA: Newbury House.

Kellerman, E. (1985) If at first you do succeed. In S. M. Gass and C. Madden (eds), *Input in second language acquisition* (pp. 345—53) . Rowley, MA: Newbury House.

Kellerman, E., and Sharwood Smith, M. (eds) (1986) *Crosslinguistic influence in second language acquisition.* New York: Pergamon Press.

Kenner, C., and Kress, G. (2003) The multisemiotic resources of biliterate children. *Journal of Early Childhood Literacy*, 3 (2), 179—202.

Kern, R. (2006) Perspectives on technology in learning and teaching languages. *TESOL Quarterly*, 40, 183—210.

Keshavarz, M. H., and Astanech, H. (2004) The impact of bilinguality on the learning of English vocabulary as a foreign language (L3). *Bilingual Education and Bilingualism*, 7, 295—302.

King, K., and Mackey, A. (2007) *The bilingual edge: the ultimate guide to how, when and why to teach your child a second language.* New York: HarperCollins.

Kinginger, C. (2004) Alice doesn't live here anymore: foreign language learning and identity reconstruction. In A. Pavlenko and A. Blackledge (eds), *Negotiation of identities in multilingual contexts* (pp. 219—42). Clevedon, UK: Multilingual Matters.

Klee, C., and Ocampo, A. (1995) The expression of past reference in Spanish narratives of Spanish-Quechua bilingual speakers. In C. Silva-Corvalan (ed.), *Spanish in four continents: studies in language contact and bilingualism* (pp. 52—70). Washington, DC: Georgetown University Press.

Klein, E. C. (1995) Second versus third language acquisition: is there a difference? *Language Learning*, 45, 419—65.

Klein, W. (1998) The contribution of second language acquisition research. *Language Learning*, 48, 527—50.

Klein, W., and Perdue, C. (1997) The basic variety (or: Couldn't natural languages be much simpler?). *Second Language Research*, 14, 301—47.

Knudsen, E. J. (2004) Sensitive periods in the development of the brain and behavior. *Journal of Cognitive Neuroscience*, 16, 1412—25.

Kormos, J. (1999) The effect of speaker variables on the self-correction behaviour of L2 learners. *System*, 27, 207—21.

Kramsch, C. (2000) Second language acquisition, applied linguistics, and the teaching of foreign languages. *Modern Language Journal*, 84, 311—26.

Kramsch, C. (2006) From communicative competence to symbolic competence. *Modern Language Journal*, 90, 249—52.

Kramsch, S. (1978) Individual variation in the use of the monitor. In W. Ritchie (ed.), *Second language acquisition research: issues and implications* (pp. 175—83). New York: Academic Press.

Krashen, S. (1985) *The input hypothesis.* London: Longman.

Krashen, S. (2004) *The power of reading: insights from the research* (2nd edition). Boston, MA: Heinemann.

Krashen, S., Long, M. H., and Scarecella, R. (1979) Accounting for child-adult differences in second language rate and attainment. *TESOL Quarterly*, 13, 573—82.

Krashen, S., and McField, G. (2005) What works? Reviewing the latest evidence on bilingual education. *Language Learner*, November/December, 7—10, 34. Retrieved 7 July 2008 from http://users.rcn.com/crawj/langpol/krashen-McField.pdf.

Kroll, J. F., and de Groot, A. M. B. (1997) Lexical and conceptual memory in the bilingual: mapping form to meaning in two languages. In A. M. B. d. Groot and J. F. Kroll (eds), *Tutorials in bilingualism: psycholinguistic perspectives* (pp. 169—99). Mahwah, NJ: Lawrence Erlbaum.

Kroll, J. F., Sumutka, B. M., and Schwartz, A. I. (2005) A cognitive view of the bilingual lexicon: reading and speaking words in two languages. *International Journal of Bilingualism*, 9, 27—48.

Kubota, R. (2003) Unfinished knowledge: the story of Barbara. *College ESL*, 10 (1/2), 11—21.

Kuhn, T. S. (1962/1996) *The structure of scientific revolutions* (3rd edition). Chicago, IL: University of Chicago Press.

Kurhila, S. (2005) Different orientations to grammatical correctness. In K. Richards and P. Seedhouse (eds), *Applying conversation analysis* (pp. 143—58). New York: Palgrave/Mamillan.

Lai, C., and Zhao, Y. (2006) Noticing and text-based chat. *Language Learning and Technology*, 10 (3), 102—20.

Lally, C. G. (ed.) (2001) *Foreign language program articulation: current practice and future prospects.* Westport, CT: Bergin and Garvey.

Lam, W. S. E. (2000) L2 literacy and the design of the self: a case study of a teenager writing on the internet. *TESOL Quarterly*, 34, 457—82.

Lam, W. S. E. (2004) Second language socialization in a bilingual chat room: global and local considerations. *Language Learning and Technology*, 8 (3), 44—65.

Lam, W. S. E. (2006) Re-envisioning language, literacy, and the immigrant subject in new mediascapes. *Pedagogies*, 1 (3), 171—95.

Lamb, M. (2004) Integrative motivation in a globalizing world. *System*, 32, 3—19.

Langacker, R. W. (2008) Cognitive grammar as a basis for language instruction. In P. Robinson and N. C. Ellis (eds), *Handbook of cognitive linguistics and second language acquisition* (pp. 66—88). New York: Routledge.

Lantolf, J. P. (1996) SLA theory building: 'letting all the flowers bloom!' *Language Learning*, 46, 713—49.

Lantolf, J. P. (2006a) Language emergence: implications for applied lingusitics——a sociocultual perspective. *Applied Linguistics*, 27, 717—28.

Lantolf, J. P. (2006b) Sociocultural theory and second language learning: state of the art. *Studies in Second Language Acquisition*, 28, 67—109.

Lantolf, J. P., and Aljaafreh, A. (1995) Second language learning in the Zone of Proximal Development: a revolutionary experience. *International Journal of Educational Research*, 23, 619—32.

Lantolf, J. P., and Appel, G. (eds) (1994) *Vygotskian approaches to second language research*. Norwood, NJ: Ablex.

Lantolf, J. P., and Thorne, S. L. (2006) *Sociocultural thoery and the genesis of second language development*. New York: Oxford University Press.

Lantolf, J. P., and Thorne, S. L. (2007) Sociocultural theory and second language learning. In B. Vanpatten and J. Williams (eds), *Theories in second language acquisition: an introduction* (pp. 197—220). Mahwah, NJ: Lawrence Erlbaum.

Lardiere, D. (2007) *Ultimate attainment in second language acquisition: a case study*. Mahwah, NJ: Lawrence Erlbaum.

Larsen-Freeman, D. (1997) Chao/complexity and second language acquisition. *Applied Linguistics*, 18, 141—65.

Larsen-Freeman, D. (2000) Second language acquisition and applied linguistics. *Annal Review of Applied Linguistics*, 20, 165—81.

Larsen-Freeman, D. (2006) The emergence of complexity, fluency, and accuracy in the oral and written production of five Chinese learners of English. *Applied*

Linguistics, 27, 590—619.

Larsen-Freeman, D. , and Cameron, L. (2008) Research methodology on language development from a complex systems perspective. *Modern Language Journal*, 92, 200—13.

Larsen-Freeman, D. , and Long, M. H. (1991) *An introduction to second language acquisition research.* New York: Longman.

Laufer, B. , and Eliasson, S. (1993) What causes avoidance in L2 learning: L1-L2 difference, L1-L2 similarity or L2 complexity? *Studies in Second Language Acquisition*, 15, 35—48.

Laufer, B. , and Goldstein, Z. (2004) Testing vocabulary knowledge: size, strength, and computer adaptiveness. *Language Learning*, 54, 399—436.

Lazaraton, A. (2002) *A qualitative approach to the validation of oral language tests.* Cambridge: Cambridge University Press.

Lee, E. , and Kim, H-Y. (2007) On crosslingusitic variation in imperfective aspect: the case of L2 Korean. *Language Learning*, 57, 651—85.

Leeman, J. (2003) Recasts and L2 development: beyond negative evidence. *Studies in Second Language Acquisition*, 25, 651—85.

Lemhfer, K. , Dijkstra, T. , and Michel, M. C. (2004) Three languages, one echo: cognate effects in trilingual word recognition. *Language and Cognitive Processes*, 19, 585—611.

Lenneberg, E. H. (1967) *Biological foundations of language.* New York: John Wiley & Sons.

Leow, R. P. (1997) Attention, awareness, and foreign language learning. *Language Learning*, 47, 467—506.

Leow, R. P. (2001) Attention, awareness and foreign language behavior. *Language Learning*, 51, 113—55.

Leung, Y. -K. I. (2006) Verb morphology in L2A vs L3A: the representation of regular and irregular past participles in English-Spanish and Chinese-English-Spanish interlanguages. In S. Foster-Cohen, M. M. Krajnovic and J. M. Djigunovic (eds), *EuroSLA Yearbook* 6 (pp. 27—56) . Amsterdam: John Benjamins.

Levely, W. J. M. (1989) *Speaking: from intention to articulation.* Cambridge, MA: MIT Press.

Lieven, E. , and Tomasello, M. (2008) Children's first language acquisition from a usage-based perspective. In P. Robinson and N. C. Ellis (eds), *Handbook* of cognitive linguistics and second language acquisition (pp. 168—96). New York: Routledge.

Lightbown, P. M., and Spada, N. (2006) *How languages are learned* (3rd edition). New York: Oxford University Press.

Likert, R. (1932) A technique for the measurement of attitudes. *Archives of Psychology*, 140, 1—55.

Lindemann, S. (2002) Listening with an attitude: a model of native-speaker comprehension of non-native speakers in the United States. *Language in Society*, 31, 419—41.

Livingston, E. (2008) Context and detail in studies of the witnessable social order: puzzles, maps, checkers, and geometry. *Journal of Pragmatics*, 40, 840—62.

Lochtman, K. (2002) Oral corrective feedback in the foreign language classroom: how it affects interaction in analytic foreign language teaching. *International Journal of Educational Research*, 37 (3/4), 271—83.

Loewen, S., and Philp, J. (2006) Recasts in the adult L2 classroom: characteristics, explicitness and effectiveness. *Modern Language Journal*, 90, 536—56.

Logan, G. D. (1988) Toward an instance theory of automatization. *Psychological Review*, 95, 492—527.

Long, M. H. (1990) Maturational constraints on language development. *Studies in Second Language Acquisition*, 12, 251—86.

Long, M. H. (1996) The role of the linguistic environment in second language acquisition. In W. Ritchie and T. Bhatia (eds), *Handbook of second language acquisition* (pp. 413—68). New York: Academic Press.

Long, M. H. (2003) Stabilization and fossilization in interlanguage development. In C. J. Doughty and M. H. Long (eds), *Handbook of second language acquisition* (pp. 487—535). Malden, MA: Blackwell.

Long, M. H. (2006) *Problems in SLA*. Mahwah, NJ: Lawrence Erlbaum.

Long, M. H., Inagaki, S., and Ortega, L. (1998) The role of implicit negative feedback in SLA: models and recasts in Japanese and Spanish. *Modern Language Journal*, 82, 357—71.

Long, M. H., and Sato, C. J. (1984) Methodological issues in interlanguage studies: an interactionist perspective. In A. Davies, C. Criper, and A. Howatt (eds), *Interlanguage* (pp. 253—79). Edinburgh: Edinburgh University Press.

Loschky, L. (1994) Comprehensible input and second language acquisition: What is the relationship? *Studies in Second Language Acquisition*, 16, 303—23.

Loschky, L., and Bley-Vroman, R. (1993) Grammar and task-based methodology. In G. Crookes and S. M. Gass (eds), *Tasks and language learning: integrating theory and practice* (pp. 123—67). Clevedon, UK: Multilingual Matters.

Lyn, H., and Savage-Rumbaugh, E. S. (2000) Observational word learning in two bonobos (pan paniscus): ostensive and non-ostensive contexts. *Language and Communication*, 20, 255—73.

Lyster, R. (1998) Negotiation of form, recasts, and explicit correction in relation to error types and learner repair in immersion classrooms. *Language Learning*, 48, 183—218.

Lyster, R. (2004) Differential effects of prompts and recasts in form-focused instruction. *Studies in Second Language Acquisition*, 4, 399—432.

Lyster, R., Lightbown, P. M., and Spada, N. (1999) A response to Truscott's 'what's wrong with oral grammar correction'. *Canadian Modern Language Review*, 55, 457—67.

Lyster, R., and Mori, H. (2006) Interactional feedback and instructional counterbalance. *Studies in Second Language Acquisition*, 28, 321—41.

Lyster, R., and Ranta, L. (1997) Corrective feedback and learner uptake: negotiation of form in communicative classrooms. *Studies in Second Language Acquisition*, 19, 37—66.

McCafferty, S. G. (ed.) (2008) *Gesture and SLA: toward and integrated approach*. Special issue of *Studies in Second Language Acquisition*, 30 (2).

McCrae, R. R. (1996) Social consequences of experiential openness. *Psychological Bulletin*, 120, 323—37.

McDonough, K. (2005) Identifying the impact of negative feedback and learners' responses on ESL question development. *Studies in Second Language Acquisition*, 27, 79—103.

McDonough, K. (2006) Interaction and syntactic priming: English L2 speakers' production of dative constructions. *Studies in Second Language Acquisition*, 28, 179—207.

McDonough, K., and Mackey, A. (2006) Responses to recasts: repetitions, primed production and linguistic development. *Language Leaning*, 56, 693—720.

McGroaty, M. (2001) Situating second language motivation. In Z. Dörnyei and R. Schmidt (eds), *Motivation and second language acquisition* (pp. 69—91). Honolulu, HI: National Foreign Language Resource Center.

MacIntyre, P. D., and Charos, C. (1996) Personality, attitudes and affect as predictors of second language communication. *Journal of Language and Social Psychology*, 15, 3—26.

MacIntyre, P. D., Clément, R., Dörnyei, Z., and Noels, K. A. (1998) Conceptualizing willingness to communicate in an L2: a situational model of L2 confidence and affiliation. *Modern Language Journal*, 82, 545—62.

MacIntyre, P. D., and Gardner, R. C. (1994) The subtle effects of language anxiety on cognitive processing in the second language. *Language Learning*, 44, 283—305.

MacIntyre, P. D., and Noels, K. A. (1996) Using social-psychological variables to predict the use of language learning strategies. *Foreign Language Annuals*, 29, 373—86.

MacIntyre, P. D., Noels, K. A., and Clement, R. (1997) Biases in self-ratings of second language proficiency: the role of language ansiety. *Language Learning*, 47, 256—87.

Mckay, S. L., and Wong, S. L. C. (1996) Multiple discourses, multiple identities: investment and agency in second-language learning among Chinese adolescent immigrant students. *Harvard Educational Review*, 66, 577—608.

Mackey, A. (1999) Input, interaction, and second language development: an empirical study of question formation in ESL. *Studies in Second Language Acquisition*, 21, 557—87.

Mackey, A. (ed.) (2007) *Conversational interaction in second language acquisition*. New York: Oxford University Press.

Mackey, A., Gass, S. M., and McDonough, K. (2000) How do learners perceive interactional feedback? *Studies in Second Language Acquisition*, 22, 471—97.

Mackey, A., and Goo, J. M. (2007) Interaction research in SLA: a meta-analysis and research synthesis. In A. Mackey (ed.), *Input, interaction and corrective feedback in L2 learning* (pp. 379—452). New York: Oxford Univesity Press.

Mackey, A., Oliver, R., and Leeman, J. (2003) Interaction input and the incorporation of feedback: an exploration of NS-NNS and NNS-NNS adult and child dyads. *Language Learning*, 53, 35—66.

Mackey, A., and Philp, J. (1998) Conversational interaction and second language development: recasts, responses, and red herrings? *Modern Language Journal*, 82, 338—56.

Mackey, A., Philp, J., Egi, T., Fujii, A. and Tatsumi, T. (2002) Individual differences in working memory, noticing of interactional feedback, and L2 development. In P. Robinson (ed.), *Individual differences and instructed language learning* (pp. 181—209). Amsterdam: John Benjamins.

McLaughlin, B. (1987) *Theories of second language learning*. London: Arnold.

McLaughlin, B., and Heredia, R. (1996) Information-processing approaches to research on second language acquisition and use. In W. C. Ritchie and T. K. Bhatia (eds), *Handbook of second language acquisition* (pp. 213—28). New York: Academic Press.

MacWhinney, B. (2001) The competition model: the input, the context, and the brain. In P. Robinson (ed.), *Cognition and second language instruction* (pp. 69—90). New York: Cambridge University Press.

Majerus, S., Poncelet, M., Elsen, B., and van der Linden, M. (2006) Exploring the relationship between new word learning and short-term memory for serial order recall, item recall, and item recognition. *European Journal of Cognitive Psychology*, 18, 848—73.

Maratsos, M. P. (2000) More overregulations after all: new data and discussion on Marcus, Pinker, Ullman, Hollander, Rosen, and Hu. *Journal of Child Language*, 27, 183—212.

Marinova-Todd, S. H., Marshall, D. B., and Snow, C. E. (2000) Three misconceptions about age and L2 learning. *TESOL Quarterly*, 34, 9—34.

Marinova-Todd, S. H., Marshall, D. B., and Snow, C. E. (2001) Missing the point: a response to Hyltenstam and Abrahamsson. *TESOL Quarterly*, 35, 171—6.

Markee, N. (1994) Toward an ethnomethodological respecification of second language acquisition. In E. Tarone, S. M. Gass, and A. Cohen (eds), *Research methodology in second language acquisition* (pp. 89—116). Hillsdale, NJ: Lawrence Erlbaum.

Markee, N. (2000) *Conversation Analysis*. Mahwah, NJ: Lawrence Erlbaum.

Markee, N., and Kasper, G. (2004) Classroom talks: an introduction. *Modern Language Journal*, 88, 491—500.

Martin, J. R. (2000) Beyond exchange: appraisal systems in English. In S. Hunston and G. Thompson (eds), *Evaluation in text: authorial stance and the construction of discourse* (pp. 142—75). Oxford: Oxford University Press.

Masgoret, A.-M, and Gardner, R. C. (2003) Attitudes, motivation, and second language learning: a meta-analysis of studies constructed by Gardner and associations. *Language Learning*, 53, 123—63.

Masoura, E. V., and Gathercole, S. E. (2005) Contrasting contributions of phonological short-term memory and long-term knowledge to vocabulary learning in a foreign language. *Memory*, 13, 422—9.

Master, P. (1987) *A crosslingusitic interlanguage analysis of the acquisition of the English article system*. Unpublished doctoral dissertation. University of California, Los Angeles.

Master, P. (1997) The English article system: acquisition, function, and pedagogy. *System*, 25, 215—32.

Mayberry, R. I. (2007) When timing is everything: age of first-language acquisition effects on second language learning. *Applied Psycholingusitics*, 28, 537—49.

Mayberry, R. I., and Lock, E. (2003) Age constraints on first versus second language acquisition: evidence for linguistic plasticity and epigenesis. *Brain and Language*, 87, 369—84.

Meara, P. (1996) The dimensions of lexical competence. In G. Brown, K. Malmkjær, and J. Williams (eds), *Performance and competence in second language acquisition* (pp. 35—53). New York: Cambridge University Press.

Meara, P. (2007) Growing a vocabulary. In L. Roberts, A. Gürel, S. Tatar, and L. Mart (eds), *EuroSLA Yearbook 7* (pp. 49—65). Amsterdam: John Benjamins.

Meisel, J., Clahsen, H., and Pienemann, M. (1981) On determining developmental stages in natural second language acquisition. *Studies in Second Language Acquisition*, 3, 109—35.

Meunier, F., and Granger, S. (eds) (2008) *Phraseology in foreign language learning and teaching*. Amsterdam: John Benjamins.

Miller, G. A. (1956) The magical number seven, plus or minus two: some limits in our capacity for processing information. *Psychological Review*, 63, 81—97.

Mitchell, R., and Myles, F. (2004) *Second language learning theories* (2nd edition). New York: Arnold.

Modern Language Aptitude Test (2000—2001) Second Language Testing, Inc. http://www.2lti.com/htm/Test_mlat.htm

Mohan, B., and Beckett, G. H. (2003) A functional approach to research on content-based language learning: recasts in casual explanations. *Modern Language Journal*, 87, 421—32. [Reprinted from *Canadian Modern Language Review*, 58, 133—55 (2001).]

Mohan, B., Leung, C., and Davison, C. (2001) *English as a second language in the mainstream*. New York: Longhman/Pearson.

Mohan, B., and Slater, T. (2006) Examining the theory/practice relation in a high school science register: a functional linguistic perspective. *Journal of English for Academic Purposes*, 5, 302—16.

Montrul, S., and Slabakova, R. (2003) Competence sililarities between native and near-native speakers. *Studies in Second Language Acquisition*, 25, 351—98.

Moody, R. (1988) Personality preferences and foreign language learning. *Modern Language Journal*, 72, 389—401.

Moore, L. C. (2006) Learning by heart in Qu'ranic and public schools in northern Cameroon. *Social Analysis*, 50 (3), 109—26.

Mori, J. (2007) Border crossings? Exploring the intersection of second language acquisition, Conversation Analysis, and foreign language pedagogy. *Modern Language Journal*, 91, 849—62.

Morin, A., and Michaud, J. (2007) Review: self-awareness and the left inferior frontal gyrus: inner speech use during self-related processing. *Brain Research Bulletin*, 74, 387—96.

Morita, N. (2004) Negotiating participation and identity in second language academic communicaties. *TESOL Quarterly*, 38, 573—603.

Moyer, A. (1999) Ultimate attainment in L2 phonology: the critical factors of age, motivation, and instruction. *Studies in Second Language Acquisition*, 21, 81—108.

Munoz, C. (ed.) (2006) *Age and the rate of foreign language learning*. Clevedon, UK: Multilingual Matters.

Musumeci, D. (1996) Teacher-learner negotiation in content-based instruction: Communication at cross-purposes? *Applied Linguistics*, 17, 286—325.

Myers, I. B., and McCaulley, M. H. (1985) *Manual: A guide to the development and use of the Myers-Brigg Type Indicator*. Palo Alto, CA: Psychologists Press.

Myles, F., Mitchell, R., and Hooper, J. (1999) Interrogative chunks in French L2: a basis for creative construction? *Studies in Second Language Acquisition*, 21, 49—80.

Naiman, N., Frohlich, M., Stern, H., and Todesco, A. (1978) *The good language learner*. Toronto: Ontario Institute for Studies in Education.

Nakahama, Y., Tyler, A., and van Lier, L. (2001) Negotiation of meaning in conversational and information gap activities: a comparative discourse analysis. *TESOL Quarterly*, 35, 377—405.

Nassaji, H., and Swain, M. (2000) A Vygotskian perspective on corrective feedback in L2: the effect of random versus negotiated help on the learning of English articles. *Language Awareness*, 9, 34—51.

Nation, I. S. P. (2006) How large a vocabulary is needed fro reading and listening? *Canadian Modern Language Review*, 63, 59—81.

Nation, I. S. P., and Waring, R. (1997) Vocabulary size, text coverage and word lists. In N. Schmit and M. McCathy (eds), *Vocabulary: description, acquisition and pedagogy* (pp. 6—19). New York: Cambridge University Press.

Nation, R., and McLaughlin, B. (1986) Novices and experts: an information processing approach to the 'good language learner' problem. *Applied Psycholinguisitics*, 7, 41—56.

Nicholas, H., Lightbown, P. M., and Spada, N. (2001) Recasts as feedback to language learners. *Language Learning*, 51, 719—58.

Nikolov, M., and Mihaljević Djigunović, J. (2006) Recent research on age, second language acquisition, and early foreign language learning. *Annual Review of Applied Linguistics*, 26, 234—60.

Noels, K. A. (2001) Learning Spanish as a second language: learners' orientations and perceptions of their teachers' communication style. *Language Learning*, 51, 107—44.

Noels, K. A. (2005) Orientations to learning German: heritage language learning and motivational substrates. *Canadian Modern Language Review*, 62, 285—

312.

Noels, K. A., Clement, R., and Pelletier, L. G. (1999) Perceptions of teachers' communicative style and students' intrinsic motivation. *Modern Language Journal*, 83, 23—34.

Noels, K. A., Pelletier, L., Clement, R., and Vallerand, R. (2000) Why are you learning a second language? Motivational orientations and self-determination theory. *Language Learning*, 50, 57—85.

Norris, J. M., and Ortega, L. (2000) Effectiveness of L2 instruction: a research synthesis and quantitative meta-analysis. *Language Learning*, 50, 417—528.

Norris, J. M., and Ortega, L. (2003) Defining and measuring SLA. In C. J. Doughty and M. H. Long (eds), *Handbook of second language acquisition* (pp. 717—61). Malden, MA: Blackwell.

Norris, J. M., and Ortega, L. (2006) The value and practice of research synthesis for language learning and teaching. In J. M. Norris and L. Ortega (eds), *Synthesizing research on language learning and teaching* (pp. 3—50). Amsterdam: John Benjamins.

Norton Peirce, B. (1993) *Language learning, social identity, and immigrant women*. Unpublished doctoral dissertation, University of Toronto, Toronto.

Norton Peirce, B. (1995) Social identity, investment, and language learning. *TESOL Quarterly*, 29, 9—31.

Norton, B. (2000) *Identity and language learning: gender, ethnicity and educational change*. Harlow, UK: Longman/Pearson Education.

Norton, B. (2001) Non-participation, imagined communities and the language classroom. In M. P. Breen (ed.), *Learner contributions to language learning: new directions in research* (pp. 159—71). New York: Pearson/ Longman.

Norton, B. (2006) Identity and second language learning. In K. Brown (ed.), *Encyclopedia of language and linguistics* (2nd edition, vol. 5, pp. 502—7). Oxford: Elsevier.

Norton, B., and Toohey, K. (2001) Changing perspectives on good language learners. *TESOL Quarterly*, 35, 307—22.

Nunan, D. (2003) The impact of English as a global language on educational policies and practices in Asia-pacific region. *TESOL Quarterly*, 37, 589—613.

Obler, L. (1989) Exceptional second language learners. In S. M. Gass, C. Madden, D. Preston, and L. Selinker (eds), *Variation in second language acquisi-*

tion: *Psycholinguisitc issues* (pp. 141—59). Clevedon: Multilingual Matters.

Obler, L., and Hannigan, S. (1996) The neuropsychology of second language acquisition and use. In W. Ritchie and T. Bhatia (eds), *Handbook of second language acquisition* (pp. 506—23). New York: Academic Press.

Ochs, E., and Schieffelin, B. (1984) Language acquisition and socialization: three developmental stories and their implications. In R. A. Schweder and R. Levine (eds), *Culture thoery: essays on mind, self, and emotion* (pp. 276—320). Cambridge: Cambridge University Press.

O'Brien, I., Segalowitz, N., Collentine, J., and Freed, B. (2006) Phonological memory and lexical, narrative, and grammatical skills in second language oral production by adult learners. *Applied Psycholingusitics*, 27, 377—402.

Odlin, T. (1989) *Language Transfer: cross-linguistic influence in language learning*. New York: Cambridge University Press.

Odlin, T. (2003) Cross-linguistic influence. In C. J. Doghty and M. H. Long (eds), *Handbook of second language acquisition* (pp. 436—86). Malden, MA: Blackwell.

Odlin, T., and Jarvis, S. (2004) Same source, different outcomes: a study of Swedish influence on the acquisition of English in Finland. *International Journal of Multilingualism*, 1, 123—40.

O'Dowd, E. M. (2003) Understanding the 'other side': intercultural learning in a Spanish-English e-mail exchange. *Language Learning and Technology*, 7 (2), 118—44.

Ohara, Y. (2001) Finding one's voice in Japanese: a study of pitch levels of L2 users. In A. Pavlenko, A. Blackledge, I. Piller, and M. Teutsch-Dwyer (eds), *Multilingualism, second language learning, and gender* (pp. 231—54). New York: Mouton de Gruyter.

Oliver, R. (1995) Negative feedback in child NS/NNS conversation. *Studies in Second Language Acquisition*, 17, 459—81.

Oliver, R. (1998) Negotiation of meaning in child interactions. *Modern Language Journal*, 82, 372—86.

Oliver, R., and Mackey, A. (2003) Interactional context and feedback in child ESL classrooms. *Modern Language Journal*, 87, 519—43.

Olshatain, E. (1983) Sociocultural competence and language transfer: the case of apology. In S. M. Gass and L. Selinker (eds), *Language transfer in lan-*

guage learning (pp. 232—49). Rowley, MA: Newbury House.

O'Malley, J. M., and Chamot, A. U. (1990) *Learning strategies in second language acquisition*. Cambridge, New York: Cambridge University Press.

Onwuegbuzie, A. J., Bailey, P., and Daley, C. E. (1999) Factors associated with foreign language anxiety. *Applied Psycholingusitics*, 20, 217—39.

Ortega, L. (1999) Language and equality: ideological and structural constraints in foreign language education in the US. In T. Huebner and K. A. Davis (eds), *Sociopolitical perspectives in language policy and planning in the USA* (pp. 243—66). Amsterdam: John Beujamins.

Ortega, L. (2005) For what and for whom is our research? The ethical as transformative lens in instructed SLA. *Modern Language Journal*, 89, 427—43.

Ortega, L., and Byrns, H. (2008) Theorizing advancedness, setting up the longitudinal research agenda. In L. Ortega and H. Byrnes (eds), *The longitudinal study of advanced L2 capacities* (pp. 281—300). New York: Routledge.

Ortega, L., and Log, M. H. (1997) The effects of models and recasts on the acquisition of object topicalization and adverb placement by adult learners of Spanish. *Spanish Applied Linguistics*, 1, 65—86.

Oshita, H. (2000) What is happened may not be what appears to be happening: a corpus study of 'passive' unaccusatives in L2 English. *Second Language Research*, 16, 293—324.

Osterhout, L., Allen, M., and Mclaughlin, J. (2002) Words in the brain: lexical determinants of word-induced brain activity. *Journal of Neurolingusitics*, 15, 171—87.

Osterhout, L., Poliakov, A., Inoue, K., McLaughlin, J. Valentine, G., Pitkanen, I., et al. (2008) Second language learning and changes in the brain. *Journal of Neurolingusitics*, 21. doi: 10.1016/j.jneuroling.2008.01.001.

Oxford, R. L. (1990) *Language learning strategies: what every teacher should know*. New York: Newbury House/ HarperCollins.

Oxford, R. L. (ed.) (1996) *Language learning strategies around the world: cross-cultural perspectives*. Honolulu, HI: National Foreign Language Resource Center.

Oxford, R. L., and Nyikos, M. (1989) Variables affecting choice of language learning strategies by university students. *Modern Language Journal*, 73, 291—300.

Oxford, R. L., and Shearin, J. (1994) Expanding the theoretical framework of language learning motivation. *Modern Language Journal*, 78, 12—28.

Oyama, S. (1976) A sensitive period in the acquisition of a non-native phonological system. *Journal of Psycholinguistic Research*, 5, 261—85.

Pallier, C., Poline, J.-B., LeBihan, D., Argenti, A.-M., Dupoux, E., and Mehler, J. (2003) Brain imaging of language plasticity in adopted adults: can a second language replace the first? *Cerebral Cortex*, 13, 155—61.

Panova, I., and Lyster, R. (2002) Patterns of corrective feedback and uptake in an adult ESL classroom. *TESOL Quarterly*, 36, 573—95.

Paribakht, T. S., and Wesche, M. (1977) Vocabulary enhancement activities and reading for meaning in second language vocabulary acquisition. In J. Coady and T. Huckin (eds), *Second language acquisition: a rationale for pedagogy* (pp. 174—200). New York: Cambridge University Press.

Patel, A. D., and Iversen, J. R. (2007) The linguistic benefits of musical abilities. *TRENDS in Cognitive Sciences*, 11, 369—72.

Patkowski, M. (1980) Markedness, discoursal modes, and relative clause formation in a formal and an informal context. *Studies in Second Language Acquisition*, 8, 38—55.

Pavlenko, A. (1999) New approaches to concepts in bilingual memory. *Bilingualism: Language and Cognition*, 2, 209—30.

Pavlenko, A., and Blackledge, A. (2004b) *New theoretical appracohes to the study of negotiation of identity in multilingual contexts* (pp. 1—33). Clevedon, UK: Multilingual Matters.

Pavlenko, A., and Jarvis, S. (2002) Bidirectional transfer. *Applied Linguistics*, 23, 190—214.

Peacock, M., and Ho, B. (2003) Student language learning strategies across eight disciplines. *International Journal of Applied Linguistics*, 13, 179—200.

Penfield, W., and Roberts, L. (1959) *Speech and brain mechanisms*. Princeton, NJ: Princeton University Press.

Pennycook, A. 92004) Critical applied lingusitics. In A. Davies and C. Elder (eds), *Handbook of applied lingusitics* (pp. 784—807). Malden, MA: Blackwell.

Perani, D., and Abutalebi, J. (2005) The neural basis of first and second language processing. *Current Opinion in Neurobiology 15*, 202—6.

Perdue, C. (ed.) (1982) *Second language acquisition by adult immigrants:*

a field mannual. Strasbourg: European Science Foundation.

Philp, J. (2003) Constraints on 'noticing the gap': Nonnative speakers' noticing of recasts in NS-NNS interaction. *Studies in Second Language Acquisition*, 25, 99—126.

Piagte, J. (1974) *The language and thought of the child.* New York: New American Library.

Pica, T. (1985) Linguistic simplicity and learnability: implications for language syllabus design. In K. Hyltenstam and M. Pienemann (eds), *Modelling and assessing second language acquisition* (pp. 137—51). Clevedon, UK: Multilingual Matters.

Pica, T. (1992) The textual outcomes of native speaker/non-native speaker negotiation: what do they reveal about second language learning? In C. Kramsch and S. McConnell-Ginet (eds), *Text in context: crossdisciplinary perspectives on language study* (pp. 198—237). Lecington, MA: D. C. Heath.

Pica, T. (1994) Research on negotiation: what does it reveal about second-language learning conditions, processes, and outcomes? *Language Learning*, 44, 493—527.

Pica, T. (2002) Subject matter content: how does it assist the interactional and linguistic needs of classroom language learners? *Modern Language Journal*, 86, 1—19.

Pica, T., Holliday, L., Lewis, N., and Morgenthaler, L. (1989) Comprehensible input as an outcome of linguistic demands on the learner. *Studies in Second Language Acquisition*, 11, 63—90.

Pica, T., Kanagy, R., and Falodun, J. (1993) Choosing and using communication tasks for second language instruction and research. In G. Crookes and S. M. Gass (eds), *Tasks and language learning: integrating theory and practice* (pp. 9—34). Clevedon, UK: Multilingual Matters.

Pica, T., Young, R. F., and Doughty, C. J. (1987) The impact of interaction on comprehension. *TESOL Quarterly*, 21, 737—58.

Pienemann, M. (1984) Psychological constraints on the teachability of languages. *Studies in Second Language Acquisition*, 6, 186—214.

Pienemann, M. (1989) Is language teachable? Psycholinguistic experiments and hypotheses. *Applied Lingusitics*, 10, 52—79.

Pienemann, M. (1998) *Language processing and second language develop-*

ment: *processability theory*. Amsterdam: John Benjamins.

Pienemann, M. (ed.) (2005) *Cross-linguistic aspects of processability thoery*. Amsterdam: John Benjamins.

Pienemann, M., Johnston, M., and Brindley, G. (1988) Constructing an acquisition-based procedure for second language assessment. *Studies in Second Language Acquisition*, 10, 217—243.

Pigada, M., and Schmit, N. (2006) Vocabulary acquisition from extensive reading: a case study. *Reading in a Foreign Language*, 18 (1).

Pinker, S. (1989) *Learnability and cognition: the acquisition of argument structure*. Cambridge, MA: MIT Press.

Piske, T., Mackay, I. R. A., and Flege, J. E. (2001) Factors affecting degree of foreign accent in an L2: a review. *Journal of Phonetics*, 29, 191—215.

Poehner, M. E., and Lantolf, J. P. (2005) Dynamic assessment in the language classroom. *Language Teaching Research*, 9, 233—65.

Polanyi, L. (1995) Language learning and living abroad: stories from the field. In B. Freed (ed.), *Second language acquisition in a study abroad context* (pp. 271—91). Amsterdam: John Benjamins.

Politzer, R., and McGroatry, M. (1985) An exploratory study of learning behaviours and their relationship to gains in linguistic and communicative competence. *TESOL Quarterly*, 19 (1), 103—23.

Potter, J. (2000) Post cognitivist psychology. *Theory and Psychology*, 10, 31—7.

Pujol, J., Soriano-Mas, C., Ortiz, H., Sebastain-Galles, N., and Losilla, J. M. D. (2006) Myelination of language-related areas in the developing brain. *Neurology*, 66, 339—43.

Pulvermüller, F., and Schumann, J. H. (1994) Neuobiological mechanisms of language acquisition. *Language Learning*, 44, 681—734.

Purcell, E., and Suter, R. (1980) Predictors of pronunciation accuracy: a reexamination. *Language Learning*, 30, 271—87.

Rampton, M. B. H. (1990) Displacing the 'native speaker': expertise, affiliation, and inheritance. *English Language Teaching Journal*, 44, 97—101.

Ravem, R. (1968) Language acquisition in a second language environment. *International review of Applied Linguistics*, 6, 175—85.

Reali, F., and Christiansen, M. H. (2007) Processing of relative clauses is made easier by frequency of occurrence. *Journal of Memory and Language*, 57, 1—23.

Reber, A. S. (1996) *Implicit learning and tacit knowledge: an essay on the cognitive unconscious* (2nd edition). Oxford: Oxford University Press.

Reid, J. M. (ed.) (1995) *Learning styles in the ESL/EFL classroom.* New York: Heinle and Heinle.

Richards, K. (2006) 'Being the teacher': identity and classroom conversation. *Applied Lingusitics*, 27, 51—77.

Ringbom, H. (1987) *The role of the first language in foreign language learning.* Clevedon, UK: Multilingual Matters.

Ringbom, H. (1992) On L1 transfer in L2 comprehension and L2 production. *Language Learning*, 42, 85—112.

Ringbom, H. (2001) Lexical transfer in L3 production. In J. Cenoz, B. Hufeisen, and U. Jesser (eds), *Crosslinguistic influence on third language acquisition: psycholingusitic perspectives* (pp. 59—68). Clevedon, UK: Multilingual Matters.

Ritchie, W. C., and Bhatia, T. K. (eds) (1996) *Handbook of second language acquisition.* San Diego, CA: Academic Press.

Robinson, P. (1995) Attention, memory, and 'Noticing' Hypothesis. *Language Learning*, 45, 283—331.

Robinson, P. (1997) Generalizability and automaticity of second language learning under implicit, incidental, enhanced, and instructed conditions. *Studies in Second Language Acquisition*, 19, 223—47.

Robinson, P. (2002) Learning conditions, aptitude complexes, and SLA: a framework for research and pedagogy. In P. Robinson (ed.), *Individual differences and instructed language learning* (pp. 113—33). Amsterdam: John Benjamins.

Robinson, P. (2005a) Aptitude and second language acquisition. *Annual Review of Applied Linguistics*, 25, 46—73.

Robinson, P. (2005b) Cognitive abilities, chunk-strength, and frequency effects in implicit artificial grammar and incidental L2 learning: replications of Reber, Walkenfeld, and Hernstadt (1991) and Knowlton and Squire (1996) and their relevance for SLA. *Studies in Second Language Acquisition*, 27, 235—68.

Robinson, P., and Ellis, N. C. (eds) (2008a) *Handbook of cognitive linguistics and second language acquisition.* New York: Routledge.

Robinson, P., and Ellis, N. C. (eds) (2008b) Conclusion: cognitive linguistics, second language acquisition and instruction: issues for research. In P. Robinson and N. C. Ellis (eds), *Handbook of cognitive linguistics and second language acquisition* (pp. 489—545). New York: Routledge.

Romaine, S. (1995) *Bilingualism* (2nd edition). Malden, MA: Blackwell.

Rosa, E. M., and Leow, R. P. (2004) Awareness, different learning conditions, and second language development. *Applied Psycholinguistics*, 25, 269—92.

Rosa, E. M., and O'Neill, M. D. (1999) Explicitness, intake, and issue of awareness: another piece to the puzzle. *Studies in Second Language Acquisition*, 21, 511—56.

Ross, S., Yoshinaga, N., and Sasaki, M. (2002) Aptitude-exposure interaction effects on *wh*-movement violation detection by pre- and post-critical period Japanese bilinguals. In P. Robinson (ed.), *Individual difference and instructed language learning* (pp. 267—99). Amsterdam: John Benjamins.

Rubin, J. (1975) What the 'good language learner' can teach us. *TESOL Quarterly*, 9, 41—51.

Russell, J., and Spada, N. (2006) The effectiveness of corrective feedback for the acquisition of L2 grammar: a meta-analysis of the research. In J. M. Norris and L. Ortega (eds), *Synthesizing research on language learning and teaching* (pp. 133-64). Amsterdam: John Benjamins.

Rutherford, W. E. (1983) Language Typology and language transfer. In S. M. Gass and L. Selinker (eds), *Language transfer in language learning* (pp. 358—70). Rowley, MA: Newbury House.

Rymer, R. (1993) *Genie: an abused child's fight from silence*. New York: HarperCollins.

Rymes, B. (2003) Eliciting narratives: drawing attention to the margins of classroom talk. *Research in the Teaching of English*, 37, 380—407.

Rymes, B. (2004) Contrasting zones of comfortable competence: popular culture in a phonics lesson. *Linguistics and Education*, 14, 321—35.

Sagarra, N. (2008) Working memory and L2 processing of redundant grammatical forms. In Z. Han (ed.), *Understanding second language process* (pp. 133—47). Clevedon, UK: Multilingual Matters.

Samuda, V., and Bygate, M. (2008) *Tasks in second language learning*. New York: Palgrave/Macmillan.

Sato, C. (1990) *The syntax of conversation in interlanguage development.* Tubingen: Gunter Narr.

Saville-Troike, M. (2005) *Introducing second language acquisition.* New York: Cambridge University Press.

Sawyer, M., and Ranta, L. (2001) Aptitude, individual differences, and instructional design. In P. Robinson (ed.), *Cognition and second language instruction* (pp. 319—53). New York: Cambridge University Press.

Schachter, J. (1974) An error in error analysis. *Language Learning*, 24, 205—14.

Schachter, J. and Celce-Murcia, M. (1971) Some reservations concerning error analysis. *TESOL Quarterly*, 11, 441—51.

Schachter, J. and Rutherford, W. E. (1979) Discourse function and language transfer. *Working Papers in Bilingualism*, 19, 3—12.

Scheloff, E., Jefferson, G., and Sacks, H. (1977) The preference for self-correction in the organization of repair in conversation. *Language*, 53, 362—82.

Schleppegrell, M. J. (2004) *The language of schooling: a functional linguistics perspectives.* Mahwah, NJ: Lawrence Erlbaum.

Schmidt, R. (1983) Interaction, acculturation, and the acquisition of communicative competence. In N. Wolfson and E. Judd (eds), *Sociolingusitics and language acquisition* (pp. 137—74). Rowley, MA: Newbury House.

Schmidt, R. (1990) The role of consciousness in second language learning. *Applied Linguistics*, 11, 129—58.

Schmidt, R. (1994) Deconstructing consciousness in search of useful definitions for applied lingusitics. *AILA Review*, 11, 11—26.

Schmidt, R. (1995) Consciousness and foreign language learning: a tutorial on the role of attention and awareness in learning. In R. Schmidt (ed.), *Attention and awareness in foreign language learning* (pp. 1—63). Honolulu, HI: National Foreign Language Resource Center.

Schmidt, R. (2001) Attention. In P. Robinson (ed.), *Cognition and second language instruction* (pp. 3—33). New York: Cambridge University Press.

Schmidt, R., and Frota, S. (1986) Developing basic conversational ability in a second language: a case study of an adult learner of Portuguese. In R. R. Day (ed.), *Talking to learn: conversation in second language acquisition* (pp. 237—326). Rowley, MA: Newbury House.

Schmitt, N. (1998) Tracking the incremental acquisition of second language vocabulary: a longitudinal study. *Language Learning*, 48, 218—317.

Schmitt, N. (2000) *Vocabulary in language teaching*. Cambridge/New York: Cambridge University Press.

Schmitt, N. (ed.) (2002) *An introduction to applied lingusitics*. New York: Arnold.

Schmitt, N. (ed.) (2004) *Formulaic sequences*. Amsterdam: John Benjamins.

Schneiderman, E. I., and Desmarais, C. (1998) The talented language learner: some preliminary findings. *Second Language Research*, 4 (2), 91—109.

Schraw, G., and Ericsson, K. A. (2005) An interview with K. Anders Ericsson. *Educational Psychology Review*, 17, 389—412.

Schumann, J. H. (1976) Second language acquisition: the pidginization hypothesis. *Language Learning*, 26, 391—408.

Schumann, J. H. (1976) Extending the scope of the acculturation/pidginization model to include cognition. *TESOL Quarterly*, 24, 667—84.

Schumann, J. H. (1997) *The neurobiology of affect in language*. Malden, MA: Blackwell.

Schwartz, B. D. (1993) On explicit and negative data effecting and affecting competence and linguistic behaviour. *Studies in Second Language Acquisition*, 15, 147—63.

Schwartz, B. D. (1998) The second language instinct. *Lingua*, 106, 133—60.

Schwartz, B. D., and Sprouse, R. A. (2000) When syntactic theories evolve: consequences for L2 acquisition research. In J. Archibald (ed.), *Second language acquisition and linguistic theory* (pp. 156—85). Malden, MA: Blackwell.

Scott, M. L. (1994) Auditory memory and perception in younger and older adult second language learners. *Studies in Second Language Acquisition*, 16, 263—81.

Scovel, T. (1988) *A time to speak: a psycholinguistic inquiry into the critical period for human speech*. Rowley, MA: Newbury House.

Scovel, T. (2000) A critical review of the critical period research. *Annual Review of Applied Linguistics*, 20, 213—23.

Scovel, T. (2001) *Learning new languages: a guide to second language acquisition.* Boston, MA: Heinle and Heinle.

Sebastian-Galles, N., Echeverria, S., and Bosch, L. (2005) The influence of initial exposure on lexical representation: comparing early and simultaneous bilinguals. *Journal of Memory and Language*, 52, 240—55.

Seedhouse, P. (2004) *The interactional architecture of the language classroom: a Conversation Analysis perspective.* Malden, MA: Blackwell.

Seedhouse, P. (2005) Conversation Analysis and language learning. *Language Teaching*, 38, 165—87.

Segalowitz, N. (2003) Automaticity and second languages. In C. J. Doughty and M. H. Log (eds), *Handbook of second language acquisition* (pp. 382—408). Malden, MA: Blackwell.

Seidlhofer, B. (2001) Closing a conceptual gap: the case for a description of English as a lingua franca. *International Journal of Applied Lingusitics*, 1, 133—58.

Seidlhofer, B. (2004) Research perspectives on teaching English as a lingua franca. *Annual Review of Applied Lingusitics*, 24, 209—39.

Selinker, L. (1972) Interlanguage. *International Review of Applied Linguistics*, 10, 219—31.

Selinker, L., and Baumgartner-Cohen, B. (1995) Multiple language acquisition: 'Damn it, why can't I keep these two languages apart?' *Language, Culture and Curriculum*, 8, 115—21.

Selinker, L., and Lakshmanan, U. (1992) Language transfer and fossilization: the Multiple Effects Principle. In S. M. Gass and L. Selinker (eds), *Language transfer in language learning* (pp. 197—216). Amsterdam: John Benjamins.

Service, E. (1992) Phonology, working memory and foreign-language learning. *Quarterly Journal of Experimental Psychology*, 45A (1), 21—50.

Service, E., and Kohonen, V. (1995) Is the relation between phonological memory and foreign language learning accounted for by acquisition? *Applied Psycholinguistics*, 16, 155—72.

Shanks, D. R. (2005) Implicit learning. In K. Lamberts and R. Goldstone (eds), *Handbook of cognition* (pp. 202—20). London: Sage.

Sharwood Smith, M. (1986) Comprehension versus acquisition: two ways of processing input. *Applied Linguistics*, 7, 238—56.

Sharwood Smith, M., and kellerman, E. (1989) The interpretation of second language output. In H. W. Dechert and M. Raupach (eds), *Transfer in language production* (pp. 217—36). Norwood, NJ: Ablex.

Sheen, Y. (2004) Corrective feedback and learner uptake in communicative classrooms across instructional settings. *Language Teaching Research*, 8, 263—300.

Sheen, Y. (2006) Exploring the relationship between characteristics of recasts and learner uptake. *Language Teaching Research*, 10, 361—92.

Sheen, Y. (2007) The effect of focused written corrective feedback and language aptitude on ESL learners' acquisition of articles. *TESOL Quarterly*, 41, 255—83.

Sheeran, P. (2002) Intention-behavior relations: a conceptual and empirical review. In W. Stroebe and M. Hewstone (eds), *European Review of Social Psychology* (vol. 12, pp. 1—30). New York: John Wiley & Sons.

Shehadeh, A. (2001) Self- and other-initiated modified output during task-based interaction. *TESOL Quarterly*, 35, 433—57.

Shehadeh, A. (2002) Comprehensible output, from occurrence to acquisition: an agenda for acquisitional research. *Language Learning*, 52, 597—647.

Shirai, Y., and Ozeki, H. (eds) (2007) *The L2 acquisition of relative clauses in East Asian languages*. Special issue of *Studies in Second Language Acquisition*, 29 (2).

Shook, D. J. (1994) FL/L2 reading, grammatical information, and the input-to-intake phenomenon. *Applied Language Learning*, 5, 57—93.

Siegal, M. (1996) The role of learner subjectivity in second language sociolinguistic competency: Western women learning Japanese. *Applied Linguistics*, 17, 356—82.

Singleton, D. (1987) Mother and other tongue influence on learner French: a case study. *Studies in Second Language Acquisition*, 9, 327—45.

Singleton, D. (2001) Age and second language acquisition. *Annual Review of Applied Linguistics*, 21, 77—89.

Singleton, D. (2003) Critical period or general age of factor (s)? In M. P. García Mayo and M. L. García Lecumberri (eds), *Age and the acquisition of English as a foreign language* (pp. 3—22). Clevedon, UK: Multilingual Matters.

Skehan, P. (1986) The role of foreign language aptitude in a model of school learning. *Language Testing*, 3, 188—221.

Skehan, P. (1998) *A cognitive approach to language learning*. Oxford: Oxford University Press.

Skehan, P. (2002) Theorising and updating aptitude. In P. Robinson (ed.), *Individual differences and instructed language learning* (pp. 69—93). Amsterdam: John Benjamins.

Skehan, P., and Foster, P. (2001) Cognition and tasks. In P. Robinson (ed.), *Cognition and second language instruction* (pp. 183—205). New York: Cambridge University Press.

Slevc, L. R., and Miyake, A. (2006) Individual differences in second language proficiency: does musical ability matter? *Psychological Science*, 17, 675—81.

Slobin, D. I. (1973) Cognitive prerequisites for the development of grammar. In C. A. Ferguson and D. I. Slobin (eds), *Studies of child language development* (pp. 175—208). New York: Holt, Rinehart & Winston Inc.

Slobin, D. I. (1996) From 'thought and language' to 'thinking for speaking'. In J. J. Gumperz and S. C. Levinson (eds), *Rethinking linguistic relativity* (pp. 70—96). Cambridge: Cambridge University Press.

Smith, L. B., and Thelen, E. (2003) Development as a dynamic system. *TRENDS in Cognitive Sciences*, 7 (8), 343—8.

Smith, L. B., and Tsimpli, I. -M. (1995) *The mind of a savant: language learning and modularity*. London: Blackwell.

Snow, C. E., Burns, M. S., and Griffin, P. (eds). (1998) *Preventing reading difficulties in young children*. Washington, DC: National Academy Press.

Snow, C., and Hoefnagel-Hohle, M. (1977) Age differences in the pronunciation of foreign sounds. *Language and Speech*, 20, 357—65.

Snow, C., and Hoefnagel-Hohle, M. (1978) The critical period for second language acquisition: evidence from second language learning. *Child Development*, 49, 1112—28.

Sorace, A. (1993) Incomplete vs. Divergent representations of unaccusativity in near-native grammars of Italian. *Second Language Research*, 9, 22—48.

Spada, N., and Lightbown, P. M. (1993) Instruction and the development of questions in the L2 classroom. *Studies in Second Language Acquisition*, 15, 205—21.

Spada, N., and Lightbown, P. M. (1999) Instruction, first language influence, and development readiness in second language acquisition. *Modern Language*

Journal, 83, 1—22.

Sparks, R. (2006) Is there a 'disability' for learning a foreign language? *Journal of Learning Disability*, 39, 544—57.

Special, G., Ellis, N. C., and Bywater, T. (2004) Phonological sequence learning and short-term store capacity determine second language vocabulary acquisition. *Applied Psycholinguistics*, 25, 293—321.

Spielmann, G., and Radnofsky, M. L. (2001) Learning language under tension: new directions from a qualitative study. *Modern Language Journal*, 85, 259—78.

Spolsky, B. (1995) Prognostication and language aptitude testing. *Language Testing*, 12, 321—40.

Sridhar, S. N. (1994) A reality check for SLA theories. *TESOL Quarterly*, 28, 800—805.

Stansfield, C. W., and Reed, D. J. (2004) The story behind the Modern Language Aptitude Test: an interview with John B. Carroll. *Language Assessment Quarterly*, 1 (1), 43—56.

Stauble, A. E. (1978) The process of decreolization: a model for second language development. *Language Learning*, 28, 29—54.

Steinberg, F. S., and Horwitz, E. K. (1986) The effect of included anxiety on the denotative and interpretive content of second language speech. *TESOL Quarterly*, 20, 131—6.

Sternberg, R. J. (2002) The theory of successful intelligence and its implications for language-aptitude testing. In P. Robinson (ed.), *Individual differences and instructed language learning* (pp. 13—43). Amsterdam: John Benjamins.

Sternberg, R. J., and Grigorenko, E. L. (1997) Are cognitive styles still in style? *American Psychologist*, 52, 700—712.

Stockwell, R., Bowen, J., and Martin, J. (1965) *The grammatical structures of English and Spanish*. Chicago, IL: University of Chicago University.

Storch, N. (2002) Patterns of interaction in ESL pair work. *Language Learning*, 52, 119—58.

Stuart-Fox, D., and Moussalli, A. (2008) Selection for social signalling drives the evolution of chameleon colour change. *PLoS Biol*, 6 (1), 0022–9. doi: 10.1371/journal.pbio.0060025.

Sugaya, N., and Shirai, Y. (2007) The acquisition of progressive and resultative meanings of the imperfective aspect marker by L2 learners of Japanese: transfer, universals, or multiple factors? *Studies in Second Language Acquisition*, 29, 1—38.

Svirsky, M. A., Chin, S. B., and Jester, A. (2007) The effects of age at implantation on speech intelligibility in pediatric cochlear implant users: clinical outcomes and sensitive periods. *Audiological medicine*, 5, 293—306.

Svirsky, M., and Holt, R. (2005) Language acquisition after cochlear implantation of congenitally deaf children: effect of age at implantation. Paper presented at the 149th Meeting of the Acoustical Society of America, 16—20 May, Vancouver.

Swain, M. (1985) Communicative competence: some roles of comprehensible input and comprehensible output in its development. In S. M. Gass and C. G. Madden (eds), *Input in second language acquisition* (pp. 235—53). Rowley, MA: Newbury House.

Swain, M. (1995) Three functions of output in second language learning. In G. Cook and B. Seidlhofer (eds), *Principle and practice in applied linguistics: studies in honour of H. G. Widdowson* (pp. 125—44). New York: Oxford University Press.

Swain, M. (2000) The output hypothesis and beyond: mediating acquisition through collaborative dialogue. In J. P. Lantolf (ed.), *Sociocultural theory and second language learning* (pp. 97—114). New York: Oxford University Press.

Swain, M. (2006) Verbal protocols: what does it mean for research to use speaking as a data collection tool? In M. Chalhoub-Deville, C. Chapelle, and P. A. Duff (eds), *Inference and generalizability in applied linguistics: multiple perspectives* (pp. 97—113). Amsterdam: John Benjamins.

Swain, M., and Lapkin, S. (1995) Problems in output and the cognitive processes they generate: a step towards second language learning. *Applied Linguistics*, 16, 371—91.

Swain, M., and Lapkin, S. (2000) Task-based second language learning: the uses of the first language. *Language Teaching Research*, 4, 253—76.

Sykes, J., Oskoz, A., and Thorne, A. L. (2008) Web 2.0, synthetic immersive environments, and mobile resources for language education. *CALICO Journal*, 25, 528—46.

Taguchi, N. (2007) Chunk learning and the development of spoken discourse in a Japanese as a foreign language classroom. *Language Teaching Research*, 11,

433—57.

Takahashi, S. (1996) Pragmatic transferability. *Studies in Second Language Acquisition*, 18, 189—223.

Talburt, S., and Stewart, M. (1999) What's the subject of study abroad? Race, gender, and 'living culture'. *Modern Language Journal*, 83, 163—75.

Tallerman, M. (ed.) (2005) *Language origins: perspectives on evolution*. New York: Oxford University Press.

Tarallo, F., and Myhill, J. (1983) Interference and natural language processing in second language acquisition. *Language Learning*, 33, 55—73.

Thomas, M. (1990) Acquisition of the Japanese reflexive zibun by unilingual and multilingual learners. In H. Burmeister and P. L. Rounds (eds), *Variability in second language acquisition: proceedings of the tenth meeting of the second Language Research Forum* (vol. 2, pp. 701—718). Eugene, OR: University of Oregon.

Thorne, S. L., and Black, R. (2007) Language and literacy development in computer mediated contexts and communities. *Annual Review of Applied Linguistics*, 27, 133—60.

Tocalli-Beller, A., and Swain, M. (2007) Riddles and puns in the ESL classroom: adults talk to learn. In A. Mackey (ed.), *Conversational interaction in second language acquisition* (pp. 143—67). New York: Oxford University Press.

Tomlin, R., and Villa, V. (1994) Attention in cognitive science and SLA. *Studies in Second Language Acquisition*, 16, 183—204.

Toohey, K. (2001) Disputes in child L2 learning. *TESOL Quarterly*, 35, 257—78.

Toth, P. (2006) Processing instruction and a role for output in second language acquisition. *Language Learning*, 56, 319—85.

Towell, R., and Dewaele, J.-M. (2005) The role of psycholingusitic factors in the development of fluency amongst advanced learners of French. In J.-M. Dewaele (ed.) *Focus on French as a foreign language: multidisciplinary approaches* (pp. 210—39). Clevedon, UK: Multilingual Matters.

Truscott, J. (1999) What's wrong with oral grammar correction. *Canadian Modern Language Review*, 55, 437—56.

Tseng, W.-T., Dörnyei, Z., and Schmitt, N. (2006) A new approach to asserssing strategic learning: the case of self-regulation in vocabulary acquisition. *Applied Linguistics*, 27, 78—102.

Tucker, G. R. (1999) The applied linguist, school reform, and technology: challenges and opportunities for the coming decade. *CALICO Journal*, 17 (2), 197—221.

Tudini, V. (2007) Negotiation and intercultural learning in Italian native speaker chat rooms. *Modern Language Journal*, 91, 577—601.

Tulving, E. (2002) Episodic memory: from mind to brain. *Annual Review of Psychology*, 53, 1—25.

Ullman, M. T. (2001) The neural basis of lexicon and grammar in first and second language: the declarative/procedural model. *Bilingualism: Language and Cognition*, 4, 105—22.

Ullman, M. T. (2004) Contributions of memory circuits to language: the declarative/procedural model. *Cognition*, 92, 231—70.

Ushioda, E. (2001) Language learning at university: exploring the role of motivational thinking. In Z. Dörnyei and R. Schmidt (eds), *Motivation and second language acquisition* (pp. 93—125). Honolulu, HI: National Foreign Language Resource Center.

Valdés, G. (2001) *Learning and not learning English: Latino students in American schools*. New York: Teachers College Press.

Van den Branden, K. (1997) Effects of negotiation on language learners' output. *Language Learning*, 47, 589—636.

Van den Branden, K. (ed.) (2006) *Task-based language teaching: from theory to practice*. New York: Cambridge University Press.

van Geert, P. (1998) A dynamic systems model of basic developmental mechanisms: Piaget, Vygotsky, and beyond. *Psychological Review*, 105, 634—77.

van Lier, L. (1994) Forks and hope: pursuing understanding in different ways. *Applied Linguistics*, 15, 328—47.

Vann, R., and Arabaham, R. (1990) Strategies of unsuccessful language learners. *TESOL Quarterly*, 24, 177—97.

VanPatten, B. (2002) Processing instruction: an update. *Language Learning*, 52, 755—803.

VanPatten, B. (2004) Input and output in establishing form-meaning connections. In B. VanPatten, J. Williams, S. Rott, and M. Overstreet (eds), *Form-meaning connections in second language acquisition* (pp. 29—47). Mahwah, NJ:

Lawrence Erlbaum.

VanPatten, B., and Williams, J. (eds) (2007) *Theories in second language acquisition: an introduction.* Mahwah, NJ: Lwarence Erlbaum.

Vansteenkiste, M., Lens, W., and Deci, E. L. (2006) Intrinsic versus extrinsic goal contents in self-determination theory: another look at the quality of academic motivation. *Educational Psychologist*, 41, 19—31.

Verhoeven, L., and Vermeer, A. (2002) Communicative competence and personality dimensions in first and second language learners. *Applied Psycholinguistics*, 23, 361—474.

Verpoor, M., Lowie, W., and Van Dijk, M. (2008) Variability in second language development from a Dynamic Systems perspective. *Modern Language Journal*, 92, 214—31.

von Stutterheim, C. (1991) European research on second language acquisition. In B. F. Freed (ed.), *Foreign language acquisition research and the classroom* (pp. 135—54). Lexington, MA: D. C. Heath and Company.

von Stutterheim, C., and Klein, W. (1987) A concept-oriented approach to second language studies. In C. W. Pfaff (ed.), *First and second language acquisition* (pp. 191—205). Rowley, MA: Newbury House.

Wagner, J. (ed.) (1996) *Conversational analysis of foreign language data.* Special issue of *Journal of Pragmatics*, 26 (2).

Wallace, B., Ross, A., Davies, J. B., and Anderson, T. (2007) *The mind, the body and the world: sychology after cognitivism.* London: Imprint Academic.

Watson, R. A. (1995) *The philosopher's demise: learning French.* Columbia, MO: University of Missouri Press.

Wayland, R. P., and Gion S. G. (2004) Training English and Chinese listeners to perceive Thai tones: a preliminary report. *Language Learning*, 54, 681—712.

Weber-Fox, C. M., and Neville, H. J. (2001) Sensitive periods differentiate processing for open and closed words: an ERP study in bilinguals. *Journal of Speech, Language, and Hearing Research*, 44, 1338—53.

Wei, L. (ed.) (2000) *The bilingualism reader.* London: Routledge.

Wells, G. (1985) *Language development in the pre-school years.* Cambridge: Cambridge University Press.

Wells, G. (1999) Using L1 to master L2: a response to Anton and DiCamilla's 'socio-cognitive functions of L1 collaborative interaction in the L2 classroom'. *Modern Language Journal*, 83, 248—54.

Wesche, M. (1981) Language aptitude measures in steaming, matching students with methods, and diagnosis of learning problems. In K. Diller (ed.), *Individual differences and universals in language learning aptitude* (pp. 119—39). Rowley, MA: Newbury House.

White, L. (2003) *Second language acquisition and universal grammar*. New York: Cambridge University Press.

White, L., and Genesee, F. (1996) How native is near-native? The issue of ultimate attainment in adult second language acquisition. *Second Language Research*, 12, 233—65.

Wilks, C., and Meara, P. (2002) Untangling word webs: graph theory and the notion of density in second language word association networks. *Second Language Research*, 18, 303—24.

Willett, J. (1995) Becoming a first grader in a second language: an ethnographic study of second language socialization. *TESOL Quarterly*, 29, 473—503.

Williams, Jessica (1999) Learner-generated attention to form. *Language Learning*, 49, 583—625.

Williams, Jessica (2001) The effectiveness of spontaneous to form. *System*, 29, 325—40.

Williams, John N. (1999) Memory, attention, and inductive learning. *Studies in Second Language Acquisition*, 21, 1—48.

Williams, John N. (2005) Learning without awareness. *Studies in Second Language Acquisition*, 27, 269—304.

Williams John N., and Lovatt, P. (2003) Phonological memory and rule learning. *Language Learning*, 53, 67—121.

Williams, John N., and Hammarberg, B. (1998) Language switches in L3 production: implications for a polyglot speaking model. *Applied Linguistics*, 19, 295—333.

Willing, K. (1988) *Learning styles in adult migrant education*. Adelaide, Australia: National Curriculum Resource Center of the Adult Migrant Education Program.

Wilson, M. (2002) Six views of embodied cognition. *Psychonomic Bulletin and*

Review, 9, 625—36.

Wode, H. (1976) Developmental sequences in naturalistic L2 acquisition. *Working Papers on Bilingualism*, 11, 1—31.

Wolcott, H. (1999) *Ethnography: a way of seeing*. Walnut Creek, CA: Altamira.

Wong, Fillmore, L. (1979) Individual differences in second language acquisition. In C. Fillmore, D. Kemper, and W. Wang (eds), *Individual differences in language ability and language behaviour* (pp. 203—28). New York: Academic Press.

Wray, A. (2002) *Formulaic language and the lexicon*. New York: Cambridge University Press.

Yano, Y., Long, M. H., and Ross, S. (1994) The effects of simplified and elaborated texts on foreign language reading comprehension. *Language Learning*, 44, 189—219.

Yashima, T. (2002) Willingness to communicate in a second language: the Japanese EFL context. *Modern Language Journal*, 86, 55—66.

Yashima, T., Zenuk-Nishide, L., and Shimizu, K. (2004) The influence of attitude and affect on willingness to communicate and second language communication. *Language Learning*, 54, 119—52.

Yi, Y. (2007) Engaging literacy: a biliterate student's composing practice beyond school. *Journal of Second Language Writing*, 16, 23—39.

Young, R. F. (1991) *Variation in interlanguage morphology*. New York: Peter Lang.

Young, R. F., and Miller, E. R. (2004) Learning as changing participation: discourse roles in ESL writing conferences. *Modern Language Journal*, 88, 519—35.

Young, R. F., and Nguyen, H. T. (2002) Modes of meaning in high school science. *Applied Linguistics*, 23, 348—72.

Yu, M.-C (2004) Interlinguistic variation and similarity in second language speech act behavior. *Modern Language Journal*, 88, 102—19.

Zobl, H. (1980) The formal and developmental selectivity of L1 influence on L2 acquisition. *Language Learning*, 30, 43—57.

Zobl, H. (1982) A direction for contrastive analysis: the comparative study of developmental sequences. *TESOL Quarterly*, 16, 169—83.

著作者索引

阿贝，J. A. A. 203
阿博特－史密斯，K. 110
阿布塔勒比，朱班 22，26
阿莱弗里赫，A. 233，234，235
阿伦森，D. 151
阿佩尔，G. 226，228
阿丘加尔，玛丽安娜 243，244，246，264
阿斯顿，G. 82
阿斯塔内，H. 51
埃尔德，C. 7
埃尔拉姆，罗斯玛丽 168
埃尔曼，M. E. 4，174，202，215，221，222，223
埃克曼，弗雷德 40，136，146
埃雷迪亚，R. 90，114，124
埃利奥特，A. R. 209
埃利克森，K. 安德斯 97，99，114
埃利斯，罗德 11，54，55，74，79，80，83，86，145，147，151
埃利斯，尼克 79，95，101，102，104，108，109，110，111，112，114，115，119，120，121，132，134，145
埃利希，S. 83

埃利亚松，S. 42
埃文斯，V. 110
艾伯特，A. 203
艾德，S. 60
艾弗森，J. R. 174
艾森克，H. J. 和 S. B. G. 200，201，202
艾森斯坦，M. R. 151
爱德华，D. J. 198
安德森，K. 89
安德森，罗杰 34，57，119，123，133，134，150，151
昂韦格布兹，A. J. 208
奥布赖恩，I. 164
奥布勒，L. 162
奥德林，特伦斯 34，43，44，51，55，57
奥尔什廷，埃利特 49，55
奥尔特加，洛德丝 70，78，80，131，133，137，139，145，148，151，255
奥坎波，A. 34
奥克斯，艾莉诺 247
奥克斯福德，瑞贝卡 175，182，217，219，223

· 320 ·

奥利弗，R. 68，78，80
奥马利，J. M. 217，218，219
奥斯特豪特，李 22
奥塔，艾米 82
奥托，I. 191，192

八洲，友子 187，203，211，212，222
巴巴，H. 261
巴德利，艾伦 95，97
巴迪亚，T. K. 11
巴蒂斯泰拉，E. L. 39
巴多维-哈利戈，K. 60，132，133，135，147，151
巴尔斯，伯纳德 95，101，104
巴赫金，米哈伊尔 253
巴赫曼，L. F. 203
巴克达诺-洛佩斯 247
巴克赫伊曾，G. 151
巴萨卢，L. W. 110，115
巴什蒂尔克曼，H. 75
白井，Y. 123，133，135，137，150
白田，健二 24
邦加茨，西奥 24，29，209
鲍迈斯特，R. F. 220
鲍姆加特纳-科恩，B. 53
贝尔茨，J. A. 259
贝克，M. 75
贝克，S. C. 210，211，222
贝克特，G. H. 245
贝利，K. M. 222

贝利，P. 208
比克顿，德里克 3
比奇洛，M. 86，170
比亚韦斯托克，艾伦 24，45，88，89，90
毕比，L. 55
波利泽尔，R. 218
波特，J. 109
伯德桑，戴维 18，19，20，24，26，27，29，30，31
伯恩斯，H. 2，137，146，148，243
伯吉斯，尼尔 98
伯卡茨，M. 219
伯特，玛瑞娜 130
布尔迪厄，皮埃尔 253
布莱-弗鲁曼，罗伯特 2，25，69，70，148，165
布莱克，R. W. 258. 260，264
布莱克利奇，A. 252，261，264
布赖斯·希斯，雪莉 247
布兰迪，S. 11
布朗，罗杰 117
布林，M. 222
布鲁韦，C. E. 242
布洛克，D. 224，252

蔡特，N. 110，115
曾，W. -T. 4，219，220，223
查莫特，安娜 217，218，219，222
潮田，E. 192，198

达夫，帕特丽夏 48，49，58，151，247，249

达格特，M. 42

达霍尔，M. 258

达纳曼，梅雷迪斯 98

戴，R. 77

戴维斯，A. 7，151，261

戴维斯，K.A. 2

道蒂，凯瑟琳 7，11，63，79，101，146，147

德阿纳，斯坦尼斯拉斯 21

德博特，谢斯 11，66，111，114，115，151

德尔涅伊，佐尔坦 2，4，82，175，178，179，180，182，185，186，187，188，191，192，193，194，195，196，197，198，212，215，219，222

德格拉夫，R. 168

德格雷罗，玛利亚 229

德格鲁特，安妮特 95

德凯泽，罗伯特 19，25，86，90，92，106，114，130，132，145，165，166，167

德克特，H.W. 57

德索绪尔，费尔迪南 225

德维利，让－马克 53，96，204，205，206，222

德西，爱德华 182

狄赛尔，H. 137

杜方，M.A. 250

杜蕾，海蒂 130

杜瓦，米娅 160，161

多纳托，理查德 225，232，233，264

多尼策－施密特，S. 188，189，190，198

厄尔曼，M.T. 25

恩格尔，兰德尔 99，115

范登布兰登，克里斯 71，83

范海尔特，保罗 111

范帕顿，比尔 11.66，119

菲利普，詹妮弗 169

费尔赫芬，卢多 202，203，222

费尔斯，艾伦 224，237，240，241，264

费里斯，D.R. 86

芬克贝纳，M. 94

冯斯图特海姆，C. 132

弗恩海姆，阿德里安 204，205，206，207，222

弗劳利，W. 264

弗里曼，D.E. 和 Y.S. 11

弗利奇，詹姆斯 19，23，26

弗林，苏珊娜 51

弗罗塔，S. 67，77，85

弗洛伊德，西格蒙德 225

弗米尔，安妮 202，203，222

弗滕，M.J.M. 160

福斯，A. 131

福斯，K.D. 220

福斯特，保林 82，207

富兰克林，S. 95，101，104

盖瑟科尔，S. E. 97，164
盖斯，苏珊 11，57，65，68，69，70，71，74，85，86，99，101，104，105，151
甘朔，莱奥诺尔 159
高夫曼，欧文 236
高桥，S. 49，55
戈德施耐德，J. 130，132
戈登，R. G. 2
戈特沙尔特，K. 209
格兰格，希尔维娅那 44，122
格雷戈里，E. 264
格雷格森，T. 209
格里戈连科，埃琳娜 161，201，203，209
格林，P. 213
格鲁特，安妮特·德 95
格罗让，弗朗索瓦 27，31
古，J. M. 70

哈恩，阿尼亚 21
哈克留，琳达 2，253
哈利，布莱 13，27，166
哈林顿，迈克尔 96，98，163
哈马伯格，比约恩 52
哈奇，伊夫林 64
哈特，D. 166
海德兰特，J. 238
海夫特，T. 86
海兰，K. 和 F. 86

韩，Z. 141，142，143
韩礼德，M. A. K. 243，244
汉尼根，S. 162
何，B. 218
赫夫纳格尔－霍勒，马里亚 16
赫勒，M. 261
赫欣索恩，朱丽亚 30
黑克豪森，H. 191
黑勒曼，J. 242，264
胡，X. 137
华莱士，B. 109
怀特，莉迪亚 7，20，117，118
怀特，琳达 7，11，20，117，118
黄，S. －L. C.
黄·菲尔莫尔，莉莉 253，254，261，264
霍尔特，雷切尔 14，26
霍金斯，B. 82
霍金斯，罗格 11，118
霍斯特，马利斯 100
霍维茨，伊莱恩 207，208，209

基，詹姆斯 251
基南，E. 4，42，136
吉古诺维奇，米哈列维奇，J. 30
吉翁，S. G. 45
加德纳，罗伯特 175，176，178，181，182，187，191，192
加芬克尔，哈罗德 236
加勒特，P. B. 247
加塞尔，M. 111
加斯基尔，W. H. 77

加西亚·梅奥，M. P. 17，31

贾，G. 131，147，151

贾思特，马塞尔 98

贾维斯，斯科特 2，38，43，44，45，51，54，57

菅谷，N. 123，135

蒋，楠 94

杰斐逊，盖尔 236

杰纳西，F. 20

金，H. G. 48

金，K. 31

金吉格，西莱丝特 257，258，264

金特希，瓦尔特 97，114

久保田，R. 264

卡迭尔诺，T. 50，135

卡尔米洛夫－史密斯，K. 和 A. 3，41

卡罗尔，M. 49

卡罗尔，苏珊娜 80

卡罗尔，唐纳德 239，

卡罗尔，约翰 156，158，174，239

卡罗利，P. 219

卡罗斯，C. 205

卡梅伦，L. 120

卡纳加拉亚，A. S. 261

卡彭特，帕特丽夏 98

卡普兰，爱丽丝 4，153，154，155，176，177，178，199，200，216

卡森，J. 222

卡斯珀，布里埃尔 151，237，242

凯克，C. M. 70

凯勒曼，埃瑞克 40，41，43，44，57，118，124

凯沙瓦茨 M. H. 51

坎贝雷里斯，G. 261

坎西诺，H. 36，125，149，151

康德兰，D. K. 13

考彼尔特斯，R. 20，143

考恩，纳尔逊 95，97，99，101，102

考尔，M. S. L. 见斯科特，玛丽·李

考斯塔，P. T.，Jr. 201

柯蒂斯，S. 13

柯林斯，L. 46

科德，S. P. 148，150

科恩，R. 258

科尔莫什，尤迪特 82，196，203，206，209

科隆比，赛西莉亚 243，244，246，264

科姆里，B. 2，42，136

科塔萨尔，胡利奥 9

克拉姆契，克莱尔 7，262

克拉森，哈拉尔德 137—141

克拉申，史蒂芬 17，63，64，130，144，167，206，207

克莱，C. 34

克莱门特，理查德 180，181，183，186，187，188，198，210，211

克莱因，沃尔夫冈 128，129，132，148，149

克莱因，伊莱恩 4，51

克里斯蒂安森，M. H. 137
克鲁克斯．G 175，182
克鲁伊德尼尔，B. G. 180，181，188，198
克罗尔，朱迪斯 95
克努森，E. I. 4.13
库恩，T. S. 1
库尔，J. 191
库尔希拉，萨拉 241
库克，薇薇安 6，10，27，31，53，57，96，148

拉德诺夫斯基，M. L. 199
拉尔迪耶，D. 141，143，151
拉夫，让 253
拉克什曼南，U. 143
拉姆．W. S. E. 258，259，264
拉普金，莎伦 67，74，75
拉森－弗里曼，黛安 2，11，109，110，111，120，145，148，222
拉扎若顿，安妮 237
莱奥，罗恩 102，104
莱特鲍恩，帕特斯 11，37，140，146
赖，C. 86
赖默，R. 13
兰伯特，华莱士 175
兰道尔夫，詹姆斯 224，226，227，228，229，230，231，233，234，235，261，264
兰姆，M. 187，188，198
兰塔，蕾拉 78，79，80，81，174，

朗，迈克尔 2，7，11，17，18，33，64，68，69，77，78，79，80，85，93，143，150
劳费尔，巴蒂亚 42，93，100，115
劳帕赫，M. 57
劳希特曼，K. 76，77
勒韦，W. J. M. 73
雷伯，亚瑟 106
雷亚利，F. 137
李，W. 4
里克特，R. 176
里奇，W. C. 11
理查兹，基思 241，264
利芬，E. 121，122
利弗，B. L. 4，214，215，221，223
利斯特，罗伊 77，79，80，81，86
利文斯顿，E. 238
列昂季耶夫，阿列克谢 226
列尼伯格，E. H. 12
林布姆，哈坎 45，52，57
林德曼，S. 83
林恩，H. 3
刘，C. 137
隆吉尼，A. 222
卢里亚，亚历山大 226
卢瑟福，威廉姆斯 47，48，57
鲁宾，琼 216
鲁滨逊，彼特 95，101，102，104，106，107，108，109，114，119，132，134，145，158，167，168，169，170，171，172，174 罗伯

茨，L. 12

罗曼，S. 4

罗斯，S. 166

罗素，J. 77，80

洛根，G. D. 97

洛克，E. 14

洛施基，莱斯特 63，68，70，86

洛瓦特，P. 164

洛温，S. 80，103

马丁，J. R. 246

马基，努马 237

马克思，卡尔 225

马拉特索斯，M. P. 118

马里诺娃－托德，斯泰芙卡 22，24，30

马切纳，E. 43

马斯格利特，A. -M. 195

马斯特，彼得 38

马苏拉，E. V. 164

马耶鲁斯，S. 98

迈尔斯，F. 11，61，122

迈尔斯，I. B. 201，202

迈泽尔，尔根 4，137，138

麦基，艾莉森 2，69，70，78，80，86，99，103，104，146，151，164，170

麦金太尔，P. D. 205，207，208，209，210，211，218，222

麦凯，I. R. A. 26，31，253，254，261，264

麦凯，S. L. 2

麦考利，M. H. 201，202

麦克多诺，金 71，76，86，103

麦克菲尔德，G. 63

麦克格罗蒂，M. 190，191，218

麦克劳克林，巴里 11，89，90，114，124，144，168

麦克雷，R. R. 203

曼宁，C. D. 110，115

梅伯里，雷切尔 14

蒙特鲁尔，S. 20

米拉，保罗 94

米勒，E. R. 97，242

米切尔，R. 11

米肖，J. 229

米亚科，A. 174

莫汉，伯纳德 64，244，245

莫里，H. 81，86

莫里，琼科 237，242

莫里恩，A. 229

莫里斯，米歇尔 18，19

莫耶，艾伦 24，29，209

穆迪，R. 202

穆尔，莱斯利 250，251

穆尼奥斯，C. 2，17，31

穆苏梅西，D. 82

纳萨基，H. 235，264

奈曼，N. 216

内申，保罗 93，94，115，168

内维尔，海伦 21

尼古拉斯，H. 79

尼科什，M. 218

纽波特，埃莉萨 18，19，165
诺埃尔斯，金伯利 180，183，184，185，196
诺顿，B. 253，260
诺顿·皮尔斯，芭妮 254，261，264
诺里斯，J. M. 3，70，80，133，137，139，145，151

帕尔默，A. S. 203
帕夫连科，阿妮塔 54，57，94，252，261，264
帕里巴科特，西玛 93
帕里耶，克里斯托夫 21
帕诺瓦，I. 77
帕特尔，A. D. 174
帕特科夫斯基，马克 17，18
帕韦西，M. 137
派内曼，曼弗雷德 4，37，54，137，139，140，141，145
佩恩，J. S. 162
佩尔蒂埃，吕克 183
佩拉尼，达妮埃拉 22，26
彭菲尔德，W. 12
彭尼库克，A. 261
皮加达，M. 100，115
皮卡，特雷莎 65，68，72，82，85，123
皮科克，M. 218
皮斯克，T. 24
皮亚杰，让 58，224，226，228
珀杜，克莱夫 128，129，149

珀纳，M. E. 233
珀塞尔，E. 209
普尔弗米勒，F. 25
普若尔，J. 25

奇泽尔，K. 4，179，180，186，187，188，192，193，194，195，197，198，212
切诺兹，詹森 51，57
青山，K. 17
泉，Y. 73
泉，信一泉 66，71，73，103

荣，E. H. S. 48
瑞安，理查德 182
瑞德，乔伊 214
瑞姆斯，贝斯蒂 248
瑞文，R. 36

萨克斯，哈维 236
萨托，C. 33，63，132，147，150
萨维尔-特罗伊克，M. 11
萨维奇-鲁姆博夫，E. S. 3
塞巴斯蒂安-加勒，努丽娅 26
塞尔斯-穆尔西亚，M. 47
塞加洛维茨，诺曼 88，90，114，167
塞林克，拉里 11，36，53，57，116，141，143，148，149，150
赛德洛弗，芭芭拉 56，148
瑟维斯，伊丽莎白 162
森田，直子 249，252

沙德伦，克雷格　2，78，86，217
沙克特，雅克利娜　42，47，48，57，136
沙伍德，史密斯，M.　57，63，88，89，118，124，162
尚克思，戴维　104，106
沈，英姬　79，80，86
施格罗夫，伊罗钮尔　72，77，236
施密特，理查德　2，7，58，59，60，61，62，63，66，67，77，83，85，100，101，102，103，104，111，114
施密特，诺伯特　2，94，115，122，123，151，152，175，182，198
施奈德曼，约翰　162
施皮尔曼，G.　199
施瓦茨，B. D.　77，117，144，145，167
史密斯，琳达　111，115
斯波尔斯基，B.　174
斯卡尔切拉，罗宾　17
斯凯恩，彼特　158，159，169，170，171，172，174，219，222
斯科特，玛丽·李　162，163
斯科韦尔，汤姆　11，23，30，31
斯拉巴科娃，R.　20
斯莱夫克，L. R.　174
斯里达尔，S. N.　148，224
斯洛宾，丹　50，119
斯诺，凯瑟琳　16，24，160
斯诺，理查德　169，170
斯帕达，妮娜　2，11，37，77，80，140，146
斯帕克斯，理查德　159
斯普劳斯，R. A.　117
斯陶布莱，A. E.　125，128，149
斯滕伯格，F. S.　208
斯滕伯格，罗伯特　159，201，203，213
斯图尔特，M.　257
斯托奇，内奥密　82
斯维尔斯基，马里奥　14，26
斯温，梅里尔　63，66，67，71，74，75，85，226，227，231，235，264
苏特，R.　209
索恩，S. L.　226，227，228，229，230，231，258，259，261
索拉切，A.　20，143
索耶，马克　2，96，98，163，174

塔尔伯特，S.　257
塔克，理查德　225
汤姆林，R.　100，101，104
特拉斯科特，J.　77
图希，K.　261
托厄尔，R.　96
托尔文，安道尔　93，114
托卡里－贝勒，A.　231
托勒曼，M.　3
托马塞洛，迈克尔　110，121，122，137
托马斯，玛格丽特　53
托特，P.　73

著作者索引

瓦格纳，约翰尼斯　224，237，241，242，264

瓦勒朗，罗伯特　183

瓦雷拉，E.　79，147

瓦罗尼斯，伊凡吉琳　183

万斯汀基斯特，M.　182，183，184

威登，克里斯　253

威尔克斯，C.　94

威尔逊，M.　110

威利特，J.　261

威廉姆斯，杰西卡　11，73，80，86

威廉姆斯，萨拉　52

威廉姆斯，约翰　46，104，108，114，164

威林，肯　214

韦伯-福克斯，C.M.　21

韦尔斯，G.　159，233

韦尔斯波尔，M.　120

韦兰，R.P.　45

韦林，R.　94

韦舍，玛乔丽　93，158，161，171，174

维果斯基，列夫　226，228，233，236

维拉，V.　100，101，104

温伯格，S.　151

温登，安尼塔　222

温格，艾蒂安　253

沃德，亨宁　34

沃尔科特，H.　238

沃森，理查德　4，153，154，161，176，177，183，199，200

西德豪斯，保罗　237，242

西格尔，梅里尔　256，257

西伦，埃丝特　111，115

西蒙，赫伯特　99，114

西尼科若普，C.　2，137，147

希金斯，E. 托瑞　193

希契，格雷厄姆　95，97，98

席费林，班比　247

细田雄，由利　240

夏佩尔，C.　213

肖，T.-Y.　218

小原，由美子　256

谢哈德哈，阿里　71，72

辛格尔顿，戴维　18，27，30，35

雄山，苏珊　17，18

许布纳，汤姆　2，38，124，148，149，151

许尔斯汀，简　43，100，115

许尔滕斯塔姆，K.　18，25，26，30，33，36，126，137

亚伯拉罕森，N.　18，25，26，30

亚诺，Y.　68

岩下，N.　78，80，86，133，137，139

扬，R.F.　55，242

耶奥加科普罗，A.　1

伊，Y.　260

因巴尔，O.　188，189，190，192

尤班克，L.　151

尤普，乔吉特　14，15，16，19，23，25，151，152

329

于，M-C 50
约翰逊，雅克利娜　18，19，165，213

扎弗斯，艾伦　163
詹森，L.　147

赵，Y.　86
中滨，Y.　81
宗，D. M.　162
祖恩格勒，J.　55
佐伯尔，赫尔穆特　33，36，37，57，167

主题索引

PEN 模型（精神病性、外向型和神经质） 200—204

U 形学习 40—41，122—124

ZISA 项目（意大利、葡萄牙和西班牙工人的第二语言习得项目） 137—141

阿尔贝托（讲西班牙语和英语的人） 62，141，147，150，151

阿尔蒙（讲粤语和英语的人） 259

艾森克性格模型 200—205

爱丽丝·卡普兰（讲英语和法语的人） 153，154，155，176，177t，199t，200，216，257—258

爆破音 38—40

标记性 38—40，135—137，145—146

表征 87—89

布拉德·王（讲汉语和英语的人） 253—255

布里斯托尔语言计划 159

侧化，大脑功能 12

测试

词汇学习的自我管理能力量表 219—220

后测 164，168

嵌入图形测验 213—214

态度/动机量表 175—177

现代语言学能测试 156—158

形态句法处理 90—92

性格 200—203

学习风格描述 214—215

隐性学习 105—106

语言学习策略量表 217—218

语言学习取向量表 183—185

长期记忆 92—98，99，101，102，112，144

场敏感 212—214，220—222

场依存对比场独立 212—214

沉浸式学校 66—67，74，75，149，154，162，166，210

成年，习得率 16—18

澄清的要求 64—65，71—73，75

冲突优势取向理论 190—191

重建 75—81，169—171，244—246

重新建构 122—124

传统学习环境 6，244—246，260

词汇化 171

· 331 ·

词汇密度　244—246

词汇迁移　51

词汇学习的自我管理能力量表　219—220

词汇知识　93—95，161—165，215—219

词尾辅音　38—40

词序　137—141，145—146

从主位视角研究，会话分析　237—240

错误分析　33

大脑

　功能发展　12—14

　话语产出的控制　23

　激活模式　21—22，90

　结构变化　24—25

　双语影响　21—22，25—28

大五人格量表　201

大五人格模型　200—203

代词　32—34，50—54，167—169

单词广度任务　96—98

单一语习得　另见第一语言习得

第二语言动机处理模型　191

第二语言动机的自我系统　193—195

第二语言环境　5—7

第二语言说话者　另见个人差异

　定义　5—7

　母语说话者的态度　81—84

　目的语的感知　34—35，40—41，49

　完美主义　207—209

语码转换　50—54

第二语言习得　另见双语；多语言习得

　标记性　38—40，135—137

　第一语言的使用　73—75

　定义　5—7

　个人差异　见个人差异

　和识字能力　160，170

　和学习障碍　159—161

　开始的年龄　8

　理论　见语言发展的理论

　普遍　9，143

　社会维度　见第二语言习得的社会维度

　习得率　见习得率

　以技术为媒介的交际　258—260，264

　语法　106—109，118—130

　语际影响　见语际影响

　语言激活　26—27

　中介语　见中介语

　最终成果　8，9，14，17，18，20，25，29，111，143

　作为基准的母语说话者　27，97，148

第二语言习得的社会维度　9—10，224—264

　反馈　233—236

　后结构主义　225—226

　和学习产出　247—251

　和与年龄有关的效应　24—25

　会话分析　72，236—243

间接学习 253—255

认同理论 251—258

社会建构主义 225

社会文化环境 179—182，215—219，247—251

社会文化理论 224—237

身份 180，188，240—241，247，249—251，258—260

实践社区 251—255

系统功能语言学 243—246

性别问题 255—258

以技术为媒介的交际 258—260，264

有选择性学习 255

语言社会化理论 246—251，263，264

最近发展区 233—234

第二语言习得研究 3—5，另见方法

"好的语言学习者"的研究 215—219

词素学习 130—132

单语偏见 5—6

定义 1—2

动机 9，90—92，169—171，175—198

会话分析 72，236—243

技能习得理论 89—92，108，114

交际意愿 210—212

教学方法 146—147，234—236

聚焦于把英语作为第二语言的使用者 5—7

跨学科 7—8

批判性回顾 182

社会文化学习 224—237

问题 8—9

系统功能语言学 243—246

性格 200—204

以技术为媒介的交际 258—260，264

语言学能 159—161，162—163，165—167

元分析 70

中介语 118，124—151

自然发生论 87，109—112

认知—互动主义的研究 68—84

第三语言习得 见多语言习得

第一语言习得 见双语

关键期/敏感期 12—14，24—25

发展顺序 3—5，35—38，118—119

和语言学能 159—161，162—163，165—167

学习机制 165

单语偏见 5—6

与第二语言习得相似性 34—36

交际意愿 210—212

动词

意义的迁移 40—41

词汇的习得 122—124，130—132

短语动词 41—43

时态和语体 118—119，122—124，132—135，229—233

动词框架化语言 49—50

动机 9，90—92，169—171，

· 333 ·

175—198

  冲突取向对比和平取向　188—191

  第二语言动机的自我系统　193—195

  定义　175

  动态动机　191—193

  间接学习对比有选择性学习　253—258

  态度　58—62，175—185

  自我决定理论　182—185

动态动机　191—193

动态系统（浮现理论）　109—112，119—120，145

动物的交流　2—3

动物学习，关键期/敏感期　13

动作的表达　49—50

短语动词　41—43

对比分析　32，117

对经历的开放　170，200—203

多维度学能　169—171

多语习得　4，188—191，另见双语；第二语言习得

  语际影响　32—57

多重能力　9—10，25—28，147—148

儿童语言习得　另见第一语言习得，儿童

  基于公式化的学习　120—121

    习得率　16—18，28—30，120—122

  耳聋儿童，语言习得　14，26

发音　14—16，22—24，207—209

发展顺序　54—56

  词序　137—141，145—146

  第一语言习得　3—5，35—36，118—119，

  定义　116

  否定　125—128

  冠词　38，125

  和语际差异　35—38，46—56

  句法　135—137，145—146

  时态和语体　118—119，122—124，132—135，229—233

    问题　36—38，120—122，137—141

  形态学　130—137，146—147

反馈　75—81，169—171，233—236

反身代词　53，229—233

反应时间　92

方（讲汉语和英语的人）　141—144

方法　另见数据分析；数据收集；第二语言研究

  概念指向方法　132，148

  "好的语言学习者"的研究　215—219

  测量意识　102—105

  错误分析　33

  对比分析　32，117

  民族方法学　236—239

  行为分析　33

  会话分析　72，236—243

    里克特量表　176，179—182，

200—204，207—209，215—220

人工语法　106—107，164

认知—互动论　58，68—70，234—236，239—241

认知主义的方法　116—118

任务设计　69

三角互证　238

微变化研究法　233，235

系统功能语言学　243—246

相关研究法　153—154

信度　195—196，203，220

效度　86，98，158，184

形式语言的方法（先天论）116—118

元分析　70

访谈　215—219

非宾格性　142

菲利普（讲英语和法语的人）34—35

分析能力　158，165—167，168

否定　125—128

浮现　138—140

浮现理论　109—112，119—120，145

符号学习　106—109

辅音；位于音节尾或词尾的爆破音　39—40

负面反馈　75—81，234—236

负面迁移　32—44

负面态度

　对目的语　58—62，178—179，255—258

　讲本族语的人　81—84

附加语言的习得　另见第二语言习得

覆诵假词广度任务　97t

概率性学习　109—112

概念指向方法　132，148

概要—伸展连续体　214—215

干扰　另见语际/跨语言影响

戈（讲苗语（赫蒙语）和英语的人）124—125

格转换　106—109

个人差异

　"好的语言学习者"　215—219

　动机　9，169—171，175—198

　对经历的开放　170，200—203

　对目的语的态度　58—62，178—179，255—258

　多维度学能　169—171

　分析能力　165—169

　工作记忆　95—100

　记忆能力　93—100，156—158，167—169

　交际意愿　210—212

　焦虑　204—205，207—212

　取向　179—191，203—207

　社会—教育因素　24—25

　社会文化因素　179—182，215—219，246—251

　态度　58—62，178—182，185—191

　性别问题　255—258

　性格　58—61，199—209

　学习策略　215—219

· 335 ·

学习风格 212—215

学习者准备状态 145—146

优秀学习者 14—16，24，209

语言学能 9，152—174

语音意识 159—161

情感 169—171，199—203

根本差异假说 25，165

耿（讲汉语和英语的人） 141—144

工作记忆 95—100，161—165

功能重建 244—246

古兰经吟诵，教学方法 249—251

关键期/敏感期 24—25

关键期假说 12—18，30，另见年龄因素

关键相似性测量 34

关系从句 16，39，41—43，48，52，55，135—137，145—146

回避 41—43

关注 67，99—1115

冠词 38，45—46

共享方差（r^2） 132，153，160，172，208

国际姿态（国际取向） 187—188

国外学习 250，255—258

过度概化 38，122—128，141—144

过度延伸 43—44，118—119

"好的语言学习者"的研究 215—219

和平取向 190

黑猩猩，语言的使用 3

后测 163—165，167—169

后结构主义 225—226

后殖民言语社区 56

互动，在会话分析中 236—243

互动假说 64

话轮转换 3，237，242

回避 41—43，145—146

回指 15—16

会话分析 72，236—243

基本变式 128—130

基于公式化的学习 120—122

基于使用的学习 110，119—120，144—145

记忆 87—89，92—99，156—158，159—169

技能习得理论 89—92，108，114

加工 87—115

间接双语/学习 255

简化 122—123

僵化 137—145

讲柏柏尔语和荷兰语的人 71—73

讲本族语的人

　第二语言学习者模型 25—28，147—149，255—258

　对第二语言说话者态度 81—84，239—241，247—249

　像地道的 14，16

　修饰词 83

讲德语和法语的人 44—46

讲德语和英语的人 38—40

讲法语和英语的人 32—38，44—46

讲芬兰语和英语的人 43—46，50—

54，159—163

讲福福德语和阿拉伯语的人 249—251

讲盖丘亚语和西班牙语的人 34—35

讲韩语和日语的人 50—54

讲韩语和英语的人 18—24，234—236

讲汉语和日语的人 50—54

讲汉语和英语的人 18—21，42—43，46—49，130—132，141—144，253—255

讲荷兰语和法语的人 204—205

讲荷兰语和英语的人 40—43，204—205

讲加泰罗尼亚语的人 26

讲苗语和英语的人 124—125

讲闽南话和英语的人 142

讲挪威语和英语的人 36—38

讲日语和英语的人 41—43，58—62，81—84，106—109，122—124，237—239

讲瑞典语和英语的人 36—38，41—46，50—54

讲土耳其语和瑞典语的人 33

讲西班牙和加泰罗尼亚语的人 25—28

讲西班牙和英语的人 18—21，36—38，62，120—128

讲希伯来语和阿拉伯语的人 188—191

讲希伯来语和英语的人 42，50

讲匈牙利语和英语的人 185—188，203—207

讲意大利语和德语的人 145—146

讲印度尼西亚语和英语的人 185—188

讲英语和阿拉伯语的人 14—16

讲英语和德语的人 38—40，46—49

讲英语和俄语的人 255—258

讲英语和法语的人 18—21，32—35，44—46，65—67，153—154，167—169，171—172，17，5—179，199—200，215—219，255—258

讲英语和汉语的人 46—49

讲英语和日语的人 50—54，255—258

讲英语和瑞典语的人 50—54

讲英语和西班牙语的人 122—124，182—185，244—246

讲英语和希伯来语的人 49—50

交际意愿 210—212

焦虑 204，207—209

教室环境 73—81，167—169，182—185，215—219，239—241

教学方法 146—147，234—236

 负面反馈 75—81，234—236

 古兰经吟诵 249—251

 和语言学能 159—161，162—163，165—167

 教室讨论 247—249

 使用以技术为媒介的交际 258—260，264

 写作 233—236，241—243

·337·

语法 144—147
　　重建 75—81, 169—171, 244—246
教育政策 8, 28, 214
阶层, 和认同 255—258
接口（隐性/显性知识） 144—145
介词 43—44
进化, 人类语言 2—3
句法 135—137, 145—146
　　词序 137—141, 145—146
　　发展顺序 120—122, 130—132, 146—147
　　格转换 106—109
　　关系从句 16, 39, 41—43, 48, 52, 55, 135—137, 145—146
　　和记忆能力 161—163
　　回指 15—16
　　教学方法 146—147, 234—236
　　时态和语体 118—119, 122—124, 132—135, 229—233
　　最终成果 143
句子重复任务 97t

凯塔琳娜（讲波兰语和英语的人） 254—255
可变性 4, 16, 25, 45, 148, 149, 152, 155, 166, 另见个人差异
可加工性理论 137—141
可教性假说 145—146
可理解性输出假说 65—67, 71—73
可理解性输入假说 63—64
可迁移性 40—41

可选择的双语 8
可证性 34
控制处理 87—89, 95—96
口音 15, 22—24, 209
跨学科, 第二语言习得研究 7

劳拉（讲英语和阿拉伯语的人） 16
乐趣 175—177, 182—185
雷涅（讲西班牙和英语的人） 248
礼貌 60, 66, 82, 83,
里克特量表 176, 179—182, 200—204, 207—209, 215—220
理查德·沃森（讲英语和法语的人） 153—154, 159—161, 175—177, 199—200
联想学习 106—108
流利 204—207

玛丽（讲英语和日语的人） 255—258
迈尔斯—布里格斯类型指标 200—204
媒介取向 186
民族方法学 236—239
敏感期, 语言习得 12—14, 21—24, 24—29
名词短语可及性层级 136
模块化 117, 144
模式识别 169
某领域中的特长　另见模块化, 天生论

内向型，说话方式 205—207

内在动机 182—185

内在言语 228—233

能力 260—262，另见形态句法学；音系学

    测试 14—16

    定义 116，249—251

    多重能力 9—10，25—28，147—148

    语篇能力 58—61

    语用能力 58—61，255—258

交际能力 210—212

能力—处理互动作用 171

年龄因素 12—31

    关键期/敏感期 12—14，21—24，24—29

    和语言学能 159—161，162—163，165—167

    开始的年龄 8，25—28

    习得率 16—18，25—28

    证据的解释 24—29

    最终成果 8，18—21

年轻的学习者

    10 位年幼的中国儿童 147

    雷涅（讲西班牙和英语的人） 248

    诺拉（讲西班牙和英语的人） 120，121t，151

    乔治（讲西班牙和英语的人） 125—127

    田中耕—奈奈子（讲汉语和英语的人） 260

努力 175—177

诺拉（讲西班牙和英语的人） 120，121t，151

欧洲科学基金项目 128—130

帕蒂（讲闽南话和英语的人） 141—142

批判应用语言学 264

偏见 8，83

平衡假说 81

评价体系 246

普遍 2—3，9—10，141—144

普遍语法 117，144

迁移 另见语际影响

迁移到某处的原则 34

嵌入图形测验 213

强迫式输出假说 65—66，73

乔治（讲西班牙语和英语的人） 125—128

青少年 16—18

情感 170，199—200，219—220

请求 49

琼（讲韩语和英语的人） 260

取向 179—191，203—207

权利，和认同 253—258

全球化，对态度的影响 185—188，191—193

偶然学习 100，106，113，167

人工电子耳蜗，和语言习得 14，26

人工语法 106—107，164

人工语言　46，90—92，169
认同理论　251—258
认知　87—115
　　场依存对比场独立　212—214
　　定义　87
　　关注　67，98—105
　　浮现理论　109—112，119—120，145
　　和影响　219—210
　　记忆　87—89，92—99，156—158，159—169
　　控制处理　87—89，95—96
　　信息处理　87—109
　　性格　199—207
　　意识　100—105
　　隐性/显性的接口　144—145，165—169
　　自动处理　87—92，95—96
认知—互动论　58，68—70，234—236，239—241
认知—互动论的方法　58，68—71，234—236，239—241
认知主义的方法　116—118
任务设计　69
　　任务—必要性　69
任务提示　75—81，234—236
融合度　178—179，193—195

萨拉·威廉姆斯（讲英语和瑞典语的人）　52
三角互证　238
少数族裔，和语言认同　253—255，258—262

少数族裔语言　179—182
社会言语　228—233
身份　180，188，240—241，247，249—251，258—260
神经影像　21—22
生命度；生命性　46
声带颤动/发声　38—40
声调语言　44—46
时态和语体　118—119，122—124，132—135，229—233
　　发展顺序　120—122，130—132，146—147
识字能力，语言学习的影响　159—161
实践社区　251—255
使用不足　43—44
适应　256
受教育的学习者　6
　　方（讲汉语和英语的人）141—144
　　耿（讲汉语和英语的人）141—144
　　劳拉（讲英语和阿拉伯语的人）16
　　帕蒂（讲闽南话和英语的人）141—142
输出假说　65—67，71—73
输入　62—64，120—122
输入、加工和输出焦虑量表　208—209
输入加工理论　119
数据分析
　　浮现参照　139

主题索引

任务影响 81—84

相关 18—21,153—154,193—195,204—205,207—212

数据收集 另见测试

访谈 215—219

工作记忆任务 95—100,161—165

后测 163—165,167—169

里克特量表 176,179—182,200—204,207—209,215—220

配对任务 182

神经影像 21

双重任务条件 91—92,104t

图画描述任务 71

协调策略的编码 68—69,75—81

有声思维 102—103,217

语法判断 18—21,107,

转写惯例 238

自我改正 206

数字广度回忆测试任务 96—99

双向迁移 54

双语

词汇表征 94

定义 5

对大脑功能的影响 21—22,25—28

和多重能力 9—10,25—28,147—148

和记忆能力 161—163

双语习得 3—5

双重任务条件 90—92,104—105

顺序设计 237

说话的权利 253,261

说话方式 204—207

说话者,交互的影响 82—84,239—241

私人言语 228—233

速度—准确平衡 204—207

苏颖(讲汉语和英语的人) 259

髓鞘化 24—25

态度 179—182,185—188

对讲目标语的人 179—188

讲母语的对话者 81—84,239—241,247—249

少数族裔语言 179—182

完美主义 207—209

对目的语 58—62,175—177,255—258

态度/动机量表 175—177

讨论 247—249

田中耕-奈奈子(讲汉语和英语的人) 260

《跳房子》(1963) 9—10

投入 176—177,252

图画描述任务 71

外国口音 另见口音

外向型 204—207

外语教室焦虑量表 207—209

外语学能 另见语言学能

外语语境/背景 5—7,17,185—191,207—212,215—219,234—241

外在动机 182—185

完美主义 207—209

· 341 ·

微变化研究法 233，235

微型语言 90—92

韦斯（讲日语和英语的人） 58—62，81—84，122—124

卫星框架化语言 50

未受教育的儿童 13

文化适应模型 62

问题 36—38，120—122，137—141

无动机 184

习得 另见第一语言习得；第二语言习得

习得率 16—18，28—30，120—122

 第三语言习得 50—54

 和记忆能力 161—163

 和语言学能 162—163，165—167

 外语语境/环境 5—7，17，185—191，207—212，215—219，234—241

 语法教学的影响 146—147

 语际差异的影响 35—38，46—56

系统功能语言学 243—246

先天论 另见领域特殊性，模块化

显性纠错 75—81，168，234—236

显性学习 165—169

显性语法教学 168

现代语言学能测试 156—158

相关研究法 153—154

想象的社区 252

小黑猩猩，语言的使用 3

效度 86，98，158，184

写作 233—236，241—243

心理语言类型 40—41

信度 195—196，203，220

信息处理 87—115，170

信息结构 46—49

信心 210—212

形式协商 73—81

形态句法学

 发展顺序 34—38

 习得率 43—46

 最终成果 18—21

形态学

 发展顺序 120—122，130—132，146—147

 最终成果 143

行为分析 33

性别，和认同 255—258

性别，语法的 44—46

性别歧视 257

性格 58—61，199—209

性格的五因素模型 200—203

修复 71—75，237—241

学能，参见语言学能

学能综合体假说 169—171

学习策略 215—219

学习成果 247—251

学习方式 212—215

学习方式模型 214—215

学习环境 58—86

 沉浸式学校 66—67，74，75，149，154，162，166，210

 传统学习环境 6，244—246，260

 传统语言 260

 对话性互动 75—81

国外学习 250，255—258

和交际意愿 210—212

后殖民言语社区 56

教室 73—81，167—169，182—185

教室环境 215—219，239—241

社会文化因素 179—182，215—219，246—251

外语语境/环境 5—7，17，185—191，207—212，215—219，234—241

习得率 16—18

以技术为媒介的交际 258—260，264

自然学习者 6，123，128—130，144，147，155

学习冥律 90，92

学习语言 另见第一语言习得，第二语言习得

学习障碍，第二语言习得影响 159—161

学习者发起的对形式的聚焦 74，另见形式的协商

学习者感知 34—35，218

学习者语言 118，124—151，另见中介语

学习者准备状态 145—146

言语感知，测试 14—15

研究问题 5—7

验证性检测 64—65，71，82

洋泾浜化假说 62，另见文化适应模型

一对一原则 119，122—124，133

一种带有自然语言特点的人造语言（微型语言） 90—92

移民 128—130，135—141，200—204，253—255，258—262

移民工人 137—141

以阿拉伯语为第二语言的人 14—16，188—191，249—251

以德语为第二语言的人 137—141，145—147，161—163

以俄语为第二语言的人 255—258

以法语为第二语言的人 18—21，32—34，44—46，153—154，159—161，167—169，171—172，175—177，199，215—219，229—233，255—258

以芬兰语为第二语言的人 239—241

以韩语为第二语言的人 46—49

以汉语为第二语言的人 46—49

以荷兰语为第二语言的人 200—204

以计算机为媒介的交际 258—260

以技术为媒介的交际 258—260，264

以日语为第二语言的人 50—54，122—124，239—241，255—258

以瑞典语为第二语言的人 32—34，50—54

以西班牙语为第二语言的人 34—35，122—124，132—135，182—185

以希伯来语为第二语言的人 50

以英语为第二语言的人

动机 182—185

发展顺序　18—21，36—38，46—49，54—56，120—122，130—132，137—141，241—243
　　识字能力和习得率　159—161
　　说话方式　204—207
　　移民认同　253—255，258—260
　　语用迁移　49—50
异域取向　186，187
意识　102—105，159—161
意义协商　64—65，68—73，80，84，240，262
音高，和性别认同　255—258
音乐能力，语言学能　174
音系学
　　关键期/敏感期　24—25
　　声调语言　44—46
　　声带颤动/发声　38—40
引导　76—77，另见任务
引导模仿任务　97
隐性计数假说　102
隐性学习　105—109，165—169
英语为第一语言　38—40，46—49
英语作为外语语境/环境　185—187，207—209，215—219，239—241
优秀学习者　18—21，22—24，28—29，161—163
有声思维　102—103，217
有效教学参见教学方法　8，81
有选择性学习　255
于青（讲汉语和英语的人）　259
与语言相关片段　74，84
语法，习得　106—109，118—130，144—147，163—165

语法敏感　156—159
语法判断　18—21，106—109
语法隐喻对比语法复杂性　244
语际　116—151，参见第二语言习得
　　U型学习　40—41，122—124
　　标记性　135—137
　　定义　7，116
　　过度概化　38，122—128，141—144
　　基本变式　128—130
　　基于公式化的学习　120—122
　　简化　122—123
　　可变性　124—128
　　认知主义—浮现主义者的理论　119—120
　　与第一语言发展平行　118—119
　　语法化　128—130
　　重建　122—124
　　语际影响　35—36，54—56
语际识别　34—35
语际影响　32—57
　　标记性　38—40，135—137，145—146
　　第三语言习得　50—54
　　和习得率　36—38，43—46，50—54
　　和学习困难　32—34
　　回避　41—43
　　可迁移性　40—41
　　双向迁移　54
　　语际识别　34—35
　　语义迁移　44，52

语用迁移 49—50，58—61

肢体表达 49—50

中介语 35—36，54—56

语码转换 50—54

语体假说 132—135

语言编码差异假说 159—161

语言的普遍性 另见普遍

语言的原则

关键相似性测量 34

迁移到某处的原则 34

一对一原则 119，122—124，133

运行原则 119

语言发展的理论 另见方法

标记性差异假说 40

第二语言动机的自我系统 193—195

二语动机处理模型 191

浮现理论 109—112，119—120，145

概念指向方法 132，148

根本差异假说 25，165

关键期/敏感期 12—14，21—24，24—29

和社会文化理论 224—237

和性格模型 200—204

互动假说 64，69

会话分析 72，236—243

基于使用的学习 110，119—120，144—145

技能习得理论 89—92，108，114

可加工性理论 137—141

可教性假说 145—146

可理解性输入假说 63—64

平衡假说 81

普遍语法 117，144

强迫式输出假说 65—66，73

认同理论 251—258

输入加工理论 119

文化适应模式 62

系统功能语言学 243—246

先天论 117

信息处理 87—115

学能综合体假说 169—171

学习风格模型 214—215

一对一原则 119，122—124，133

隐性计数假说 102

语体假说 132—134

语言编码差异假说 159—161

语言的社会化理论 246—251，263，264

运行原则 119

注意假说 61，67，100—102，104

自我决定理论 182—185

自我调控理论 219—220

语言化 231

语言环境 另见语言环境

语言激活 25—28，50—54

语言进化 2—3

语言迁移 另见语际影响

语言社会化理论 246—251，263，264

语言学能 9，152—174

第一语言和第二语言能力的相关性 159

定义 155—156

多维度学能 169—171
和习得率 156—158，169—171
和性格 200—204
和学习障碍 159—161
和音乐能力 174
记忆能力 156—158，161—165
年龄因素 161—163，165—167
语法敏感 156—159，165
语音编码能力 156—158，161
智力 158—159
语言学习策略量表 215—219
语言学习取向量表 182—185
语言中介 228—233
语义迁移 44，52
语音编码能力 156—158，161
语音回路，工作记忆 96
语音意识 159—161
语用学 2，67，102，116，151，250
元语言解释 168
阅读广度任务 96—99
运行原则 119

知识 87—98
　词汇 93—95
　隐性/显性接口 144—145
中介，语言的作用 226—233
中央执行系统 88—89
种族主义 257
朱莉（讲英语和阿拉伯语的人）

14—16
主题突出型语言 46—49
主语突出型语言 46—49
注意 169—171
注意假说 61，67，100—102，104
准确对比浮现 139
准确对比进步 42，124，146
准确—速度平衡 204—207
浊音清化 39—40
自动处理 87—92，95—96
自启修复 71—73
自然学习者 6，123，128—130，144，147，155
　阿尔贝托（讲西班牙和英语的人）62，141
　定义 6
　菲利普（讲英语和法语的人）34—35
　戈（讲苗语和英语的人）124—125
　韦斯（讲日语和英语的人）58—62，81—84，122—124
　朱莉（讲英语和阿拉伯语的人）14—16
自我感知 179—182，207—209
自我决定理论 182—185
自我调控理论 219—220
最近发展区 233—234
最终成果 8，9，14，17，18，20，25，29，111，143

人名中英文对照表

A

阿贝	Abe
阿博特－史密斯	Abbot-Smith
阿布塔勒比，朱班	Abutalebi, Jubin
阿尔贝托	Alberto
阿克曼	Ackerman
阿莱弗里赫	Aljaafreh
阿兰达，卢西亚	Aranda, Lucai
阿伦森	Aaronson
阿马尔	Ammar
阿佩尔	Appel
阿丘加尔，玛丽安娜	Achugar, Mariana
阿斯顿	Aston
阿斯塔内	Astaneh
埃尔德	Elder
埃尔拉姆，罗斯玛丽	Erlam, Rosemary
埃尔曼	Ehrman
埃克曼，弗雷德	Eckman, Fred
埃雷迪亚	Heredia
埃利奥特	Elliott

埃利克森，K. 安德斯	Ericsson, K. Anders
埃利斯，罗德	Ellis, Rod
埃利斯，尼克	Ellis, Nick
埃利希	Ehrlich
埃利亚松	Eliasson
埃文斯	Evans
艾伯特	Albert
艾德	Ide
艾菲尔	Aeyfer
艾弗森	Iversen
艾森克	Eysenck
艾森斯坦	Eisenstein
爱德华	Edwards
爱丽丝	Alice
安德森，K.	Andersen, K.
安德森，罗杰	Andersen, Roger
安东尼	Anthony
昂韦格布兹	Onwuegbuzie
奥布赖恩	O'Brien
奥布勒	Obler
奥德林，特伦斯	Odlin, Terence
奥多德	O'Dowd
奥尔什廷，埃利特	Olshtain, Elite
奥尔特加，洛德丝	Ortega, Lourdes
奥坎波	Ocampo
奥克斯，艾莉诺	Ochs, Elinor

奥克斯福德，瑞贝卡	Oxford, Rebecca
奥利弗	Oliver
奥马利	O'Malley
奥尼尔	O'Neill
奥斯特豪特，李	Osterhout, Lee
奥塔	Ohta
奥托	Otto

B

八洲，友子	Yashima, Tomoko
巴巴	Bhabha
巴德利	Baddeley
巴迪亚	Bhatia
巴蒂斯泰拉	Batistella
巴尔德斯	Valdes
巴尔多维－哈利戈	Bardovi-Harlig
巴尔斯，伯纳德	Baars, Bernard
巴赫金，米哈伊尔	Bakhtin, Mikhail
巴赫曼	Bachman
巴克达诺－洛佩斯	Baquedano-López
巴克赫伊曾	Barkhuizen
巴萨卢	Barsalou
巴什蒂尔克曼	Basturkmen
白井	Shirai
白田，健二	Hakuta, Kenji
邦加茨	Bongaerts
鲍尔曼，梅利莎	Bowerman, Melissa

鲍迈斯特	Baumeister
鲍姆加特纳－科恩	Baumgartner-Cohen
贝尔茨	Belz
贝克，M.	Beck，M.
贝克，S. C.	Baker，S. C.
贝克特	Beckett
贝利，K. M.	Bailey，K. M.
贝利，P.	Bailey，P.
本杰明斯，约翰	Benjamins，John
比盖特	Bygate
比克顿，德里克	Bickerton，Derek
比奇洛	Bigelow
比亚韦斯托克，艾伦	Bialystok，Ellen
毕比	Beebe
波拉尼	Polanyi
波利泽尔	Politzer
波特	Potter
伯德桑，戴维	Birdsong，David
伯恩斯，海蒂	Byrnes，Heidi
伯吉斯，尼尔	Burgess，Neil
伯卡茨	Boekaerts
伯特，玛瑞娜	Burt，Marina
布尔迪厄，皮埃尔	Bourdieu，Pierre
布莱－弗鲁曼，罗伯特	Bley-Vroman，Robert
布莱克	Black
布莱克利奇	Blackledge

布赖斯·希斯，雪莉	Brice Heath, Shirley
布兰迪	Braidi
布朗，罗杰	Brown, Roger
布里格斯	Briggs
布林	Breen
布鲁韦	Brouwer
布洛克	Block

C

菜菜子，田中	Nanako, Tanaka
蔡特	Chater
曾	Tseng
查莫特，安娜	Chamot, Anna
潮田	Ushioda

D

达夫，帕特丽夏	Duff, Patricia
达格特	Dagut
达霍尔	Darhower
达纳曼，梅雷迪斯	Daneman, Meredyth
戴	Day
戴维斯，A.	Davies, A.
戴维斯，凯瑟琳	Davis, Kathryn
道蒂，凯瑟琳	Doughty, Catherine
德阿纳，斯坦尼斯拉斯	Dehaene, Stabislas
德博特，谢斯	de Bot, Kees
德尔涅伊，佐尔坦	Dörnyei, Zoltán
德格拉夫	de Graaff

德格雷罗，玛利亚	de Guerrero, Maria
德格鲁特，安妮特	de Groot, Annette
德凯泽，罗伯特	DeKeyser, Robert
德克特	Dechert
德马雷	Desmarais
德索绪尔，费尔迪南	de Saussure, Ferdinand
德维利，让-马克	Dewaele, Jean-Marc
德西，爱德华	Deci, Edward
狄赛尔	Diessel
杜方	DuFon
杜蕾，海蒂	Dulay, Heidi
杜瓦，米娅	Dufva, Mia
多纳托，理查德	Donato, Richard
多尼策-施密特	Donitsa-Schmidt

E

厄尔曼	Ullman
恩格尔，兰德尔	Engle, Randall

F

范登布兰登，克里斯	Van den Branden, Kris
范恩	Vann
范海尔特，保罗	van Geert, Paul
范利尔	van Lier
范帕顿，比尔	VanPatten, Bill
方	Fong
菲茨帕特里克	Fitzpatrick
菲尔莫尔，莉莉·王	Fillmore, Lily Wong

菲利普	Philip
菲利普，詹妮弗	Philp, Jenefer
费尔赫芬，卢多	Verhoeven, Ludo
费尔斯，艾伦	Firth, Alan
费里斯	Ferris
芬克贝纳	Fingkbeiner
冯·斯图特海姆	von Stutterheim
弗恩海姆，阿德里安	Furnham, Adrian
弗劳利	Frawley
弗里曼	Freeman
弗利奇，詹姆斯	Flege, James
弗林，苏珊娜	Flynn, Suzanne
弗罗塔	Frota
弗洛伊德	Freud
弗米尔，安妮	Vermeer, Anne
弗滕	Voeten
福克斯	Fox
福斯，A.	Fuse
福斯，K. D.	Vohs
福斯特	Foster
富兰克林	Franklin

G

盖瑟科尔	Gathercole
盖斯，苏珊	Gass, Susan
甘朔，莱奥诺尔	Ganschow, Leonore
高夫曼，欧文	Goffman, Erving

高桥	Takahashi
戈	Ge
戈德施耐德	Goldschneider
戈登	Gordon
戈尔茨坦	Goldstein
戈尔维策	Gollwitzer
戈特沙尔特	Gottschaldt
格兰格，希尔维娅那	Granger, Sylvianne
格雷戈里	Gregory
格雷格森	Gregersen
格里戈连科，埃琳娜	Grigorenko, Elena
格里斯	Gries
格林	Green
格罗让	Grosjean
耿	Geng
古	Goo
广	Hiroshi

H

哈恩，阿尼亚	Hahne, Anja
哈克留，琳达	Harklau, Linda
哈利，布莱	Harley, Birgit
哈林顿，迈克尔	Harrington, Michael
哈马伯格，比约恩	Hammarberg, Bjorn
哈奇，伊夫林	Hatch, Evelyn
哈特	Hart
海德兰特	Headland

海夫特	Heift
海兰	Hyland
韩，Z.	Han, Z.
韩礼德，M. A. K.	Halliday, M. A. K.
汉尼根	Hannigan
豪尔	Hall
何	Ho
赫尔	Hull
赫夫纳格尔－霍勒，马里亚	Hoefnagel-Hohle, Marian
赫勒	Heller
赫欣索恩，朱丽亚	Herschensohn, Julia
黑克豪森	Heckhausen
黑勒曼	Hellermann
胡	Hu
华莱士	Wallace
怀特，莉迪亚	Lydia, White
怀特，琳达	White, Linda
黄，S. -L. C.	Wong, S. -L. C.
黄·菲尔莫尔，莉莉	WongFillmore, Lily
惠美子	Emiko
霍尔特，雷切尔	Holt, Rachael
霍金斯，B.	Hawkins, B.
霍金斯，罗格	Hawkins, Roger
霍斯特，马利斯	Horst, Marlise
霍维茨，伊莱恩	Horwitz, Elaine

J

基，詹姆斯	Gee, James
基南	Keenan
吉古诺维奇，米哈列维奇	Djigunovi, Mihaljevi
吉尼	Genie
吉翁	Guion
加德纳	Gardner
加芬克尔，哈罗德	Garfinkel, Harold
加勒特	Garrett
加塞尔	Gasser
加斯基尔	Gaskill
加西亚·梅奥，M. P.	García Mayo, M. P.
贾，G.	Jia, G.
贾思特，马塞尔	Just, Marcel
贾维斯，斯科特	Jarvis, Scott
菅谷	Sugaya
简	Jane
蒋，楠	Jiang, Nan
杰斐逊，盖尔	Gail Jefferson, Gail
杰纳西	Genesee
金	Kim
金，H. G.	Jin, H. G.
金，K.	King, K.
金吉格，西莱丝特	Kinginger, Celeste
金特希，瓦尔特	Kintsch, Walter
久保田	Kubota

K

卡迭尔诺	Cadierno
卡尔米洛夫－史密斯	Karmiloff-Smith
卡罗尔，M.	Carroll, M.
卡罗尔，苏珊娜	Carroll, Suzanne
卡罗尔，唐纳德	Carroll, Donald
卡罗尔，约翰	Carroll, John
卡罗利	Karoly
卡罗斯，C.	Charos, C.
卡梅伦	Cameron
卡纳加拉亚	Canagarajah
卡彭特，帕特丽夏	Carpenter, Patricia
卡普兰，爱丽丝	Kaplan, Alice
卡森	Carson
卡斯珀，布里埃尔	Kasper, Gabriele
卡塔利娜	Katarina
凯克	Keck
凯勒曼	Kellerman
凯沙瓦茨	Keshavarz
坎贝雷里斯	Kamberelis
坎西诺	Cancino
康德兰	Candland
考彼尔特斯，R.	Coppieters, R.
考恩，纳尔逊	Cowan, Nelson
考尔	Call
考斯塔	Costa

柯蒂斯	Curtiss
柯林斯	Collins
科比特，格雷维尔	Corbett, Greville
科布	Cobb
科德	Corder
科恩	Kern
科尔莫什，尤迪特	Kormos, Judit
科尔特斯	Cortes
科霍嫩	Kohonen
科隆比，赛西莉亚	Colombi, Cecilia
科姆里，伯纳德	Comrie, Bernard
科塔萨尔，胡利奥	Cortázar, Julio
克拉姆契	Kramsch
克拉森，哈拉尔德	Clahsen, Harald
克拉申，史蒂芬	Krashen, Stephen
克莱	Klee
克莱门特，理查德	Clémen, Richard
克莱因，沃尔夫冈	Klein, Wolfgang
克莱因，伊莱恩	Klein, Elaine
克劳迪娅	Claudia
克劳福德	Crawford
克雷斯	Kress
克里斯蒂安森	Christiansen
克鲁克斯	Crookes
克鲁伊德尼尔	Kruidenier
克罗尔，朱迪斯	Kroll, Judith

克努森	Knudsen
肯纳	Kenner
库恩	Kuhn
库尔	Kuhl
库尔希拉，萨拉	Kurhila, Salla
库克，薇薇安	Cook, Vivian

L

拉比	Rabie
拉德诺夫斯基	Radnofsky
拉尔迪耶	Lardiere
拉夫，让	Lave, Jean
拉克什曼南	Lakshmanan
拉利	Lally
拉姆	Lam
拉普金，莎伦	Lapkin, Sharon
拉齐亚	Razia
拉森－弗里曼，黛安	Larsen-Freeman, Diane
拉扎若顿，安妮	Lazaraton, Anne
莱奥	Leow
莱昆贝里，加西亚	Lecumberri, Garcia
莱姆弗尔	Lemhfer
莱特鲍恩，帕特斯	Lightbown, Patsy
赖	Lai
赖默	Rymer
兰伯特	Lambert
兰道尔夫，詹姆斯	Lantolf, James

兰盖克	Langacker
兰姆	Lamb
兰普顿	Rampton
兰塔，蕾拉	Ranta, Leila
朗，迈克尔	Long, Michael
劳费尔，巴蒂亚	Laufer, Batia
劳拉	Laura
劳帕赫	Raupach
劳希特曼	Lochtman
勒韦	Levelt
雷	Wray
雷伯	Reber
雷涅	Rene
雷亚利	Reali
李，E.	Lee, E.
李，W.	Li, W.
里德	Reed
里克特	Likert
里奇	Ritchie
理查兹，基思	Richards, Keith
利芬	Lieven
利弗	Leaver
利莱	Rie
利曼	Leeman
利斯特，罗伊	Lyster, Roy
利文斯顿	Livingston

梁	Leung
列昂季耶夫，阿列克谢	Leont'ev, Aleksei
列尼伯格	Lenneberg
林布姆，哈坎	Ringbom, Hakan
林德曼	Lindemann
林恩	Lyn
琳达	Linda
刘	Liu
隆吉尼	Longhini
卢里亚，亚历山大	Luria, Alexander
卢瑟福，威廉姆斯	Rutherford, Williams
鲁宾，琼	Rubin, Joan
鲁滨逊，彼特	Robinson, Peter
露西娅	Lucia
罗伯茨	Roberts
罗伯托	Roberto
罗曼	Romaine
罗莎	Rosa
罗斯	Ross
罗素	Russell
洛根	Logan
洛克	Lock
洛施基，莱斯特	Loschky, Lester
洛瓦特	Lovatt
洛温	Loewen

M

马丁	Martin
马丁内斯，伊瓦	Martinze, Eva
马基，努马	Markee, Numa
马克	Mark
马克思	Marx
马拉特索斯	Maratsos
马里诺娃-托德，斯泰芙卡	Marinova-Todd, Stefka
马切纳	Marchena
马塞洛	Marcelo
马斯格利特	Masgoret
马斯特，彼得	Master, Peter
马苏拉	Masoura
马耶鲁斯	Majeus
玛丽	Mary
迈尔斯，F.	Myles
迈尔斯，I. B.	Myers
迈希尔	Myhill
迈泽尔，尔根	Meisel, Jürgen
麦基，艾莉森	Mackey, Alison
麦金太尔，彼得	MacIntyre, Peter
麦卡弗蒂	McCafferty
麦凯	MacKay
麦凯，桑德拉	McKay, Sandra
麦考利	McCaulley
麦克多诺	McDonough

麦克菲尔德	McField
麦克格罗蒂	McGroarty
麦克惠妮	MacWhinney
麦克劳克林，巴里	McLaughlin，Barry
麦克雷	McCrae
曼宁	Manning
梅伯里，雷切尔	Mayberry，Rachel
梅里克尔	Merikle
蒙特鲁尔	Montrul
米拉，保罗	Meara，Paul
米勒	Miller
米切尔	Mitchell
米舍拉	Misheila
米肖	Michaud
米亚科	Miyake
莫汉，伯纳德	Mohan，Bernard
莫里，H.	Mori，H.
莫里，琼科	Mori，Junko
莫里恩	Morin
莫里斯，米歇尔	Molis，Michelle
莫纳	Mona
莫耶，艾伦	Moyer，Alene
默尼耶	Meunier
穆迪	Moody
穆尔，莱斯利	Moore，Leslie
穆尼奥斯，卡门	Munoz，Carmen

穆萨利	Moussalli
穆苏梅西	Musumeci

N

纳蒂亚	Nadia
纳尔逊	Nelson
纳萨基	Nassaji
奈茨，比安卡	Knights, Bianca
奈曼	Naiman
内申，保罗	Nation, Paul
内维尔，海伦	Neville, Helen
尼古拉斯	Nicholas
尼科洛夫	Nikolov
尼科什	Nyikos
纽波特，埃莉萨	Newport, Elissa
钮南	Nunan
诺埃尔斯，金伯利	Noels, Kimberly
诺顿	Norton
诺顿·皮尔斯，芭妮	Norton Peirce, Bonny
诺拉	Nora
诺里斯，约翰	Norris, John

P

帕蒂	Patty
帕尔默	Palmer
帕夫连科，阿妮塔	Pavlenko, Aneta
帕里巴科特，西玛	Paribakht, Sima
帕里耶，克里斯托夫	Pallier, Christophe

帕诺瓦	Panova
帕特尔	Patel
帕特科夫斯基，马克	Patkowski, Mark
帕韦西	Pavesi
派内曼，曼弗雷德	Pienemann, Manfred
佩恩	Payne
佩尔蒂埃，吕克	Pelletier, Luc
佩拉尼，达妮埃拉	Perani, Daniela
佩妮	Penny
彭菲尔德	Penfield
彭尼库克	Pennycook
皮尔斯，诺顿	Peirce, Norton
皮加达	Pigada
皮卡，特雷莎	Pica, Teresa
皮科克	Peacock
皮斯克	Piske
皮亚杰，让	Piaget, Jean
平克	Pinker
珀杜，克莱夫	Perdue, Clive
珀纳	Poehner
珀塞尔	Purcell
普尔弗米勒	Pulvermuller
普若尔	Pujol

Q

| 齐姆普利 | Tsimpli |
| 奇泽尔 | Csizér |

乔治	Jorge
切诺兹	Cenoz
青山	Aoyama
泉，Y.	Izumi，Y.
泉，信一	Izumi，Shinichi
荣	Jung
瑞	Wray
瑞安，理查德	Ryan，Richard
瑞德，乔伊	Reid，Joy
瑞姆斯，贝斯蒂	Rymes，Besty
瑞文	Ravem

S

萨加拉	Sagarra
萨克斯，哈维	Sacks，Harvey
萨穆达（佐牟田）	Samuda
萨托	Sato
萨维尔-特罗伊克	Saville-Troike
萨维奇-鲁姆博夫	Savage-Rumbaugh
萨希尔	Sahil
塞巴斯蒂安-加勒	Sebastian-Galles
塞尔斯-穆尔西亚	Celce-Murcia
塞加洛维茨，诺曼	Segalowwitz，Norman
塞林克	Selinker
赛德洛弗	Seidlhofer
赛克斯	Sykes
瑟维斯，伊丽莎白	Service，Elisabet

森田，直子	Morita, Naoko
沙德伦，克雷格	Chaudron, Craig
沙克特，雅克利娜	Schachter, Jacqueline
沙罗斯	Charos
沙伍德，史密斯	Sharwood, Smith
尚克思，戴维	Shanks, David
沈	Sheen
施格罗夫，伊罗钮尔	Schegloff, Emanuel
施劳	Schraw
施勒佩格雷尔，玛丽	Schleppegrell, Mary
施密特，理查德	Schmidt, Richard
施密特，诺伯特	Schmitt, Nobert
施奈德曼	Schneiderman
施皮尔曼	Spielman
施瓦茨	Schwartz
石田	Ishida
史密斯，琳达	Smith, Linda
史密斯，塔姆辛	Smith, Tamsin
舒克	Shook
舒曼	Schumann
斯波尔斯基	Spolsky
斯卡尔切拉，罗宾	Scarcella, Robin
斯凯恩，彼特	Skehan, Peter
斯科特，玛丽·李	Scott, Mary Lee
斯科韦尔，汤姆	Scovel, Tom
斯拉巴科娃	Slabakova

斯莱夫克	Slevc
斯莱特	Slater
斯里达尔	Sridhar
斯洛宾，丹	Slobin，Dan
斯诺，凯瑟琳	Snow，Catherine
斯诺，理查德	Snow，Richard
斯帕达，妮娜	Spada，Nina
斯帕克斯，理查德	Sparks，Richard
斯佩恰莱	Speciale
斯普劳斯	Sprouse
斯普林	Spring
斯坦斯菲尔德	Stansfield
斯陶布莱	Stauble
斯滕伯格，F. S.	Sternberg，F. S.
斯滕伯格，罗伯特	Sternberg，Robert
斯图尔特，M.	Stewart，M.
斯图亚特－福克斯	Stuart-Fox
斯托克韦尔	Stockwell
斯托奇，内奥密	Storch，Neomy
斯维尔斯基，马里奥	Svirsky，Mario
斯温，梅里尔	Swain，Merril
苏，颖	Tsu Ying
苏特	Suter
索恩	Thorne
索拉切	Sorace

索绪尔	Saussure
索耶，马克	Sawyer, Mark

T

塔尔伯特	Talburt
塔克，理查德	Tucker, Richard
塔拉洛	Tarallo
塔伊	Tai
坦	Thanh
汤姆林	Tomlin
汤普森	Thompson
特拉斯科特	Truscott
特雷莎	Teresa
田口	Taguchi
图迪尼	Tudini
图希	Toohey
托厄尔	Towell
托尔文，安道尔	Tulving, Endel
托卡里-贝勒	Tocalli-Beller
托勒曼	Tallerman
托马塞洛，迈克尔	Tomasello, Michael
托马斯，玛格丽特	Thomas, Margaret
托特	Toth

W

瓦格纳，约翰尼斯	Wagner, Johannes
瓦勒朗，罗伯特	Vallerand, Robert
瓦雷拉	Varela

瓦罗尼斯，伊凡吉琳	Varonis, Evangeline
万斯汀基斯特	Vansteenkiste
王，布拉德	Wang, Brad
王文霞	Wang, Wenxia
威登，克里斯	Weedon, Chris
威尔克斯	Wilks
威尔逊	Wilson
威利特	Willett
威廉姆斯，J. N.	Williams, J. N.
威廉姆斯，杰西卡	Williams, Jessica
威廉姆斯，萨拉	Williams, Sarah
威廉姆斯，约翰	Williams, John
威林，肯	Willing, Ken
韦伯-福克斯	Weber-Fox
韦尔斯	Wells
韦尔斯波尔	Verspoor
韦兰	Wayland
韦林	Waring
韦舍，玛乔丽	Wesche, Marjorie
韦斯	Wes
维果斯基，列夫	Vygotsky, Lev
维拉	Villa
温伯格	Weinberger
温登，安尼塔	Wenden, Anita
温格，艾蒂安	Wenger, Estienne
沃德，亨宁	Wode, Henning

沃尔科特 Wolcott
沃森，理查德 Waston，Richard

X

西德豪斯，保罗 Seedhouse，Paul
西格尔，梅里尔 Siegal，Meryl
西伦，埃丝特 Thelen，Esther
西蒙，赫伯特 Simon，Herbert
西尼科若普，卡斯托 Sinicrope，Castle
希金斯，E. 托瑞 Higgins，E. Tory
希兰 Sheeran
希林 Shearin
希契，格雷厄姆 Hitch，Graham
席费林，班比 Schiefflein，Bambi
细田雄，由利 Hosoda，Yuri
夏佩尔 Chapelle
相基，李 Sang-Ki，Lee
肖 Hsiao
小关 Ozeki
小关 Ozeki
小原，由美子 Ohara，Yumiko
谢哈德哈，阿里 Shehadeh，Ali
辛格尔顿，戴维 Singleton，David
雄山，苏珊 Oyama，Susan
许布纳，汤姆 Huebner，Thom
许尔斯汀，简 Hulstijn，Jan
许尔滕斯塔姆，肯尼斯 Hyltenstam，Kenneth

Y

押田	Oshita
亚伯拉罕	Abraham
亚伯拉罕森	Abrahamsson
亚诺	Yano
岩下	Iwashita
扬，R. F.	Young, R. F.
扬，沈	Young, Sheen
耶奥加科普罗	Georgakopoulou
伊	Yi
因巴尔	Inbar
尤班克	Eubank
尤普，乔吉特	Ioup, Georgette
于，M. -C.	Yu, M. -C.
于青	Yu Qing
源	Nguyen
约翰逊，雅克利娜	Johnson, Jacqueline

Z

扎弗斯，艾伦	Juffs, Alan
詹森	Jansen
赵	Zhao
中滨	Nakahama
朱莉	Julie
卓别林，查理	Chaplin, Charlie
宗	Chun
祖恩格勒	Zuengler
佐伯尔，赫尔穆特	Zobl, Helmut